Inga Anderson, Sebastian Edinger (Hg.)
Psychotherapie zwischen Klinik und Kulturkritik

D1727832

Forum Psychosozial

Inga Anderson, Sebastian Edinger (Hg.)

Psychotherapie zwischen Klinik und Kulturkritik

Reflexionen einer Kultur des Therapeutischen

Mit Beiträgen von Inga Anderson, Sebastian Edinger,
Patricia Gwozdz, Andreas Heinz, Martin Heinze,
Christine Kirchhoff, Frank Schumann,
Siegfried Zepf und Christine Zunke

Psychosozial-Verlag

Bibliografische Information der Deutschen Nationalbibliothek
Die Deutsche Nationalbibliothek verzeichnet diese Publikation
in der Deutschen Nationalbibliografie; detaillierte bibliografische Daten
sind im Internet über http://dnb.d-nb.de abrufbar.

Originalausgabe
© 2021 Psychosozial-Verlag, Gießen
E-Mail: info@psychosozial-verlag.de
www.psychosozial-verlag.de
Umschlagabbildung: Paul Klee: *Disput*, 1929
Umschlaggestaltung und Innenlayout nach Entwürfen von Hanspeter Ludwig, Wetzlar
Satz: SatzHerstellung Verlagsdienstleistungen Heike Amthor, Fernwald
ISBN 978-3-8379-2883-9 (Print)
ISBN 978-3-8379-7487-4 (E-Book-PDF)

Inhalt

Zwischen Klinik und Kulturkritik

Inga Anderson & Sebastian Edinger

Das »Dazwischen« erfreut sich seit einigen Jahren großer intellektueller Beliebtheit. Zwischen zwei bekannten Punkten wird Unbekanntes und Unbeschriebenes vermutet, welches die Neugierde und das Begehren von Forscherinnen und Forschern weckt. Wird ein Dazwischen zeitlich verstanden, so lassen sich darin Umbrüche, Übergänge und vielleicht sogar Epochenschwellen ausfindig machen; wird ein Dazwischen räumlich konzeptualisiert, dann verspricht es, Zwischenräume des Denkens zu eröffnen, in denen sich Verbindungslinien und Wechselwirkungen ausmachen lassen. In beiden Fällen stellt das Dazwischen ein unerschlossenes Gebiet dar, in dem ein wissenschaftlicher Entdeckergeist seine Objekte finden kann.

Freilich hat auch ein akademisches Klima, in dem Binarität keinen guten Ruf genießt, das Seine zur wissenschaftlichen Popularität der Zwischenräume und Zwischenzeiten beigetragen. Das Potenzial des Dazwischen-Denkens geht hier jedoch deutlich darüber hinaus, ein Spektrum zu markieren und damit Hinweise auf die Unzulänglichkeiten von Kategorien zu geben, die üblicherweise als einander ausschließend verstanden werden. Statt als Zone der Vagheit und Unbestimmbarkeit dient ein Dazwischen dann als Raum, in dem etwas genauer bestimmt werden kann: Wer nämlich feststellt, dass etwas zwischen zwei anderen Dingen zu verorten sei, der erkennt es als ein zweifach bezogenes Phänomen – zweifach bezogen womöglich sogar in der Art, dass die Beziehung zum einen Pol immer in Richtung des anderen überschritten oder von diesem konfiguriert wird.

Mit dem Anliegen, dieses im Dazwischen liegende Potenzial zu nutzen, um die Theorie und Praxis der Psychotherapie zu diskutieren und zu durchdenken, wurde in der Entstehung dieses Sammelbandes gleich zweimal etwas in einem solchen positioniert, zunächst nämlich die *Psyche zwischen Natur und Gesellschaft* und sodann die *Psychotherapie zwischen Klinik und Kulturkritik*. Ihren Ausgang nahm die vorliegende Publikation von der Tagung »Die Psyche zwischen Natur und Gesellschaft. Theorie und Praxis der Psychotherapie im Verhältnis zur Kritischen Theorie und Philosophischen Anthropologie«, die vom 12. bis zum 14. Oktober 2017 an der Humboldt-Universität zu Berlin stattfand. Zentrale Problemkonstellationen und Fragestellungen, auf die diese Tagung Antworten zu finden versuchte, werden nachfolgend unter dem Titel »Psychotherapie zwischen Klinik und Kulturkritik« verhandelt.

Wer immer sich mit der menschlichen Psyche auseinandersetzt, ist beständig dazu aufgefordert, diese sowohl auf ihre natürlichen als auch auf ihre gesellschaftlichen Voraussetzungen und Prägungen hin zu befragen. Das gilt selbstverständlich auch für alle, die Psychotherapie praktizieren, psychotherapeutische Praxis reflektieren und diese theoretisch fundieren und weiterentwickeln. Die Tagung, von der dieser Sammelband seinen Ausgang nahm, machte sich diesen Umstand zunutze. Sie konzentrierte sich dabei jedoch nicht auf eine innerfachliche psychotherapeutische Diskussion, sondern auf historische und systematische philosophische Fragestellungen: Die Frage, wo und wie die Psyche im Rahmen einer Psychotherapie zwischen Natur und Gesellschaft verortet wird, stellte einen systematischen Ansatzpunkt dar, um aufzufächern, wie die Psychotherapie in der Kritischen Theorie und Philosophischen Anthropologie diskutiert wird.

Es zeigte sich in den interdisziplinären Diskussionen zwischen den Teilnehmerinnen und Teilnehmern der Tagung, dass auch die Psychotherapie selbst sich stets in einem Dazwischen bewegt: zwischen Klinik und Kulturkritik. Überall dort, wo Psychotherapie mit dem Anspruch verbunden ist, die Linderung von psychischem Leiden durch individuelle emanzipatorische Projekte zu unterstützen, drängt sich schließlich unweigerlich die Frage auf, ob sie auch etwas zu einer Entwicklung kollektiver menschlicher Lebensformen zum Besseren beizutragen hat. Im Wandel psychotherapeutischer Konzepte wiederum spiegeln sich Veränderungen gesellschaftstheoretischer und anthropologischer Vorstellungen. Dieser Faden wird hier aufgenommen: Mit Stimmen aus der Praxis wie aus theoretischen Diskussionen der Psychiatrie, der Philosophie sowie der Literatur- und Kulturwissenschaft will dieser Band nicht nur zu einer historisch-kritischen Selbstverständigung der Psychotherapie und ihrer Theorie(n) beitragen, sondern auch deutlich machen, dass sich in der Kritik der Psychotherapie eine prononcierte Form der Gesellschaftskritik artikulieren kann.

Diesem Erkenntnisinteresse folgend haben wir Psychotherapie in der Konzeptualisierung der Problemstellung sowohl für die Tagung als auch für den Sammelband betont weitgefasst, nämlich nicht als Begegnung eines Patienten oder mit einer ärztlichen oder konsularischen Therapeutin, sondern als eine institutionalisierte Praxis. Somit erscheint Psychotherapie als wirkmächtige soziale Instanz, die steuernde Eingriffe in das psychische Leben von Personen vornimmt (wobei freilich betont werden muss, dass diese sich in Kooperation mit denselben Personen vollziehen). Psychotherapeutische Eingriffe verfolgen einerseits das Ziel, Verhaltenskoordination strategisch (in der Ermöglichung spezifischer Freiräume) oder emanzipatorisch (in der Gewinnung bzw. Wiedergewinnung grundlegender Verhaltensspielräume und -dispositionen) zu beeinflussen, andererseits dienen sie dazu, Symptome bzw. Leidensdruck zu lindern. Grundsätzlich unterstehen sie dem Ziel der Amelioration der Lebensqualität. Für die Psychotherapie maßgebend ist folglich ihr therapeutischer Erfolg, sei dieser integrativer und emanzipatorischer oder im engeren Sinne medizinischer Natur.

Stellt man aber die Frage, worin genau dieser Erfolg bestehe und was die Psyche sei, welcher Status ihr in der personalen Individuation zukomme, ob und wie sie letztlich das Verhältnis zwischen Individuum und Gesellschaft als von beiden Instanzen Bestimmtes bestimme, betritt man zugleich das Terrain der Anthropologie wie das der Gesellschaftstheorie. Schließlich kann die Psychotherapie nicht in anthropologischer Neutralität, d. h. ohne grundlegende Annahmen über die menschliche Natur und menschliche Charakter- und Verhaltensdispositionen agieren. Zugleich kann sie nicht in einem gesellschaftlich neutralen Raum und außerhalb eines gesellschaftlichen Horizonts operieren: Sie agiert innerhalb der Gesellschaft auf der Grundlage gesellschaftlicher Normen und im Horizont eines nicht ausschließlich, jedoch unweigerlich auch gesellschaftlichen Auftrags. Anders gesagt: Patientinnen und Patienten sind als Menschen zwischen Natur und Gesellschaft gespannt.[1] Diese Tatsache ernst zu nehmen ist für die Psychotherapie, soweit sie sich selbst zu verstehen versucht, selbstverständlich weniger problematisch, als sie auszublenden oder zu überblenden.

So ist es auch nicht verwunderlich, dass die Psychotherapie in der Kritischen Theorie vielfach thematisiert und problematisiert wurde. Bei Autoren wie Theodor W. Adorno, Max Horkheimer und Herbert Marcuse

---

1 Ein erster Schritt in die Richtung einer Aufarbeitung des Verhältnisses von Kritischer Theorie und Philosophischer Anthropologie, in welchem das menschliche Gespanntsein zwischen Natur und Gesellschaft systematisch in den Blick genommen worden ist, findet sich bei Ebke et al. (2017).

findet sich eine recht bekannte Auseinandersetzung mit dem psychoanalytischen Revisionismus, welcher auch Teil einer inner-psychoanalytischen Auseinandersetzung ist. Adornos Kritik der Psychotherapie erfährt in diesem Band eine eingehende Betrachtung, weshalb an dieser Stelle lediglich zu Horkheimer und Marcuse kurz etwas gesagt werden soll. Auch auf die weniger rezipierte Psychotherapie-Kritik von Jürgen Habermas und Ulrich Sonnemann soll kurz eingegangen werden.

Horkheimers Position unterscheidet sich von der Adornos nur geringfügig und dürfte am ehesten in seinem Aufsatz »Die Psychoanalyse aus der Sicht der Soziologie« (Horkheimer, 1985a) ihren summarischen Ausdruck gefunden haben. Als Ziel analytischer Therapien bestimmt Horkheimer in besagtem Aufsatz, »die Leistungsfähigkeit des Patienten innerhalb des Bestehenden« (ebd., S. 295) zu erhalten, wiederherzustellen oder zu steigern: »Den Patienten arbeits- und genußfähig zu machen ist seine Heilung« (ebd., S. 296), lautet das Credo eines dürren Holismus, der keine bloß partikularistische Arbeitswut abbildet. Doch trotz seiner Vorbehalte gegenüber einer konformistisch-manipulativen Psychotherapie formuliert Horkheimer das Desiderat einer Kooperation von Psychotherapie und Soziologie: »Psychotherapeuten und Soziologen müssen zusammenarbeiten« (ebd., S. 301). Eine solche Kooperation ist Horkheimer zufolge zur Erlangung eines besseren »Verständnisses menschlicher Triebstrukturen« (ebd.) erforderlich. Ein solches Verständnis zu erlangen sei aufgrund der historischen Erfahrungen, aber auch der in der Nachkriegszeit global bestehenden politischen Probleme wegen nötig, die sich nicht durch einen »Fortschritt in der Technik« (ebd.) allein lösen ließen, der einem gleichzeitig psychotherapeutisch und soziologisch fundierten Verständnis menschlicher Triebstrukturen als eindimensionales und unzureichendes Ziel gegenübergestellt wird. Die Psychotherapie als solche betrachtet, losgelöst von besagten kooperativ eingebetteten Potenzialen, beurteilt Horkheimer allerdings ähnlich negativ wie Adorno: »Die Hilfe des Psychotherapeuten, wohltätig wie sie im einzelnen Fall wirken mag, ist letztlich nur ein weiterer Faktor, den Menschen einzugliedern, ein weiteres Element der Manipulation« (Horkheimer, 1985b, S. 427).

Herbert Marcuse spricht in *Triebstruktur und Gesellschaft* (engl. *Eros and Civilization*) die »Diskrepanz zwischen Theorie und Therapie« (Marcuse, 1957, S. 209) an – eine Diskrepanz, die Marcuse zufolge eine notwendige ist, weil »der Analytiker als Arzt, das soziale Gerüst der Tatsachen, in dem der Patient zu leben hat und das er nicht ändern kann, akzeptieren«

(ebd., S. 210) müsse. Darin unterscheide er sich vom Theoretiker. Dieses Akzeptierenmüssen reicht über die bloße Registrierung sozialer Tatsachen hinaus: »Die Akzeptierung des Realitätsprinzips, mit der die psychoanalytische Therapie endet, bedeutet die Akzeptierung der kulturellen Reglementierung der Triebbedürfnisse« (ebd., S. 209). Die Therapie, deren Grenzen so eng gesteckt sind, nennt Marcuse einen »Kurs in der Resignation« (ebd., S. 210). Der Spielraum der Theorie ist ein deutlich weiterer als der der Therapie, und Marcuse vermisst ihn mit revolutionären Absichten. Die Theorie soll die »repressive Grundlage der Kultur« (ebd.) demaskieren, dem »Anspruch auf Glück« (ebd., S. 208) sich in revolutionärer Arbeit verschreiben, statt bloß »kontrolliertes Glück« (ebd.) maieutisch als Ziel anzustreben, wie es der Psychotherapie als praktisches Maximum offensteht. Ziel von Marcuses anvisierter »*Philosophie* der Psychoanalyse« (ebd., S. 14) ist es, »die politische und soziologische Substanz der psychologischen Begriffsbildungen zu entwickeln« (ebd., S. 9). Diese Substanz psychologischer wie psychotherapeutischer Begriffsbildungen sowie ihre Legitimität und theoretische Funktion untersuchen etliche Beiträge dieses Bandes in verschiedener Weise (ohne Marcuses revolutionären Aplomb), so die Beiträge Inga Andersons, Sebastian Edingers, Martin Heinzes, Christine Kirchhoffs, Frank Schumanns, Siegfried Zepfs und Christine Zunkes.

Jürgen Habermas spricht in der *Theorie des kommunikativen Handelns* von einer *de facto* etablierten »Therapeutokratie« (Habermas, 1981, S. 533), die selbst wiederum ein (wenn auch weit ausgreifendes) Element sozialstaatlicher Kompensationsbemühungen ist, um Beschädigungen der Lebenswelt abzufedern. Was ihnen nicht gelingen könne, sei die Auflösung der »Widersprüche der sozialstaatlichen Intervention« (ebd.), die sich daraus ergeben, »daß die sozialstaatlichen Verbürgungen dem Ziel der sozialen Integration dienen sollen und gleichwohl die Desintegration derjenigen Lebenszusammenhänge fördern, die durch eine rechtsförmige Sozialintervention vom handlungskoordinierenden Verständigungsmechanismus abgelöst und auf Medien wie Macht und Geld umgestellt werden« (ebd., S. 534). Die Psychotherapie befindet sich dabei in der intrikaten Position, von den Ressourcen der Lebenswelt zu zehren, in der Lebenswelt zu wirken, aber die Lebenswelt mit dem System nicht versöhnen zu können, von dem sie wiederum als Dienstleistung ein Element darstellt. Habermas hat jedoch keine grundlegende Reflexion der Rolle der Psychotherapie in der Gesellschaft entwickelt; alles, was hier gesagt werden kann, muss praktisch aus den Grundzügen seiner Gesellschaftstheorie deduziert werden.

Ulrich Sonnemann schließlich hat aus der praktischen Arbeit als klinischer Psychologe heraus im amerikanischen Exil in *Existence and Therapy* (Sonnemann, 2011a) eine fundierte Kritik der Psychoanalyse wie auch der Psychotherapie formuliert, die die nicht problematisierten Voraussetzungen der Psychologie und Psychotherapie und damit ihre strukturellen Dilemmata bzw. Aporien in den Blick nimmt. Anders als die Frankfurter Exponenten der Kritischen Theorie ist Sonnemann mit Binswangers psychotherapeutischem Ansatz der Daseinsanalyse vertraut und kommt philosophisch von Heidegger über Binswanger zur Kritischen Theorie. In seiner *Negativen Anthropologie* (Sonnemann, 2011b) formuliert er eine Freud-Kritik, die deutlich fundamentaler ausfällt als etwa die Adornos. In die Richtung von Deleuze weisend, zieht Sonnemann die Linie von Freud zu Habermas weiter, der – wie Freud die Heilung in der Therapie – die Dialektik

> »im Kommunikationsmodell eines Diskurses sistiert, der seine vielzitierte Herrschaftsfreiheit nur durch Wiederherstellung just von Herrschaft zu sichern weiß: der einer [...] autonomen Begrifflichkeit, welche Herrschaft, wie im zwanzigsten Jahrhundert jede, die sich explizit als Kontrolle versteht, als diese noch die Gewalt über postulierte Sublimierungen an sich reißt, wie Habermas solche, wenn auch irrig, am psychoanalytischen Diskursmodell abliest« (Sonnemann, 1984, S. 294).

Die Irrigkeit im Ablesen seitens Habermas zerreißt den Faden allerdings nicht.

Innerhalb der Kritischen Theorie, sofern man entgegen der gängigen Praxis, d.h. institutionell tradierten Gewohnheiten, Sonnemann dazu zählt, ist der Gegenstand der Psychotherapie somit nicht einheitlich: Während die Frankfurter unter Psychotherapie die psychoanalytische Psychotherapie – ob die Freud'sche oder die revisionistische – verstanden, hatte Sonnemann seinen Blick geweitet und sich nicht nur mit Freuds therapeutischem Modell, sondern auch mit dem Binswangers ausführlich auseinandergesetzt. In der Erweiterung des Verständnisses von Kritischer Theorie hin zur gesellschaftskritischen Betrachtung von Psychotherapien im Allgemeinen haben wir hier das Konzept insofern dem engeren Skopus der klassischen Kritischen Theorie entzogen, als in diesem Band auch neuere Entwicklungen der Psychotherapie (Kirchhoff, Zepf) thematisiert werden.

Anders als in der Kritischen Theorie hat im Gebiet der Philosophischen Anthropologie, jedenfalls unter den Klassikern, eine systematische

Auseinandersetzung mit der Psychotherapie bemerkenswerterweise nicht stattgefunden, obwohl sämtliche ihrer Hauptvertreter sich auch – wie aufseiten der Kritischen Theorie – als Soziologen in soziologisch hochgradig psychologieaffiner Zeit hervorgetan haben. Die Philosophische Anthropologie ist auch in diesem Band deutlich kürzer gekommen als die Kritische Theorie, was damit zu tun hat, dass nicht alle vorgesehenen Beiträge letztlich den Weg in diesen Band gefunden haben. Patricia Gwozdz und Martin Heinze knüpfen in ihren Beiträgen an Helmuth Plessner (Gwozdz) und an Maurice Merleau-Ponty (Heinze) an. Andreas Heinz wiederum knüpft synoptisch an Motive seines die Philosophische Anthropologie Plessners aus psychiatrischer Perspektive aufarbeitenden Buches *Der Begriff der psychischen Krankheit* an. Verwiesen sei an dieser Stelle allerdings darauf, dass eine Auseinandersetzung mit den Bezügen zwischen Philosophischer Anthropologie und Psychotherapie in den letzten Jahren rege nachgeholt wird, wie Publikationen von Hans-Peter Krüger (2007), Thomas Ebke und Sabina Hoth (2019), Thomas Fuchs (2000, 2008) und Andreas Heinz (2014) zeigen.

Das Anliegen dieses Bandes ist einerseits, nachzuzeichnen, zu systematisieren und zu diskutieren, wie sich die Kritische Theorie und der Philosophische Anthropologie mit der Psychotherapie auseinandersetzen, andererseits und parallel dazu aber auch, diese Diskussionen historisch einzuordnen. Deshalb soll an dieser Stelle auch ein Ansatz skizziert werden, mittels dessen die Diskussion der Psychotherapie in der Kritischen Theorie und der Philosophischen Anthropologie zeitdiagnostisch perspektiviert werden kann. Die historische Untersuchung konzentriert sich – wie viele der in diesem Band versammelten Texte – auf die 1960er und 1970er Jahre.

Zunächst wird dabei der Fokus auf Psychotherapie im engen Sinne gelegt. Denn nicht nur von außen, sondern auch von innen wird in diesem Zeitraum Kritik an der Psychotherapie formuliert: Die Konkurrenz zwischen psychoanalytisch und behavioristisch geprägten Therapiemodellen löst regelrechte »Therapie-Kriege« (Burkeman, 2016, o. S.) aus. Doch während Kriege zwischen Staaten diese häufig schwächen und letztlich gar zermürben, geht die Psychotherapie gestärkt aus diesen Gefechten hervor. Die Konfrontation zwischen verhaltenstherapeutischen und tiefenpsychologischen Modellen, die der deutschstämmige britische Psychologe Hans-Jürgen Eysenck mit seiner provokanten Polemik »Psychoanalysis – myth or science?« 1961 losgetreten hatte, führt nicht zu einer grundlegenden Erschütterung psychotherapeutischer Paradigmen, sondern trägt letzten Endes zur Etablierung der Psychotherapie im Gesundheitswesen bei. Denn ein Jahr nachdem Eysenck der Psychoanalyse Wirkungslosigkeit und Unwissenschaftlichkeit vorgeworfen hatte, erscheint in der BRD die sogenannte Dührssen-Studie. Diese Wirksamkeitsstudie wiederum bereitet den Weg dafür, dass Psychotherapie 1968 in den Leistungskatalog der bundesrepublikanischen Krankenkassen aufgenommen wird. Dazwischen liegt eine Reihe weiterer Meilensteine für die Professionalisierung der Psychotherapie. 1963 etwa wird die Sektion für Klinische Psychologie im Berufsverband Deutscher Psychologinnen und Psychologen gegründet, 1964 erklärt das Bundessozialgericht seelische Störungen zu Krankheiten. In Westeuropa entwickelt sich die Situation nahezu im Gleichschritt, wie Alain Ehrenberg an der Institutionalisierung der Psychotherapie in Frankreich im Allgemeinen[2] und der Klassifizierung der Depression im Besonderen[3] aufzeigt.

In der Psychotherapiegeschichte sind die 1960er Jahre deshalb sowohl als Rechtfertigungsphase (vgl. Meyer, 1990) und Legitimationsphase (vgl. Gerd & Henningsen, 2008) als auch als Aufbruchsphase (vgl. Daiminger, 2007) bezeichnet worden. Eng mit der Professionalisierung der Psychotherapie verbunden ist im Übrigen ihre Verwissenschaftlichung. Bis heute ist die Psychotherapieforschung ein wichtiger Schauplatz, auf dem sich Psychotherapie erfolgreich gegen Angriffe verteidigt und dabei auch immer wieder ihre Institutionalisierung voranzutreiben weiß. Heute gilt Psychotherapie als ein attraktives Berufsfeld, das – Hindernissen wie den hohen Ausbildungskosten und einer nachteiligen Organisation der Berufsausübung zum Trotze – viele begabte junge Menschen anzieht. Der Bedarf an professionellen Psychotherapeutinnen und Psychotherapeuten ist gegeben: Immer mehr Menschen suchen ihre Hilfe und noch mehr würden sich gern in Behandlung begeben, landen aber aufgrund der Versorgungslage stattdessen auf Wartelisten. Und über das klassische psychotherapeutische Setting hinaus ist eine dergestalt verwissenschaftliche Psychotherapie anschlussfähig für viele Bereiche, in denen wissenschaftlich fundiertes Expertenwissen genutzt wird, um Gesellschaft zu steuern und zu gestalten.

---

2 »1960 hatte keiner der Leiter psychiatrischer Abteilungen eine analytische Ausbildung, 1965 waren es zehn von 33« (Ehrenberg, 2004, S. 107f.).

3 »Ende der 1960er Jahre kann man die Depression in drei große Gruppen einteilen: die endogene Depression, die neurotische Depression (die je nach Ansatz endogen oder exogen ist) und die reaktive Expression, die naturgemäß exogen ist« (ebd., S. 119).

Die Dynamik, die die Fachgeschichte der Psychotherapie prägt, findet eine Entsprechung in ihrer Kulturgeschichte. Diese tritt zutage, wenn man sich nicht nur auf wissenschaftlich legitimierte, klinische psychotherapeutische Verfahren konzentriert, sondern nach psychotherapeutischen Denk- und Handlungsmustern in einem weiteren Sinne fragt: Auch für eine Kultur des Therapeutischen stellen die 1960er und 1970er Jahre »kritische Tage« dar. Statt den gesellschaftlichen Einfluss von Psychotherapie zu mindern, trägt die Kritik an eben dieser dazu bei, dass sich psychotherapeutische Paradigmen seit den 1960er Jahren immer häufiger und erkennbarer am Deutungshorizont von Selbst- und Weltverhältnissen abzeichneten.

Besonders deutlich wird dies in der BRD im intellektuellen Umfeld der Studentenbewegung, das ein ambivalentes Verhältnis zur Psychotherapie hat. Die Gründerinnen und Gründer der marxistisch und subjektwissenschaftlich orientierten Kritischen Psychologie etwa, die sich in den 1970er Jahren vor allem an der Freien Universität Berlin, aber auch an anderen Universitäten der BRD entwickelt hat, leiteten ihre Forderungen auch aus der Lektüre von Positionen aus der Kritischen Theorie ab – die, wie oben schon skizziert wurde, der Psychotherapie in vielerlei Hinsicht nur wenig abgewinnen kann.

Betrachtet man nicht allein die Psychotherapie, sondern die »Psy-Disziplinen« in einem breiteren Sinne (vgl. Rose), tritt schnell die Antipsychiatrie ins Blickfeld, denn auch die Geschichte der Antipsychiatrie in der BRD ist mit der der Studentenbewegung verwoben. In Köln etwa stellt das Engagement für Psychiatriepatientinnen und -patienten einen wichtigen Fokus der Aktivitäten der Sozialistischen Selbsthilfe Köln dar, die sich 1969 gründet. Ein Jahr später bildet sich in Heidelberg das Sozialistische Patientenkollektiv. Historische Kreuzungspunkte gibt es im Übrigen auch zwischen der Kritischen Theorie und der Antipsychiatrie, die an einem Beispiel dargestellt werden sollen: Im Juli 1967 findet in London eine Konferenz mit dem Titel »Dialectics of Liberation« statt, zu der die Psychiater David Cooper und Robert Laing eingeladen hatten. Neben Sprechern wie dem marxistischen Ökonomen Paul Sweezy, dem Bürgerrechtler Stockley Carmichael oder Figuren wie Gregory Bateson und Paul Goodman, deren Denken die systemische Psychotherapie bzw. die Gestalttherapie entscheidend prägen sollte, referierte dort auch Marcuse, um den es weiter oben bereits ausführlicher ging. Auf der Suche nach einer Erklärung dafür, warum »ein verstümmeltes, verkrüppeltes und frustriertes Menschenwesen [...] wie besessen seine eigene Knechtschaft verteidigt« (2017, S. 104) kommt

Marcuse in seinem Vortrag auf die Rolle der Psy-Disziplinen zu sprechen, an denen sich geradezu paradigmatisch aufweisen lässt, worin die Dialektik der Befreiung besteht: Das Bedürfnis nach einer radikalen Veränderung der Gesellschaft werde verdrängt »erstens nach der tatsächlichen Befriedigung von Bedürfnissen, zweitens durch eine massive wissenschaftliche Manipulation und Administrierung von Bedürfnissen – das heißt, durch eine systematische Kontrolle der Gesellschaft nicht nur über das Bewußtsein, sondern auch über das Unbewußte des Menschen. Diese Kontrolle«, so Marcuse weiter, »ist gerade durch die Leistungen der großartigsten, Freiheit schaffenden Wissenschaften unserer Zeit ermöglicht worden, in der Psychologie vor allem durch die Psychoanalyse und die Psychiatrie« (ebd.). Befreiung und Heilung fallen hier in eins: Dieser Überzeugung folgend nimmt politisches Handeln bei Marcuse die Form von Bildung und vor allem von Therapie an; eine neue Gesellschaft braucht einen neuen Menschen mit einer andersartigen Trieb- und Bedürfnisökonomie.

Ähnlich wie bei Marcuse ist in der Studentenbewegung Psychotherapie einerseits, ob ihrer Verstrickung in Unterdrückungsmechanismen, Objekt der Kritik, andererseits ein emanzipatorisches Mittel. So entwickelt sich in den 1970er Jahren im Umfeld der Studentenbewegung ein regelrechter »Psychoboom« (vgl. Tändler, 2016): Die Hoffnung auf Befreiung und Demokratisierung des Selbst äußerte sich in einer Proliferation selbstorganisierter Gruppen, Workshops und Seminare, die der Loslösung der Fesseln des Selbst von der Vergangenheit und der Gesellschaft verpflichtet sind. Das »linke Milieu der siebziger Jahre« wird zu einem wichtigen »Träger des Psychobooms« (ebd., S. 10). Auch für das Verhältnis der Studentenbewegung zu psychotherapeutischem Denken und Handeln lässt sich also argumentieren, dass die kritische Auseinandersetzung mit den gesellschaftlichen Wirkungen der Psychotherapie keineswegs zu einer Korrosion psychotherapeutisch geprägter Selbst- und Weltverhältnisse führt, sondern im Gegenteil mit deren Festigung und Verbreitung zusammenfällt. Die Beiträge dieses Bandes können somit auch vor dem Hintergrund der These gelesen werden, dass die Kritik der Psychotherapie für deren Erfolg konstitutiv war und ist.

Ausgangspunkt für Christine Kirchhoffs Beitrag »Dazwischen. Psychoanalyse in Gesellschaft: als Theorie und in der Praxis« ist die Frage, ob in einer psychoanalytischen Therapie Gesellschaftskritik geübt werden kann und soll. Dazu kommentiert Kirchhoff zunächst die Differenz zwischen Theodor W. Adornos Haltung zur psychoanalytischen Theorie einerseits und zur psychoanalytischen Therapie andererseits – während Adorno die Psychoanalyse als Theorie für etwas hält, hinter das die Gesellschaftskritik nicht zurückfallen dürfe, kann er der Psychotherapie selbst nichts abgewinnen. Dabei übersehe Adorno jedoch, so Kirchhoff, dass das, was er der Psychotherapie anlaste, doch gerade deren gesellschaftlicher Stellung geschuldet sei. Ob nun aber dieser gesellschaftliche Hintergrund in einer Psychoanalyse nachgezeichnet werden sollte, reflektiert Kirchhoff schließlich in Bezug auf die Debatte Parin – Vogt, die von 1975 bis in die frühen 1990er Jahre in der *Psyche* geführt wurde. In ihrer Rekonstruktion der Debatte schlägt Kirchhoff sich tendenziell auf die Seite Vogts, wenn sie dafür plädiert, dass Gesellschaftskritik im Inneren des Analytikers stattfinden müsse, der seine politische nicht mit seiner psychoanalytischen Haltung verwechseln dürfe.

Auch Christine Zunke legt in ihrem Beitrag »Die Materialisierung der Psyche. Neurophysiologie als Spiegel entfremdeter Gesellschaft« Verwechslungen offen und zeigt, wie theoretische Verwechslungen mit einer manipulativen gesellschaftlichen Praxis verschränkt werden können. Zunke legt dar, dass und wie die Interpretierungsbedürftigkeit von neurowissenschaftlich gewonnenen Erkenntnissen, deren philosophische Nicht-Interpretation nicht deren Neutralität festhält, sondern anderweitige, nämlich manipulative, Interpretationsmöglichkeiten eröffnet. Gerade am Beispiel des Freiheitsbegriffs zeigt Zunke, dass die Interpretation neurowissenschaftlichen Wissens sowohl der philosophischen Theorie im Allgemeinen als auch der kritischen Gesellschaftstheorie im Besonderen als wichtige Aufgabe zufällt, um manipulative Indienstnahmen ideologischer Art offenzulegen und im Fokus kritischer Reflexion zu halten.

Die Zielrichtung von Frank Schumanns Artikel »Sozialutopie und Therapie. Zur Vernachlässigung des therapeutischen Erfahrungsfeldes für die Kulturkritik« ist eine entgegengesetzte: Schumann geht es weniger um den Wert der Gesellschaftskritik für die psychotherapeutische Praxis, sondern darum, wie erstere von einer genaueren Auseinandersetzung mit letzterer profitieren könnte. Schumann zeichnet dazu nach, wie Freuds These, dass individuelles Leid und gesellschaftliche Spannungen auf dieselben Konflikte zurückgehen, in der Kritischen Theorie historisiert und sozialutopisch transformiert wurde. Einen besonderen Fokus legt Schumann auf die Anerkennungstheorie Axel Honneths, in der er ein aktuelles Beispiel für diese Bewegung erkennt: Während die Notwendigkeit des Triebverzichts für Freud eine anthropologische Konstante darstellt, versteht Honneth das

Bedürfnis nach Anerkennung als solche. Indem Schumann eine zwischen der Verletzung des Anerkennungsbedürfnisses und der Erkenntnis dieser Verletzung liegende Leerstelle in Honneths Theorie gesellschaftlicher Entwicklung bloßlegt, warnt er vor einem theoretischen Reduktionismus, der die individuelle therapeutische Erfahrung marginalisiert – und damit letztlich deren Potenzial für sozialen Wandel verspielt.

Der nächste Beitrag dieses Bandes stammt von Sigfried Zepf. Unter der Überschrift »Psychoanalyse, Warenanalyse und Verdinglichung« setzt sich Zepf nachdrücklich dafür ein, die Rolle des Geldes für die Praxis der Psychoanalyse kritisch zu betrachten. Zepf bedient sich des Vokabulars der Marx'schen Warenanalyse und argumentiert, dass die psychoanalytische Praxis deutlich von ihrem Warencharakter gezeichnet ist. Psychoanalyse stellt eine Dienstleistung dar, deren Tauschwert für Psychoanalytikerinnen und Psychoanalytiker freilich schwerer wiegt als ihr Gebrauchswert: Therapie soll Geld bringen, nicht Heilung. Erste Symptome des Missverhältnisses, das Zepf für die Gegenwart mit der Einführung der Richtlinientherapie in Verbindung bringt, findet er auch schon in den frühen Tagen der Psychoanalyse, etwa wenn Freud reiche Patientinnen als »Goldfische« bezeichnet. Verschlimmert haben sich diese Symptome Zepfs Diagnose zufolge nicht nur, weil sich die Psychoanalyse selbst verändert hat, sondern weil das Subjekt, welches wiederherzustellen die Psychoanalyse antritt, auch gesellschaftlich im Verschwinden begriffen ist.

Es ließe sich zwischenbilanzieren, dass sich alle vier bisherigen Beiträge dafür interessieren, wo und wie Gesellschaftliches in den Bereich der psychischen Krankheiten hineinragt. Kirchhoff, Schumann und Zepf thematisieren dabei sowohl die Pathogenese – d. h. die Frage, ob und inwiefern gesellschaftliche, politische oder ökonomische Missstände das Individuum krankmachen – als auch die Psychotherapie, die, egal ob sie mögliche gesellschaftliche Ursachen psychischen Leidens thematisiert oder nicht, immer durch gesellschaftliche Gegebenheiten geprägt wird.

Auch der folgende Beitrag interessiert sich für den Einfluss gesellschaftlicher Faktoren auf den Umgang mit psychischen Erkrankungen. In seinem Text »Normativität und Normalisierung in der Diskussion um einen Begriff psychischer Krankheit« greift der Autor Andreas Heinz einen verhältnismäßig kurzen Moment aus der Geschichte einer psychischen Krankheit heraus: Er fokussiert die Diagnostik psychischer Krankheiten, die er sowohl als Spiegel als auch als Fundament herrschender Normen begreift. Um der Gefahr des politischen Missbrauchs psychiatrischer Diagnostik entgegenzuwirken, plädiert Heinz für einen engen Krankheitsbegriff, der nur auf solche Funktionsbeeinträchtigungen rekurrieren darf, die plausiblerweise für alle Menschen relevant sind und aus denen ein individueller Schaden entsteht.

Was Heinz in einer Randbemerkung fordert, nämlich dass die normative Setzung medizinisch relevanter Symptome mithilfe der Philosophischen Anthropologie zu reflektieren sei, nimmt Patricia Gwozdz' Aufsatz »Das Klinische Tagebuch. Ansätze zu einer Philosophischen Anthropologie der Genesungsprosa« auf. Mit dem Anspruch, literaturwissenschaftliche, psychologische und philosophische Perspektiven miteinander engzuführen, widmet sich Gwozdz darin zwei Fallbeispielen von klinischen Tagebüchern: Unica Zürns »Haus der Krankheiten« und Arnhild Lauvengs »Morgen werde ich ein Löwe sein«. Nach einer literaturwissenschaftlichen Skizze, die die Fallbeispiele in das Genre des Life Writing einordnen, demonstriert Gwozdz in ihrer Analyse das Potenzial der Begriffe Plessners für die Narrative Medicine – ein Potenzial, das derzeit von der Forschung noch nicht ausgeschöpft wird. Im Zentrum stehen dabei die Unterscheidung von Innen-, Außen- und Mitwelt sowie das Konzept der exzentrischen Positionalität.

Der Psychiater und Philosoph Martin Heinze elaboriert in seinem Beitrag »Sozialität und Dialektisches Denken« die Grundlagen einer dialektischen Kritik von individualistischen Betrachtungen der Psyche. Heinze greift dabei ideengeschichtlich auf Franz von Baaders Konzept der Erotik des sozialen Leibes und Maurice Merleau-Pontys Theorie des Begehrens zurück, deren entscheidende dialektische Gehalte er herausarbeitet. Als gemeinsame Pointe von Baaders und Merleau-Pontys, auf die es ihm ankommt, expliziert Heinze die dialektische Verfasstheit von Subjektivität selbst *qua* Leiblichkeit, die bei von Baader und Merleau-Ponty dem Subjekt eine Transzendenz ins Soziale hinein verleiht. Auf dieser ideengeschichtlichen und theoretischen Grundlage kritisiert Heinze im Anschluss an Honneth neoliberale Reduktionismen im theoretischen oder praktischen Zugriff auf eine künstlich isolierte Psyche, die aus den gemeinschaftlichen Vermittlungszusammenhängen herausgerissen wird, auf die hin sie angelegt ist.

Sebastian Edingers Beitrag »Kritik des Individualismus und Apologie der Libidotheorie. Zur Stellung von Adornos Kritik der revisionistischen Psychoanalyse Karen Horneys in seiner Kulturkritik« untersucht die Frage, inwieweit Adornos Kulturkritik mit seiner Kritik der revisionistischen Psychoanalyse und des von ihr lancierten Konzepts von Psychotherapie konvergiert. Dabei nimmt Edinger den Ausgang von Karen Horneys Konzept der Psychotherapie, dessen individualistische Grundhaltung im ersten Teil des Textes herausgearbeitet wird. Anschließend versucht Edinger zu zeigen, wie Adorno gerade vom entschiedenen Festhalten an Freuds Libidokonzept her seine Kritik des psychotherapeutischen wie auch des damit harmonierenden kulturindustriell lancierten Individualismus ausformuliert.

Auch Philip Rieff, dessen Schriften im Zentrum von Inga Andersons Text »Behagliche Kultur: Der Triumph des Wohlbefindens« stehen, will Freud gegen dessen Nachfolgerinnen und Nachfolger starkmachen. Anderson widmet sich in diesem Text, der der letzte Beitrag dieses Bandes ist, einem heutzutage wenig rezipierten Autor, dessen kultursoziologische Auseinandersetzung im Rahmen dieses Sammelbandes aber durchaus Beachtung verdient – nicht nur, weil der Titel von Rieffs bekanntestem Werk – *The Triumph of the Therapeutic* – wohl ein geflügeltes Wort darstellt, sondern auch, weil Rieff darin eine dezidiert konservative Position einnimmt. Rieff erkennt in den dominanten psychotherapeutischen Denk- und Handlungsmustern der Nachkriegszeit den Motor eines kulturhistorischen Wandels, an dessen Horizont er das Ende menschlicher Kulturfähigkeit ausmacht. Andersons Text weist einerseits auf Schnittmengen zwischen Rieffs Argumenten und der aktuellen Psychotherapie-Kritik hin, will dabei aber andererseits dem »psychological man« (Rieff, 1965, S. 356), dem Protagonisten der von Rieff beschriebenen Kulturrevolution, auf den Zahn fühlen.

Für die Unterstützung bei der Durchführung der Tagung und der Gestaltung des Sammelbands möchten wir uns bedanken bei Prof. Hans-Peter Krüger und Yvonne Wilhelm vom Institut für Philosophie der Universität Potsdam sowie bei Johannes Ambrosius, der uns während der Tagung tatkräftig zur Hand ging. Ebenso gilt unser Dank dem Institut für Kulturwissenschaft der Humboldt-Universität zu Berlin, in dessen Räumen die Tagung stattfand. Vor allem aber möchten wir den Referentinnen und Referenten der Tagung und natürlich denjenigen, die die Mühe auf sich genommen haben, die hier versammelten Texte zu verfassen, unseren Dank aussprechen. Zudem gilt unser Dank der Deutschen Forschungsgemeinschaft (DFG), deren Förderung eines der Herausgeber den Impuls gab, die Themen dieses Sammelbandes im interdisziplinären Dialog zu diskutieren. Last, but not least: ein herzliches Dankeschön an das Team des Psychosozial-Verlags, das die Begleitung dieses Publikationsprojekts mit viel Geduld begleitete.

Literatur

Burkeman, O. (2016, 07. Januar). Therapy Wars: The Revenge of Freud. *The Guardian*. https://www.theguardian.com/science/2016/jan/07/therapy-wars-revenge-of-freud-cognitive-behavioural-therapy (03.10.2020).

Daiminger, C. (2007). *Eine Erfolgsgeschichte mit Differenzen. Zur Geschichte der Professionalisierung der Verhaltenstherapie und der Deutschen Gesellschaft für Verhaltenstherapie (DGVT) in der Bundsrepublik Deutschland.* Tübingen: dgvt-Verlag.

Ebke, T., Edinger, S., Müller, F. & Yos, R. (Hrsg.). (2017). *Mensch und Gesellschaft zwischen Natur und Geschichte. Zum Verhältnis von Philosophischer Anthropologie und Kritischer Theorie.* Berlin/Boston: De Gruyter.

Ebke, T. & Hoth, S. (2019). (Hrsg.). *Die Philosophische Anthropologie und ihr Verhältnis zu den Wissenschaften der Psyche.* Berlin/Boston: De Gruyter.

Ehrenberg, A. (2004). *Das erschöpfte Selbst. Depression und Gesellschaft in der Gegenwart.* Frankfurt a. M., New York: Campus.

Eysenck, H.-J. (1961). Psychoanalysis – myth or science? *Inquiry, 4,* 1–15.

Fuchs, T. (2000). *Leib, Raum, Person. Entwurf einer phänomenologischen Anthropologie.* Stuttgart: Klett-Cotta.

Fuchs, T. (2008). *Leib und Lebenswelt. Neue philosophisch-psychiatrische Essays.* Zug/Schweiz: Die Graue Edition.

Habermas, J. (1981). *Theorie des kommunikativen Handelns, Bd. 2. Zur Kritik der funktionalistischen Vernunft.* Frankfurt a. M.: Suhrkamp.

Heinz, A. (2014). *Der Begriff der psychischen Krankheit.* Berlin: Suhrkamp.

Horkheimer, M. (1985a). Die Psychoanalyse und die Soziologie. In ders., *Gesammelte Schriften Band 8: Vorträge und Aufzeichnungen 1949–1973* (S. 294–305). Frankfurt a. M.: Fischer.

Horkheimer, M. (1985b). Begriff der Bildung. In ders., *Gesammelte Schriften Band 8: Vorträge und Aufzeichnungen 1949–1973* (S. 409–419). Frankfurt a. M.: Fischer.

Krüger, H.-P. (2007) *Hirn als Subjekt? Philosophische Grenzfragen der Neurobiologie.* Berlin: Akademie.

Marcuse, H. (1957). *Triebstruktur und Gesellschaft. Ein philosophischer Beitrag zu Sigmund Freud.* Übers. v. Marianne von Eckhardt-Jaffe. Frankfurt a. M.: Suhrkamp.

Marcuse, H. (2017). Befreiung von der Überflussgesellschaft. In P. Katsinas (Hrsg.), *Dialektik der Befreiung* (S. 99–111). Übers. v. Hans-Werner Saß. Wien: Bahoe Books.

Meyer, A.-E. (1990). Eine Taxonomie der bisherigen Psychotherapieforschung. *Zeitschrift für Klinische Psychologie, 19*(4), 287–291.

Rieff, P. (1965). *Freud. The Mind of the Moralist.* London: Methuen University Paperbacks.

Rudolf, G. & Henningsen, P. (2007). *Psychotherapeutische Medizin und Psychosomatik. Ein einführendes Lehrbuch auf psychodynamischer Grundlage.* Stuttgart: Georg Thieme Verlag.

Sonnemann, U. (1984). Metaphysische Bestürzung und stürzende Metaphysik. Anmerkungen über ein Denken, das dem Schlußsatz der Negativen Dialektik genügen könnte. In J. Naeher (Hrsg.), *Die Negative Dialektik Adornos* (S. 293–316). Opladen: Leske Verlag.

Sonnemann, U. (2011a). Existence and Therapy. In ders., *Schriften, Bd. 2. Daseinsanalyse. ›Existence and Therapy‹. Wissenschaft vom Menschen* (S. 45–465). Hrsg. v. Paul Fiebig. Springe: zu Klampen.

Sonnemann, U. (2011b). Negative Anthropologie. In ders., *Schriften, Bd. 3. Spontaneität und Verfügung. Sabotage des Schicksals* (S. 19–359). Hrsg. v. Paul Fiebig. Springe: zu Klampen.

Tändler, M. (2016). *Das therapeutische Jahrzehnt. Der Psychoboom in den siebziger Jahren.* Göttingen: Wallstein Verlag.

Biografische Notizen

Inga Anderson, Dr., ist wissenschaftliche Referentin im Bereich »Bildung, Gender« beim DLR Projektträger in Bonn. Von 2015 bis 2017 war sie wissenschaftliche Mitarbeiterin am Institut für Kulturwissenschaft an der Humboldt-Universität zu Berlin und Koordinatorin des weiterbildenden Masterstudiengangs »Psychoanalytische Kulturwissenschaft«. In ihrer Promotion *Bilder guter Trauer*, die sie im Frühjahr 2016 verteidigte und die im Wilhelm Fink Verlag veröffentlicht wurde, beschäftigte Inga Anderson sich mit neuen Sichtbarkeiten der Trauer in der Psychologie, Philosophie und Fotografie.

Sebastian Edinger, Dr., war zuletzt wissenschaftlicher Mitarbeiter an der Universität Potsdam. Er lebt in Berlin.

Dazwischen

Psychoanalyse in Gesellschaft: als Theorie und in der Praxis

Christine Kirchhoff

Eingedenken der Natur im Subjekt

Sigmund Freud situierte den Gegenstand der Psychoanalyse, das Unbewusste, konsequent im Zwischenraum: Zwischen Geist und Körper, zwischen Natur und Gesellschaft. Zu bestimmen ist das Unbewusste am besten durch die Differenz, über das, was es nicht ist. Nicht umsonst markiert die Vorsilbe Un- eine Bewegung des Entzuges, wie Freud selbst in seiner Arbeit über das Unheimliche vorführt (vgl. Freud, 1919).

Max Horkheimer merkte diesbezüglich an, dass für Freud (und Simmel), »wie für alle großen Psychologen«, die »Psychologie mehr als Psychologie« gewesen sei, nämlich »der Schlüssel zum Verständnis der Irrationalität der menschlichen Existenz, der rätselhaften Totalität der Lebensprozesse der Gesellschaft und des Individuums« (Horkheimer, 1948, S. 398). Freud habe in der Psychologie, also der Psychoanalyse, »eine mögliche Hilfe gegen die Bedrohung der Zivilisation durch jene Irrationalität« gesehen (ebd.).

Auch Theodor W. Adorno lobte die Psychoanalyse. Die »analytische Psychologie« nannte er ein unverzichtbares Moment einer kritischen Theorie der Gesellschaft, da sie ihm als Einzige galt, »die im Ernst den subjektiven Bedingungen der objektiven Irrationalität nachforscht« (Adorno, 1955, S. 42). Hier greift er Horkheimers Formulierung wieder auf, verschiebt aber den Fokus von der »Irrationalität der menschlichen Existenz« zur objektiven Irrationalität, mit deren subjektiven Bedingungen man sich als Gesellschaftskritiker deswegen zu beschäftigen habe, weil es den Menschen bisher – und dies gilt immer noch – nicht gelungen sei, vernünftige gesellschaftliche Verhältnisse zu entwickeln, also eine Gesellschaft, die nicht einem im emphatischen Sinne irrationalen Selbstzweck folgt, der Selbstverwertung des Kapital, sondern dem eines möglichst guten Lebens für alle Menschen, wie unvollkommen dies dann auch ausfallen möge.

Dass der Rekurs auf die Psychoanalyse notwendig sei, war den Theoretikern des Frankfurter Instituts für Sozialforschung spätestens seit den frühen 1930er Jahren klar. Zu diesem Zeitpunkt begann die Beschäftigung mit der Psychoanalyse. Den Glauben an das revolutionäre Subjekt Arbeiterklasse teilten sie nicht. Marx sei »zu harmlos« gewesen merkte Adorno rückblickend in einer Diskussion mit Horkheimer am Frankfurter Institut für Sozialforschung am 31.03.1965 an. Er habe »sich wahrscheinlich naiv vorgestellt, dass die Menschen im Grunde wesentlich identisch sind und bleiben. Dass es dann gut wird, wenn man nur die schlechte zweite Natur von ihnen nimmt. Er hat sich nicht um die Subjektivität gekümmert, er wollte das nicht so genau wissen« (Horkheimer, 1996, S. 71).

Von »objektiver Irrationalität« (Adorno, 1955, S. 42) zu sprechen, ist also auch daher angemessen, weil längst etwas Anderes möglich wäre, aber eben nicht verwirklicht ist – bisher zumindest nicht. So heißt es am Beginn der Negativen Dialektik, in der Adorno sein Programm einer Verwirklichung des Möglichen entfaltet: »Die ungeminderte Dauer von Leiden, Angst und Drohung nötigt den Gedanken, der sich nicht verwirklichen durfte, dazu, sich nicht wegzuwerfen. Nach dem versäumten Augenblick hätte er ohne Beschwichtigung zu erkennen, warum die Welt, die jetzt, hier das Paradies sein könnte, morgen zur Hölle werden kann« (Adorno, 1966a S. 24).

Gerade das, was die Psychoanalyse auch insbesondere an der Universität sperrig macht, nämlich dass Freud Widersprüche unaufgelöst stehen gelassen habe, dass er die »in sich selbst zerrissene Sache« nicht harmonisiert habe, macht Freud für Adorno zu einem der »großen bürgerlichen Denker« (Adorno, 1952, S. 40). Die Psychoanalyse werde gar zur »Anklage der Zivilisation«, wenn sie die »Unsicherheit des eigentlichen Zwecks der Anpassung, die Unvernunft vernünftigen Handelns« aufdeckte, welche »etwas von objektiver Unvernunft« widerspiegele (ebd.).

Für Adorno ist die Psychoanalyse gerade als Subjekttheorie, als »Eingedenken der Natur im Subjekt« (Horkheimer & Adorno, 1947, S. 238), für die Kritik der Verheerungen kapitalistischer Vergesellschaftung unentbehrlich. Von Eingedenken zu sprechen aber ist auch appelativ, es setzt voraus, dass an etwas gedacht werden sollte; dass man auch nicht daran denken, es vergessen könnte – und dies vielleicht auch des Öfteren gerne möchte. Daran zu denken, dass Natur im Subjekt ist, ist wiederum nur erforderlich, wenn da auch etwas anderes ist, wenn zwar Natur im Subjekt ist, das Subjekt aber nicht in Natur aufgeht. Eingedenken markiert so wiederum eine

Differenz: Natur ist im Subjekt, taucht aber auf, und das ist die Perspektive der Psychoanalyse, als ihr anderes, als psychische Repräsentanz, als etwas Übersetztes. Dieses Verhältnis lässt sich an den Freud'schen Begriffen ausbuchstabieren, am deutlichsten am Triebbegriff: Der Trieb ist dem Körper entsprungen, nicht ohne den Körper zu denken, nicht ohne Körperäußerung zu haben, aber nicht als rein somatischer zu fassen. Freud fasste ihn als einen »Grenzbegriff« (vgl. Freud, 1915).[1]

Praxis: Anpassung ans Schlechte[2]

So sehr Adorno die Psychoanalyse als Beitrag zur kritischen Theorie der Gesellschaft schätzte, und so sehr er sie diesbezüglich für unverzichtbar hielt, und seine Arbeiten zeigen dies, gerade auch dort, wo es nicht explizit um Psychoanalyse geht, so wenig konnte er der psychoanalytischen Praxis abgewinnen. Anders als Max Horkheimer, der selbst eine Analyse bei Karl Landauer gemacht hatte, hat sich Adorno nie in Psychoanalyse begeben. Ihm galt die psychoanalytische Praxis als eine komplette Zumutung für das von den Verhältnissen ohnedies schon arg gebeutelte Individuum. Einige Passagen aus der *Minima Moralia* zeigen dies sehr deutlich:

Der Patient solle dem Analytiker zuliebe auch noch sein letztes bisschen an Vernunft aufgeben, um an Schundfilmen, »zum Sex dosierten Geschlecht« und ungenießbarem französischen Essen wahllos sich begeistern zu können (Adorno, 1951, S. 73). Er habe sich in der Übertragung »freiwillig durchzustreichen«, eine »reflektorische Verhaltensweise«, die, wie Adorno nicht spitz anzumerken vergisst, auch zum »Marsch hinterm Führer« befähige (ebd.). Den Analysierten würden sowohl die Lust als auch der Himmel – also die diesseitige und die antizipierte jenseitige Erfüllung – verekelt: am besten taugten sie demnach zu Objekten (ebd.). Das »Leere und Mechanisierte« schließlich, das an erfolgreich Analysierten so oft zu beobachten sei, gehe nicht nur auf das Konto ihrer Krankheit, sondern sei auch ihrer Heilung geschuldet, die »bricht, was sie befreit« (ebd.). Noch die gelungene Kur trage »das Stigma des Beschädigten, der vergeblich und sich pathisch übertreibenden Anpassung« (ebd., S. 57). Indem

---

1 Zur Dialektik des Triebbegriffs siehe Kirchhoff, 2011.
2 Dieser Abschnitt ist eine überarbeitete und gekürzte Fassung eines Teils von Kirchhoff, 2007.

der Geheilte »dem irren Ganzen« sich anähnle, werde er erst recht krank – und da bleibt es ein schwacher Trost, dass Adorno zugesteht, dass der, dem die Heilung misslinge, nicht gesünder sei. (ebd.). Kurzum, das Glück, das die Psychoanalyse verordne (!), sei keines; schon gar nicht könne »Genussfähigkeit« ein zu erstrebendes Ziel sein: »Als ob nicht das Wort Genussfähigkeit genügte, diese, wenn es so etwas gibt, aufs empfindlichste herabzusetzen« (ebd., S. 73).[3]

Nimmt man all diese Aussagen zusammen, dann scheint eines völlig klar: Von einer Analyse müsste man eigentlich dringend abraten. Adorno äußert allerdings auch eine positive Vorstellung, was eine Analyse zum Ziel haben müsste.

> »Wie die Leute durchweg zu wenig Hemmungen haben und nicht zu viele, ohne doch darum um ein Gran gesünder zu sein, so müßte eine kathartische Methode, die nicht an der gelungenen Anpassung und am ökonomischen Erfolg ihr Maß findet, darauf ausgehen, die Menschen zum Bewußtsein des Unglücks, des allgemeinen und des davon ablösbaren eigenen, zu bringen und ihnen die Scheinbefriedigungen zu nehmen, kraft derer in ihnen die abscheuliche Ordnung nochmals am Leben sich erhält, wie wenn sie sie nicht von außen bereits fest genug in der Gewalt hätte. Erst in dem Überdruß am falschen Genuß, dem Widerwillen gegens Angebot, der Ahnung von der Unzulänglichkeit des Glücks, selbst wo es noch eines ist, geschweige denn dort, wo man es durch die Aufgabe des vermeintlich krankhaften Widerstands gegen sein positives Surrogat erkauft, würde der Gedanke von dem aufgehen, was man erfahren könnte« (ebd., S. 69).

Vom »Evangelium der Lebensfreude«, das stattdessen verkündet werde, führe ein »gerader Weg« zur »Errichtung von Menschenschlachthäusern so weit hinten in Polen«, dass jeder sich einreden könne, er höre die Schreie nicht (ebd., S. 70).

---

3 Adornos Kritik an einem derart verdinglichen Verhältnis zum Genuss ist zutreffend, stellt sich allerdings angesichts von Patienten, denen es kaum möglich ist, irgendetwas mit Freude und Sinn zu machen, in einem anderen Licht dar. Auch hier ist die Perspektive entscheidend: Was aus der Perspektive der Praxis als Ringen um ein bisschen mehr Lebensfreude m. E. keiner weiteren Legitimation bedarf, lässt sich aus der Außenperspektive als Erreichen von Genussfähigkeit darstellen und dann aus einer gesellschaftskritischen Perspektive auch kritisieren.

Ein sehr hoher Anspruch und ein sehr großes Grauen liegen hier eng beieinander. Wie kommt es nun, dass Adorno die Psychoanalyse, wie sie praktiziert wird, in die Nähe der Fähigkeit zur Verleugnung der Existenz nationalsozialistischen Vernichtungslager rückt und zugleich, entgegen seiner eigenen Gesellschaftstheorie, so viel von ihr erwartet?[4] Eine Psychoanalyse, die Adorno akzeptieren könnte, sollte die Menschen nicht nur zum Bewusstsein des eigenen ganz individuellen Unglücks bringen, und, so müsste man hier ergänzen, vielleicht erst einmal dazu, dieses nicht als so überwältigend zu erleben, dass es nur agiert, verdrängt und abgespalten werden kann, sondern auch zu dem des allgemeinen Unglücks, zur Aufgabe der Scheinbefriedigungen, durch die hindurch sich die abscheuliche Ordnung – die Gesellschaft – am Leben erhält, wie zum Überdruss am falschen Genuss, zum Widerwillen gegen das Angebotene und auch noch zur Ahnung von der Unzulänglichkeit des Glücks.

Offenbar soll die Psychoanalyse am Einzelnen genau das vollbringen, was Anliegen der kritischen Theorie ist und Adorno zufolge die Philosophie am Leben hält: die Aufklärung selbstreflexiv über sich hinaus zu treiben (Adorno & Horkheimer, 1947, S. 60), also zur Einsicht in das allgemeine Unglück mit dem Ziel, dies zu verändern und nicht es hinzunehmen oder zu verleugnen. Auf die Gesellschaft bezogen trifft diese Diagnose zu, denn das ist ja das, was einem gelingenden Leben in der bürgerlichen Gesellschaft eingeschrieben ist, die Verleugnung des Unglücks der anderen. Jenes wird von dem Soziologen Stefan Lessenich (2016) treffend als die »Sintflut neben uns« bezeichnet wird, als Folge dessen, was er »Externalisierungsgesellschaft« nennt. Es handelt sich schlussfolgernd um eine Gesellschaft, deren relativer Reichtum darauf beruht, dass ihre Voraussetzungen, Kosten und Folgen ausgelagert werden in andere Gegenden der Welt.

Nun steht dieser Ausflug in die gegenwärtige Soziologie nicht zufällig an dieser Stelle. Die Einsicht in das allgemeine Unglück, soll sie Einsicht sein und nicht blindes Ressentiment, etwa gegen »die da oben« oder andere vermeintliche Urheber der Misere, bedarf eines auf die Kritik der politischen Ökonomie rekurrierenden Begriffs der Gesellschaft. Wie aber soll

---

4 Wolfgang Bock (2017) geht davon aus, dass Adorno sich hier gegen die von Schultz-Hencke propagierte »Neo-Psychoanalyse« und gegen den revisionistischen Ansatz von Karen Horney wendet. Dies wird besonders deutlich, wenn Adorno darauf hinweist, dass Menschen eher zu wenig Hemmungen haben als zu viele, setzt Schultz-Hencke doch auf die Entfesselung der Aggressivität im Sinne der Tüchtigkeit (vgl. Bock, 2017, S. 586ff.).

dieser in einer Analyse vermittelt werden, die nicht ihre Aufgabe verfehlt und sich mit einem Theorieseminar im Liegen verwechselt? Ein Analytiker, der seine Patienten auf die gesellschaftlichen Verhältnisse stoße und womöglich noch über diese belehre, wäre kein Analytiker mehr.

Doch spinnen wir den Faden weiter. Würde der Analytiker, der so verführe, wie der Anspruch Adornos es, gemessen an seinem eigenen Begriff von Gesellschaft, impliziert, nicht genauso übermächtig, wie er gerade bei Adorno zu sein scheint, wenn z. B. die Patienten dem Analytiker zuliebe die ihnen verordneten schlechten Filme gut finden sollen? Und wäre dies – die Belehrung über die Gesellschaft – nicht genau das, was eben in einer Analyse nicht passieren sollte, weil es dieses Verhältnis auszeichnet, den Einzelnen in seinen ureigenen – so vermittelt diese objektiv auch sein mögen – Wünschen und Ängsten ernst zu nehmen und ihn mit diesen überhaupt, so weit als möglich, zur Sprache finden zu lassen? Es ist bemerkenswert, dass die Übermacht, die sonst bei Adorno berechtigterweise der Gesellschaft innewohnt, auf einmal im Analytiker auftaucht. Dabei ist diese Übermacht durchaus ambivalent: gefürchtet als eine, die den Patienten dazu bringe, sich selbst durchzustreichen und sein letztes Bisschen an Vernunft aufzugeben (s. o.) und zugleich ersehnt als Potenz, das zu vollbringen, was die kritische Theorie treibt und der Menschheit historisch nicht nur bisher nicht glückte, sondern ständig in Gefahr ist, erneut in Barbarei umzuschlagen.

Angesichts dieser Ambivalenz und der damit einhergehenden Idealisierung des Potenzials der Psychoanalyse, ist die komplette Entwertung der analytischen Praxis in ihrer Alltäglichkeit nicht mehr erstaunlich. Gerade weil Adorno eine so hehre Vorstellung von der gelungenen psychoanalytischen Praxis hat, weil er alles von ihr erwartet – und zugleich befürchtet – ist er so sehr enttäuscht von der alltäglichen psychoanalytischen Praxis. Dabei verfehlt er nicht nur deren wie auch immer beschränkte Möglichkeit, ein wenig bei der individuellen Emanzipation behilflich zu sein. Er verfehlt zugleich die kategoriale Ebene, auf der sich seine Kritik abspielen sollte und sinnvoll wäre.

Denn auch wenn Adornos Polemiken gegen die psychoanalytische Therapie und ihre Folgen auf der Ebene des einzelnen Patienten fehlgehen, haben sie, so denke ich, doch gerade darin ihren kategorialen Gehalt. Objektiv, d. h. bezogen auf die gesellschaftliche Totalität, wenn er vom Individuellen als gesellschaftlicher Formbestimmung spricht, ist ihm durchaus zuzustimmen. Denn das »vereinzelte Individuum«, so Adorno, verkörpere »im absoluten Gegensatz zur Gesellschaft deren innerstes Prinzip«

(Adorno, 1955, S. 55). Seine »Eigenschaften« seien »allemal Male der gesellschaftlichen Totalität« (ebd.). Die Psychoanalyse, so eine weitere prominente Formulierung Adornos, allerdings bezogen auf die psychoanalytische Subjekttheorie, stoße »in den innersten psychologischen Zellen auf Gesellschaftliches« (Adorno, 1966b, S. 88).

> »Psychodynamik ist die Reproduktion gesellschaftlicher Konflikte im Individuum, aber nicht derart, daß es die aktuellen gesellschaftlichen Spannungen bloß abbildete. Sondern es entwickelt auch, indem es als ein von der Gesellschaft Abgedichtetes, Abgespaltenes existiert, nochmals die Pathogenese einer gesellschaftlichen Totalität aus sich heraus, über der selber der Fluch der Vereinzelung waltet« (Adorno, 1955, S. 55f.).

Wenn die Psychodynamik ein Moment gesellschaftlicher Totalität darstellt, dann trifft dies auch die Auseinandersetzung mit ihr. Eine Therapie gleich welcher Couleur steht als partikulare Praxis genauso hilflos vor der gesellschaftlichen Totalität, wie andere Versuche im Hier und Jetzt den Einzelnen als Einzelnen zu befreien. Dass die analytische Therapie, wie Adorno sagt, »bricht, was sie befreit«, ginge dann allerdings nicht auf deren Kosten, sondern ist ihrer Stellung in der Gesellschaft geschuldet. Objektiv gesehen kann die psychoanalytische Therapie gar nicht anders als zur Produktion der »Krankheit der Gesunden« (Adorno, 1951, S. 66) zu tendieren bzw. diese zu erhalten. Die Krankheit der Gesunden allerdings, lasse sich, so wiederum Adorno, »einzig objektiv« diagnostizieren »am Mißverhältnis ihrer rationalen Lebensführung zur möglichen vernünftigen Bestimmung ihres Lebens« (ebd.) – aber dann auch nicht dem Einzelnen anlasten.

Auch bezüglich der individuellen Bedürfnisse ist Adorno an Stellen, an denen es nicht um jene nach einer psychoanalytischen Therapie geht, milder gestimmt und begrifflich genauer. Erinnern wir uns an die von den Analysierten ihren Analytikern zuliebe entwickelten Bedürfnisse – schlechte Filme, schlechtes Essen, schlechter Sex – an denen Adorno kein gutes Haar ließ. Bezüglich der Bedürfnisse in der kapitalistischen Gesellschaft stellt er an anderer Stelle fest, dass »über richtiges und falsches Bedürfnis […] gemäß der Einsicht in die Struktur der Gesamtgesellschaft samt all ihren Vermittlungen zu urteilen« (Adorno, 1968, S. 365f.) sei. Dabei sieht er zugleich aber auch, dass »reale Bedürfnisse objektiv Ideologien sein könnten, ohne daß daraus ein Rechtstitel erwüchse, sie zu negieren«

(Adorno, 1966b, S. 99). Dies ist der Einsicht geschuldet, dass »Menschlichkeit und Repressionsfolge [...] an keinem Bedürfnis säuberlich zu trennen« (Adorno, 1942, S. 393) wäre.

Pointiert gesagt, kann das Ergebnis einer Psychoanalyse im besten Fall ein bürgerliches Subjekt sein, ein Individuum in dieser Gesellschaft, nicht mehr – aber eben auch nicht weniger. Das Leben bleibt, gemessen an einem emphatischen Begriff von Individualität, genauso beschädigt wie es ist. In einem Zustand, in dem sich das, was für den Einzelnen ein Fortschritt, eine Entwicklung, oder gar Glück sein kann, objektiv in sein Gegenteil verkehrt, ist ein Mehr an Genussfähigkeit, Einsicht, Distanz tendenziell zugleich eine Anpassung: Nicht zuletzt, weil sich verantwortlich um seine Reproduktion zu kümmern, heißt, das zu verkaufen, was man hat, die Ware Arbeitskraft. Dies bedeutet noch immer, seine Haut zu Markte tragen, auf dass sie gegerbt werde (vgl. Marx, 1890, S. 191), was man wünschen muss, anstatt es angemessener Weise zu fürchten.

Realitätstüchtigkeit bedeutet eben auch die Akzeptanz des eigentlich nicht zu Akzeptierenden – das ist dann das Widersinnige am Realitätsprinzip im Kapitalismus, dass die Realität, mit deren Binnenrationalität sich jeder Einzelne aufs Neue sich mühsam zu arrangieren hat, gesamtgesellschaftlich betrachtet eine irrationale ist. Das Gelingen des Lebens des Einzelnen wird so Index seiner eigenen Unwahrheit, wenn sich Genuss, Freude und die Lebendigkeit des Einzelnen angesichts der Ignoranz des allgemeinen Elends, das nicht mehr sein müsste, in sich »bürgerlichen Kälte« verkehrt, von der niemand frei sei: »Wer sich einbildet, er sei, als Produkt dieser Gesellschaft, von der bürgerlichen Kälte frei, hegt Illusionen wie über die Welt so über sich selbst; ohne jene Kälte könnte keiner mehr leben« (Adorno, 1969, S. 788).

Aber zugleich ist es genau die Fähigkeit zur Distanz, die zugleich ein Sich-einlassen-Können ohne sich darin zu verlieren bedeutet, das Aushaltenkönnen von Differenz, ohne die Freiheit nicht denkbar ist. Und dies könnte der Psychoanalyse durchaus als Potenzial gutgeschrieben werden. Denn wenn auch Gesellschaftskritik nicht per Analyse vermittelt werden kann, kann diese doch den Raum eröffnen, sich weniger zu assimilieren – denn bei aller Kritik an der Hypostasierung des Ichs: Wer denken will, muss auch Ich sagen können. Kritik erfordert Distanz und auch die Fähigkeit, Widersprüche auszuhalten. Gerade die psychoanalytische Erfahrung kann dazu beitragen, benötigt dazu jedoch ein Drittes, ein Hinzutretendes, die kritische Auseinandersetzung mit der Gesellschaft.

Zum Schluss bleibt festzustellen, dass Adorno zwar das kritische Potenzial der psychoanalytischen Theorie gesehen und geschätzt hat, bezüglich der Therapie aber den Einzelnen betreffend fehlzugehen scheint. Seine komplette Absage an die psychoanalytische Praxis steht quer zu seinem Denken. Man könnte auch sagen, er hält die Spannung, die Spannung zwischen der objektiven Verkehrung und den doch nicht darin aufgehenden Regungen der Einzelnen, die Spannung zwischen Möglichkeit und Wirklichkeit, deren Meister er sonst ist, an dieser Stelle nicht. Und das erstaunt umso mehr angesichts seiner Hellsichtigkeit den Umstand betreffend, dass noch das Unmittelbarste ein Vermitteltes ist, etwas das nicht nur nicht unmittelbar positiv zu bestimmen, sondern auch in sich zu seinem Anderen wird – was aber auch impliziert, dass es eben nicht komplett in der objektiven Bestimmung aufgeht.

Debatte Parin – Vogt

Bekanntlich sah Freud sich nicht als zuständig für das »gemeine Unglück« an, er formulierte die Ziele und Möglichkeiten der psychoanalytischen Praxis sehr viel vorsichtiger: Es sei, so wandte er sich an eine Patientin, »viel damit gewonnen, wenn es uns gelingt, ihr hysterisches Elend in gemeines Unglück zu verwandeln. Gegen das letztere werden sie sich mit einem wiedergenesenen Seelenleben besser zur Wehr setzen können« (Freud, 1895, S. 312). Was Freud hier ohne näher darauf einzugehen voraussetzt, ist eine abstinente Haltung, das heißt hier, bei der individuellen Verarbeitung, dem individuellen Leiden zu bleiben, auch wenn das äußere Elend – das Schicksal, das auch ein gesellschaftliches ist – mit Händen zu greifen sein sollte.

Ich möchte das schwierige Verhältnis der praktischen Psychoanalyse zur Gesellschaftstheorie oder Gesellschaftskritik weiter erläutern, indem ich auf eine Debatte eingehe, die in der Zeitschrift *Psyche* ab 1975 geführt wurde. Dort erschienen, beginnend mit einer Arbeit von Parin (1975), in loser Folge Artikel, die sich, auf Parin antwortend, mit der Frage beschäftigten, ob und inwiefern eine gesellschaftskritische Einstellung vom Analytiker in die Psychoanalyse eingebracht werden sollte.[5]

---

5 Beiträge, die in der Zeitschrift *Psyche* publiziert wurden: Parin, 1975; Vogt, 1988; Parin, 1989; Passett, 1991. Inhaltlich zur Debatte gehörig außerdem: Parin & Parin-Matthèy, 1978; Passett, 1988. Da es mir an dieser Stelle nicht um eine Diskussion der damaligen

In dem 1975 publizierten Vortrag, den er ein Jahr zuvor anlässlich der Eröffnung des Michael-Balint-Instituts in Hamburg gehalten hatte, tritt Paul Parin dafür ein »entgegen der herrschenden Tradition die psychoanalytische Deutungsstrategie am Horizont der Gesellschaftskritik zu orientieren« (Parin, 1975, S. 97). Parin führt aus, wie wichtig es sei, den Patienten im »Deutungsprozess« mit der Realität zu konfrontieren, die dieser wahrnehme, aber auch »mit einer Kritik oder Analyse der sozialen Realität«, die dieser nicht wahrnehme (ebd., S. 99). Er spricht einer gesellschaftskritischen Intervention den Gehalt einer Deutung zu, da diese, indem sie »die der Gesellschaftsordnung zugrunde liegenden Kräfte« aufzeige, »die Wirkung einer Deutung haben kann, weil diese Kräfte auf den psychischen Apparat einwirken« (ebd.).

Parin parallelisiert die Tatsache, dass es wichtig sei, dass der Analytiker beispielsweise die Familie des Patienten nicht ebenso verzerrt wahrnehme wie dieser mit der Wahrnehmung der Gesellschaft: Bearbeitet werden müssten nicht nur die individuell begründeten, sondern auch die kollektiven Verzerrungen der Wahrnehmung.

Die Forderung nach Gesellschaftskritik im Deutungsprozess ist für Parin darin begründet, dass er der »Gesellschaft, ihrer Struktur und den sie bewegenden Kräften einen ungleich größeren Einfluß auf den entwickelten psychischen Apparat des Erwachsenen zu[schreibe], als dies in der Psychoanalyse üblich« sei (ebd., S. 102).

Parin wendet sich damit gegen die traditionelle Psychoanalyse, in der davon ausgegangen werde, dass die Psychoanalyse erreicht habe, was sie könne, wenn das Realitätsprinzip in Kraft treten könne – er paraphrasiert hier die oben zitierte Aussage Freuds – und es nun dem Analysanden überlassen bleibe, »seine soziale Realität einzuschätzen, zu ihr Stellung zu nehmen und in ihr zu handeln« (ebd.). Parin wendet dagegen ein, dass hier eine zu große Unabhängigkeit des Ichs vorausgesetzt werde, es vielmehr so sei, dass »das beobachtende Ich in seiner objektiven Realität, d. h. in seiner unmittelbaren Umwelt oft ein verzerrtes oder ins Gegenteil verkehrtes Bild der gesellschaftlichen Wirklichkeit« wahrnehme, was einfacher zu korrigieren wäre »wenn die gesellschaftlichen Kräfte, die auf das Individuum

---

Debatte geht, sondern um die Bestimmung der Differenz zwischen klinischer psychoanalytischer Praxis und der Psychoanalyse als Moment einer Kritik der Gesellschaft, beschränke ich mich hier auf die Diskussion der Beiträge von Parin (1975) und Vogt (1988), da sich hier der von mir anvisierte Unterschied zeigen lässt.

wirken, nicht tief in die Struktur des psychischen Apparats eingriffen«
(ebd., S. 102f.). Das schon durch diese gesellschaftlichen Kräfte »veränderte Ich« vermöge die »sozialen Faktoren, an die es seine Struktur an-
geglichen hat, nicht mehr zu erkennen« (ebd., S. 103). Wenn die Anpassung einigermaßen spät erfolge, während oder nach der Adoleszenz, seien
ihre Folgen subjektiv noch wahrnehmbar, »nämlich als eine Verarmung an
Befriedigung, als Erniedrigung des Selbstgefühls und mitunter als Erinnerung an frühere Zustände oder an nicht mehr wirksame, aber noch nicht
ganz entwertete Ichidealforderungen, die der Angleichung widerstanden«
hätten (ebd., S. 103). Grundsätzlich bemängelt Parin, dass in der psychoanalytischen Theorie die »objektive Realität« in ihrer »Eigengesetzlich-
keit« und die »Anpassungs- und Bewältigungsleistungen«, die diese dem
psychischen Apparat auferlegt, nicht berücksichtigt werden (ebd.). Für die
»Grundlage der Deutungsarbeit« empfiehlt er erstens »die dialektisch-
materialistische Gesellschaftstheorie anzuwenden, und zweitens, bei der
Untersuchung psychischer Prozesse auf die Unterscheidung des funktionellen Gesichtspunktes vom genetischen zu achten« (ebd., S. 109).

Der Forderung, die er anschließt, können auch nicht-gesellschaftskri-
tisch eingestellte Analytiker folgen: Es müsse nicht mehr heißen,

> »welche frühkindlichen Fixierungen bedingen diese oder jene Neurose des
> Erwachsenen. Man kann vielmehr sagen: Wenn unter bestimmten Einflüs-
> sen der engeren und der erweiterten sozialen Realität diese Neurose aus-
> bricht, so ist aus dem Repertoire oder vielmehr aus dem diachronen Gefüge
> kindlicher Fixierungen diese oder jene Konstellation pathogen geworden.
> (Natürlich soll dabei nicht geleugnet werden, daß es Entwicklungen gibt, die
> in jeder bekannten Sozialsituation als insuffizient oder krankhaft imponie-
> ren würden.)« (ebd., S. 111).

Wie nun aber soll eine gesellschaftskritische Intervention aussehen? Es
spricht meines Erachtens für Parin als Analytiker, und es ist symptomatisch
für die diskutierte Problematik, dass er hier sehr vage bleibt: »Unsinnig«
sei es, »einem Analysanden in dieser Situation das Kommunistische Manifest vorzulesen oder ihm einen Vortrag über die Klassengesellschaft und
seine eigene Stellung und Rolle in derselben zu halten« (ebd., S. 113), die
Analyse solle vielmehr »eine Atmosphäre gesellschaftskritischer Offenheit« herstellen (ebd., S. 114), was gelingen könne, »wenn er die Kritik
der Gesellschaft, die auf seinen Analysanden einwirkt, in das assoziative

Spiel seiner frei schwebenden Aufmerksamkeit« aufnehme (ebd.). Eine »gesellschaftskritische Deutung« schätzt er dabei nicht suggestiver ein, als die allgemeine »Identifikation mit der Art und Weise des Analytikers, Unbewußtes zu verbalisieren«; das hier zur Verfügung gestellte »autonome Hilfsich« sollte aber nicht »gesellschaftlich blind« sein (ebd., S. 115). »Die Kritik der Gesellschaft führt nicht zu einer Indoktrinierung, jedoch zur Bearbeitung von Konflikten, die sonst außerhalb der Analyse bleiben würden. Daß die psychologische Bearbeitung nicht mit einer glücklichen Lösung verwechselt werden darf, ist selbstverständlich« (ebd.). Ein Mehr an Wissen über die gesellschaftlichen Verhältnisse sei aufseiten des Analytikers vonnöten, damit dieser, so verstehe ich Parin, falls die Bedingung einer Verbesserung des Befinden des Patienten beispielsweise in der Anpassung an eine gesellschaftliche Gruppe zu finden sei, auch dies, im Sinne einer Erweiterung der Übertragungsanalyse, deuten könne (vgl. ebd., S. 114f.). Geschehe dies aufgrund der gesellschaftlichen Blindheit des Analytikers nicht, dann bleibe dies unbearbeitet. Parin gibt zu Ende seiner Ausführungen das Beispiel einer jungen Frau, die, aus Gründen, die ich hier nicht ausführen kann, von dem dringenden Wunsch besessen war, auch einen Penis zu besitzen. Die Deutung Parins lautete: »Wenn Sie ein Mann sein wollen, halten Sie es mit unserer Gesellschaft, in der es heißt, daß ein Mann mehr wert ist als eine Frau« (ebd., S. 117). Somit werde der Patientin ermöglicht, so Parin, die realitätsgerechten Anteile ihres Wunsches, nämlich zu forschen und sich gegen Zurücksetzung aufzulehnen, auf eine realitätsgerechte und erwachsene Art zu befriedigen.

In seiner 1988 erschienen Kritik an Paul Parins Arbeit führt Rolf Vogt die Unterscheidung zwischen »der Psychoanalyse als praktisch-klinischer Methode« und der Gesellschaftskritik wieder ein: Der Blick des Klinikers nehme »die äußere Realität, die Gesellschaft« nicht zum »Ziel und Zweck« sondern beziehe sich selektiv auf sie, je nach der Bedeutung, die sie für den Analysanden habe (Vogt, 1988, S. 665f.). Deswegen sei auch der Satz, die Psychoanalyse entdecke »im Innersten der Individuen Gesellschaftliches«[6] auf dieser »konkreten klinischen Erlebnisebene« falsch:

> »Der Kliniker entdeckt im Innersten seines Analysanden nichts Gesellschaftliches. Er stößt hier nur auf den Vater und die Mutter, die entweder liebevoll oder lieblos sind, etwas verlangen oder verbieten, belohnen oder

---

6 Der von Vogt Russel Jacoby (1975) zugeschriebene Satz stammt von Adorno (1966b, S. 88).

bestrafen etc. Daß die Eltern des Analysanden die Normen und Widersprüche ihrer Gesellschaft an ihn als Kind vermittelt haben, ist die Abstraktion
des Wissenschaftlers, nicht die unvermittelbare konkrete Erfahrung des Klinikers« (ebd., S. 666).

Auf der unmittelbaren klinischen Ebene stößt man also auf die (früh)kind-
lichen Erfahrungen mit den ersten wichtigen Objekten und die damit verbundenen Gefühle, dementsprechend geht es in der Analyse auch in erster
Linie um Beziehungen.

Vogt sieht folglich die größte Gefahr darin, dass das Einbringen gesellschaftskritischer Inhalte, »eine qualitative Veränderung der psychoanalytischen Methode« bedeuten würde (ebd., S. 678): »An die Stelle
des gemeinsam Erarbeiteten, das dialogisch aus einer persönlichen Bezie-
hungsanalyse erwächst und in diesem Sinne auch verifiziert wird, werden
allgemeine gesellschaftliche Zusammenhänge gesetzt. Diese lenken den
Blick des Patienten weg von der eigenen Person und seiner Beziehung zum
Analytiker, auf politische Dimensionen, die nicht unabhängig von persönlichen Meinungen des Analytikers sein können« (ebd.). Dies würde den
Einfluss des Analytikers noch verstärken und die Analyse der Übertragung
stören, zu befürchten sei, »daß innerpsychische Konflikte und Widerstände veräußerlicht und die Übertragungsanalyse dadurch geschwächt
wird« (ebd., S. 679). Analytiker und Patient können sich so mithilfe einer
gesellschaftskritischen Perspektive darauf einigen, etwas nicht in der Beziehung zu bearbeiten, sondern gemeinsam nach außen zu projizieren. Hier
würde dann die Kritik zum Widerstand, der nicht mehr bearbeitet werden
könnte.

Vogt kommt zu dem Schluss, dass Individualanalyse und Gesellschafts-
analyse so gegensätzlich seien, dass sie sich bei der gleichzeitigen klinischen
Anwendung nicht potenzieren, sondern beeinträchtigen würden (ebd.).
Auch wenn er betont, dass die Wahrheit in der Analyse die ist, auf die sich
Patient und Analytiker im Prozess einigen und nicht eine objektive Wahrheit, sieht Vogt die Gefahr, dass sich das gesellschaftliche Unbewusste im
Analytiker in Gestalt von Vorurteilen und Ideologien im Einzelfall gravierend auswirken könne, sodass der Erfolg einer Analyse davon abhänge (vgl.
ebd., S. 681). Er illustriert dies mit einer Behandlung, in der er bemerkte,
dass eine Bearbeitung der Gegenübertragung und Übertragungsfantasien
erst möglich war, nachdem er, der Analytiker, sich intensiv mit Geschlech-
terrollenstereotypen auseinandergesetzt hatte und so die Patientin merken

konnte, dass er in angemessener Weise zwischen Realität und Phantasie differenzieren konnte, sodass die Analyse der Übertragung, d. h. der eigenen Anteile der Patientin in Gang kommen konnte (vgl. ebd., S. 683ff.). Vogt kommt daher zu dem Schluss, dass eine »vertiefte Auseinandersetzungen mit der gesellschaftlichen Realität immer dann für eine Analyse nützlich oder notwendig werden, wenn darin in hervorstechender Weise Themen Bedeutung erhalten, die durch kollektive Abwehr- und Entwicklungsprozesse gesellschaftlich besonders brisant sind« (ebd., S. 684).

Anders als Parin – und das ist der entscheidende Unterschied – sieht Vogt den Ort dieser Auseinandersetzung aber nicht in der analytischen Situation, sondern im Analytiker. Dort wo dieser gesellschaftlich blind ist, übersieht er etwas aus der Realität des Patienten: Psychoanalytische Deutungen müssten den »Realitätsaspekt« anerkennen und den »unbewussten Bedeutungsgehalt zusätzlich hinzufügen« (ebd., S. 685).

Analytiker: Haltungsverlust hüben und drüben

Was hier zur Diskussion steht, ist die psychoanalytische Haltung. In der bisher dargestellten Diskussion, beginnend mit den von Adorno an die psychoanalytische Praxis herangetragenen unerfüllbaren Ansprüchen, geht es darum, ob das Einbringen von Gesellschaftskritik mit dem Funktionieren des Analytikers als Analytiker verträglich ist oder nicht. Festzustellen ist, dass auch wenn Parin (1975) und Vogt (1988) eine gegensätzliche Haltung zur Gesellschaftskritik in der klinischen psychoanalytischen Praxis einnehmen und diesbezügliche Interventionen unterschiedlich einnehmen, beide die Annahme teilen, dass es nicht um eine Belehrung des Patienten gehen könne, sondern um die Haltung des Analytikers zu gesellschaftlichen Fragen gehe, damit sich eine hier fehlende Sensibilität oder Aufgeklärtheit nicht negativ auf die Behandlung auswirke.

Ich möchte daher abschließend auf die psychoanalytische Haltung eingehen, um zu zeigen, dass eine gesellschaftskritische politische Haltung eines Analytikers als Bürger, Autor, Kulturkritiker von der Haltung in der klinischen Praxis unterschieden werden sollte.

Schafer (1983) bestimmt die psychoanalytische Haltung als die Voraussetzung für den Gebrauch der psychoanalytischen Methode. Die psychoanalytische Haltung sei die dritte Ebene dessen, was der Analytiker neben Methode/Behandlungstechnik und der Gegenübertragung in die Analyse einbringe (vgl. Schafer, 1983). Löchel fasst die von Schafer aufgestellten vier Merkmale dieser Haltung wie folgt zusammen:

> »Der Analytiker wahrt eine ›neutrale‹ Haltung. Das heißt, er wertet nicht, ist neugierig und offen für Überraschungen, und er kann Unfertiges tolerieren. Der Analytiker ›vermeidet Entweder-oder-Denken‹. Der Analytiker ›analysiert‹; das heißt, er deutet bzw. bereitet Deutungen durch Konfrontationen und Klärungen vor. Der Analytiker strebt an, dem Patienten allein ›durch das Analysieren (und nicht durch Trost, Beschwichtigung, Ratschläge etc.) zu helfen‹« (Löchel, 2013, S. 1170, Hervorh. i. O.).

Diese Haltung, so Löchel, werde nicht nur vom Patienten angegriffen, sondern sei grundsätzlich etwas, um das auch der Analytiker ringe, weil auch er ein ambivalentes Verhältnis zu Haltung und Methode habe: Beides mache Angst und berühre notwendigerweise unbewusste Konflikte, deren Berührung aber für die psychoanalytische Arbeit unverzichtbar sei (ebd., S. 1183). Der Begriff der analytischen Haltung fungiere »als Platzhalter für das Nachdenken über den ›Eigenanteil‹ des Analytikers, als Aufforderung zur Selbstanalyse, zur analytischen Selbstreflexion« (ebd., Hervorh. i. O.). Auch sie betont also die Fähigkeit des Analytikers, über sich nachzudenken. Es könne auch bei den Teilen der Gegenübertragung, die nicht ohne Weiteres als eine Reaktion auf den Patienten zu verstehen seien, nicht darum gehen, darüber öffentlich oder dem Patienten gegenüber Rechenschaft abzulegen, sondern ein Gespräch mit sich darüber führen zu können. Nur wenn es möglich sei, dies mit sich selbst »zu besprechen«, könne für den Patienten ein entsprechender innerer Raum erfahrbar werden (ebd., S. 1183f.). Bei der analytischen Haltung handle es sich um etwas, das immer wieder hergestellt werden müsse, um das gerungen werden müsse:

> »Die spezifische Methode des analytischen Gesprächs (freie Assoziation, gleichschwebende Aufmerksamkeit) wirkt zersetzend, dissoziativ, dekonstruierend auf haltgebende Strukturen. Die spontane Reaktion darauf wäre beim Analysanden wie beim Analytiker die Flucht. Diesem Fluchtimpuls im eigenen Inneren entgegenzuhalten, standzuhalten ist das, was vom Analytiker immer wieder aufs Neue gefordert ist. Nur soweit das gelingt, ist er in der Lage, die Fluchtbewegungen des Analysanden halten und untersuchen zu können. So gesehen ist die analytische Haltung nicht ein jederzeit verfügbares, vorhandenes Instrument, sie ist etwas gerade nicht Durchzuhaltendes,

sondern immer wieder neu zu Erringendes, dem Ergriffensein durch die Gegenübertragung (auf die Methode, auf den Analysanden) Abzuringendes.
Sie ist die Antwort, wenn etwas Haltgebendes zusammenbricht, verloren-
geht, eine Krise eintritt und damit – nicht zuletzt – im ethischen Sinne Verantwortung des Analytikers« (ebd., S. 1186f.).

Der Anspruch, in der Analyse gesellschaftskritisch intervenieren zu sollen
oder zu können, kann aus dieser Perspektive als ein Haltungsverlust verstanden werden, als eine Abwehr der Angst und Unsicherheit, der beide,
Analytiker wie Patient, im analytischen Setting ausgesetzt sind.

Schluss

Festzuhalten ist zunächst, dass Psychoanalytiker, wenn sie über die Mög-
lich- oder Unmöglichkeit inhaltlicher Gesellschaftskritik nachdenken, das
Problem aus der Perspektive der Analyse, des Wohls des Patienten betrachten. Wenn Adorno die psychoanalytische Praxis kritisiert, nimmt er den
Standpunkt des Gesellschaftskritikers ein. Beide Perspektiven überkreuzen
sich, sind aber nicht ineinander überführbar, genau wie die psychoanalytische Haltung in der klinischen Praxis nicht mit der politischen Haltung
verwechselt werden darf.

Wie ist es nun um den emanzipativen Gehalt der psychoanalytischen
Praxis bestellt? Ich möchte die Überlegungen Vogts und Löchels zusam-
menführen: Ich glaube, es ist entscheidend, ob ein Analytiker mit sich
selbst über die Gesellschaft nachdenken kann, sich Gedanken über den gesellschaftlichen Kontext machen kann, in dem er und seine Patienten leben,
dass es also einen inneren Raum im Analytiker für aufgerührtes Privates
wie für Gesellschaftskritik und die Reflexion auf dieser Ebene gibt. Dies
wird so unterschiedlich ausfallen, wie Analytiker gesellschaftlich informiert
und reflektiert und politisch eingestellt sind.

Wenn Adorno davon spricht, dass die analytische Psychologie »die
Einzige« sei, die »im Ernst den subjektiven Bedingungen der objektiven
Irrationalität« nachgehen würde (Adorno, 1955, S. 42), dann ist mit der
Aussage, dass Menschen es mit objektiver Irrationalität zu tun bekommen,
auch gesagt, dass diese im Sinner vernünftigerer Verhältnisse geändert
werden müsse. Adorno formuliert hier nicht nur ein Erkenntnisinteresse
oder eine Erkenntnismöglichkeit, nämlich mithilfe der Psychoanalyse

etwas über die subjektiven Bedingungen zu erfahren, sondern auch eine politische Haltung. Diese Haltung unterscheidet sich von der psychoanalytischen: Hier ginge es ja darum, sich daran zu erinnern, dass das, was als unabänderlich erscheint, als zweite Natur imponiert, nämlich die »objektive Irrationalität« (ebd.), ein soziales Verhältnis oder – in den Worten Horkheimers – ein Verhängnis ist, das geändert gehört. Dies ist ein sehr deutliches Begehren, das sich grundsätzlich von der Haltung des behandelnden Analytikers unterscheidet.

Literatur

Adorno, Th. W. (1942). Thesen über Bedürfnis. *Gesammelte Schriften 9.2*. Frankfurt a. M.: Suhrkamp.

Adorno, Th. W. (1951). Minima Moralia. Reflexionen aus dem beschädigten Leben. *Gesammelte Schriften 4*. Frankfurt a. M.: Suhrkamp.

Adorno, Th. W. (1955). Zum Verhältnis von Soziologie und Psychologie. *Gesammelte Schriften 9.1*. Frankfurt a. M.: Suhrkamp.

Adorno, Th. W. (1962). Die revidierte Psychoanalyse. In M. Horkheimer & Th. W. Adorno (Hrsg.), *Sociologica II. Reden und Vorträge*. Frankfurt a. M.: Suhrkamp.

Adorno, Th. W. (1966a). Negative Dialektik. *Gesammelte Schriften 6*. Frankfurt a. M.: Suhrkamp.

Adorno, Th. W. (1966b). Postscriptum. *Gesammelte Schriften 9.1*. Frankfurt a. M.: Suhrkamp.

Adorno, Th. W. (1968). Spätkapitalismus oder Industriegesellschaft? *Gesammelte Schriften 9.1*. Frankfurt a. M.: Suhrkamp.

Adorno, Th. W. (1969). Marginalien zu Theorie und Praxis. *Gesammelte Schriften 10.2*. Frankfurt a. M.: Suhrkamp.

Bock, W. (2017). *Dialektische Psychologie. Adornos Rezeption der Psychoanalyse*. Wiesbaden: Springer VS.

Freud, S. (1895d). *Studien über Hysterie. GW I*, 75–312.

Freud, S. (1915c). Triebe und Triebschicksale. *GW X*, 210–232.

Horkheimer, M. (1948). Ernst Simmer und die Freudsche Philosophie. *Gesammelte Schriften, Bd. 5*. Berlin: Fischer.

Horkheimer, M. (1996). Nachträge. *Gesammelte Schriften, Bd. 19*. Berlin: Fischer.

Horkheimer, M. & Adorno, Th. W. (1947). *Dialektik der Aufklärung: Philosophische Fragmente*. Berlin: Fischer.

Jacoby, R. (1975). Negative Psychoanalyse und Marxismus. *Psyche, 29*, 961–990.

Kirchhoff, Ch. (2007). Übertreibungen. Adornos Kritik psychoanalytischer Theorie und Praxis. In O. Decker & Ch. Türcke (Hrsg.), *Kritische Theorie – Psychoanalytische Praxis* (S. 59–73). Gießen: Psychosozial-Verlag.

Kirchhoff, Ch. (2011). Von der Wiederkehr des Wunsches als Todestrieb und der Nachträglichkeit in der Theorie. *Jahrbuch der Psychoanalyse, 62*, 97–119.

Lessenich, S. (2016). *Neben uns die Sintflut. Die Externalisierungsgesellschaft und ihr Preis*. Berlin: Hanser.

Löchel, E. (2013). Ringen um psychoanalytische Haltung. *Psyche – Z Psychoanal, 67,* 1167–1190.

Marx, K. (1890). Das Kapital (Band 1). *Marx/Engels: Werke 23.* Berlin: Dietz Verlag.

Parin, P. (1975). Gesellschaftskritik im Deutungsprozess. *Psyche, 29*(2), 97–117.

Parin, P. (1989). Zur Kritik der Gesellschaftskritik im Deutungsprozess, *Psyche, 43*(2), 97–119.

Parin, P. & Parin-Matthèy, G. (1978). Der Widerspruch im Subjekt. Die Anpassungsmechanismen des Ichs und die Psychoanalyse gesellschaftlicher Prozesse. In S. Drews, R. Klüwer & A. Köhler-Weisker (Hrsg.), *Provokation und Toleranz. Festschrift für Alexander Mitscherlich zum siebzigsten Geburtstag* (S. 410–435). Frankfurt a. M.: Suhrkamp.

Passett, P. (1988). Das obligat widersprüchliche Verhältnis des psychoanalytischen Denkens zum Zeitgeist. *»einspruch«, 2,* 49–55.

Passett, P. (1991). Das obligat widersprüchliche Verhältnis des psychoanalytischen Denkens zum Zeitgeist. Ein Plädoyer für die wiederzugewinnende Souveränität psychoanalytischen Denkens. *Psyche, 45*(3), 193–227.

Schafer, R. (1983). *The Analytic Attitude.* London: Hogarth.

Vogt, R. (1988). Innere und äußere Realität in Psychoanalysen. *Psyche, 42*(8), 657–688.

Biografische Notiz

Christine Kirchhoff, Prof. Dr. phil., Dipl.-Psych., ist Professorin für Theoretische Psychoanalyse, Subjekt- und Kulturtheorie an der Internationalen Psychoanalytischen Universität Berlin (IPU) und in fortgeschrittener Ausbildung zur Psychoanalytikerin am Berliner Psychoanalytischen Institut (BPI) der DPV. Forschungsschwerpunkte: Psychoanalytische Subjekt- und Kulturtheorie, Psychoanalyse und kritische Theorie, psychoanalytische Zeitdiagnostik.

Die Materialisierung der Psyche

Neurophysiologie als Spiegel entfremdeter Gesellschaft

Christine Zunke

Die neurophysiologische Erforschung des menschlichen Gehirns zeichnet sich durch spannungsreiche Gegensätze aus: Sie arbeitet auf höchstem technischen Niveau, um Funktionszusammenhänge im Hirnstoffwechsel am lebenden Gehirn möglichst exakt zu bestimmen und zu lokalisieren und sie generiert dabei Erkenntnisse über die menschliche Psyche, die banale Klischees wiedergeben. Mit modernsten Tomografen, deren gewonnene Daten durch immense Rechnerleistung in ein dreidimensionales Schichtbild des Gehirns verwandelt werden können, wird in langen Experimentalreihen beispielsweise herausgefunden, dass wir Quadrate von Kreisen unterscheiden können, dass Kinder in stabilen Kleingruppen besser lernen als in überfüllten Klassenzimmern, dass wir eher bereit sind, einen überhöhten Preis für ein Produkt zu bezahlen, wenn die Verkäuferin sympathisch und hübsch ist oder sogar, dass wir unangenehmen Situationen lieber ausweichen. Ihr Triumphzug im Bereich der Populärwissenschaft lebt ganz wesentlich von diesen Plattitüden, die uns zu bestätigen scheinen, dass unsere Gehirne mit unserer Alltagserfahrung glücklicherweise konform gehen.

Der wissenschaftliche Gegenstand dieses Forschungszweiges ist das menschliche Gehirn – die Untersuchung eines Organs einer Spezies – und damit eigentlich so eng begrenzt, dass man die Human-Neurophysiologie für ein bescheidenes Orchideenfach halten könnte. Aber da genau dieses Organ als das materielle Korrelat aller Gedanken, Gefühle und Erkenntnisse identifiziert wurde, hat sie zugleich den umfassendsten Forschungsbereich überhaupt. Dies zeigt sich in einer Vielzahl von Bindestrich-Wissenschaften, die das »Neuro« als Präfix tragen.

In der Neuro-Pädagogik, Neuro-Ökonomie, Neuro-Ethik und selbstverständlich auch in der Neuro-Psychologie suchen andere Wissenschaften den interdisziplinären Anschluss an die zugrunde liegenden Hirnmuster ihrer Disziplin. Bekannte Neurophysiologen wie Gerhard Roth und Wolf Singer oder auch der neurophysiologisch erweiterte Psychiater Manfred Spitzer äußern sich öffentlich als Fachleute zu Fragen des Strafrechts und der Pädagogik, sie erklären die hirnphysiologischen Aspekte der bildenden Künste, von Tourismus, Religion und Verkehrsführung, sie begründen ethische Werte oder soziale Konflikte über unsere zerebralen Funktionen.

Für viele Wissenschaften, insbesondere für die Psychologie, hat das Präfix »Neuro« erhebliche Konsequenzen für das Verständnis ihres Forschungsgegenstandes. Denn die Neuropsychologie muss nach Eric Kandel von folgendem Prinzip ausgehen:

> »Alle geistigen Prozesse, selbst die komplexesten psychologischen Prozesse, leiten sich von Operationen des Gehirns ab. Die zentrale These dieser Sichtweise besteht darin, daß das, was wir gewöhnlich Geist nennen, in einem ganzen Bündel von Funktionen besteht, die vom Gehirn ausgeführt werden. [...] Als Folge davon sind Verhaltensstörungen, die psychische Krankheiten charakterisieren, Störungen der Gehirnfunktion, und zwar auch in jenen Fällen, in denen die Ursachen der Störungen ihren Ursprung eindeutig in der Umwelt haben« (Kandel, 2006, S. 81f.).

Der Forschungsgegenstand verlagert sich von der Psyche auf das Gehirn, was auch Einfluss auf das Verständnis des untersuchten Gegenstandes hat. Anlässlich des 150. Geburtstages von Sigmund Freud sind vermehrt Texte zu den neurophysiologischen Grundlagen der Psychologie erschienen, u. a. von Gerhard Roth. Dieser sieht in der Zusammenführung von Forschungsergebnissen aus Hirnphysiologie und Psychologie eine erneute Bestätigung für die Determiniertheit menschlicher Handlungen – nicht nur aufgrund der naturkausalen Wirkung der Neuronen des Gehirns, sondern auch aufgrund dem Bewusstsein entzogenen Wirkung des Unbewussten, welche als mit den neuronal determinierten Hirnprozessen verquickt angesehen wird. Dabei erfährt der klassische Begriff des Unbewussten eine Bedeutungsverschiebung und wird zum Nicht-Bewussten. Die Trennung der Psychologie in Bewusstes und Unbewusstes findet die Neurobiologie darüber bestätigt, dass sie das Bewusstsein allein an die kortikalen Gehirnbereiche gebunden sieht; Aktivitäten in allen anderen Bereichen des Gehirns korrelierten nicht mit mentalen Zuständen und seien also darum unbewusst. Das Unbewusste sei also Unbewusstes aus einem rein physiologischen Grund; der Ort, an dem es durch das Gehirn realisiert werde, sei dem Bewusstsein nicht zugänglich, da dieses an die kortikalen Bereiche des Gehirns gebunden sei (vgl. Roth, 2003, S. 437f., S. 547f.).

Dieser Schluss von der Ortsangabe einer neuronalen Aktivität (in nicht-kortikalen Bereichen) auf einen Inhalt (unbewusst) und damit die Verortung und Fixierung des Unbewussten in einem Gehirnbereich unterschlägt, dass in der Psychoanalyse das Unbewusste als Resultat eines Bewusstseinsprozesses begriffen wird. Nur so kann es einen spezifischen Inhalt haben. Klassisch ist das Unbewusste Resultat eines Prozesses, in dem bestimme Inhalte *aktiv* vergessen und verdrängt werden. Gerade deshalb habe das Unbewusste einen spezifischen Einfluss auf unser Denken und Handeln, weil es als *Inhalt mit Bedeutung* einen Bezug zum Bewusstsein hat, und nicht ein dem Bewusstsein vollständig Äußerliches ist. Nur als Teil des Bewusstseins, auf das es also immer bezogen sein muss, kann das Unbewusste über das Bewusstsein zugänglich sein, was sich die Psychoanalyse zunutze macht; dies wäre für ein Nicht-Bewusstes unmöglich. Dieses Verständnis des Unbewussten als Nicht-Bewusstem geht darum an einem Verstehen der psychischen Dynamik vorbei. Es unterschlägt, dass es der reflektierenden Arbeit des Ichs (Bewusstseins) bedarf, um die verdrängten Inhalte im Unbewussten als solche zu erkennen und ins Bewusstsein zu heben.

Ein physikalischer Prozess ist ein Gegenstand der *äußeren* Anschauung und als solcher *nicht introspektiv* bewusst. Bewusst ist also nicht die spezifische Art der Hirnaktivität, sondern ein gedachter Inhalt. Das Denken dieses Inhaltes korreliert zeitlich mit einem physikalischen Prozess, der neurobiologisch, aber *nicht introspektiv* erfasst werden kann. *Damit begreift die Neuropsychologie Bewusstsein immer nur als das, was es nicht ist,* und will es zugleich ihrem Gegenstandsbereich zuordnen.

Dieser Widerspruch ist ihrer Methodik immanent. Er taucht oft unter der Bezeichnung *Qualia-Problem* auf und soll z. B. im Eigenschaftsdualismus dadurch gelöst werden, dass es sich bei äußerer Betrachtung der Gehirnfunktionen und Introspektion lediglich um zwei verschiedenen Perspektiven handele. Die Psychologie hat hiernach die Erste-Person-Perspektive zum Gegenstand und betrachtet das Bewusstsein und seine Mechanismen, sozusagen die jeweilige *Innenansicht* des Probanden, während die Neurophysiologie die Gehirnaktivitäten in ihrem Zusammenwirken untersucht, die durch Korrelationen zu bestimmten mentalen Zuständen als die *Außenperspektive* zu jener Innenperspektive beschrieben werden können sollen. Die Probleme, die hierbei unweigerlich auftreten müssen, spiegeln sich in widersprüchlichen Bestimmungen des Verhältnisses der beiden Perspektiven.

Dem Reden von Geistes- und Gehirnzuständen als zwei verschiedenen Perspektiven fehlt – nicht versehentlich, sondern systematisch – das logische Subjekt. Die Frage ist: zwei verschiedene Perspektiven *worauf* werden hier betrachtet? Was ist der *Gegenstand*, dessen Eigenschaften aus verschiedenen Perspektiven betrachtet werden sollen? Die übliche Antwort, dass der erlebte Bewusstseinszustand selbstverständlich nicht auf einen Gehirnzustand reduzierbar sei, geht an der Frage vorbei. Eigenschaften sind immer Eigenschaften von etwas, von einer Substanz. Dass eine Eigenschaft einer Substanz nicht auf eine andere Eigenschaft dieser Substanz reduzierbar ist – z. B. Farbe auf Masse – erklärt sich schon durch ihre Verschiedenheit; sonst wären es nicht zwei Eigenschaften, sondern eine. Aber ein solches Verhältnis von Eigenschaften kann nicht gemeint sein, wenn vom eigenschaftsdualistischen Verhältnis von Mentalem und Neuronalem die Rede ist.

Der logische Fehler des Eigenschaftsdualismus liegt darin, dass mentale und neurophysiologische Eigenschaften als verschiedene Eigenschaften *eines* Gegenstandes angenommen werden, aber als Eigenschaften von *zwei verschiedenen* Gegenständen untersucht werden. Die »neurophysiologische Eigenschaft« lässt sich eindeutig als Materialeigenschaft des Gehirns bestimmen, während die andere Eigenschaft, die »mentale Eigenschaft«, eine Eigenschaft des Denkens ist. Weder findet sich Bewusstsein im Gehirn, noch neuronale Aktivität im Bewusstsein (außer als theoretischer, also gedachter Gegenstand).

Beide »Eigenschaften« sind nämlich streng genommen keine Eigenschaften *eines* bestimmten Gegenstandes, sondern bloß Chiffren für Gehirn und Geist – also zwei unterschiedliche Gegenstände, wenn auch nicht zwingend zwei Substanzen im Descartes'schen Sinne. Dieses wird jedoch verschleiert, indem sie in einzelne empirische Erscheinungsformen – in bestimmte neuronale Aktivität und in bestimmte Bewusstseinsinhalte – aufgelöst werden, bevor diese wiederum zu der Abstraktion in den Begriffen »mentale Eigenschaft« bzw. »neurophysiologische Eigenschaft« geführt werden. Dabei wird der Gegenstandswechsel vom Gehirn auf den Geist unterschlagen. Er verschwindet hinter der unterschiedlichen Methodik von Neurophysiologie und Psychologie, deren Resultate dann als bloß verschiedene Betrachtungen desselben behauptet werden.

Die Untersuchung unterschiedlicher theoretischer Gegenstände – dem Gehirn als eines materiellen Dinges und dem Bewusstsein als eines Reflexionsbegriffs, der im physikalischen Sinne gar kein Gegenstand ist – unter einem Namen, findet sich in der Praxis der Neuropsychologie dadurch bestätigt, *dass* neuronales Geschehen als psychisches Phänomen beschrieben wird – und umgekehrt. Dass es sich dabei um ein und dasselbe handele, ist eine Behauptung, die sich darauf stützt, dass jedes psychische Geschehen offenbar an neuronale Aktivitäten im Gehirn gebunden ist. Doch aus dieser offenbar notwendigen Bedingung – ohne Gehirn kein Bewusstsein – eine hinreichende machen zu wollen – das Bewusstsein ist identisch mit, respektive Wirkung der Hirnaktivitäten –, hieße, die Psyche zu einem materiellen Ding zu erklären, zu einem elektro-chemischen Prozess.

Die Neuropsychologie, welche per definitionem die Schnittstelle zwischen Gehirn und Psyche und damit die Art der Vermittlung von den Analyseebenen der Ersten und Dritten Person zum Gegenstandsbereich haben sollte, zeigt in ihren Ergebnissen deutlich, dass stets nur der Schluss vom Mentalen auf ein neuronales Korrelat, jedoch nur nachfolgend und in Analogie der Schluss von einer spezifischen Materialeigenschaft auf vermutete psychische Phänomene möglich ist. Ein Schluss allein vom neuronalen Material auch nur auf die Existenz irgendeines mentalen Zustandes ist dagegen völlig unmöglich. Denn kein neuronaler Mechanismus kann als hinreichend für einen Bewusstseinszustand bestimmt werden, weshalb sich das Bewusstsein des Menschen nicht aus seinem Gehirn begreifen lässt, sondern *andersherum Funktionszusammenhänge des Gehirns durch den Bezug auf das menschliche Bewusstsein überhaupt erst als Funktionen erkannt werden können.* Es kann nur von den geistigen Zuständen aus auf die Hirnfunktionen als Korrelat geschlossen werden, niemals umgekehrt, weil man im Gehirn keine Gefühle oder Gedanken misst, sondern immer nur elektro-chemische Prozesse bzw. den mit dem Hirnstoffwechsel verbundenen Sauerstoffgehalt im Blut.

Der gemeinsame Gegenstand in der interdisziplinären Verknüpfung von Neurophysiologie und Psychologie ist zunächst der Glaube, einen gemeinsamen Gegenstand zu haben. Dass es sich um *einen* Gegenstand handele, der mit verschiedenen Methoden und Verfahren betrachtet werden würde, ist spekulativ. Um diese Arbeitshypothese einzuholen, müsste die Art der Vermittlung aufgezeigt werden. Es müsste gezeigt werden, nicht dass, sondern *wie* aus neuronaler Aktivität ein Gedanke oder Gefühl werden kann. Diese Vermittlung ist jedoch eine, die als vollzogene der Erklärung des Verhältnisses von Geist und Gehirn bereits vorausgesetzt werden muss. Dabei kann sie prinzipiell nicht erkannt werden, weil ein Gedanke oder Gefühl nur im Bewusstsein als etwas Nicht-Physikalisches existiert und daher eine gänzlich *andere Qualität* hat, als ein physikalischer Prozess, der im Gehirn messbar ist. Aus der physikalischen Eigenschaft der Druckerschwärze auf Papier erschließt sich ja auch nicht die *Bedeutung* der gedruckten Worte, sondern sie kann nur gedanklich erfasst werden. Ebenso wenig geht der *Inhalt* des Bewusstseins in Hirnprozessen auf. Durch die Reduktion des Mentalen auf das Neuronale geht darum genau der Inhalt, die Bedeutung des Gedachten, notwendig verloren. Dies wird z. B. deutlich, wenn Gerhard Roth über Glück schreibt.

Die Verknüpfung des gefühlten Glücks mit bestimmten Objekten oder Geschehnissen »geschieht vornehmlich in der basolateralen Amygdala, unterstützt durch das mesolimbische System, das uns über die Ausschüttung von ›Belohnungsstoffen‹ (gehirneigenen Opiaten) Lustempfindungen vermittelt, so wie den Hippocampus« (Roth, 2003, S. 549f.). Der Inhalt des Glücks wird unter dem neurophysiologischen Blick unsichtbar und das Ursache-Wirkungs-Verhältnis kehrt sich um: Wo eine bestimmte Erfahrung uns glücklich machte und in Folge ein bestimmtes Aktivitätsmuster im Gehirn gemessen werden konnte, wird vom gewonnenen Resultat der Hirnforschung aus ein bestimmter Gehirnzustand zur *Ursache* des Glücks, das wir in einer bestimmten Situation empfinden. Das Erlebnis des Glücks wird als eine *Folge* der Ausschüttung von »Belohnungsstoffen« im Gehirn bestimmt, nicht als Folge eines uns glücklich machenden Ereignisses. Diese Verkehrung von Ursache und Folge »beweist« sich dann pharmakologisch dadurch als richtig, dass durch die chemische Verabreichung dieser »Belohnungsstoffe« ein Glücksgefühl erzeugt werden kann, das weitgehend unabhängig von äußeren Geschehnissen ist. Der Bezug auf tatsächlich erlebtes Glück oder Unglück geht so systematisch verloren.

Dieselbe Verkehrung von Ursache und Wirkung findet sich auch in Bezug auf psychische Erkrankungen. Die Ursache von Depressionen vermutet Roth in einer Störung des Wechselspiels dreier neuronaler Systeme: Hippocampus, frontaler Kortex und Amygdala. Diese Zentren haben bei depressiven Personen sowohl einzeln als auch in ihrer Wechselwirkung gewisse Stoffwechseldefizite (bspw. im Monoaminhaushalt, Serotonin- und Noradrenalinhaushalt etc.). Depression beschreibt Roth also als eine reine Stoffwechselstörung des Gehirns, berichtet allerdings zugleich darüber, dass analoge Stoffwechselstörungen bei Versuchstieren durch starke Isolation von natürlicherweise im Sozialverband lebenden Tieren hervorgerufen werden können (vgl. Roth, 2003, S. 337). Ratten, Hunde oder Affen in Einzelhaltung bilden ähnliche Symptome in Hirnstoffwechsel und Verhalten aus wie depressive Menschen. Die äußeren Bedingungen, wie Einsamkeit, spielen bei der neurophysiologischen Betrachtung der Entstehung von Depressionen beim Menschen allerdings in Roths Darstellung keine Rolle mehr, sondern werden lediglich als Mittel zur Erzeugung analoger Gehirnstörungen beim Versuchstier genannt. Die von Roth angeführten Therapiemöglichkeiten erschöpfen sich folglich in der Aufzählung einiger Psychopharmaka, die regulierend in den Hirnstoffwechsel eingreifen. Damit ignoriert Roth konsequent alle bewussten Inhalte, die *Gründe* für eine Depression sein können. Dass eine Medikamentierung in manchen Fällen wirksam und auch sinnvoll sein kann, soll hier gar nicht in Zweifel gezogen werden. Doch dass unsere Welt zahlreiche Gründe bieten kann, sich verlassen, verzweifelt oder einsam zu fühlen, taucht bei Roth nicht einmal in einem Nebensatz auf, weil die *Ursachen* psychischer Erkrankungen allein im Stoffwechsel des Gehirns ausgemacht werden, der Roths Untersuchungsgegenstand ist. Dass ein in bestimmter Weise »gestörter« Hirnstoffwechsel auch die *Folge* eines bestimmten Gemütszustandes sein könnte, wird über diesen Ansatz im Resultat ausgeschlossen.

Dies findet sich auch bei anderen Neuropsychologen. In dem Lehrbuch *Neuropsychologie psychischer Störungen* heißt es: »Eine depressive Störung ist [... nach dem Modell von Helen Mayberg et al. (1999)] Ausdruck des Misslingens der koordinierten Interaktion eines Netzwerkes von dorsalen und ventralen kortikalen sowie subkortikalen Regionen« (Braus et al., 2004, S. 105).

Es heißt nicht: »Eine depressive Störung geht einher mit« oder »druckt sich im Hirnstoffwechsel aus als«, sondern gerade umgekehrt: die depressive Störung *ist Ausdruck* (also Folge) eines Misslingens im Hirnstoffwechsel. Doch allein diese Wertung zwischen Gelingen und Misslingen eines neuronalen Geschehens lässt sich gar nicht aus dem neuronalen Material gewinnen, das in beiden Fällen irgendwie elektro-chemisch aktiv ist. Nur über den Rekurs auf das Bewusstsein eines Menschen, der an bestimmten psychischen Zuständen leidet oder eben nicht, lässt sich ein neuronaler Prozess als gelungen oder misslungen beschreiben.

Darum werden möglichst genaue *klassische Diagnosen* benötigt, um die möglicherweise eine psychische Störung begleitenden neuronalen Zuständen im Gehirn zu identifizieren. Braus, Tost und Demirakca schreiben in ihrem Aufsatz *Bildgebende Verfahren bei psychischen Störungen* hierzu sehr klar: »Wichtig für replizierbare Ergebnisse von morphologischen und funktionellen bildgebenden Verfahren sind eine exakte diagnostische Klassifikation der Patienten und möglichst geringe Unterschiede zwischen den Patienten bzgl. der klinischen Ausprägung der Erkrankung« (Braus et al., 2004, S. 105). Dass bestimmte Aktivierungsmuster in bestimmten Hirnregionen mit einem bestimmten psychischen Zustand korrelieren, eröffnet dem Neurophysiologen erst die Möglichkeit, diesbezüliche Experimente durchzuführen. Erst logisch und zeitlich *nachgeordnet* können die Ergebnisse dieser Forschungsarbeiten dann wiederum eine gewisse Relevanz für die Psychologie erhalten, wenn etwa dauerhafte Angstzustände auf eine spezifische organische Funktion – die über diese Korrelation als Dysfunktion erkannt wird – bestimmter Hirnregionen zurückgeführt werden können. Dafür wird vergleichbares Material benötigt, also möglichst viele Patientinnen und Patienten mit identischer Diagnose und Krankheitsbild.

In einem Gutachten für den Deutschen Bundestag stellt Ralph Schumacher klar:

> »Für sich genommen sagen neurowissenschaftliche Einsichten nämlich nichts über den menschlichen Geist, sondern allein etwas über das menschliche Gehirn aus. Aus diesem Grund müssen neurowissenschaftliche Beobachtungen als Beobachtungen kognitiver und emotionaler Zustände und Prozesse interpretiert werden, um für psychologische Theorien überhaupt Bedeutung gewinnen zu können. Erst wenn man weiß, dass es sich bei einer bestimmten Hirnaktivität [...] um das neuronale Korrelat einer bewussten Überlegung oder eines Willensaktes handelt, kann man aus der Beobachtung des Gehirns Konsequenzen ableiten, die für psychologische Theorien relevant sind« (Schumacher, 2005, S. 5).

Hier zeigt sich wieder, wie stark die Neurophysiologie zur Bestimmung ihres Gegenstandes auf die Psychologie angewiesen ist, was bei der aktuellen Darstellung des Verhältnisses beider Wissenschaften zueinander oft nicht genug thematisiert wird.

Ohne die Interpretation über die Zuordnung zu einem mentalen Korrelat müssten große Teile der Hirnfunktionen unverstanden bleiben. Denn jedes Organ kann zwar als Material mit bestimmten Eigenschaften *beschrieben* werden, aber *begriffen* werden kann es nur über seine *Funktion* im Organismus. Eine Lunge z. B. hat die Funktion des Gasaustausches. Nur in Bezug auf diesen Zweck lässt sich ihre spezifische Struktur erklären, denn sie ist sinnvoll hierauf ausgerichtet. Das Problem bei der Erforschung höherer Hirnfunktionen, die offenbar eng mit dem Bewusstsein verknüpft sind, besteht nun darin, dass ihre spezifische Funktion sich nicht aus der Untersuchung des organischen Materials ableiten lässt. Anders als bei der Lunge, deren Fähigkeit zum Gasaustausch aus ihrer organischen Beschaffenheit geschlossen werden kann, lässt sich allein aus neuronalen Aktivierungsmustern nicht auf eine mentale Funktion wie Denken oder Fühlen schließen. Die Zuordnung dieser Aktivierungsmuster zu einer bestimmten Funktion erfolgt erst über die Korrelation zu zeitgleichen mentalen Zuständen. Und nur im Zusammenhang mit einer Interpretation dieser Korrelation als nicht zufällig, sondern als ursächlich mit mentalen Zuständen verbunden, können höhere Hirnfunktionen im Zusammenhang mit psychologischen Fragestellungen bedeutsam werden. Ohne diese Interpretation der zeitlichen Korrelation als ein Kausalverhältnis bliebe nicht mehr als die bloße Feststellung »Es gibt da eine neuronale Aktivität im prä- und orbitofrontalen Kortex«, ohne dass deren Funktion benannt werden könnte.

Da also die Funktion bestimmter neurophysiologischer Phänomene nur über den Bezug auf ein mentales Korrelat erkannt werden kann, braucht die Neurophysiologie die Psychologie, um überhaupt ihren eigenen Gegenstand bestimmen zu können. Aber wofür benötigt die Psychologie die Neurophysiologie? Fritz Strack schreibt in seinem Aufsatz »Wo die Liebe wohnt«: »Aus der Sicht der Psychologie ist das Interesse [an der Hirnforschung] überraschend, denn die bisherigen Befunde haben über die Lokalisierung hinaus nur wenig zur Weiterentwicklung psychologischer Theorien oder zum tieferen Verständnis psychischer Prozesse beigetragen. Ganz überwiegend scheinen die Ergebnisse im Einklang mit etablierten Sichtweisen zu stehen und in keinem Fall musste eine psychologische Theorie im Lichte neuronaler Befunde revidiert werden« (Strack, 2010, S. 203f.). Die Naturalisierung psychischer Erkrankungen im Gehirn hat keine Effekte auf die Erklärung, jedoch auf die Behandlung von psychischen Krankheiten; sie führt u. a. nachweislich zu einer größeren Akzeptanz von Psychopharmaka bei Patientinnen und Patienten wie bei Ärztinnen und Ärzten (vgl. Niewels, 2011, S. 645).

Neurophysiologische Erkenntnisse sind vor allem wichtig für die Pharmakologie – und damit auch für die behandelnden Psychiater. Hieran knüpft sich zugleich eine Hoffnung, die über die Heilung der akuten Krankheit hinausweist, wie Claudia Niewels in einem Aufsatz zeigt: »Indem die Medikalisierung des Psychischen zur Norm erhoben werden soll, wird die Hoffnung auf die technische Konstituierung des ›neuen Menschen‹ genährt« (Niewels, 2011, S. 645). Bestimmte Funktionen im Hirnstoffwechsel lassen sich gezielt chemisch hemmen oder anregen, was Effekte in der psychischen Verfasstheit einer Person hervorrufen kann. Der Übergang zwischen »Heilung« und »Verbesserung« mentaler Funktionen ist hierbei in der Praxis fließend. Sieben namhafte Wissenschaftlerinnen und Wissenschaftler postulierten bereits 2009 in der Zeitschrift *Gehirn & Geist:* »Wir vertreten die Ansicht, dass es keine überzeugenden grundsätzlichen Einwände gegen eine pharmazeutische Verbesserung des Gehirns oder der Psyche gibt« (Galert et al., 2009, S. 47). Da alle Psychopharmaka auf den Körper wirken und in den Körper technisch eingegriffen werden kann, soll hierüber auch die Psyche technisch modellierbar sein. Was diese Psyche oder das Bewusstsein eigentlich ist, geht hierbei jedoch verloren (bzw. ist, insbesondere bei Gelingen der Einflussnahme, auch egal).

Im *Human Enhancement* treten technische, pharmakologische Lösungen für Probleme, die vormals als gesellschaftliche bzw. soziale Probleme verstanden wurden, in den Focus von Forschung und Politik. Wie ernst der zu leistende Beitrag der Hirnforschung für alle Bereiche des menschlichen Lebens genommen wird, zeigt sich nicht nur an den immensen Forschungsgeldern, die ihr zur Verfügung gestellt werden, sondern beispielsweise auch an einer groß angelegten Studie der britischen Regierung mit dem Titel »Foresight Project on Mental Capital and Wellbeing«. Dieses Projekt, dessen Forschungsskizze vor zehn Jahren (2008) abgeschlossen wurde, hat das Ziel, das mentale Kapital der Bevölkerung insgesamt zu erhalten und zu steigern. »Länder müssen lernen, die kognitiven Ressourcen ihrer Bürger zu nutzen, wenn sie wirtschaftlich und sozial erfolgreich sein wollen« (Beddington et al., 2008, S. 1057). Das Projekt enthält diverse pädagogische Konzepte und sozialtechnische Programme, die darauf abzielen, die Subjekte fit zu machen für die Herausforderungen des globalisierten Kapitalismus. Die zunehmend von psychischen Störungen, wie Depressionen oder Lernschwäche, betroffene britische Bevölkerung soll gesünder, stressresistenter und flexibler werden und dadurch auch die ökonomische Leistungsfähigkeit des Landes steigern. Das well-being, das Wohlergehen und die Gesundheit der Bevölkerung, soll dabei im Vordergrund stehen. Und gesund und glücklich sind nach Maßgabe dieses Projektes diejenigen, die ihr kognitives Potenzial entwickeln, produktiv und kreativ arbeiten, stabile Beziehungen zu anderen aufbauen und einen positiven Beitrag für die Gemeinschaft leisten (vgl. Beddington et al., 2008).

Dass der Schlüssel für das Gelingen dieses Unterfangens im Gehirn liege, ist im Alltagsbewusstsein fest verankert. Wer sein logisches Denken schult, macht Gehirn-Jogging und mangelnder Erfolg in Beruf oder Beziehung wird mithilfe von Neuro-Linguistischem-Programmieren bekämpft. Die ganze Persönlichkeit eines Menschen wird mit seinem Gehirn identifiziert, empfundene Defizite in Charakter und Leistungsfähigkeit scheinen auf suboptimale neuronale Verschaltungen zu verweisen. Im Gehirn scheint unser Ich in gewisser Weise sehr viel greifbarer zu sein, als in den wechselnden, oft genug unklaren und diffusen Gefühls- und Gedankenregungen unseres Bewusstseins. Während Gedanken flüchtig sind, besitzt das Gehirn eine physische Materialität. Es ist ein Stück Naturstoff, das nach festgeschriebenen Gesetzen funktioniert. Und wenn diese Gesetzmäßigkeit erkannt werden kann, dann kann sie auch beherrscht werden. So wie alle Naturbeherrschung ein Stück Emanzipation von der unmittelbaren Unterworfenheit unter Naturphänomene bedeutet, so erhofft man sich auch von der Hirnforschung die Befreiung von der Unmittelbarkeit, mit der uns allen Facetten unseres Selbst – oft entgegen eigener oder gesellschaftlich eingeforderter Zielsetzungen – ausgeliefert fühlen.

Dies zeigt sich sehr eindrucksvoll in einer Studie des Medizinanthropologen Simon Cohn (vgl. Cohn, 2012). Mit einem Magnetresonanztomografen (MRT) wurden Hirnscans von Psychiatrie-Patientinnen und Patienten angefertigt, die sie anschließend mitnehmen durften. Den Patientinnen und Patienten wurde deutlich gesagt, dass diese Untersuchung ihrer Gehirne weder einen Schluss auf die Ursache ihrer Krankheit zuließe noch irgendeinen therapeutischen Effekt haben könne. Dennoch betrachteten die Patientinnen und Patienten diese Bilder als hoch bedeutsam, zeigten sie herum und hängten sie an die Wände ihrer Zimmer.

Diese Bilder wurden von ihnen u. a. als Selbstportrait bezeichnet und ihnen wurde subjektiv ein positiver therapeutischer Effekt zugesprochen. Sie stellten einen Beweis für die Echtheit der Erkrankung dar, die zuvor »bloß im Bewusstsein« vorhanden zu sein schien. Einen vorgeblichen organischen Befund zu haben, wie das Röntgenbild eines Knochenbruchs, wurde als Erleichterung empfunden:

> »This picture. This is the most accurate portrait you can ever get. It's a picture of who you really are. On the inside. I tell people it's my self-portrait« (Cohn, 2009, zit. n. Slaby, 2013, S. 481).

»For me, I just can't tell you how important it is. All these years, and now they can finally prove it. I'm sure that this will make a huge difference. I feel different already. Almost like new« (ebd.).

Nicht nur für Patientinnen und Patienten ist dieser naturwissenschaftliche Beleg ihres Krankseins bedeutsam, auch behandelnden Ärztinnen und Ärzten sowie Analytikerinnen und Analytikern scheint es ein Anliegen zu sein, die Wirksamkeit von Psychotherapien neurophysiologisch belegt zu finden. Mehrere Forschungsverbunde universitärer Zentren untersuchen mithilfe von funktioneller Magnetresonanztomografie Veränderungen des Hirnstoffwechsels im Laufe einer Psychotherapie. Hier deuten sich Erfolge an: »Vorläufige Auswertungen deuten bei Patienten mit Schizophrenie darauf hin, dass durch kognitive Verhaltenstherapie […] insbesondere solche Gehirnareale eine erhöhte Aktivierung aufweisen, die vor der Therapie weniger Aktivierungen zeigten als bei Gesunden« (Gruber & Falkai, 2014, S. 356). Nicht die Besserung des Krankheitsbildes, sondern die »Normalisierung« des Gehirnbildes steht hier für den Therapieerfolg. Die Dritte-Person-Ebene ist die Ebene der Objektivität, die erlebte Erste-Person-Ebene dagegen nur subjektiv gefärbter Ausdruck neuronaler Tatsachen. Die Wirklichkeit kehrt sich um: Was tatsächlich von einem Menschen gefühlt und gedacht wird, erscheint in der verkehrten Welt der Neuropsychologie weniger wirklich, als die identifizierten korrelierenden Gehirnaktivitäten, auf die nur technisch vermittelt zugegriffen werden kann. Ob ein Mensch psychisch krank oder normal ist, erschließt sich zwar nur aus seinem Fühlen und Verhalten, aber objektiv greifbar werden psychische Auffälligkeiten offenbar erst im Hirnscan.

Doch wie sieht das Bild eines normalen Gehirns aus? Das Normgehirn ist ein aus Durchschnittswerten von als gesund angenommenen Personen mathematisch konstruiertes Modell – ein Ideal. Jedes individuelle Gehirn weicht hiervon mehr oder weniger ab – die sogenannte »probandenspezifische Störgröße« – und ist damit potenziell pathologisch. Der Hirnscan »findet« in diesem Sinne keine Krankheiten (mit wenigen Ausnahmen wie Tumoren oder Veränderungen des Gewebes bei Alzheimer), sondern er korreliert eine gefundene Normabweichung mit einem zuvor klassisch diagnostizierten Befund. Um diese Korrelation herzustellen, müssen schon zuvor bestimmte Aktivitäten im Gehirn erwartet werden, um andere als sogenanntes »Hintergrundrauschen« rechnerisch herauszufiltern. Was im bunten Bild des fMRT dem Laien so unmittelbar dargestellt erscheint, ist gerade kein unmittelbares Abbild der Gehirnaktivitäten, sondern eine hochgradig abstrakte und spekulative Interpretation gemessener Daten. Es ist ein technisch gestütztes Sehen, das noch deutlich vermittelter ist, als beispielsweise die Bilder eines Elektronenmikroskops.

Wie funktioniert ein Magnetresonanztomograf? Das Hämoglobin im Blut kann Sauerstoff binden und dann an Zellen abgeben, die ihn für ihren Stoffwechsel brauchen. Oxigeniertes Hämoglobin hat andere magnetische Eigenschaften als desoxigeniertes Hämoglobin. Wenn viele Zellen in einem Hirnareal aktiv sind, wird mehr »sauerstoffreiches« Blut dahin transportiert – und genau das wird in der fMRT gemessen. Die statistisch signifikanten Unterschiede zwischen Ruhezustand und Erregungszustand müssen dabei in langen Testverfahren miteinander verglichen werden, um überhaupt den Erregungszustand identifizieren zu können. Die kleinste Analyseeinheit entspricht dabei einem Voxel, das sind ca. 5,5 Millionen Neuronen; was kleinere Neuronenverbunde so machen, ist also gar nicht messbar. Gemessene Erregungszustände können allerdings auch Zustände sein, die eine hemmende Wirkung auf andere Neuronen ausüben, was die Unterscheidung zwischen Aktivität und Inaktivität zusätzlich erschwert. Das bedeutet: »Es ist völlig unklar, was die Hirnregion einer Versuchsperson eigentlich ›macht‹, wenn in ihr im Rahmen einer experimentell induzierten kognitiven oder affektiven Inanspruchnahme mehr Sauerstoff im Blut messbar ist, als in den umliegenden Regionen« (Slaby, 2013, S. 474). Die gemessenen Schichtaufnahmen der Anteile des oxigenierten Hämoglobins im Gehirn werden nach der Messung rechnerisch aufbereitet, statistische Ausreißer geglättet etc. und dann durch eine Farbgebung des Areals der Zellaktivität in einem Bild des Gehirns dargestellt. So erhält man schließlich »ein hochabstraktes Konglomerat von numerischen Messdaten und keineswegs eine direkte Abbildung des Gehirns« (Slaby, 2013, S. 479). Was hierbei dargestellt wird, sind also Orte von Hirnaktivität unter gezielter Ausblendung anderer Aktivitäten, die gleichzeitig stattfinden, aber im experimentalspezifischen Deutungszusammenhang nicht als relevant erachtet werden. Was die Deutung dieser Aktivitäten zusätzlich erschwert, ist, dass dieselben Hirnregionen bei vielen verschiedenen mentalen Zuständen aktiv sind – z. B. findet man in der Literatur die Insula-Aktivität zugeordnet zu »fairen Entscheidungen«, »Schmerz«, »Geschmackswahrnehmung«, »Sprache« oder »Gedächtnis« (vgl. Strack, 2010, S. 204). Diese Zuordnungen sind immer Interpretationen, denn die fMRT bildet keine psychischen Funktionen ab, »sondern den Metabolismus aktiver Hirnareale. Der Rückschluss von Stoffwechselaktivitäten auf psychische Funktionen ist allerdings kein kausaler, sondern ein hypothetischer. Ebenfalls hypothetisch ist die Annahme der Lokalisierbarkeit der Hirnfunktionen«[1] (Niewels, 2011, S. 646).

Die Bilder des fMRT haben offenbar eine Macht, die über die Darstellung oder sogar Erklärung von neuronaler Aktivität weit hinausreicht: sie können Objektivität stiften. Sie geben nicht nur Patientinnen und Patienten ein Selbstbild oder Psychiaterinnen und Psychiatern eine Bestätigung ihrer Therapiemethoden, auch wissenschaftliche Texte wirken Untersuchungen zufolge überzeugender und seriöser, wenn sie mit Aufnahmen aus dem fMRT bebildert sind. (Vgl. McCabe & Castel, 2008) Der Philosoph Jan Slaby (2013, S. 472) nennt den MRT eine »Objektivitätsmaschine«: »Das Gerät fungiert als eine Übersetzungsmaschine: Leben und Geist auf der einen, technische Verfügung, les- und manipulierbare Daten auf der anderen Seite. Aus diffuser Naturwüchsigkeit und idiosynkratischem Gefühls- und Gedankengewirr soll transparente, technisch beherrsch- und manipulierbare Natur werden« (Slaby, 2013, S. 480).

Wie fehleranfällig bzw. interpretationsabhängig die Analyse der Daten aus dem fMRT tatsächlich ist, zeigt auch für Laien eindrucksvoll ein Versuch des Neurophysiologen Craig Bennett. Um die Sorgfalt der Datenauswertung seines Labors zu testen, schob Bennett neben anderen Probandinnen und Probanden einer Versuchsreihe einen frischtoten Lachs in den Tomografen. Nachdem er dem Fisch den Versuchsablauf erklärt hatte, zeigte er ihm Fotos von menschlichen Gesichtern, die verschiedene Emotionen ausdrückten. Offenbar war das tote Tier hiervon berührt; jedenfalls zeigte es in demselben Bereich wie die anderen (lebendigen, menschlichen) Probandinnen und Probanden eine spezifische erhöhte Hirnaktivität in bestimmten Bereichen. Die zufällige Restaktivität in seinem Fischgehirn zeigte nach der entsprechenden Bearbeitung der Daten ein Bild, das demjenigen der anderen Versuchsteilnehmerinnen und Versuchsteilnehmer

---

1 Frau Niewels sagt an dieser Stelle weiter: »Ironischerweise widerspricht diese Annahme der gebetsmühlenartig in der Neurodebatte wiederholten und zum Kanon des Lehrbuchwissens zählenden Plastizität von Synapsen.« Die These von der Plastizität des Gehirns besagt, dass dieselbe kognitive Funktion über verschiedenste Bereiche des Gehirns realisiert werden kann; so können z. B. Schlaganfallpatientinnen und -patienten, die ihr Sprachvermögen verloren, wieder sprechen lernen, auch wenn das geschädigte Hirngewebe sich nicht regeneriert. Der Versuch der exakten Verortung mentaler Zustände im Gehirn steht zu dieser These im Widerspruch.

glich (vgl. z. B. Blawat, 2012). (Die Zeitschrift *Science* weigerte sich übrigens, Bennetts Artikel hierüber abzudrucken, weil er nur *einen* toten Fisch untersucht hatte und das Experiment damit statistisch nicht belastbar sei.)

Auch andere Forscher wie Edward Vul haben deutliche Zweifel daran, ob die bildgebenden Verfahren tatsächlich Messdaten exakt wiedergeben oder nicht doch eher die Erwartungen an das Experiment wiederspiegeln, da die zu untersuchende Hypothese zugleich vorausgesetzt wird und so die Aktivität ganz bestimmter Hirnbereiche gezielt in den Vordergrund gerückt wird, während andere als »Hintergrundrauschen« unsichtbar gemacht werden. Die (ideo)logische Konsequenz hiervon ist, dass in unserer Gehirnstruktur genau das gefunden wird, was wir erwarten. Die »neuen« Deutungen von Weiblichkeit, Kindheit oder Kriminalität, welche uns die Neurophysiologie in Magazinen wie *Gehirn & Geist* präsentiert, wurden nicht zwischen den Neuronen gefunden, sondern in dem, was der Forschungsgegenstand den Forscherinnen und Forschern von ihrer eigenen Vergesellschaftung zurückspiegelt. Da es in den Naturwissenschaften nicht üblich ist, den Forschenden als Subjekt seiner Erkenntnisse zu reflektieren, erscheint den Forschenden das Gehirn selbst als Ursache spezifisch weiblichen, kriminellen etc. Verhaltens. Das Gehirn wird so zum eigentlichen Subjekt hinter unseren Handlungen. Statt eines bestimmten »Charakters« habe jemand nun ein bestimmtes »Gehirnprofil«, welches Ursache seines Charakters sei. Diese Verdoppelung ändert die Qualität der Aussage, da das Subjekt nun nicht mehr die Person ist, sondern diese als bloße Wirkung ihres neuronalen Substrats vorgestellt wird. So wird das Subjekt aus dem Bewusstsein heraus in das Gehirn verschoben. Der Verdoppelung des Subjekts in »ich« und »mein Gehirn« ist immer schon die Naturalisierung menschlichen Handelns immanent, das so zum bloßen Verhalten wird.

Doch trotz begründeter Kritik, auch aus den eigenen Reihen an dem Aussagewert von fMRT-Bildern, ist der Glaube an die Objektivität des Dargestellten ungebrochen. Neurophysiologen wie Laien scheinen gleichermaßen ihrem Zauber zu erliegen. Wie der unbestechliche Naturalismus der Fotografie gegenüber der Zeichnung im 19. Jahrhundert die objektive Darstellung eines Gegenstandes symbolisierte, so steht heute der Hirnscan für den unverfälschten Ausdruck des psychischen Innenlebens, demgegenüber subjektive Darstellungsformen, z. B. in Literatur oder bildender Kunst, zurücktreten müssen. (Populär)wissenschaftliche Zeitschriften zeigen uns »Bilder der Seele« (Braus, 2003), auf denen wir rote Angst, gelbe Euphorie und tiefblaue Depressionen sehen können, außerdem den Glauben, die Rationalität, das Bauchgefühl und die Liebe (letztere auch in rot).

In den Bildern aus den Daten des fMRT wird sinnfällig, was den Verheißungscharakter der Human-Neurophysiologie ausmacht. Ein innerer Zustand wird äußerlich, greifbar, tritt aus dem Zustand des bloß Subjektiven in den allgemeinen Raum wissenschaftlicher Objektivität. Das Fühlen und Denken erscheint paradoxer Weise »echter«, wenn es *nicht* gefühlt und gedacht wird, sondern als gemessener Datenstrom in einer hochkomplexen Vielzahl von magnetischen Signalen, die auf das Vorhandensein elektro-chemischer neuronaler Prozesse in bestimmten Bereichen des Gehirns schließen lassen, uns entgegen tritt.[2] Prüfungsstress, Eifersucht, Religiosität, Shopping-Sucht und alle anderen psychischen Formationen und Deformationen des modernen Menschen werden im Hirn-Scan sichtbar gemacht, indem die jeweils zugeordneten aktiven Hirnregionen farblich markiert werden. Man »sieht« natürlich keine Eifersucht, Depression etc., aber die sinnfällig gelb und blau hervorgehobenen Hirnregionen werden zu Symbolen des korrelierenden Gemütszustandes. Die ganze Vielschichtigkeit der Persönlichkeit soll in diesem hochkomplexen Organ Gehirn materialistisch greifbar und in den fMRT-Bildern deutlich sichtbar werden.

Mit der Annahme, er sei sowohl individuell als auch in den Formen seiner gesellschaftlichen Organisation bloß Wirkung eines natürlichen Organs, gibt der Mensch prinzipiell jede Möglichkeit auf, sich zum autonomen Subjekt zu machen. Zugleich erhebt er sich im Widerspruch hierzu zum Mentaltechniker seines eigenen Selbst. Er denkt sich durch sein Gehirngeschehen fremdbestimmt und will diese Fremdbestimmung selbst kontrollieren. Dabei erscheint er nicht das aktive Subjekt der Gesellschaft oder auch nur Subjekt seiner Krankheit, sondern Objekt natürlicher und potenziell technischer Bestimmungen. Die hieraus folgende Freiheit der Machbarkeit von Psyche ist jedoch nicht mit Emanzipation zu verwechseln. Denn wenn unsere Handlungen nicht selbstbestimmt aus Gründen

---

2 Die Gründe dafür, dass unser Bewusstsein uns erst dann wirklich und objektiv gegeben scheint, wenn es sich in einer Form darstellt, die es nicht selbst ist, reichen vermutlich vom Wissenschaftsideal der Aufklärung bis zum Arbeitsrecht, welches Kranksein unter Generalverdacht stellt und eine ärztliche Bescheinigung als Echtheitsnachweis verlangt. Grade bei psychischen Erkrankungen entsteht bei Patientinnen und Patienten oft der Druck, Beweise dafür vorlegen zu wollen, dass ihre sie quälenden Gefühle und Gedanken nicht »bloß« ein Gefühl oder »bloß« ausgedacht sind.

erfolgen können, sondern aus natürlichen Ursachen in unserem Gehirn resultieren, dann ist alles Gesellschaftliche die Wirkung einer Naturursache, des Gehirns.

Hierin steht die Hirnforschung der Sache nach (die sich nicht mit der Intention der einzelnen Forscherinnen und Forscher decken muss) in der reaktionären Tradition, der Natur das anzulasten, was den Menschen von Politik und Ökonomie angetan wird. Und entsprechend wird als Lösung die Natur korrigiert, nicht die Gesellschaft verändert.

Warum fällt es vielen Hirnforscherinnen und Hirnforschern so erstaunlich leicht, einem breiten Publikum, das noch nicht einmal ansatzweise eine Ahnung davon zu haben braucht, wie durch inhibitorische Synapsen die Folge von Aktionspotenzialen bei der Übermittlung auf andere Nervenzellen verändert werden kann, ihre Theorien über Bewusstsein und Psyche ohne jedes Fachchinesisch anschaulich zu vermitteln? Weil die von Hirnforschern, wie Gerhard Roth oder Wolf Singer, aufgestellten Theorien über menschliches Bewusstsein und Gesellschaft gar keine Naturdinge zum Gegenstand haben, sodass ihre Behandlung auch nicht die Form einer biologischen Abhandlung haben muss. Vielmehr werden alle möglichen Gemeinplätze aufgestellt, die als philosophische oder psychologische Urteile erscheinen, aber nirgends argumentativ entwickelt werden. Stattdessen werden sie assoziativ mit biologischen Daten verknüpft und sollen hierüber dann empirisch belegt werden. Die Interpretationen des Hirngeschehens entspringen dabei den Vorurteilsstrukturen der sie aufstellenden Wissenschaftlerinnen und Wissenschaftlern bzw. der gegebenen und als gültig akzeptierten gesellschaftlichen Wirklichkeit. Die so entstandenen Thesen decken sich darum mit den Vorstellungen vieler Menschen und erscheinen so intuitiv plausibel und wahr. Hierbei ist der Glaube an uns steuernde neuronale Impulse entscheidend. Die symbolische Bedeutung des Gehirns ist mit der Hirnforschung aufs Engste verwoben. Die naturwissenschaftliche Praxis produziert nicht bloß Wissen von experimentell ermittelten Sachverhalten. In einem wechselseitigen Bedingungsverhältnis wird der naturwissenschaftliche Blick auf den Untersuchungsgegenstand Gehirn durch gesellschaftliche Zuschreibungen gelenkt und geformt. Hierbei werden Normen transportiert und gefestigt, indem sie zu Natureigenschaften des Menschen erklärt werden. Der Mensch wird so in all seinen Eigenschaften, seinem moralischen Empfinden und seinen Wertvorstellungen biologisiert. Werte und Normen erscheinen nicht als Ausdruck spezifischer Gesellschaftlichkeit, sondern als natürliche Gefühle.

Daher rückt auch das Gefühl gegenüber dem Geist oder der Rationalität in den Vordergrund, denn Gefühle gelten fälschlich als unmittelbar, als natürlich und frei von gesellschaftlicher Determination. Diese Leitprämisse der Neuropsychologie ist offensichtlich Unsinn. Ein kulturell geprägter Umgang mit Trauer beispielsweise oder die diversen Formen menschlicher Sexualität sind prinzipiell nicht als natürliche Verhaltensweisen beschreibbar. Das Begreifen und Verarbeiten eines Verlustes ist ebenso wenig Natur, wie die menschliche Sexualität in Fortpflanzungsfunktionen aufgeht. Viele Gefühle und ihre Verknüpfung mit bestimmten Erscheinungen sind eindeutige Schöpfungen der Moderne, zum Beispiel Ekel beim Anblick von Achselnässe. Dies macht es unmöglich, hier sinnvoll von natürlichen Affektzuständen zu reden. Aber als Bilder des MRT werden diese Gefühle objektiv, ein Stück Natur, und sind somit mehr als bloß subjektiv empfunden.

Damit ist thematisch längst die wichtigste These aus der modernen Hirnforschung behandelt, nämlich die, dass der Mensch in Wahrheit keinen freien Willen habe. Die Objektivierung von mentalen Zuständen in Gehirnaktivitäten funktioniert nur unter der Prämisse, dass alles Bewusstsein auf einem Naturprozess beruht und folglich den Naturgesetzen unterliegt. Nur ein unfreier Geist kann im Gehirn objektiv abgebildet werden. Nach dem dieser Forschung zugrunde liegenden biologistischen Menschenbild ist alles Handeln durch Prozesse, die erlernt sind oder sich stammesgeschichtlich als sinnvoll entwickelt haben, neuronal vorgegeben. Bei Handlungen, also während des Ablaufs neuronaler Prozesse, hätten wir zwar ein begleitendes »Gefühl, dass wir es sind, die diese Prozesse kontrollieren. Dies ist aber mit den deterministischen Gesetzen, die in der dinglichen Welt herrschen, nicht kompatibel« (Singer, 2004, S. 36). Die Freiheit kann laut Hirnforscherinnen und Hirnforschern, wie Gerhard Roth oder Wolf Singer, darum nicht mehr sein, als ein funktionaler Schein, der zur Motivation von bestimmten Handlungen diene. Dieser Schein könne (und solle) ihnen zufolge sogar gewusst werden, ohne dass dies das neuronal erzeugte Gefühl des Freiseins beeinträchtige.

Das Interessante an dieser Konstruktion ist, dass sich hierdurch an der Verfasstheit unserer Gesellschaft ihrer Erscheinungsform nach gar nichts grundlegend ändern sollte, müsste oder auch nur könnte. Denn unsere Gehirne hätten ihre Umwelt grundsätzlich ihren Bedürfnissen gemäß gebildet, in dem nichtbewussten Prozess, den wir retrospektiv als unsere Geschichte bezeichnen. In diesem Prozess sei der Glaube an die eigene Freiheit – etwa bei demokratischen Wahlen oder der Entscheidung für einen Arbeitsplatz – ein notwendiges, neuronal erzeugtes Gefühl, das wissenschaftlich betrachtet jedoch zugleich als bloße Illusion erkannt werden müsse. Was insbesondere Roth mit seiner These vom unfreien Willen und der gleichzeitigen Funktionalität und darum Notwendigkeit des Scheins von Freiheit für das Subjekt im Zusammenleben der Gesellschaft vom einzelnen Menschen verlangt, ist nicht wenig. Es wird verlangt, dass der Mensch sich einen Schein von Freiheit mache (er könne gar nicht anders – seine Natur, respektive sein Gehirn, sei hierauf ausgerichtet), aber er solle zugleich wissen, dass es ein Schein sei, und dabei auch wissen, dass dieser Schein gut für ihn sei (vgl. Roth, 2009). Wenn wir uns nicht frei fühlten, könnte unsere Gesellschaft nicht funktionieren. So können wir zum Beispiel Roth zufolge nur unter dem Schein von Freiheit Verträge schließen, die verbindlich gelten, weil jene bestraft werden können, die sie brechen. Die unangenehmen Folgen bewirkten so im Normalfall der Handlungsplanung ein Verhalten der Vertragseinhaltung. Über den Anschein von Freiheit werde so ein natürlicher Schutzmechanismus für unsere gesellschaftlichen Verhältnisse etabliert.

Abgesehen von dem Widerspruch, dass die Täuschung über unsere Freiheit notwendig sei, weil sie einen Effekt habe, der sich nur als Freiheit der Subjekte begreifen lässt und darum keine Täuschung sein kann, ist diese Denkfigur wegen ihrer ideologischen Architektonik bemerkenswert. Sie sagt: Der Betrug meines neuronalen Systems an mir selbst schützt mich. Ich kann ihn ruhig wissen, das entlarvt den Betrug nicht als etwas Falsches, das sich ändern sollte, sondern festigt ihn vielmehr, weil es mir seinen tieferen Sinn enthüllt. Denn ich erkenne, dass es gut für mich ist, in dieser Weise betrogen zu sein, weil ich mein Leben ohne diesen Betrug nicht leben könnte.

Diese Denkungsart stößt auf breite Zustimmung. Sie lässt sich in analogen Varianten in vielen anderen Bereichen der Gesellschaft finden. So wird von der modernen Arbeitskraft erwartet, dass sie weiß, dass sie bloßes Mittel zur Profitmaximierung ist und sich entsprechend verhält. Sie soll sich jedoch beim Exekutieren fremder Zwänge zugleich authentisch fühlen, als verwirkliche sie sich selbst – im expliziten Wissen um die Funktion dieser Lüge, denn nur wer sich die Arbeitsanforderungen ganz zu eigen macht, kann sie erfüllen und sich in der Konkurrenz behaupten. Dies ist der sinngemäße Inhalt der Neurolinguistischen Programmierung und einer ganzen Armada von Motivationsratgebern: Ja, ich muss gerne und erfolgreich arbeiten wollen, um gegen die Konkurrenz zu bestehen! Das

Verhältnis zur eigenen Vernunft ist hierbei ein rein instrumentelles. Die Freiheit, seinen Willen bestimmen zu können, soll zum bloßen Mittel gemacht werden, um sich aktiv aus eigenem Willen unter fremdbestimmte Zwänge zu stellen. Die Naturalisierung dieses Willens durch Autorinnen und Autoren, wie Roth, passt maßgeschneidert zu einer Gesellschaft, deren alte ideologische Behauptung, jede und jeder sei selbst für ihr oder sein Leben verantwortlich oder gar ihres oder seines Glückes Schmied, angesichts der Lebenswirklichkeit vieler Bürgerinnen und Bürger schon lange unglaubwürdig geworden ist. Nicht nur die vormals als Plebs Ausgegrenzten, sondern fast jede und jeder sieht sich oder Angehörige heutzutage von Arbeitslosigkeit und sozialem Abstieg bedroht. Die Freiheit, die eigene Gesellschaft zu gestalten, ist unter Bedingungen, die als ihren demokratischen Rahmen die kapitalistische Produktionsweise als unantastbar setzen, tatsächlich ein ebensolcher Schein, wie die Willensfreiheit es laut Gerhard Roth, Wolf Singer u. A. schon immer war: eine Illusion. Eine Illusion, deren Aufrechterhaltung aber unumgänglich und zugleich notwendig ist, damit unsere Gesellschaft funktionieren kann. Bezogen auf die heutigen Verhältnisse, unter denen ökonomische Notwendigkeiten Sachzwänge erzeugen, die systemimmanent tatsächlich zwingend und unaufhebbar sind, kommt in der These der Hirnforschung vom unfreien Willen, der sich zugleich als freier denken muss, das heutige Alltagsbewusstsein in ideologischer Form zu sich selbst.

Auf diejenigen Strukturen, welche die eigene Lebensweise maßgeblich bestimmen, haben die Einzelnen zwischen Schulpflicht und Tarifvertrag keinen oder bestenfalls geringen Einfluss. Entsprechend überrascht die Botschaft der Hirnforschung nicht wirklich: Die Wissenschaft hat festgestellt, dass es keine Freiheit gibt. Die Empörung gegen diese Forschungsergebnisse verteidigt oft die Freiheit im kleinsten möglichen Rahmen: Ich kann doch frei meinen Arm heben, den Kopf wenden, eine Zigarette rauchen, Schokolade essen oder all dies nach eigenem Belieben und Willen auch sein lassen. Diese Argumentationen zielen auf das pseudoromantische Gefühl des Freiseins, auf den Funken Trotz, das pubertäre Verlangen, sich inmitten heteronomer Zwänge seiner selbst zu vergewissern. Doch da dieses Verlangen bloß gespürt wird, nicht begründet und da es mit steigender Intensität selbst die Form eines Zwanges annehmen kann, werden die Verfechter dieser minimalistischen Freiheiten schnell über ihren eigenen Exempeln unsicher. Wer hätte nicht schon feste Vorsätze bezüglich Ernährung oder Genussmittelkonsum gebrochen, wer könnte beim Heben des

Armes eindeutig zwischen Wille, Willkür und Reflex unterscheiden? Der Impuls, der sagt »ich will nicht unfrei sein«, kann keinen Beweis der Freiheit liefern, solange er als Impuls verharrt. Den Beweis der Freiheit trägt er in sich, aber dieser erschließt sich erst in der Reflexion auf das, was Freiheit und was Wille ist, die zugleich eine Reflexion über die realen Bedingungen der Unfreiheit sein muss, in denen der Einzelne tatsächlich kaum eine andere Wahl hat als die, seinen Willen in weiten Bereichen durch äußere Zwecke bestimmen zu lassen.

Und so kann die wissenschaftliche Bescheinigung, nicht autonomer Steuermann des eigenen Tuns zu sein, auch mit einer Form der Erleichterung einhergehen, als habe man es im Innersten immer geahnt, dass all die Versuche, frei zu werden, scheitern mussten – nicht aus eigenem Versagen, sondern weil es unsere Natur sei, unfrei zu sein. Theodor W. Adorno beschreibt in der *Negativen Dialektik*, warum die Menschen in der heutigen Gesellschaft politische Verantwortung nicht tragen und nicht ertragen können:

> »Je mehr Freiheit das Subjekt, und die Gemeinschaft der Subjekte, sich zuschreibt, desto größer seine Verantwortung, und vor ihr versagt es in einem bürgerlichen Leben, dessen Praxis nie dem Subjekt die ungeschmälerte Autonomie gewährte, die es ihm theoretisch zuschob. Darum muß es sich schuldig fühlen. Die Subjekte werden der Grenze ihrer Freiheit inne an ihrer eigenen Zugehörigkeit zur Natur wie vollends an ihrer Ohnmacht angesichts der ihnen gegenüber verselbständigten Gesellschaft« (Adorno, 1975, S. 220).

Darum verschafft die Behauptung, wir seien gar nicht frei oder zumindest nicht so frei, wie wir dächten, Erleichterung, indem sie den Einzelnen einer untragbaren Verantwortung enthebt. Das macht ihre ungeheure Attraktivität aus. Gestärkt von der Festigkeit empirischer Daten flößt sie Vertrauen ein, indem sie den Freispruch, die Unzurechnungsfähigkeit, das Ende des Prozesses verspricht. Die Bilder aus dem fMRT zeigten für die Psychiatrie-Patientinnen und -Patienten aus Cohns Studie ein nahezu magisches Selbstportrait, das das Innere in seiner wahrhaftigen Objektivität sichtbar macht: Dort sehe ich, wer ich wirklich bin. Die bunten Flecke sind ein wissenschaftlicher Fingerabdruck meiner Persönlichkeit. Wenn ich mein Gehirn bin, ein physikalischen Gesetzen gehorchender Prozess, dann bin ich nicht das Subjekt meiner Handlungen, sondern Objekt. Dann gibt es keine echte Emanzipation, sondern nur Manipulation. Das mag schade sein, aber wichtiger ist: Ich kann nichts dafür. Was einmal als liberale Forderung gegen rigide Sittlichkeits- und Tugendvorstellungen der Gesellschaft auf den Plan trat – die Forderung, die Menschen so zu achten und zu respektieren, wie sie sind – das kommt heute als das neue Freiheitsversprechen der Humanneurophysiologie daher: Frei von Verantwortung und frei von anstrengender Subjektivität, hinter deren Anforderungen an Leistungsfähigkeit man beruflich wie privat immer nur zurückfallen kann. Als Spiegel entfremdeter Gesellschaft hat das neurophysiologische Menschenbild vom objektiv neuronal determinierten, unfreien Subjekt, das sich zugleich subjektiv als autonomes fühlen muss, seine verkehrte Wahrheit.

Literatur

Adorno, T. W. (1975). *Negative Dialektik*. Frankfurt a. M.: Suhrkamp.

Beddington, J., Cooper, C. L., Field, J., Goswami, U., Huppert, F. A., Jenkins, R., Jones, H. S., Kirkwood, T. B. L., Sahakian, B. J. & Thomas, S. M. (2008). The mental wealth of nations. *Nature, 455*, 1057–1060.

Blawat, K. (2012). Ein Fisch schaut in die Röhre. https://www.sueddeutsche.de/wissen/neuronenforschung-ein-fisch-schaut-in-die-roehre-1.36460 (14.12.2012).

Braus, D. F. (2003). Bilder der Seele. Kernspintomographie eröffnet erste Einblicke in die somatische Grundlage psychischer Prozesse. *Medizinische Monatsschrift für Pharmazeuten, 02*. https://www.mmp-online.de/heftarchiv/2003/02/bilder-der-seele-kernspintomographie-eroffnet-erste-einblicke-in-die-somatische-grundlage-psychischer-prozesse.html (28.09.2020).

Braus, D. F., Tost, H. & Demirakca, T. (2004). Bildgebende Verfahren bei psychischen Störungen. In S. Lautenbacher & S. Gauggel (Hrsg.), *Neuropsychologie psychischer Störungen* (S. 91–122). Berlin/Heidelberg/New York: Springer Verlag.

Cohn, S. (2009). *Continuity, Discontinuity and Collision of Neuropsychiatry: The Inclusion of Objective Claims into the Subjective Experience of Mental Illness.* Unveröffentlichter Vortrag, gehalten auf dem Workshop Critical Neuroscience, 28./29.01.2009, UCLA, Los Angeles, USA.

Cohn, S. (2012). Disrupting Images: Neuroscientific Representations in the Lives of Psychiatric Patients. In S. Choudhury & J. Slaby (Hrsg.), *Critical Neurosciences. A Handbook of the Social and Cultural Contexts* (S. 179–193). Chichester: Verlag Wiley Blackwell.

Galert, T., Bublitz, C., Heuser, I., Merkel, R., Repantis, D., Schöne-Seifert, B & Talbot, D. (2009). Das optimierte Gehirn. *Gehirn & Geist, 11*, 40–48.

Gruber, O. & Falkai, P. (Hrsg.). (2014). *Systemische Neurowissenschaften in der Psychiatrie. Methoden und Anwendung in der Praxis.* Stuttgart: Verlag W. Kohlhammer.

Kandel, E. R. (2006). *Psychiatrie, Psychoanalyse und die neue Biologie des Geistes.* Frankfurt a. M.: Suhrkamp.

Mayberg, H., Liotti, M. & Brannan, S. (1999). Reciprocal Limbic-Cortical Function and

Negative Mood: Converging PET Findings in Depression and Normal Sadness. *American Journal of Psychiatry, 156,* 675–682.

McCabe, D. P. & Castel, A. D. (2008). Seeing is believing. The Effect of Brain Images on Judgments of scientific Reasoning. *Cognition, 107*(1), 343–352.

Niewels, C. (2011). Versuchungen des Normalen. Folgen bildgebender Verfahren für die allgemeine Pädagogik. *Vierteljahresschrift für wissenschaftliche Pädagogik, 87*(4), 644–652.

Roth, G. (2003). *Fühlen, Denken, Handeln. Wie das Gehirn unser Verhalten steuert.* Frankfurt a. M.: Suhrkamp.

Roth, G. (2009). *Aus Sicht des Gehirns.* Frankfurt a. M.: Suhrkamp.

Schumacher, R. (2005). *Was ist Bewusstsein? Erkenntnis- und bewusstseinsphilosophische Implikationen der Hirnforschung.* Gutachten für den Deutschen Bundestag vorgelegt dem Büro für Technikfolgen-Abschätzung beim Deutschen Bundestag (TAB).

Slaby, J. (2013). Die Objektivitätsmaschine. Der MRT-Scanner als magisches Objekt. In K. Mertens & I. Günzler (Hrsg.), *Wahrnehmen, Fühlen, Handeln. Phänomenologie im Wettstreit der Methoden* (S. 473–497). Münster: mentis Verlag.

Singer, W. (2004). Verschaltungen legen uns fest. Wir sollten aufhören, von Freiheit zu sprechen. In C. Geyer (Hrsg.), *Hirnforschung und Willensfreiheit. Zur Deutung der neuesten Experimente* (S. 30–65). Frankfurt a. M.: Suhrkamp.

Strack, F. (2010). Wo die Liebe wohnt. Überlegungen zur Bedeutung der bildgebenden Hirnforschung für die Psychologie. *Psychologische Rundschau, 61*(4), 203–205.

Biografische Notiz

Christine Zunke, Dr. phil., lebt in Bremen und arbeitet als wissenschaftliche Mitarbeiterin an der Carl von Ossietzky Universität Oldenburg. Sie ist Leiterin der Forschungsstelle Kritische Naturphilosophie am Institut für Philosophie und forscht zu Themen an der Schnittstelle von Naturwissenschaft und Gesellschaft.

Sozialutopie und Therapie

Zur Vernachlässigung
des therapeutischen Erfahrungsfeldes für die Kulturkritik

Frank Schumann

Die Moderne begleitet seit ihren Anfängen die Frage, ob sie trotz oder gerade wegen der spürbaren Fortschritte und Veränderungen, nicht auch eine moderne Form des kulturellen Leidens hervorbringt. Schon Rousseau, der gemeinhin als Begründer moderner Kulturkritik gilt, sah den Preis des sozialen Wandels in einer zunehmenden Entfremdung der Menschen von sich selbst (vgl. Rousseau, 1978). Zwar finden sich in Rousseaus Untersuchung noch deutlich die antiken Vorbilder der Kulturkritik (vgl. Müller, 1997); aber anders als diese bettet er die kritisierten Verhältnisse in einen historischen Entwicklungsprozess ein. Das erlaubt es einerseits, eine andere Zukunft zu antizipieren (vgl. Bollenbeck, 2005). Die historische Methode macht es andererseits aber auch möglich, die Ursachen für den Verfall nicht mehr in der Lasterhaftigkeit und Sittenlosigkeit der Kulturmenschen, sondern in der gesellschaftlichen Entwicklungslogik selbst zu verorten. Der Verfall der natürlichen Tugenden ist demnach eine Folge, nicht aber schon die Ursache gesellschaftlicher Fehlentwicklungen. Wenn man so will, zeichnet sich die mit Rousseau auftretende Kritikperspektive dadurch aus, dass in ihr nicht die kulturelle Ordnung unter den Menschen leidet – stattdessen sind es die Menschen, die unter der Kultur zu leiden haben.

Damit wurde auch ein neuer Diagnosemodus gesellschaftlicher und kultureller Störungen aus der Taufe gehoben. Individuelle psychische Symptome, wenn sie nur häufig genug auftreten, können so als Indiz dafür gelesen werden, dass etwas mit der Gesellschaft nicht stimmt. Der jüngste Ausläufer dieses Motivs dürfte sich in den Debatten um Burnout und Depression finden lassen. Die Zunahme von Erschöpfungsdiagnosen wurde bekanntlich als Symptom einer beschleunigten Leistungsgesellschaft gedeutet (vgl. Neckel, 2014). Mit dem historischen Entwicklungsbewusstsein ergibt sich nun aber auch ein spezifischer Lösungsmodus für die so diagnostizierten Probleme; nämlich eine Veränderung der Kultur und der

Gesellschaft. Dieser Schluss wurde in der aktuellen Debatte allerdings nur mit Vorsicht gezogen. Deutlich radikaler brachte ihn vor einigen Jahrzehnten hingegen das Sozialistische Patientenkollektiv (SPK) zum Ausdruck: »Im Sinne der Kranken kann es nur eine zweckmäßige bzw. kausale Bekämpfung ihrer Krankheit geben, nämlich die Abschaffung der krankmachenden privatwirtschaftlich-patriarchalischen Gesellschaft« (Huber, 1971, S. 14). Das SPK zieht damit letztlich die radikale Konsequenz aus einem Topos, der bereits in der modernen Kulturkritik selbst angelegt ist: Wenn die Wurzeln des psychischen Leidens in der Gesellschaft liegen, dann liegt auch die Therapie in der Veränderung der Gesellschaft.

Wenn nun aber die eigentliche Therapie sozialer Leidphänomene in der Veränderung der kulturellen und gesellschaftlichen Lebensbedingungen besteht, dann stellt sich außerdem die Frage, was demgegenüber die Aufgabe der individuellen Therapie sein kann. Dieser Gedanke spielte bemerkenswerterweise schon in den Anfängen der Psychotherapie eine Rolle. Gegen Ende der *Studien über Hysterie*, die im Jahr 1895 erschienen sind und als Geburtsdokument der Psychoanalyse gelten können, lässt Freud nämlich einen imaginären Zweifler folgende Frage formulieren: »Sie sagen ja selbst, daß mein Leiden wahrscheinlich mit meinen Verhältnissen und Schicksalen zusammenhängt: daran können Sie ja nichts ändern; auf welche Weise wollen sie mir denn helfen?« Und Freud gibt sich selbst eine – gewissermaßen paradigmatische – Antwort: »Ich zweifle ja nicht, daß es dem Schicksale leichter fallen müßte als mir, Ihr Leiden zu beheben: aber Sie werden sich überzeugen, daß viel damit gewonnen ist, wenn es uns gelingt, Ihr hysterisches Elend in gemeines Unglück zu verwandeln. Gegen das letztere werden Sie sich mit einem wiedergenesenen Seelenleben besser zur Wehre setzen können« (Freud & Breuer, 1895d, S. 311f.). Freud ist damit zwar weit davon entfernt, die individuelle Therapie als bloßes Anpassungsgeschehen zu disqualifizieren – wie etwa das SPK. Aber er schränkt ihre Einflussmöglichkeiten ein und gibt so zu erkennen, dass eine nachhaltige Besserung vor allem die Aufgabe einer praktischen Bemühung wäre.

Paradigmatisch ist an der Antwort Freuds, dass sie eine einfache Verknüpfung zwischen individuellem Leid und gesellschaftlichen Ursachen vornimmt und damit implizit auch eine Verbindung von individueller und gesellschaftlicher Emanzipation behauptet. Diese Figur taucht in nicht wenigen gesellschaftskritischen Ansätzen auf, die – anders als Freud – aber die Schlussfolgerung ziehen, dass die individuelle Therapie gegenüber der Perspektive gesellschaftlicher Veränderungen unbedeutend oder dieser gar abträglich ist. Im Folgenden möchte ich mit dieser Figur kritisch auseinandersetzen. Dabei möchte ich zeigen, dass die Konstruktion eines Kontinuitätsverhältnisses von Psychotherapie und gesellschaftlicher Veränderungen zu einer Fehleinschätzung der Psychotherapie führt, da diese an sozialutopischen Maßstäben gemessen wird, die jedoch nur für gesellschaftliche Gestaltungsprozesse adäquat sind. Aus dieser Perspektive muss die individuelle Therapie notwendig beschränkt oder gar konformistisch erscheinen. So wird aber ausgeblendet, dass gerade die klinische und therapeutische Praxis einen Erfahrungsbereich konstituiert, der für das Verständnis gesellschaftlicher Verhältnisse bedeutsam ist. Denn hier könnten sich möglicherweise jene gesellschaftsspezifischen Störungen genauer verstehen beziehungsweise diagnostizieren lassen, die erst die soziale und gesellschaftliche Veränderung notwendig machen.

Zu Beginn möchte ich zunächst die Implikation jener Gleichsetzung anhand des Ausspruchs Freuds rekonstruieren und ausführen, dass in dem Begriff des »gemeinen Unglücks« eine anthropologische Figur verborgen ist, die bereits die Marginalisierungstendenzen gegenüber der klinischen Erfahrung vorbereiten. Im zweiten Teil soll es dann um die gewissermaßen sozialutopische Transformation des Motivs gehen, durch die jene Tendenzen zur Entfaltung gelangen. Dies werde ich mit Blick auf die Kritische Theorie darstellen. Schließen werde ich im dritten Teil mit einem aktuellen Beispiel schließen – der Anerkennungstheorie von Axel Honneth – und anschließend einige hier schon angedeutete Schlussfolgerungen ziehen.

Das anthropologische Fundament des gemeinen Unglücks

Die zitierten Zeilen aus Freuds analytischer Frühschrift enthalten bereits einige Punkte, die für die Konzeption des Verhältnisses von Therapie und Sozialtransformation – auch bei späteren Autoren – von Bedeutung sind. Daher soll noch für einen Augenblick bei Freuds Fragestellung verweilt werden:

>»Sie sagen ja selbst, daß mein Leiden wahrscheinlich mit meinen Verhältnissen und Schicksalen zusammenhängt: daran können Sie ja nichts ändern; auf welche Weise wollen sie mir denn helfen? Ich zweifle ja nicht, daß es dem Schicksale leichter fallen müßte als mir, Ihr Leiden zu beheben: aber Sie werden sich überzeugen, daß viel damit gewonnen ist, wenn es uns ge-

lingt, Ihr hysterisches Elend in gemeines Unglück zu verwandeln. Gegen das letztere werden Sie sich mit einem wiedergenesenen Seelenleben besser zur Wehre setzen können« (Freud & Breuer, 1895d, S. 311f.).

Wie bereits erwähnt, gibt Freud damit zunächst zu erkennen, dass auch er davon überzeugt ist, dass die letzten Ursachen des psychischen Leids in den »Schicksalen und Verhältnissen« liegen. Die so gefassten milieutypischen Lebensbedingungen der Patientinnen und Patienten bringen also eine bestimmte Form sozialen Leidens hervor, die wenig später auch als »gemeines Unglück« bezeichnet werden. Zwar gesteht Freud ein, dass er an den sozialen Lebensbedingungen nichts ändern kann; nicht jedoch ohne im selben Atemzug ein anderes Angebot zu machen. Was nämlich im Rahmen der Therapie verändert werden kann, sei das »hysterische Elend«. Hiermit ist die dysfunktionale, psychische Verarbeitung des alltäglichen und unvermeidlichen Unglücks gemeint, die diesem einen weiteren und – bezogen auf die sozialen Lebensverhältnisse – gewissermaßen unnötigen Leidensdruck hinzufügt. Da dieser allein biografisch bestimmt ist, muss er folglich auch einer individuellen Psychotherapie zugänglich sein.

Der Aufteilung der Leidensformen führt so zu einer Arbeitsteilung, bei der die Therapie sich um die neurotische Verzerrung des kulturellen Unbehagens kümmert, während die Veränderung der Lebensbedingungen die Aufgabe eines praktischen Engagements ist – auch wenn Freud offenlässt, ob es sich dabei um ein Engagement im Rahmen der eigenen Lebensverhältnisse handelt oder um ein weiter gefasstes, etwa revolutionäres Bestreben. Die Arbeitsteilung zwischen praktischer Veränderung und therapeutischer Intervention erschöpft sich jedoch nicht an diesem Punkt. Implizit macht Freud dabei auch ein Verhältnis von individueller und gesellschaftlicher Emanzipation auf. Das »gemeine Unglück« ist nicht nur die Grenze der therapeutischen Arbeit, sondern zugleich auch der Punkt, an dem das Emanzipationsbestreben vom individuellen auf das soziale oder gesellschaftliche Gleis überspringen muss. Auf den ersten Blick hat dieses Verhältnis die Qualität eines Bruchs: Die Überwindung sozialen Zwangs findet auf einer anderen Ebene statt als die therapeutische Auflösung des psychischen Zwangs. Auf den zweiten Blick wird hinter dieser Diskontinuität allerdings ein Kontinuitätsverhältnis sichtbar. Dieses besteht in der Annahme, dass die individuellen Leidphänomene auf eine konflikthafte Grundstruktur zurückgehen, die auch für die relevanten sozialen oder kulturellen Spannungen bestimmend ist. Denn nur so ist die Annahme plausibel, dass das »Schicksal«, von dem Freud spricht, eine Therapie unter Umständen substituieren kann.

Das »hysterische Elend« und das »gemeine Unglück« sind in Freuds Theorie folglich homolog gefasst, da sie auf eine gemeinsame Wurzel – auf einen kulturellen Grundkonflikt – zurückgehen. Dies ist im Rahmen der klassischen psychoanalytischen Theorie bekanntlich die Notwendigkeit zum Triebverzicht, oder besser: der Triebmodifikation. Die zunächst asozialen Sexualtriebe sollen mittels Sublimierung in Arbeit in eine kulturbildende Tätigkeit umgebildet oder durch Reaktionsbildung zumindest sozial verträglich gemacht werden. Dies ist ein konfliktbehafteter und prekärer Prozess, der anfällig ist für Störungen – wie etwa neurotische Symptombildung. Während die Kulturtätigkeit des Menschen somit gewissermaßen die soziale Bewältigung der Conditio Humana darstellt, ist das hysterische Symptom die idiosynkratische, regressive Lösung des Grundkonflikts (vgl. Freud, 1927c). Die Diskontinuität in diesem Homologieverhältnis liegt nicht in der Konfliktstruktur selbst, sondern allein in der Ebene, auf der sich jener Konflikt äußert. Das »hysterische Elend« bleibt auf die Ebene der Ontogenese beschränkt; das »gemeine Unglück« ist mit einigen kulturspezifischen Variationen jedoch Ausdruck eines phylogenetischen, also gattungsgeschichtlichen Prozesses. Daher findet man bei Freud auch immer wieder Gegenüberstellungen von Onto- und Phylogenese. Am deutlichsten wird das etwa am Ödipuskomplex, den Freud an den Anfang der Kulturentwicklung setzt (vgl. Freud, 1912–1913a), der aber auch die Kernszene der sozialen Identitäts- und psychischen Strukturbildung darstellt. In der Biografie wird – gemäß der Homologie – die Phylogenese mit der Gefahr der pathologischen Störung teilweise wiederholt.

Hinter der Aufgabenteilung von Therapie und praktischer Veränderung steht also die Annahme, dass individuelle und gesellschaftliche Konflikte strukturell verwandt sind; dass im idiosynkratischen Leiden des Individuums ein Stück des kollektiven Schicksals der Menschen steckt, das, sieht man von individuellen Bearbeitungen ab, in letzter Konsequenz jenes Leiden fundiert. Mit der Homologiekonstruktion knüpft Freud deutlich an das anfangs erwähnte Motiv moderner Gesellschaftskritik an; dieses besteht darin, die Leiden des konkreten Subjekts als Ausdruck der Leiden des Gattungssubjekts an historischer Fehlentwicklung zu verstehen. Und das legt schon in Freuds Denken den Schluss nahe, dass eine geschichtliche Veränderung des zugrunde liegenden Kulturkonflikts die individuellen Leiden nachhaltiger beseitigen könne, als es eine Therapie für sich in Anspruch nehmen dürfte.

Die sozialutopische Transformation
des anthropologischen Motivs in der Kritischen Theorie

Allerdings ist Freud – trotz der Betonung, dass es ohne hysterische Symptome leichter sei, sich gegen das kulturelle Unglück zu wehren – hinsichtlich der Erfolgsaussichten eines solchen Unterfangens recht pessimistisch. Zwar räumt er ein, dass die rationale Einsicht in die kulturelle Notwendigkeit des Triebverzichts Leiden – hysterisches Elend – ersparen und gar die Einrichtung der Gesellschaft vernünftiger gestalten könne (vgl. Freud, 1927c, S. 373ff.). Aber ob es einen substanziellen Spielraum für die Abmilderung des Kulturkonflikts gebe, sieht Freud skeptisch (vgl. Freud, 1933a, S.194ff.). In seiner berühmten Spätschrift – dem *Unbehagen in der Kultur* – stellt er schließlich die Prognose auf, dass fortgesetzte Kulturentwicklung die Triebspannung eher erhöhen als abschwächen müsse (vgl. Freud, 1930a). Die kulturelle Notwendigkeit des Triebverzichts hat in der Theorie Freuds somit den Status einer anthropologischen Konstante; entsprechend schlecht stehen die Chancen für soziale Emanzipationsprojekte, jenen Grundkonflikt und damit das kulturelle Unbehagen dauerhaft zu lindern.

Bereits in den späten 1920er und frühen 1930er Jahren regte sich jedoch Kritik an dieser Einschätzung sowie überhaupt an Freuds politischer Zurückhaltung. Am frühesten wurde diese wohl von Wilhelm Reich formuliert, der Freuds These der Kulturnotwendigkeit des Triebverzichts vehement ablehnte (vgl. Reich, 1975). Triebverzicht sei keine anthropologische Notwendigkeit, sondern in seiner damaligen Form das Ergebnis einer repressiven patriarchal-kapitalistischen Gesellschaft sowie – allgemeiner gesprochen – Ausdruck von gesellschaftlicher Herrschaft. Diese Kritik an Freud wurde in vergleichbarer Weise auch von Erich Fromm (vgl. Fromm, 1932) und später von Herbert Marcuse (vgl. Marcuse, 1968) wiederholt.[1] Das hat nicht zuletzt auch Folgen für die Arbeitsteilung von Therapie und Sozialtransformation. Denn da Freuds Pessimismus gewissermaßen die Option einer gesellschaftlichen Veränderung stillstellte, konnte er die individuelle Bearbeitung des Gattungskonflikts etwa in der Therapie, aber auch in der individuellen Lebensführung, priorisieren. Das Verhältnis dreht sich dagegen bei den marxistisch beeinflussten Kritikern Freuds um. Infolge der Betonung, dass die Konflikte der Menschen wesentlich durch histo-

---

1 Wilhelm Reich war überdies ein wichtiger Stichwortgeber für das SPK.

risch und gesellschaftlich spezifische Machtverhältnisse bestimmt werden, rückte zwangsläufig die Perspektive und auch die Notwendigkeit praktischer Veränderung der Gesellschaft in den Vordergrund. Die individuelle Auseinandersetzung der Menschen mit den Widrigkeiten des Lebens verschwand dagegen aus dem Fokus. Damit verlor auch die Therapie als Erfahrungsraum, in dem typische Ausdrucksformen und Dynamiken des Leidens an Gesellschaft sichtbar werden können, an Bedeutung oder wurde gar als Form der Anpassung kritisiert. Diese Einschätzung ist nur möglich, da hinter der fortschrittstheoretischen Umgestaltung die Homologiekonstruktion erhalten geblieben ist, der zufolge der neurotische Konflikt nur ein individueller Ausdruck eines allgemeiner gefassten Gattungskonflikts ist.

Über Fromms Vermittlung fand das sozialutopisch transformierte Motiv schließlich auch Eingang in den Kanon der frühen Frankfurter Schule und bestimmt, da es sich sehr gut zu der linkshegelianischen Prägung der Frankfurter Theorietradition fügte, in variierter Form auch heute noch die Reflexion über die Ursachen und Erscheinungsweisen sozialer Leidphänomene. Es wurde bereits erwähnt, dass die wesentliche Veränderung zu Freuds Konzeption in einer stärkeren Historisierung des menschlichen Grundkonflikts besteht. Genauer lassen sich daraus zwei Aspekte unterscheiden, in denen die Differenzen zu Freuds Auffassung deutlich werden:

1. Zunächst betrifft dies den Status der anthropologischen Grundannahmen; es geht hier um die Frage, ob der anthropologische Grundkonflikt historisch wandelbar ist. Die Autoren der Frankfurter Schule betonen in diesem Zusammenhang bekanntlich, dass das psychische Leiden wesentlich durch gesellschaftliche Bedingungen bestimmt und damit geschichtlicher Veränderung zugänglich ist. Zog Freud die Konfliktlinie vor allem im inneren des Menschen, als er fragte, wie Menschen den kulturellen Konflikt individuell bearbeiten, so wurde in der Frankfurter Schule die Linie deutlicher zwischen Individuum und Gesellschaft gezogen. Und damit ergibt sich auch ein größerer *konzeptioneller* Spielraum, eine Abmilderung des Grundkonflikts – des »gemeinen Unglücks« – in Form des gesellschaftlichen Wandels ins Auge zu fassen. Die Ursache des Leidens ist so nicht mehr das menschliche Wesen, sondern die Unangemessenheit der Gesellschaft in Bezug auf dieses. Daraus ergibt sich nahezu mit Notwendigkeit die Idee einer gesellschaftlichen Lebensweise, die dem Wesen des Men-

schen entspricht – eine Sozialutopie.[2] Diese Perspektive blieb auch später noch präsent, als die Hoffnung auf praktische Veränderung aufgegeben wurde; die theoretische beziehungsweise konzeptionelle Möglichkeit einer besseren Gesellschaft ist schließlich nicht mit ihrer praktischen Wahrscheinlichkeit gleichzusetzen.

2. Die stärker gesellschafts- und geschichtstheoretisch ausgerichtete Fassung des Verhältnisses führte schließlich auch zu einer Veränderung in der Auffassung, mit welchen anthropologischen Potenzialen die kulturellen wie auch gesellschaftlichen Verhältnisse konfligieren. In der frühen Arbeit des Instituts für Sozialforschung stand zwar noch recht freudianisch der Triebverzicht im Vordergrund; aber schon bei Adorno verschob sich die Betonung auf verdinglichungstheoretische Überlegungen. Diese zeichnen auch Marcuses Arbeiten aus, obwohl dieser noch deutlich an Freuds (späterer) Triebtheorie festhielt. Habermas und Honneth weisen hier vor allem auf Kommunikations- und Anerkennungsbedürfnisse hin, die durch die moderne Vergesellschaftung gestört werden.

In der Transformation, die das anthropologische Motiv der Psychoanalyse erfährt, lässt sich der linkshegelianische Zug ablesen, der über den historischen Materialismus aber mitunter auch direkt über die Hegelrezeption Eingang in die Frankfurter Schule gefunden hat. Vereinfacht gesagt wird Geschichte darin idealtypisch als ein konfliktbehafteter Prozess verstanden, in dem sich das Potenzial der menschlichen Lebensform schrittweise in immer vernünftigeren Verhältnissen entfaltet. Vor dem Hintergrund dieser idealtypischen Folie der Gesellschaftsentwicklungen lassen sich nun konkrete gesellschaftliche Zustände danach beurteilen, inwieweit sie jene Entfaltung der menschlichen Möglichkeiten zulassen – oder verhindern. Damit akzeptiert die linkshegelianische Perspektive zwar den Gedanken Freuds, dass gesellschaftliche und individuelle Konflikte dieselbe Wurzel haben; aber sie geht davon aus, dass es sich hierbei um eine Störung in der Verwirklichung der anthropologischen Anlagen handelt. In letzter Konsequenz erscheinen individuelle Leiderfahrungen demnach als die Folgen einer durch gesellschaftliche Fehlentwicklungen verzerrten Realisierung der menschlichen Möglichkeiten und Bedürfnisse. Diese Fehlentwicklungen bereiten wiederum einen gesellschaftlichen Entwicklungssprung vor, in der jene beschränkte Verwirklichung der menschlichen Bedürfnisse aufgehoben wird.

---

2 Hier ist besonders der frühe Horkheimer deutlich. Vgl. etwa Horkheimer, 1933b, S. 157.

Dieses Verhältnis wurde in den verschiedenen Stadien der Theorieentwicklung – die bekanntlich auf soziale und politische Veränderungen reagierten – mitunter unterschiedlich gefasst. Zu Beginn der Arbeit des Instituts für Sozialforschung in den 1930er Jahren, die sich damals noch der psychoanalytisch angeleiteten Erforschung autoritärer Charakterprägung widmete, wurde das, was geschichtlichen Fortschritt und somit vernünftige Lebensverhältnisse bezeichnet, noch recht einfach als Abschaffung materieller Not und physischen Elends begriffen. Denn der Zuwachs an technischer Naturbeherrschung und die immer effizientere Produktion machten es theoretisch möglich, die Not vieler Menschen deutlich zu reduzieren, wenn die Produkte des Fortschritts allen gleichermaßen zugutegekommen wären (vgl. Horkheimer, 1933a). Die technologische Kriegsführung und bürokratisch geplante Vernichtung der Menschen im nationalsozialistischen Deutschland, aber auch die Enttäuschung über die Entwicklungen in der Sowjetunion sowie die Erfahrungen mit der amerikanischen Massenkultur ließen jedoch vehemente Zweifel aufkommen, ob mit der technologischen Entwicklung allein schon die Vorbedingungen einer vernünftigen Gesellschaft geschaffen werden. Die veränderte Perspektive ließ sich an Adornos und Horkheimers *Dialektik der Aufklärung* deutlich nachvollziehen; hier schien eine technische Rationalität, wie auch das ihr entsprechende arbeitsvermittelte, zweckrationale Weltverhältnis des modernen Menschen gerade die Katastrophe mithervorzubringen, die sich damals ereignete (vgl. Adorno & Horkheimer, 1947). Zugleich blieb aber die linkshegelianische Verwirklichungsperspektive auf Geschichte hintergründig erhalten.[3] Sie bezog sich nunmehr auf die Frage, wie ein versöhntes Weltverhältnis jenseits der instrumentellen und repressiven Durchgestaltung derselben aussehen kann. Während Adorno hier sehr zurückhaltend blieb, nichtsdestoweniger aber an der Perspektive der Versöhnung festhielt, formulierte Marcuse ein alternatives Prinzip zur technischen Naturbeherrschung – nämlich eine sinnlich-ästhetische Vernunft, die sich aus dem Eros speist. Das psychische Leiden der Menschen geht dieser veränderten Gesellschaftsdiagnose darauf zurück, dass neben den zweckrational, mittels Äquivalententausch und bürokratischer Verwaltung ausgeübter Herrschaft kaum Platz für qualitativ Differentes mehr existiert. Es ist ein Leiden an verdinglichender Anpassung. Der späte Habermas variiert das Motiv und sieht in der Verdinglichung vor

---

3 Das zeigt sich auch noch in Adornos späten Reflexionen zu Hegels Geschichtsphilosophie. Vgl. Adorno, 1966, Teil II.

allem eine Intervention wirtschaftlicher und bürokratischer Handlungsweisen in die kommunikativ strukturieren Lebensbereiche (vgl. Habermas, 2014). Axel Honneth wiederum vermutet die wesentliche Entwicklungsstörung in der Deformation von Anerkennungsbeziehungen (vgl. Honneth, 1994; Honneth & Hartmann, 2010). Aber wie es konkret bei den verschiedenen Autoren auch gefasst ist, die Grundstruktur des Arguments blieb weitgehend gleich: Das »gemeine Unglück« ergibt sich aus der gestörten Verwirklichung eines normativen Potenzials, das in der menschlichen Lebensform angelegt ist – dem Vorenthalten materieller Glückschancen, der Verdinglichung des Selbst- und Weltverhältnisses, der Störung von Kommunikations- oder Anerkennungsbeziehungen. Das »hysterische Elend«, also die individuelle psychische Leiderfahrung, wird so als Folgeerscheinung eines (gattungs-)geschichtlichen Konflikts betrachtet. Psychotherapie kann demnach nur die individuellen Auswirkungen eines wesentlich gesellschaftlichen Problems kosmetisch abmildern – aber die eigentliche Therapie liegt in der Veränderung der Verhältnisse.

Die Bedeutung der Psychotherapie für das Verständnis historische Lebens- und gewissermaßen auch Leidensformen wird somit aus der Perspektive sozialer und gesellschaftlicher Veränderung beurteilt und implizit auch mit demselben Maßstab gemessen. Da individuelle Therapie aber wohl kaum in der Lage sein wird, strukturelle gesellschaftliche Konflikte zu entschärfen, ist sie dem Verdacht ausgesetzt, bloß Anpassung zu forcieren und den im Leid vermuteten Widerstand gegen die Verhältnisse abzuschwächen. Dabei handelt es sich aber um einen Kategorienfehler, durch den unsichtbar wird, was die Therapie als Erfahrungs- und Erkenntnisraum für das Verständnis von sozial verursachten Leiderfahrungen leisten kann. Bevor dieser Punkt wieder aufgegriffen wird, möchte ich aber anhand von Axel Honneths Anerkennungstheorie genauer nachzeichnen, wie die anthropologische Grundstruktur sich auch in neueren Theorien erhalten hat.

Ein aktuelles Beispiel: Axel Honneths Anerkennungstheorie

An dieser Stelle kann ich nicht im Einzelnen auf die bisher erwähnten Autoren eingehen;[4] dennoch werde ich ein Beispiel dafür geben, dass die theoretische Grundstruktur, die bis hierhin skizziert wurde, auch in aktu

---

4 Für eine ausgiebigere Darstellung vgl. Schumann, 2018.

ellen Debatten eine Rolle spielt. Obwohl schon Jürgen Habermas die metaphysischen Aspekte der Kritischen Theorie zunehmend abgelehnt und versucht hat, sie durch einzelwissenschaftliche Ansätze zu ersetzen, blieb bei ihm, und deutlicher noch bei Axel Honneth, eine gewisse Verpflichtung gegenüber der linkshegelianischen Geschichtsphilosophie erhalten. Die Vorsicht gegenüber utopischen Formulierungen, die der späte Habermas hat walten lassen, findet sich aber in der Strenge bei Honneth nicht. Honneth geht offener mit seinen philosophischen Einflüssen um und reserviert einer schwachen Sozialutopie gar einen gewissen Platz in seinem Theoriegebäude. Daher lässt sich an seinem Ansatz auch die homologische Grundstruktur in der Konzeption sozialer Leidphänomene deutlich nachvollziehen.

Im Zentrum von Honneths Theorie steht das Anerkennungskonzept, das er in seinen Grundzügen aus Hegels Jenenser Frühschriften rekonstruiert und mittels George Herbert Meads pragmatischem Interaktionismus versucht zu aktualisieren (vgl. Honneth, 2014). Anerkennung ist nach Honneths Auffassung ein anthropologisches Grundbedürfnis, da Menschen nur mittels intersubjektiv erbrachter Bekräftigung ihrer Identität Teil eines sozialen Gemeinwesens werden können. Eine soziale Identität ist, in anderen Worten, nur als anerkannte möglich. Der Entzug oder die Vorenthaltung von Anerkennung können demgegenüber zu einer Beschädigung von Identität und – darüber vermittelt – zu psychischem Leid führen. Zunächst erfahren Menschen das Gefühl anerkannt zu werden als Kind im Rahmen der familiären Sozialisation, später dann in immer größeren sozialen Kontexten und in immer spezifischeren sozialen Rollen – aber stets wird das Gefühl interaktiv und performativ abgesichert. Das ist auch der Grund, weswegen sich keine überhistorischen oder universellen Anerkennungsformen aufstellen lassen. Da sich die Formen der Sozialinteraktion und -integration mit den historischen Institutionen wandeln, verändern sich auch die Weisen, in denen sich Anerkennungsbeziehungen herstellen. Insofern ist nur das Bedürfnis nach Anerkennung eine anthropologische Konstante, nicht aber die historisch kontingenten Gestalten, in denen es befriedigt wird. Honneth unterscheidet nun für die Moderne folgende drei Formen des Anerkennungsverhältnisses (vgl. Honneth, 2014, Kapitel 5):

(1) Liebe: Diese Anerkennungsform basiert auf emotionaler Zuneigung und ist ontogenetisch wie phylogenetisch der älteste Anerkennungsmodus. Sie zeichnet familiäre Beziehungen, romantische Liebesbeziehungen, aber auch Freundschaftsverhältnisse aus. Gelingende

affektive Anerkennung schafft die Basis für Selbstvertrauen. Aus dieser rudimentären und noch an sehr konkrete soziale Beziehungen gebundenen Anerkennungsform differenzieren sich zwei weitere Formen, die nicht nur überpersönlich gefasst, sondern auch typisch für die Moderne sind.

(2) Rechtliche Anerkennung: Dies bezieht sich auf die Schutzwürdigkeit einer Person und basiert auf der moralischen Zurechnungsfähigkeit eines Menschen. Im Wesentlichen sind damit liberale Freiheitsrechte gemeint, die einem Menschen als Mitglied einer Gesellschaft generell zukommen; diese Anerkennungsform umfasst aber auch bestimmte Pflichten, die mit jenen Rechten korrespondieren. Gelingende rechtliche Anerkennung stiftet nach Honneths Verständnis Selbstachtung.

(3) Solidarität oder wertschätzende Anerkennung: Während das Recht bestimmt, in welchen allgemeinen und universellen Aspekten eine Person mit Anerkennung rechnen kann, bezieht sich die Wertschätzung auf besondere Eigenschaften und Fähigkeiten, die eine Person als Individuum auszeichnen und die sie zugleich bedeutungsvoll für die Gemeinschaft machen. Die Verteilung des Status wiederum richtet sich nach einer sozial instituierten Wertordnung, die Honneth für bürgerliche Gesellschaften als meritokratisch bezeichnet. Findet eine Person soziale Wertschätzung, stiftet das Selbstwert.

Bis hierhin kann das Anerkennungskonzept geschildert werden, indem nur einzelne Stichworte von Hegels Konzeption übernommen werden. Der Bezug auf das Hegelianische Modell der sittlichen Entwicklung macht sich daher vor allem in einem anderen Zweig der Theorie bemerkbar. Honneth geht nämlich davon aus, dass sich Gesellschaften tendenziell hin zu stets inklusiveren Anerkennungsverhältnissen entwickeln. Angetrieben wird diese Entwicklungsdynamik durch systematische soziale Verletzung von Anerkennungserwartungen, in deren Folge sich soziale Bewegungen formieren, die für gleiche Anerkennung und damit für eine gerechtere Gesellschaft kämpfen. So haben sich etwa die drei vorgestellten Anerkennungsformen im Übergang von feudalen zu bürgerlichen Gesellschaften herausgebildet. Aber auch mit Fingerzeig auf jüngere Protestbewegungen wie etwa die Arbeiter- und Arbeiterinnenbewegung, die schwarze Bürgerrechtsbewegung oder die Frauenbewegung versucht Honneth die Hegelianische Idee einer dialektischen Verwirklichung der vernünftigen Sittlichkeit in der Geschichte zu aktualisieren. Hier zeichnet sich schon ab, dass Honneth in der individuellen Leid- und Verletzungserfahrung wie auch im gesellschaftlichen Institutionssystem eine homologe Konfliktstruktur vermutet.

Deutlicher wird dies mit Blick auf die Konzeption sozialer Missachtung, mit der Honneth Verletzungen von Anerkennung bezeichnet (vgl. Honneth, 1990, 2014, Kapitel 6). Gefühle der Missachtung, die entstehen, wenn Anerkennung entzogen oder verweigert wird, können den Effekt haben, dass Betroffene ein Gefühl der Beschädigung, Verdinglichung oder Entfremdung erfahren. Was sich zunächst bloß als Schamgefühl äußert und Wut hervorrufen kann, kann für Honneth auch so weit gehen, dass sich psychopathologisch relevante Störungen einstellen. Das »gemeine Unglück« besteht, wenn man so will, für Honneth also in einer systematischen Verkennung bestimmter Anerkennungsbedürfnisse seitens der Gesellschaft. Dieser Anerkennungsmangel kann – wie erwähnt – von sozialen Bewegungen skandalisiert und letztlich durch gesellschaftliche Veränderungen aufgehoben werden. Da Honneth diese gesellschaftsdynamische Bewältigung von Missachtungserfahrungen in seiner Theorie klar priorisiert, bleibt jedoch abgesehen von einigen allgemeinen Bemerkungen unklar, wie sich jene Erfahrung subjektiv niederschlagen und welche Folgen das für die Betroffenen hat. Unklar bleibt also die Bewegung, die Betroffene von der sozialen Kränkung, über die Erkenntnis derselben hin zum politischen und praktischen Engagement führt.

Diese Undeutlichkeit ist kein Zufall. Sucht man in Honneths Theorie nach Hinweisen, die es erlauben, den Akt der sozialen Missachtung genauer zu verstehen, fällt sogar auf, dass das Missachtungskonzept entgegen Honneths Behauptung (vgl. Honneth, 2012) nicht in der Lage ist, die Theorie sozialen Fortschritts systematisch auf subjektives Erleben zu gründen. Missachtungserfahrungen, so wie Honneth sie konzipiert, können nämlich nur dann entstehen, wenn gewohnte Anerkennungserwartungen enttäuscht werden. Die moralische Kränkung ist daher nur als Ausnahme in routinisierten Anerkennungsbeziehungen denkbar. Menschen, die zuvor für bestimmte Aspekte ihrer Identität keine Anerkennung genossen haben, entwickeln schließlich auch keine Erwartung, darin anerkannt zu werden. An dieser Stelle müsste überhaupt erst einmal geklärt werden, ob *systematisch* verkannte Facetten des Selbst den Subjekten überhaupt intelligibel sind. Das muss nicht heißen, dass Menschen die strukturelle Missrepräsentation ihrer Person nicht auch als Belastung oder Unrecht erfahren. Aber diese Erfahrung wird durch das Missachtungskonzept nicht eingefangen. Dieses kann streng genommen nur erklären, weswegen Menschen ein einmal etabliertes Anerkennungsniveau verteidigen. Offen bleibt, weswegen die soziale Nicht-Wahrnehmung neuer oder innovativer Identitätsentwürfe eine Beschädigungserfahrung erzeugt.

Aufgrund seiner konservativen Struktur ist das Missachtungskonzept nicht geeignet, soziale Fortschrittsprozesse im subjektiven Erleben so zu verankern, wie es Honneth anstrebt. In anderen Worten bedeutet das, dass die Dynamik sozialen Fortschritts auf ein Problem reagiert, dass Honneth auf der Ebene individueller Leiderfahrungen nicht stichhaltig darstellen kann. Nichtsdestoweniger geht Honneth davon aus, dass psychische Leiderfahrungen Fortschrittsprozesse anstoßen können. Die Überzeugung, dass den sozialen wie auch individuellen Konflikten dieselbe Struktur zugrunde liegen muss und dass daher die gesellschaftliche Veränderung die adäquate Therapie der Beschädigungserfahrungen darstellt, ist offenbar so stark, dass Honneth diese Inkongruenz schlicht übersehen hat.

Schlussüberlegungen

Zwar äußert sich Honneth kaum zu Therapie; aber es wird deutlich, dass das konkrete Erleben, die Formen der psychischen Leiderfahrungen, die sich dort beobachten lassen, für seine theoretische Einschätzung keine Rolle spielen. Der konzeptionelle Fokus liegt schließlich auf der Verwirklichung vernünftiger Sozialverhältnisse in einer formalen Sittlichkeitskonzeption (vgl. Honneth, 2014, Kapitel 9). Jedoch hätte ein genauerer Blick auf die therapeutische und klinische Erfahrung helfen können, die von ihm angesprochenen individuellen Erscheinungsformen gesellschaftlicher Benachteiligung und Marginalisierung besser zu fassen und damit theoretische Unklarheiten auszuräumen. Stattdessen legt Honneth den Erfahrungen sozialer Kränkung aber einen Maßstab auf, der so nicht zu halten ist, da er empirisch an der politischen Artikulation von sozialen Bewegungen und theoretisch an einer hegelianischen Geschichtstheorie gewonnen ist.

Die dem zugrunde liegende Konstellation lässt sich, wie anfangs gezeigt, bereits auf Freuds Arbeiten zurückverfolgen, in denen er das Leiden des Einzelsubjekts auf einen Konflikt zurückführt, der dem Menschen schon als Gattungswesen eingeschrieben ist. Zwar verteidigt Freud die Notwendigkeit von Therapie, um die exzessiven Formen des Leidens am Gattungsschicksal zu mindern. Aber er schafft mit dieser Homologiekonstruktion von individuellem und anthropologischem Konflikt schon die

Voraussetzung für die Marginalisierung der therapeutischen Erfahrung im Verständnis menschlichen Leidens an Gesellschaft. Vollzogen wird diese schließlich durch die sozialutopische Transformation des Motivs, in deren Folge es so erscheinen muss, dass die eigentliche Therapie im historischen Wandel liegt; die Beschäftigung mit klinischen Erscheinungsformen des alltäglichen Leidens an Gesellschaft wird schließlich überflüssig. Die hier rekonstruierte Tendenz findet sich nicht ausschließlich, aber auch in der Kritischen Theorie und lässt sich mit dem linkshegelianischen Erbe des historischen Materialismus erklären. Zwar muss das – anders als in einigen psychiatriekritischen Bewegungen – keine gänzliche Ablehnung der Therapie bedeuten[5]; aber – und das sollte der Exkurs zu Honneth illustrieren – die Bewältigung lebensgeschichtlicher Leiderfahrungen wird so einem Prozess untergeordnet, in dem die »unabgegoltenen Ansprüche der menschlichen Gattung« (Fraser & Honneth, 2003, S. 280) zur Verwirklichung kommen sollen. Die Eigendynamik jener Leidmomente, die trotz der gesellschaftlichen und kulturellen Bedingtheit besteht, wird dabei ignoriert.

Es geht mir jedoch nicht darum, das theoretische und praktische Engagement für eine bessere Gesellschaft zu kritisieren, mit dem sich die betrachteten Theorien schließlich als Teil jenes aufklärerischen Zusammenhangs ausweisen, der anfangs mit Rousseau eingeführt wurde. Stattdessen soll folgendes sichtbar gemacht werden: Die pauschale Annahme, dass hinter der subjektiven Leidensdynamik und den gesellschaftlichen Grundkonflikten dieselbe Struktur steht, führt letztlich zu einem Reduktionismus. Nach dieser Auffassung wird das individuelle psychische Symptom unmittelbar als eines der Gesellschaft gelesen; Psychisches wird unvermittelt auf Gesellschaftliches zurückgeführt. Übersehen wird so aber, dass kulturelle oder gesellschaftliche Konfliktlagen sich nicht uniform auf die Menschen auswirken und eher davon auszugehen ist, dass die Folgen je nach sozialer Lage andere sind. So waren und sind etwa Frauen auf andere Weise von Ausbeutung betroffen, als es Männer sind; Überlastungen äußern sich außerdem anders, je nachdem ob sie im Fabrik- oder Büroalltag entstehen – um einige grobe Beispiele zu nennen. Überdies versperrt

---

5 Eine Kritik an Therapie als Anpassungsgeschehen findet sich teilweise in Adornos Arbeiten, der damit aber weniger auf die Freud'sche Psychoanalyse zielte, als auf die Unterordnung der Psychotherapie in damalige Gesundheitsdiskurse. Vgl. Adorno, 1952, oder etwa auch Adorno, 1951, S. 36.

eine so verfahrende Theorie auch die Einsicht in die Art und Weise der Auseinandersetzung mit den typischen Erfahrungen gesellschaftlichen Lebens und zu welchen – auch dysfunktionalen – Strategien die Menschen dabei möglicherweise greifen. Bildung und Sozialisationsbedingungen entscheiden oft nicht nur darüber, ob eine Person Hand- oder Büroarbeit verrichtet; sie prägen zudem die Umgangsweisen mit widrigen Erfahrungen. Diagnosen wie die, dass der Druck in der beschleunigten Leistungsgesellschaft ein psychisches »Ausbrennen« der Menschen bewirke, besitzen daher zwar eine gewisse bildhafte Suggestivkraft; aber sie leisten in ihrer Pauschalität daher nur wenig für ein konkretes Verständnis der Leiden an jener Gesellschaft, die sie kritisieren. Denn auch wenn es gute Gründe gibt anzunehmen, dass gewisse makrostrukturelle und gesellschaftliche Strukturbedingungen systematisch Leiderfahrungen produzieren, ist damit zunächst noch wenig darüber gesagt, wie diese Erfahrungen aussehen. Und damit bleibt auch unklar, ob die zur Illustration herangezogenen sozialen Verletzungserfahrungen – etwa Anerkennungsverlust – überhaupt in einem systematischen Zusammenhang zur diagnostizierten Gesellschaftspathologie stehen.

Auf den ersten Blick mag es zwar so scheinen, als ob sich entsprechende Kultur- und Gesellschaftskritiken damit bloß eine Unschärfe ihrer Thesen einhandeln. Allerdings bedroht der beschriebene Reduktionismus nicht nur die deskriptive Triftigkeit, sondern auch die normative Überzeugungskraft der Diagnose. Wenn nicht klar ist, wie Menschen an Gesellschaft leiden, gerät auch in Zweifel, ob sie überhaupt an ihr leiden. Und welchen Sinn hätte dann noch eine Gesellschaftskritik?

Die Homologiekonstruktion, dass subjektive und gesellschaftliche Konflikte ohne weiteres auf dieselbe Ursache zurückgehen, führt also zu einer Leerstelle im Verständnis subjektiver Erscheinungsformen gesellschaftlicher Fehlentwicklungen – was schließlich das Fundament der Gesellschaftskritik selbst gefährdet. Das legt die Schlussfolgerung nahe, Formen des Leidens an Gesellschaft nicht mehr allein über anthropologische und gesellschaftstheoretische Überlegungen zu erschließen. Die Hinwendung zur klinischen Erfahrung, deren Marginalisierung auch eine Folge der reduktionistischen Homologiekonstruktion ist, könnte helfen, diese Folgerung einzulösen und die bezeichnete Leerstelle auszufüllen. Zum einen ließen sich in der Auseinandersetzung mit therapeutischen Beobachtungen die verschiedenen Formen, in denen Menschen an Verletzungserfahrungen, Belastungen und Widrigkeiten leiden, in ihren biografischen, sozialen und kulturellen Gehalten besser verstehen; auch würde so die Möglichkeit eröffnet, den typischen Versuchen der Bewältigung und des Scheiterns an ihr näher zu kommen. Gesellschafts- und kulturkritische Unterfangen könnten auf diese Weise die Triftigkeit ihrer Thesen, aber auch die Verbindlichkeit ihrer normativen Annahmen untermauern. Dafür ist es jedoch notwendig, die Verbindung zwischen individuellen Leidphänomenen und Gesellschaft nicht über die Konstruktion eines gattungsgeschichtlichen Grundkonflikts herzustellen, nicht also, aus der defizitären Gesellschaft oder Kultur unmittelbar auf das Leiden zu schließen – sondern die Vorgehensweise umzudrehen und in den konkreten Formen des Leidens jene Gesellschaft oder Kultur aufzudecken, die auf den Menschen lastet.

Literatur

Adorno, T.W. (1951). Minima Moralia. Reflexionen aus dem beschädigten Leben. *GS 4*.

Adorno, T.W. (1952). Die revidierte Psychoanalyse. *GS 8*, 20–41.

Adorno, T.W. (1966). Negative Dialektik. *GS 6*.

Adorno, T.W. & Horkheimer, M. (1947). Dialektik der Aufklärung. Philosophische Fragmente. *GS 3*.

Bollenbeck, G. (2005). Kulturkritik. Ein unterschätzter Reflexionsmodus der Moderne. *Zeitschrift für Literaturwissenschaft und Linguistik, 35*(1), 41–53.

Fraser, N. & Honneth, A. (2003). *Umverteilung oder Anerkennung? Eine politisch-philosophische Kontroverse.* Frankfurt a.M.: Suhrkamp.

Freud, S. (1912–1913a). *Totem und Tabu. GW IX.*

Freud, S. (1927c). *Zukunft einer Illusion. GW XIV*, 325–380.

Freud, S. (1930a). *Das Unbehagen in der Kultur. GW XIV*, 419–505.

Freud, S. (1933a). *Neue Folge der Vorlesung zur Einführung in die Psychoanalyse. GW XV.*

Freud, S. & Breuer, J. (1895d). *Studien über Hysterie. GW I*, 75–312.

Fromm, E. (1932). Über Methode und Aufgabe einer Analytischen Sozialpsychologie. Bemerkungen über Psychoanalyse und historischen Materialismus. *GA 1*, 37–57.

Habermas, J. (2014). *Theorie des kommunikativen Handelns 2. Zur Kritik der funktionalistischen Vernunft.* Frankfurt a.M.: Suhrkamp.

Honneth, A. (1990). Integrität und Missachtung. *Merkur, 44*(501), 1043–1054.

Honneth, A. (Hrsg.). (2010). *Das Ich im Wir. Studien zur Anerkennungstheorie.* Frankfurt a.M.: Suhrkamp.

Honneth, A. (Hrsg.). (2012). *Das Andere der Gerechtigkeit. Aufsätze zur praktischen Philosophie.* Frankfurt a.M.: Suhrkamp.

Honneth, A. (2012). Die soziale Dynamik von Missachtung. Zur Ortsbestimmung einer kritischen Gesellschaftstheorie. In ders. (Hrsg.), *Das Andere der Gerechtigkeit. Aufsätze zur praktischen Philosophie* (S. 88–109). Frankfurt a.M.: Suhrkamp.

Honneth, A. (2014). *Kampf um Anerkennung. Zur moralischen Grammatik sozialer Konflikte.* Frankfurt a.M.: Suhrkamp.

Honneth, A. & Hartmann, M. (2010). Paradoxien der kapitalistischen Modernisierung.

Ein Untersuchungsprogramm. In A. Honneth (Hrsg.), *Das Ich im Wir. Studien zur Anerkennungstheorie* (S. 222–248). Frankfurt a. M.: Suhrkamp.

Horkheimer, M. (1933a). Materialismus und Moral. *GS 3*, 111–149.

Horkheimer, M. (1933b). Zum Problem der Voraussage in den Sozialwissenschaften. *GS 3*, 150–157.

Huber, W. (1971). *Dokumentation zum sozialistischen Patientenkollektiv an der Universität Heidelberg. Teil 1*. Mannheim: KRRIM.

Marcuse, H. (1968). *Triebstruktur und Gesellschaft. Ein philosophischer Beitrag zu Sigmund Freud*. Frankfurt a. M.: Suhrkamp.

Müller, R. (1997). *Anthropologie und Geschichte. Rousseaus frühe Schriften und die antike Tradition*. Berlin: Akademie Verlag.

Neckel, S. (Hrsg.). (2014). *Leistung und Erschöpfung. Burnout in der Wettbewerbsgesellschaft*. Berlin: Suhrkamp.

Reich, W. (1975). *Der Einbruch der sexuellen Zwangsmoral*. Frankfurt a. M.: Fischer.

Rousseau, J.-J. (1978). Abhandlung über den Ursprung und die Grundlagen der Ungleichheit unter den Menschen. In K. Weigand (Hrsg.), *Schriften zur Kulturkritik* (S. 77–267). Hamburg: Meiner.

Schumann, F. (2018). *Leiden und Gesellschaft. Psychoanalyse in der Gesellschaftskritik der Frankfurter Schule*. Bielefeld: transcript.

Biografische Notiz

Frank Schumann, Dr. phil., ist wissenschaftlicher Mitarbeiter im Arbeitsbereich psychoanalytische Sozialpsychologie und Sozialpsychiatrie an der International Psychoanalytic University Berlin.

Psychoanalyse, Warenanalyse und Verdinglichung[1]

Siegfried Zepf

> »Im Kapitalismus wird alles zur Ware: die lebendige Arbeit,
> das Gewissen, die Würde, das gesamte Leben.«
> *Henri Lefèbvre, 1958, S. 59*

»Truth cannot [...] be what brings money« schrieb Freud (1993e, S. 250) im Dezember 1913 an Ernest Jones. Ich habe Freuds Einsicht mit Bedacht dem Eingangszitat gegenübergestellt. Sie informiert, dass Wahrheit keine verkäufliche Ware ist und begründet damit zugleich das reziproke Format, in dem sich die Mehrheit meiner Kollegen[2] Freuds Diagnose zu Eigen gemacht hat: »When it comes to money«, sagte ein amerikanischer Kollege, »truth can be ignored« (private Mitteilung).

Dass man vom Zusammenhang zwischen Geldverdienen und psychoanalytischem Handeln so recht nichts wissen will, dokumentiert bspw. die Leerstelle in dem von Focke et al. (2013) kürzlich vorgelegten Sammelband *Die phantastische Macht des Geldes*, in dem die Rolle des Geldes in der Psychoanalyse aus unterschiedlichen Perspektiven erörtert wird. Obwohl der Untertitel *Ökonomie und psychoanalytisches Handeln* den Anschein erweckt, als thematisierten Psychoanalytiker endlich die Folgen der Ökonomisierung ihrer Praxis, die seit der Einführung der Richtlinientherapie stattfindet, und die Zusammenhänge von Ökonomie und psychoanalytischem Handeln, setzte sich kein Psychoanalytiker damit auseinander.

Auch in ähnlichen englischsprachigen Aufsatzsammlungen (z.B. Herron & Welt, 1992; Berger & Newman, 2012) bleiben die Realität des Geldverdienens und die daraus resultierenden Konsequenzen ausgespart.

---

1 Überarbeiteter Vortrag, der unter dem Titel *Psychoanalyse und Warenanalyse* auf der Veranstaltung *Die Psyche zwischen Natur und Gesellschaft – Theorie und Praxis der Psychotherapie im Verhältnis zur Kritischen Theorie und Philosophischen Anthropologie* vom 12. bis 14. Oktober 2017 in Berlin gehalten wurde.

2 Es sei darauf hingewiesen, dass die in diesem Beitrag benutzten maskulinen Personen- oder Berufsbezeichnungen, die auch eine feminine Wortform haben, als geschlechtsabstrahierende generische Maskulina gemeint sind, die sowohl männliche als auch nichtmännliche Personen einschließen.

Dies erstaunt, besitzt doch das Einkommen auch für Psychoanalytiker einen ziemlichen Stellenwert. Beispielsweise stellten wir (Zepf et al., 2001) in unserer Untersuchung der psychotherapeutischen Versorgung der BRD fest, dass die Wartezeiten auf einen Therapieplatz direkt dem Honorar proportional waren, welches von den Kassen für eine Therapiestunde bezahlt wurde. Aus den USA wird berichtet, dass Psychoanalytiker ihre Behandlungsstunden in teure »›prime-time hours‹« und billigere »›off hours‹« unterteilen (Altman, 2006, S. 66) und ihr Honorar unmittelbar erhöhen, wenn sich das Einkommen ihrer Patienten verbessert. Zudem behalten viele Psychoanalytiker ihre Patienten oft 20 Jahre und länger, gelegentlich auch ihr Leben lang, in Behandlung. Auch die vereinbarte wöchentliche Stundenfrequenz ist häufig von den ökonomischen Interessen des Psychoanalytikers bestimmt (Hirsch, 2012; Jacobs, 2012). Des Weiteren berichtet Cremerius (1994), dass Psychoanalytiker von künftigen Patienten den Nachweis verlangten, dass die Mittel für ihre Behandlung auf einer Bank bereit liegen und sich Schweizer Psychoanalytiker der Kleinianischen Schule die Analyse jeweils für das kommende Jahr im Voraus bezahlen ließen.

Das ökonomische Interesse der Psychoanalytiker ist nicht neu. Schon für Freud war das Einkommen wichtig. 1895 schreibt er an Fliess: »Frau Me. soll willkommen sein; wenn sie Geld und Geduld mitbringt, werden wir eine schöne Analyse machen. Fällt dabei etwas Therapie für sie ab, dann kann sie ja auch vergnügt sein« (Freud, 1985c, S. 106). Vier Jahre später teilt er seinem Freund mit: »Eben hat sich eine Patientin, ein Goldfisch angekündigt. Vom Erwerb hängt meine Stimmung auch sehr ab. Geld ist Lachgas für mich« (ebd., S. 411).

Wenn das Einkommen einen solchen Stellenwert besitzt, wundert es umso mehr, dass über die sozioökonomischen Bedingungen, unter denen Psychoanalytiker arbeiten, und deren mögliche Folgen kaum öffentlich nachgedacht wurde und wird. Zwar werden in den versammelten Aufsätzen Marx und das *Kapital* erwähnt. Aber obgleich psychoanalytische Behandlungen als Dienstleistungen begriffen werden und Marx Dienstleistungen in seine Warenanalyse explizit einbezieht, selbstständige Dienstleister – wie Ärzte, Juristen oder Handwerker – als »Mittelding zwischen Kapitalist und Arbeiter« (Marx, 1867, S. 326) charakterisiert, sie mit dem Etikett des »Kleinbürgers« (ebd., 1852, S. 142) versieht, die – da sie noch ihre Produktionsmittel besitzen – sich den von ihnen als Arbeiter erwirtschafteten Mehrwert selbst aneignen können, werden in keinem Aufsatz psychoanalytische Behandlungen im Licht der marxschen Warenanalyse unters Mikroskop gelegt.

Die Tabuierung dieser Perspektive erstaunt, sollten wir doch seit Marx wissen, dass das Bewusstsein vor allem vom ökonomischen Sein bestimmt wird, mithin davon auszugehen ist, dass der Umgang der Psychoanalytiker mit der Psychoanalyse auch etwas mit den sozioökonomischen Bedingungen zu tun haben muss, unter denen sie arbeiteten.

Den Einfluss dieser Bedingungen auf die berufliche Tätigkeit der Psychoanalytiker will ich im Folgenden betrachten. Psychoanalytische Dienstleistungen sind Waren, die ich aus der Perspektive der marxschen Warenanalyse erkunden und nach den Konsequenzen fragen will, die aus diesem Warencharakter für ihren Umgang mit der Psychoanalyse und den Patienten resultieren.

Natürlich kann man fragen, warum wir – zu diesem »wir« gehört Dietmar Seel aus Saarbrücken – für die psychoanalytischen Dienstleistungen auf die immerhin schon 150 Jahre alte marxsche Warenanalyse zurückgreifen, die sowohl in der gegenwärtigen psychoanalytischen als auch in der aktuellen soziologischen Diskussion kaum noch eine Rolle spielt, und unter dem Titel *Marxismus* als unwissenschaftlich und ideologischer Irrweg denunziert ist.

Ein Grund war, dass alt und veraltet keine Synonyme sind und sich die Qualität wissenschaftlicher Arbeiten nicht wie die von Milchtüten anhand eines ihnen inharenten Verfallsdatums bemisst. Sofern Erkenntnis wahr ist und der Erkenntnisgegenstand derselbe blieb, ist es der Erkenntnis gänzlich gleichgültig, zu welcher Zeit sie gewonnen wurde, und bis anhin ist die marxsche Analyse der Funktionsweise des Kapitalismus, die mit der Warenanalyse beginnt, nicht so zurückgewiesen worden, dass eine Abwendung von ihr gerechtfertigt wäre. Piketty (2013) macht ferner kenntlich, dass auch Marx' Kritik der bürgerlichen Ökonomie keineswegs überholt ist und auf die heutigen Versuche der bürgerlichen Ökonomie, über die ökonomischen Grundlagen der Gesellschaft aufzuklären, ebenso zutrifft wie sie auf die früheren Versuche zutraf.

Ferner blieb uns die Ansicht fremd, man könne den Marxismus mit dem Argument, er wäre ideologisch und deshalb unwissenschaftlich, in eine Quarantäne verbannen. Zwischen Ideologie und wissenschaftlicher Erkenntnis besteht nicht der behauptete prinzipielle Gegensatz. Idcologien bringen immer Interessen zum Ausdruck und jede Erkenntnis ist von Interessen geleitet, auch die Feststellung, der Marxismus wäre ideologisch und habe deshalb keine wissenschaftlich begründete Basis. Der Marxismus zielt auf die Abschaffung des Kapitalismus, der sich mit dieser Disqualifizierung des Marxismus dagegen zur Wehr setzt. Auch wenn sie sich als unideologisch gerieren, bringen die Aussagen, Ideologie und wissenschaftliche Erkenntnis schließen sich aus und der Marxismus sei unwissenschaftlich, weil ideologisch, Interessen zum Ausdruck und haben somit selbst ideologischen Charakter.

Bevor ich in die Analyse eintrete, will ich mit der Bestimmung der Ware ihren begrifflichen Rahmen kurz skizzieren. Waren haben einen Gebrauchswert und einen Tauschwert. Der Gebrauchswert einer Ware besteht in ihrer Eigenschaft, menschliche Bedürfnisse irgendeiner Art zu befriedigen, nicht die eigenen, sondern die Bedürfnisse anderer. Dazu muss eine Ware verkauft werden können. Dies ermöglicht ihr Tauschwert, der sich im Geldwert der Ware ausdrückt und sich durch die Kosten für Produktionsmittel – Rohmaterial, Hilfsstoffe, Werkzeuge – und durch das Quantum Arbeitszeit definiert, d. h. die Zeit, in der die Arbeitskraft der daran beteiligten Personen zur Herstellung ihres Gebrauchswerts im gesellschaftlichen Durchschnitt benötigt wird.

Da diese Personen in dieser Zeit mittels ihrer Arbeitskraft mehr Wert herstellen als die Herstellung und Erhaltung ihrer Arbeitskraft kostet und dementsprechend einen Mehrwert produzieren, wird verständlich, dass für Warenproduzenten die Realisierung des Tauschwerts ihrer Waren im Zentrum steht, und ihr Gebrauchswert im Wesentlichen bloßes Mittel ist, mit dem sie aus dem Geld, das sie in die Warenproduktion investierten, mehr Geld machen können.

Wenn der Dienstleistung des selbstständig arbeitenden Psychoanalytikers ebenfalls ein solcher Warencharakter innewohnt, lässt sich schon hier vermuten, dass – wie für Unternehmer und Dienstleister überhaupt – auch für Psychoanalytiker der Gebrauchswert ihrer Dienstleistung im Verhältnis zu ihrem Tauschwert an Bedeutung verliert.

Konsequenzen für die Psychoanalyse

Diese Vermutung ist nicht abwegig. Sie lässt sich substantiieren. Dass die Tauschwertrealisierung für die Psychoanalytiker bei ihrer Dienstleistung eine ziemliche Rolle spielt, zeigt sich bspw. schon in der problemlosen Übernahme des Terminus *analytische Psychotherapie* für ihr Therapieverfahren, die ihnen die Teilnahme an der versicherungsrechtlichen Krankenversorgung ermöglichte. Eingetauscht wurde damit nicht nur der Name *Psychoanalyse*, sondern auch die inhaltliche, durch den jeweiligen Patienten bestimmte Dauer und Frequenz zugunsten ihrer formalen Bestimmung, die das Regelwerk der analytischen Psychotherapie vorsieht.

Eine solche Gleichgültigkeit gegenüber dem Gebrauchswert ihrer Dienstleistung offenbart sich ebenfalls in der tautologischen und inhaltslosen Bestimmung der Psychoanalyse als das, »what a psychoanalyst does« (Sandler, 1982, S. 44) sowie in der Empfehlung von z. B. Lussier (1991), Richards (1990), Schafer (1990) und Wallerstein (1988), die bestehenden theoretischen Ansichten und behandlungstechnischen Konzepte als gleichermaßen gültig anzusehen, obwohl sie unvereinbar sind (siehe z. B. Abend, 1990; Frank, 2000; Hamilton, 1996; Shervin, 2003).

Desgleichen dokumentiert die Folgenlosigkeit der durchgängig geübten Kritik am Zustand der Psychoanalyse das Desinteresse am Gebrauchswert psychoanalytischer Behandlungen. 1975 kritisierte Peterfreund (1975, S. 537), dass in der psychoanalytischen Theorie »as many versions [...] and as many definitions of terms« vorliegen »as there are practitioners«; sechs Jahre danach urteilte Holt (1981, S. 130): »The present situation of psychoanalytic theory is, in two words, confused and confusing«; 1990 wiederholte Abend (1990) Holts Feststellung mit etwas anderen Worten und wiederum zehn Jahre später diagnostizierte Frank (2000, S. 107) denselben Sachverhalt: »our conceptualizing and our clinical practice primarily reflect each analyst's personal beliefs about the nature of personality, psychopathology, and practice« (ebd.).

Auf klinischem Gebiet sind die Auffassungen ebenso widersprüchlich wie sie folgenlos geblieben sind. Beispielsweise fanden Fine und Fine (1991) signifikante Unterschiede in der Deutung der Übertragung, der Abwehr, des Widerstandes, der Aggression und primitiver Impulse. In derselben Weise zeigte die von Hamilton (1996) durchgeführte Untersuchung der Arbeitsweise von 65 Psychoanalytikern – davon 62 Mitglieder der IPA – eindrucksvoll, dass eine kaum mehr überschaubare Vielfalt sich wechselseitig ausschließender Anschauungen, Subjektivismus und Eklektizismus nicht nur auf theoretischer Ebene, sondern auch in der Handhabung behandlungstechnischer Regeln vorherrscht.

Kirsner (2000, S. 243) fasste die Lage so zusammen:

> »In psychoanalysis there is little, if anything, that is agreed upon by all schools or even within schools. Notions such as »transference«, »countertrans-

ference«, »the unconscious« or »analytic process« mean quite different
things to different schools and a confusion of tongues invariably develops.«

Aber alle Kritik am Zustand der Psychoanalyse, einschließlich der Lehranalysen, hatten keine Konsequenzen. Auch die Lehranalysen wurden von
vielen namhaften Analytikern scharf kritisiert, ohne dass sich irgendetwas
geändert hätte, stellte Cremerius (1989) fest.

Die Indifferenz gegenüber Inhalten hielt vor. In den Lehranalytikerevalu-
ationen der DPG, an denen ich in den letzten Jahren mehrfach teilnahm,
waren die Bewerber gehalten, einen Behandlungsfall vorzutragen und in
der Diskussion mit Lehranalytikern zu vertreten. Um die Evaluation zu
bestehen war Konsens unter den prüfenden Lehranalytiker, dass die Bewerber in der Lage sein müssen, ihre Behandlung konsistent zu konzep-
tualisieren und dass es egal sei, welche Begrifflichkeit sie dabei verwenden.
D. h. es wurde nicht das psychoanalytische, sondern am Beispiel psychoanalytischer Konzepte das logische Denken der Bewerber evaluiert. Wenn
die konzeptuellen Inhalte gleichgültig sind, dachte ich, hätte man das logische Denkvermögen genauso gut mit einer beliebigen Denksportaufgabe
evaluieren können.

Wie gering das Interesse am Gebrauchswert ist, demonstriert ferner das
von Rangell (1974), Compton (1985) und Green (2005) über die Jahre
hinweg bemängelte Fehlen von Auseinandersetzungen zwischen Psychoanalytikern, die unterschiedliche Konzepte favorisieren. Die fehlenden
Auseinandersetzungen und wechselseitige Anerkennung verschiedener
psychoanalytischer Sichtweisen erinnern an die wechselseitige Anerkennung verschiedener Glaubensrichtungen in der Ökumene, die dem nötigen
Zusammenhalt für die Durchsetzung ihrer sozioökonomischen Interessen
ebenso nützt, wie sie den psychoanalytischen Berufsverbänden für den
notwendigen Zusammenhalt zwecks Durchsetzung ihrer sozioökonomischen Interessen dienlich ist.[3] Schon vor mehr als 50 Jahren erinnerte der
Bericht des Präsidenten der IPA Kurt Eissler (1965, S. 93) an den »Board
of Directors' report on some sprawling industrial combine«.

Dass Psychoanalytiker noch andere Formen von Psychotherapie anbieten – tiefenpsychologisch fundierte Therapie, Gruppen- und Paartherapie,

---

3 Durch standespolitische Lobbyarbeit gelang dies bei der Reform der sog. *Richtlinientherapie*. Bei dieser Reform stand nicht die bessere »Versorgung der Patienten«, sondern
die bessere »Versorgung der Therapeuten im Vordergrund«, urteilt Lieberz (2018, S. 393).

Management Beratung, Coaching und Ähnliches –, spricht ebenfalls für ein generelles Interesse an der Tauschwertrealisierung und nicht für ein spezifisches Interesse an der Realisierung des Gebrauchswerts psychoanalytischer Behandlungen. Nach den Daten der Kassenärztlichen Bundesvereinigung sank von 2012 bis 2015 der prozentuale Anteil der analytischen Einzeltherapien an der Gesamtzahl der von Psychoanalytikern abgerechneten Leistungen von 42 % auf 30 %. Jeder Psychoanalytiker führte im Jahr 2015 bei einer wöchentlichen Gesamtarbeitszeit von ca. 36 Stunden nur noch in 12 Stunden analytischer Psychotherapie durch, wobei jeder psychoanalytisch behandelte Patient im Durchschnitt 32,5 Behandlungsstunden im Jahr erhielt. Dies legt nahe, dass nur wenige Patienten mit der üblichen Frequenz von drei Wochenstunden behandelt wurden.

Man könnte meiner Argumentation das Gutachterverfahren entgegenhalten halten und darauf verweisen, dass jede Behandlung, die von den Krankenkassen bezahlt werden soll, beantragt werden muss und der von Therapeuten zum Antrag erstellte Bericht begutachtet wird. Der Bericht enthält Angaben zur Diagnose, Anamnese, die der psychischen Erkrankung zugrunde liegende Psychodynamik und einen Behandlungsplan. In der gesundheitspolitisch definierten Begutachtung soll festgestellt werden, ob eine geplante Psychotherapie sachgerecht, indiziert, notwendig und vor allem wirtschaftlich ist. Gutachter, die von der Kassenärztlichen Vereinigung ernannt werden, beurteilen den Antrag auf Schlüssigkeit und insbesondere im Hinblick auf die Notwendigkeit der Behandlung, sodass in diesem Verfahren doch gerade der Gebrauchswert der Behandlungen im Zentrum steht und gesichert wird.

Der Gebrauchswert der Behandlung steht allerdings nur scheinbar im Zentrum dieses Verfahrens. Der Patient wird vom Gutachter nicht gesehen, sodass der Therapeut auch die Möglichkeit hat, seinen Antrag mit Versatzstücken aus anderen, bereits genehmigten Anträgen herzustellen. Therapeuten haben ferner die immer öfter genutzte Option (Bühring, 2004), sich den offerierten Hilfen bei der Berichterstellung von kommerziellen Anbietern zu bedienen, die zum Preis von 100 bis 150 Euro für einen Erstantrag angeboten werden. Auch gibt es inzwischen Programme, mit denen die Anträge auf Schlüssigkeit geprüft werden können.

Des Weiteren scheint auch die gegenwärtige theoretische Lage in der Psychoanalyse einem Desinteresse am Gebrauchswert ihres genuinen Therapieverfahrens geschuldet. Wenn alle heterogenen und sich auch widersprechenden Konzepte als gleichwertig gelten, ist jedenfalls die Wahrheitsfrage suspendiert, womit abermals deutlich wird, wofür sich die Psychoanalytiker in Freuds eingangs zitierter Einsicht entschieden haben.

Eine Konsequenz der Suspendierung der Wahrheitsfrage ist, dass psychoanalytische Konzepte Metaphern gleichgestellt werden, für die Wahrheit ebenfalls ausgesetzt ist. Da Metaphern keinen Realitätsbezug haben müssen, können sie weder Wahrheit noch Unwahrheit für sich beanspruchen. Wer in Metaphern etwas über die Realität aussagt, das es in Wirklichkeit nicht gibt, kann nicht die Unwahrheit sagen.

Deshalb kann es kaum überraschen, wenn bei dieser Sachlage Psychoanalytiker nicht nur einzelne psychoanalytische Konzepte, sondern psychoanalytische Theorien überhaupt als Metaphern begreifen (z. B. Wallerstein, 2011; Gabbard, 2007).

Wie ein metaphorisches Unternehmen mit der beanspruchten Wissenschaftlichkeit der Psychoanalyse korrespondiert, bleibt im Dunkeln. Metaphern sind keine Erkenntnisse, sondern geben Rätsel auf, charakterisieren Psychoanalyse eher als eine Kunstform und haben in der Psychoanalyse nichts zu suchen, wenn sie eine Wissenschaft sein will.

Eine weitere Konsequenz des Verzichts auf Wahrheit ist, dass Forschung nicht mehr im Dienst eines Zugewinns an Erkenntnis stehen kann. Worauf die psychoanalytische Forschung stattdessen fokussiert, wird augenfällig, wenn man beispielsweise die nomologische Beforschung psychoanalytischer Behandlungen in die Perspektive von Haugs (2009) Unterscheidung von Gebrauchswert und Gebrauchswert*versprechen* rückt. Haug argumentiert, dass sich mit der Etablierung des Geldes als allgemeinen Wertausdruck der Tauschakt in zwei Akte gliederte, die zeitlich getrennt sind: Die Realisation des Tauschwerts und die Realisation des Gebrauchswerts. Für den Verkäufer ist der Tauschwert seiner Ware realisiert, wenn er ihn im Geld verselbstständigt hat. Für den Käufer hingegen ist derselbe Akt die Voraussetzung für die Realisierung des Gebrauchswerts der gekauften Ware.

Es ist unschwer zu sehen, dass aus dieser Differenz die Werbung entstand. Diese Differenz brachte es mit sich, in der Warenproduktion nicht nur Gebrauchswerte, sondern gesondert davon Erscheinungsformen der Gebrauchswerte zu produzieren, die den Gebrauchswert *versprechen*, und den potenziellen Käufer zum Kauf der Ware veranlassen sollen.

Betrachtet man psychoanalytische Dienstleistungen vor dem Hintergrund von Haugs Überlegungen, konturiert sich die Erkenntnis, dass ihre empirische Erforschung nicht im Dienste der Verbesserung ihres Gebrauchswerts, sondern ihrer Vermarktung steht. Die vielfältigen Versuche, die Wirksamkeit psychoanalytischer Behandlungen in nomologisch angelegten Untersuchungsgängen zu verifizieren, offenbaren sich als Werbeveranstaltungen, die der vom Gebrauchswert gesonderten Produktion seines Scheins dienen, der von der Werbung verbreitet wird.

Schein deshalb, weil George Clooney im Werbespot für Nespresso Kapseln ebenso wenig garantieren kann, dass diese nach dem Kauf ihr Gebrauchswertversprechen einzulösen vermögen, wie nomologische Untersuchungen nicht dafür bürgen können, dass in psychoanalytischen Behandlungen ihr Gebrauchswertversprechen realisiert werden kann.

Es scheint, als könnte man diesem Argument entgegnen, dass alle nomologischen Versuche zum Ergebnis führten, dass psychoanalytische Behandlungen wirksam sind. Aber diese Entgegnung wäre so substanzlos wie die Ergebnisse wertlos sind. Ich will nur drei Gründe nennen, weshalb sie nicht das bestätigen können, was sie zu bestätigen vorgeben:

Wenn Erkenntnisse methodenspezifisch sind und ganz verschiedene Untersuchungsmethoden verwendet wurden, die nicht alle dem Gegenstand gleichermaßen adäquat sein können, ist es wahrscheinlich, dass es sich bei diesen Ergebnissen um Artefakte handelt.

Wenn jede Behandlung einen einzigartigen Charakter hat (z. B. Frank, 2000; Vaughan & Roose, 2000), ist eine Generalisierung der Ergebnisse nicht möglich.

Wenn sich widersprechende therapeutisch-technische Konzepte gleichermaßen zur Anwendung kommen und man nicht weiß, was in den Behandlungen »works and why and how« (Wurmser, 1989, S. 237; s. auch Gabbard & Westen, 2003), können die Behandlungsergebnisse nicht dem psychoanalytischen Behandlungsverfahren zugeschrieben werden.

Im Grunde hat man mit den nomologischen Forschungsergebnissen lediglich »Scheinbestätigungen und den Anschein wissenschaftlichen Fortschritts an Stellen produziert, wo sich in Wirklichkeit nur sinnlose Zahlen anhäufen« (Lakatos, 1970, S. 174). Mein Eindruck ist, dass diese Ergebnisse das Etikett *Erkenntnis* ebenso fälschlich tragen wie die Dieselfahrzeuge von VW das Zertifikat, das garantieren soll, dass ihre CO_2-Abgaswerte mit der Abgasnorm Euro 5 übereinstimmen. Wie dieses Zertifikat der Werbung dient und etwas vortäuscht, das nicht vorhanden ist, dient auch die psychoanalytische Forschung der Werbung für ein Behandlungsverfahren, indem sie etwas vorgaukelt, das durch diese Untersuchungen gar nicht nachgewiesen wurde und auch nicht nachgewiesen werden kann.

In Wirklichkeit gibt die Generalisierung der Ergebnisse nomologischer Beforschung psychoanalytischer Behandlungen nur die Erkenntnis der Indifferenz gegenüber der Besonderheit der Patienten preis, die mit der Gleichgültigkeit gegenüber dem Gebrauchswert dieser Behandlungen einhergeht.

Offensichtlich ist auch der Verzicht der Psychoanalytiker auf gesellschaftskritische Fragen ihrer ökonomischen Lage geschuldet, würden doch damit die gegenwärtigen gesellschaftlichen Verhältnisse problematisiert, in denen sie ganz gut leben können. »›Das weltweite neurotische Elend‹ ist ihr Broterwerb«, sagte Brohm (1972, S. 252) geradeheraus. Während Freud (1910d), Ferenczi (1908) und Fenichel (1945)[4] die Gesellschaft noch für die Neurose verantwortlich sahen, besteht heute unter Psychoanalytikern kaum mehr ein Interesse, der Gesellschaft nachzuweisen, dass sie die seelischen Erkrankungen zu verantworten hat. Wie bei den Meisten sind auch die Gedanken der Psychoanalytiker von den herrschenden Gedanken beherrscht, und dem herrschenden Interesse genügt die bloße Feststellung von Krankheitsbildern solange sich daraus ein Handlungswissen und ein an der Kapitalverwertung orientierter Umgang mit den Erkrankungen entwickeln lassen. In diesem Kontext wird verständlich, warum Psychoanalytiker mehrheitlich Psychoanalyse auf klinische Fragen beschränken und mit dem nicht-therapeutischen Freud kaum mehr etwas anzufangen wissen.

Konsequenzen für die Behandlung

Bei dem vorrangigen Interesse an der Tauschwertrealisierung ihrer Dienstleistung wird es mehr als fraglich, ob Psychoanalytiker überhaupt noch in der Lage sind, den Gebrauchswert ihrer Behandlungen einzulösen und die Individuen, die in der Neurose dem Wiederholungszwangs überantwortet und zu Objekten ihrer Geschichte wurden, wieder zu Subjekten werden zu lassen, die über ihre Vergangenheit verfügen. Angesichts der immer wieder

---

4 »Neurosen sind soziale Erkrankungen […] sind das Ergebnis gesellschaftlich bedingter ungünstiger Erziehungsmaßnahmen, die einem bestimmten historisch entwickelten Gesellschaftszusammenhang entsprechen und mit einiger Notwendigkeit aus ihm hervorgehen. Sie können nicht ohne eine Veränderung dieses gesellschaftlichen Zusammenhangs geändert werden« (Fenichel, 1945, S. 194f.).

festgestellten eklektizistischen und heterogenen Handhabung behandlungstechnischer Regeln, dem Fehlen eines einheitlichen Verständnisses des psychoanalytischen Prozesses (Vaughan & Roose, 1995), des Kernstücks jeder psychoanalytischen Behandlung, der Unkenntnis vom dem, was in einer Behandlung warum und wie wirkt, und der Tatsache, dass jede Deutung so gut ist wie jede andere, ist es sehr ungewiss, ob dieser Gebrauchswert in den Behandlungen noch realisiert werden kann.

Eingedenk dieser Sachlage könnte man denken, dass die Psychoanalyse als Therapie nutzlos wurde. Bedenkt man aber, dass das Subjekt, das im psychoanalytischen Verfahren restauriert werden soll, gesellschaftlich kaum noch vorhanden ist, wird man schwerlich von Versagen der psychoanalytischen Therapie reden können, wenn ihr Ergebnis mit der Realität korrespondiert. Marx' Begriff der Entfremdung klärt uns auf, dass das Subjekt dem Kapital nicht standgehalten hat. Seit sich mit der Globalisierung des Kapitals der Spalt zwischen Politik und Ökonomie, in dem die Individuen noch als Subjekte leben konnten, zunehmend verengte, wurden Menschen mehr und mehr zu »bloßen Verkehrsknotenpunkten der Tendenz des Allgemeinen« (Horkheimer & Adorno, 1947, S. 184) verdinglicht. Sie wurden füreinander zu Warenproduzenten, die Mehrwert produzieren, und zu Warenkonsumenten, die den produzierten Mehrwert realisieren, bzw. zu Werbeträgern der Waren, die sie besitzen, und für die sich die Welt in Marktplätzen erschöpfte.

Als vergesellschaftete Produzenten und Konsumenten von Waren bzw. Werbeträger wird das Verhalten der Menschen vom Selbstverwertungsinteresse des Kapitals bestimmt. In der bürgerlichen Gesellschaft, stellten Marx & Engels (1847/48, S. 476) bündig fest, »ist das Kapital selbstständig und persönlich, während das tätig Individuum unselbstständig und unpersönlich ist«. Die sich selbst genügende »Selbstverwertung« des Kapitals (Marx, 1867, S. 169) wird zum »automatischen Subjekt« und die Menschen werden verdinglicht, der Arbeiter ebenso wie der Kapitalist. Der Arbeiter fungiert als »lebendige Maschine« (Marx, 1867, S. 601), ist »Verwertungsmittel des Kapitals« (ebd., S. 532), bzw. »Maschine zur Produktion von Mehrwert« (ebd., S. 621), und der Kapitalist ist eine »Maschine zur Verwandlung dieses Mehrwerts in Mehrkapital« (ebd.).

Es sind nicht länger Subjekte, die »ökonomische Charaktermasken« (ebd., S. 100) tragen, sondern es sind Waren, »Personifikationen der ökonomischen Verhältnisse« (ebd.), die als Subjekte kostümiert sind. »Was dem Subjekt als sein eigenes Wesen erscheint«, sagte Adorno (1955, S. 69),

»und worin es gegenüber den entfremdeten gesellschaftlichen Notwendigkeiten sich selbst zu besitzen meint, ist bloße Illusion«.

Schon in den Kindertagesstätten erfahren heutzutage bereits Kinder die Verdinglichung, die sie als Erwachsene erfahren werden (Zepf & Seel, 2017). Für die Kinder in Kindertagesstätten sind die Eltern in einem Schattenreich verschwunden, sie wachsen sozusagen als »Niemandskinder« (Mitscherlich, 1946, S. 601) auf, und sehen sich einem professionellen, pädagogisch-sachlichen Umgang ausgesetzt. Wie für die Arbeiter in einem Stahlwerk das Eisen das Rohmaterial ist, für dessen Bearbeitung sie ausgebildet wurden und entlohnt werden, sind die Kinder für die Betreuer das Rohmaterial, für dessen Bearbeitung sie ausgebildet wurden und bezahlt werden. D. h., schon in ihrer Kindheit werden Menschen als das behandelt, als das sie später behandelt werden: als eine Ware, in die die Arbeitskraft der Betreuer mit dem Ziel investiert wird, die Voraussetzung für ihre spätere Arbeitskraft, ihren Gebrauchswert, herzustellen. Im sog. »Rürup-Bericht« von 2005, der damals Kindertagesstätten mit einer Optimierung der Ressourcen begründete, die nach der Expertenmeinung brach lagen, war u. a. zu lesen, dass eine qualitative Frühbetreuung nicht nur notwendig sei, um Müttern die Erwerbstätigkeit zu ermöglichen, sondern auch, um die Fähigkeiten und Möglichkeiten der Kinder zu steigern, und es lohnend wäre, in Humankapital, kognitive und soziale Schlüsselqualifikationen der Kinder zu investieren.

Ich will hinzufügen, dass 2014 5,4 Milliarden Euro in den Ausbau der Kindertagesstätten investiert wurden und ab 2015 dauerhaft 845 Millionen pro Jahr für den weiteren Ausbau zur Verfügung stehen werden (Bundesministerium für Familie, Senioren, Frauen und Jugend, 2015). In der Zwischenzeit hat dieses Ministerium auch entschieden, bevorzugt die Kindertagesstätten finanziell zu unterstützen, die einen 24-Stunden-Dienst anbieten (Büttner, 2018).

Es lässt sich kaum bestreiten, dass die Realität der Tendenz, die Adorno (1935, S. 73) vor über 80 Jahren vorausahnte, inzwischen sehr nahekommt, nämlich dass die »Familie« als »entscheidende Vermittlungskategorie zwischen Gesellschaft und Psychologie« durch den »Warencharakter« ersetzt wird.

Da Sprache eine interindividuell anerkannte Art und Weise der Weltdeutung ist, weist auch der Umstand, dass sich der unterschiedslose Umgang mit Personen und dinglichen Objekten auf sprachlicher Ebene wiederfindet auf eine solche Verdinglichung der Menschen hin. Ich nenne

Beispiele, von denen sich einige auch bei Sigusch (1997) finden: Die Presse berichtet, dass Neymar 222 Millionen Euro kostete und fragt, ob sich diese Investition lohnen könne; ein Kugelstoßer »explodierte«; ein Tennisspieler musste erst »Dampf ablassen«; der Referatsleiter Leistungssport im DLV sagte im Hinblick auf die Stadien: »Das menschliche Fahrwerk muss auf derartige Bedingungen erst eingestellt werden«; in einem Werbespot verwandeln sich Fußballnationalspieler in Coca-Cola-Dosen; »Robert Harting«, sagte kürzlich ein Reporter, »muss sich mental nachjustieren«; die US-Bomber, meinte ein Kommentator, hätten »eine klare Sprache gesprochen«; der Wirtschaftsminister empfahl der Industrie, Jungen und Mädchen »auf Vorrat« auszubilden; in einer Anzeige wird eine Frau »nicht älter als Baujahr 1990« gesucht; in einer anderen sucht ein Mann, der sich »31-180-65« nennt, einen »blonden Pferdeschwanz«; die Börse tendiert »lustlos«; Bulthaupt wirbt für ein Küchendesign, das die »Freiheit der Küche« etabliert; »Dinge haben eine Seele«, sagte die Sängerin Björk (2015); in den Naturwissenschaften begehen Zellen »Selbstmord«, Gene sind »intelligent«, Molekulketten »verstehen einander richtig oder falsch«, Viren sind »heimtückisch«, enzymatische Reaktionen »vernünftig«.

In der Humanmedizin ist die Kehrseite der Vermenschlichung der Natur die Reifizierung des Menschen. Eindrucksvoll wird dies von Chargaff[5] (1989, S. 210) beschrieben:

> »Organe werden munter transplantiert als wären es Vergaser oder Zündkerzen; dabei musste doch ein anderer sein Leben lassen [...] tiefgefrorene Embryos werden schließlich zum Tode im Mistkübel verurteilt. Leihmütter streiten sich um Kind und Profit; In-vitro-Babies kennen weder Vater noch Mutter, an ihrer Wiege standen milde lächelnde Pipetten und Pinzetten vielleicht auch noch Gynäkologe und Advokat mit ihren Schecks« (ebd., S. 210).

Auch in der gegenwärtigen Verschreibungspraxis von Psychopharmaka sowie in der Einstellung gegenüber seelischem Leiden findet sich diese Verdinglichung wieder. Orientiert an den sog. »Leitlinien« wird jeder Patient wie ein Klon des anderen mit derselben Bandbreite an Medikamenten be-

---

5 Erwin Chargaff erhielt 1975 die *National Medal of Science,* die höchste wissenschaftliche Auszeichnung in den USA.

handelt. Vielleicht noch interessiert an den objektiven Daten des Verlaufs des eigenen Lebens, aber nicht mehr an der erlebten Lebensgeschichte, kommt es auch nicht mehr in den Sinn, in der eigenen Geschichte nach den Gründen seelischen Leidens zu fahnden. Stattdessen vertraut man sich der verdinglichenden Behandlung in der naturwissenschaftlichen Medizin an oder man verirrt sich auf der Suche nach Individualität im Labyrinth alternativer Therapieangebote, die teils aus der Vorzeit der Psychoanalyse stammen – Hypnose, autogenes Training, schamanisches Trommeln, Homöopathie, Kartenlesen, Augendiagnostik, Reflexzonentherapie etwa der Ohrmuschel, transpersonale Energetik etc.

Individualität, die das »Zeitalter« des Subjekts abgelöst hat (Roudinesco, 1999, S. 13), substituiert das äußerlich, was man innerlich nicht mehr ist. Waren[6] verhelfen zu dieser Art von Individualität. Wie Studien (z.B. Appel et al., 2015) zeigen, gehören dazu auch Piercings und Tätowierungen.[7]

Auch in ihrem Innenleben reproduzieren die Individuen den Warencharakter, der ihnen in der Gesellschaft objektiv anhaftet. Im fortgeschrittenen Kapitalismus, bemerkte Fromm (1976, S. 374), erlebt sich »der einzelne [...] selbst als Ware und den eigenen Wert nicht als ›Gebrauchswert‹, sondern als ›Tauschwert‹«. Dieses Erleben ist kein bloß subjektives Phänomen. Der Einzelne erlebt vielmehr das, was er in Wirklichkeit ist. Wie Menschen im gesellschaftlichen Zusammenleben nichts anderes sind als Existenzformen ihrer Arbeits- und Kaufkraft, die die Eigner der Produktionsmittel für die Produktion und Realisierung des Tauschwerts benötigen, interessieren sie sich auch in ihren zwischenmenschlichen Beziehungen für andere nicht als Personen, sondern subsumieren diese Beziehungen blind unter die allgemeinen, von der Selbstverwertung des Kapitals bestimmten Gesetze des Warentausches.

Dass der Warencharakter tendenziell bis ins Innenleben eingedrungen ist, zeigen bspw. die Untersuchungen Beckers (1993). Becker (1993) er-

---

6   Mit dem Erwerb von Waren wird zugleich »Warenidentität« erworben (Horn, 1969, S. 342). Sie besteht darin, dass »Waren als Statussymbol« (ebd.) fungieren und sich die Identität des Einzelnen darin erschöpft.

7   Die *Frankfurter Rundschau* vom 6.10.2017 berichtet von einer Untersuchung von Brähler et al., in der eine Zunahme der sog. »Körpermodifikation« festgestellt wurde. Jeder fünfte Deutsche ist tätowiert, die Hälfte aller Frauen zwischen 25 und 34 Jahren ist tätowiert, 19 % mehr als 2008. Rund 1/3 der Frauen zwischen 14 und 34 Jahren haben Piercings, bei den Männern der gleichen Altersgruppe sind es 14,4 %.

hielt 1992 den Nobelpreis für Wirtschaftswissenschaften mit der Begründung, dass er das Feld der ökonomischen Analyse in den Bereich menschlicher Beziehungen ausgedehnt hat, und seine Untersuchungen legen nahe, dass der Warencharakter der Tendenz nach wirklich bis ins Innenleben vorgedrungen ist. Er zeigte in seinen Arbeiten, dass Äußerungen wie »Man muss sich gut verkaufen«, möglichst »gut performen« bzw. »vermarkten«, und Fragen wie: »Zahlt sich das für mich aus?«; »Welchen Preis muss man dafür zahlen?«; »Wo liegt da der Gewinn?«; »Welcher Nutzen ergibt sich aus diesem Tun?« nicht metaphorisch gemeint sind. Indem Becker enthüllt, dass Verhalten auch im privaten Bereich nicht mehr in erster Linie psychologisch motiviert ist, sondern im Wesentlichen von einem ökonomischen Kalkül bestimmt wird, wird erkennbar, dass diese Äußerungen und Fragen wirklich meinen, was sie sagen. Belegt mit Ergebnissen verschiedener Untersuchungen klärt er auf, dass sich Verhalten heute zureichend erklären lässt, wenn man es betrachtet, als habe man es mit Personen zu tun, die ihren Nutzen, bezogen auf stabiles Präferenzsystem, maximieren. Für die Nutzenmaximierung werden auf den Präferenzdimensionen Ressourcen wie Zeit, Geld und Fähigkeiten eingesetzt, die ihrer Natur nach immer nur in begrenztem Umfang zur Verfügung stehen. Da die Präferenzen sich in der Zeit nicht substanziell ändern, kann Nutzen nur in Abhängigkeit von begrenzten Ressourcen maximiert werden. Becker zeigt ziemlich überzeugend, dass sich die Höhe des Nutzens aus dem Verhältnis zu den investierten Ressourcen in derselben Weise ermittelt, wie sich die Profitrate aus dem Verhältnis errechnet, in dem das in der Warenproduktion eingesetzte Gesamtkapital zu dem bei Verkauf der Waren erzielten Ertrag steht.

Der These, dass auch das Innenleben der Menschen kommerzialisiert ist, scheinen die Arbeiten von Thaler zu widersprechen. Thaler bekam 2018 den Nobelpreis für Wirtschaftswissenschaften und erhielt ihn der Laudatio zufolge, weil er psychologische Faktoren, die hinter wirtschaftlichen Entscheidungen stünden, erforscht und genau das Gegenteil von dem entdeckte, das Becker gefunden hat. Aber diese psychologischen Faktoren lassen sich von der Ökonomie wieder beseitigen. Die Laudatio fährt fort, dass er ökonomische Anreize entwickelt hätte – sog. »nudges« –, mit denen es gelingt, Menschen von ihren psychologischen, als irrational begründet angesehenen wirtschaftlichen Entscheidungen abzubringen und sie wieder rational, d. h. im Einvernehmen mit ihren ökonomischen Interessen handeln zu lassen.

Die Arbeiten beider Nobelpreisträger erinnern an Balzacs (1835) Roman *Le Père Goriot*. Die Handlung spielt 1819 in Paris. Der Roman beschreibt die in der Pariser Gesellschaft vorherrschende Gier und Nutzenorientierung der Restaurationjahre von 1814 bis 1830 und überträgt jene Prinzipien auf die Familie. Die Verkommenheit des Familienlebens wird insbesondere gegen Ende des Romans kenntlich. Goriot liegt auf dem Sterbebett und wünscht sich von seinen beiden Töchtern, dass sie ihn noch ein letztes Mal besuchen. Beide verweigern ihm die Erfüllung dieses Wunsches. Dem Tode nahe und völlig verarmt, erkennt der einst reiche Nudelfabrikant, dass seine Töchter nicht ihn, sondern nur sein Geld geliebt haben. Da er kein Geld mehr besitzt, hat er auch die Liebe seiner Töchter verloren. Goriot stirbt schließlich. Eugène de Rastignac, ein mittelloser Student, der sich zu der elitären Gesellschaftsschicht der Reichen Zutritt verschaffen wollte, bittet die beiden Töchter um Geld für das Begräbnis. Dies wird ihm ebenfalls verweigert. Um die Beerdigung von Goriot zu bezahlen, versetzt er seine wertvolle Uhr und wendet sich nach seiner Rückkehr von der Beerdigung angeekelt von der Familie und der Pariser Gesellschaft ab.

Ich erwähne diesen Roman, weil Balzac und die beiden Nobelpreisträger zwar das nämliche nutzenorientierte Verhalten beschreiben, dieses Verhalten von Balzac aber als verkommen und herzlos kritisiert wird, während Becker und Thaler für ihre Entdeckung desselben Verhaltens mit dem Nobelpreis ausgezeichnet werden. Die Differenz in der Beurteilung Balzacs und des Nobelpreiskomitees zeigt, dass das ehemals kritisierte ökonomisch bestimmte Verhalten inzwischen zur Normalität gehört und das ehemals normale psychologisch motivierte Verhalten der Kritik verfiel.

Schlussbemerkungen

Es zeigt sich, welcher Zukunft die Psychoanalyse entgegengeht, wenn Geld weiterhin »Lachgas« für Psychoanalytiker ist, das ihr Nachdenken so betäubt, dass ihnen die Ökonomie ihres Handelns, wie sie sich aus der Warenanalyse ergibt, bewusstlos bleibt und sich hinter ihrem Rücken durchsetzt. Der mit dieser Entwicklung einhergehende Verzicht auf Wahrheit als leitende Zielvorstellung – Wahrheit mit Freud (1933a, S. 184) verstanden als Übereinstimmung der Erkenntnisse »mit dem, was außerhalb von uns, unabhängig von uns besteht«[8] – ist jedenfalls für die Psychoanalyse als Wissenschaft verhängnisvoll. Da Metaphern gleichgestellte Konzepte einer wahrheitslosen Wissenschaft nicht mehr falsifiziert werden können, genügt die Psychoanalyse vollumfänglich dem Kriterium, anhand dessen Popper (1962, S. 34–36) sie zu Recht als »pseudoscience« qualifizierte.

Solange Psychoanalytiker ihre Indifferenz gegenüber dem Gebrauchswert der Psychoanalyse nicht als Konsequenz ihrer ökonomischen Situation begreifen, bleiben die Patienten – wie die Kinder für Erzieher in Kindertagesstätten – für Psychoanalytiker bloßes Material, das sie für die Realisierung des Tauschwerts ihrer Dienstleistung benötigen.

Diese Funktion korrespondiert mit der kommerziellen Ausrichtung des Innenlebens der Patienten, welche die ins Innere fortgesetzte Tauschwertorientierung darstellt und zugleich vorführt, dass die individualisierenden Begriffe der Psychoanalyse ihren umfassenden Sinn verloren haben, die psychoanalytische Behandlung nicht mehr aufklärt, sondern der Verschleierung dient. Psychoanalytische Begriffe referieren nur mehr auf jene unbewussten »psychologischen Residuen« (Adorno, 1955, S. 60), die noch nicht in der nach Innen hin fortgesetzten Mechanik von Produktion und Konsumtion zerrieben wurden. Bei einem Desinteresse am Gebrauchswert und an der Besonderheit des Patienten kann diesem »unaufgelösten Rest« (ebd.) jedoch in der psychoanalytischen Praxis nicht mehr zur Sprache verholfen werden. Vielmehr wird der daraus geborene »Schrei nach jenen Veränderungen in unserer Kultur [...], in denen wir allein das Heil für die Nachkommenden erblicken können« (Freud, 1910d, S. 115), weiter stumm gestellt, indem die unbewussten »psychologischen Residuen« wie bei einer kosmetischen Anwendung in der Behandlung mit gesellschaftlich approbierten Verhaltensweisen in einer humanisierenden Maquillage verschmelzen, die sich tröstlich über das längst Verdinglichte legt und den Patienten in illusionärer Verkennung sich noch als Subjekt wähnen lässt. Ein Kinderreim, den Adorno (1944, S. 69) zitiert, bringt es präziser noch auf den Begriff: »›Das Elend bleibt. So wie es war. / Du kannst es nicht ausrotten, ganz und gar. / Aber Du machst es unsichtbar.‹«

---

8 Mit dieser Aussage verpflichtete sich Freud auf das Aristotelische Wahrheitskriterium: »Nicht darum [...] weil unsere Meinung, du seiest weiß, wahr ist, bist du weiß, sondern darum, weil du weiß bist, sagen wir die Wahrheit, wenn wir das behaupten« (Aristoteles, 1994, S. 250).

Literatur

Abend, S. M. (1990). The psychoanalytic process. Motives and obstacles in the search for clarification. *Psychoanal. Quart., 59*(3), 532–549. doi.org/10.1080/21674086.1 990.11927287

Adorno, Th. W. (1935). Brief an Max Horkheimer, 8. Juni 1935. In C. Gödde & H. Lönitz (Hrsg.), *Theodor W. Adorno & Max Horkheimer. Briefwechsel 1927–1969. Band 1 1927–1937* (S. 71–76). Frankfurt a.M.: Suhrkamp, 2003.

Adorno, Th. W. (1944). Die Gesundheit zum Tode. In ders., (1951), *Minima Moralia* (S. 68–71). Frankfurt a.M.: Suhrkamp, 1985.

Adorno, Th. W. (1955). Zum Verhältnis von Soziologie und Psychologie. *GS 8*, 42–85. Frankfurt a.M.: Suhrkamp, 1990.

Altman, N. (2006). Whiteness. Psychoanal. *Quart., 75*(1), 45–72. doi.org/10.1080/21674 086.19 90.11927287

Appel, A., Hofmeister, D., Brähler, E. & Borkenhagen, A. (2015). Körperbild und Körperschmuck. *Psychotherapeut, 60*, 505–510. doi.org/10.1007/s00278-015-0062-3

Aristoteles (1994). *Metaphysik*. Reinbek: Rowohlt.

Balzac, H. de (1835). *Le Père Goriot*. Paris: Hachette, 2005.

Becker, G. S. (1993). *Ökonomische Erklärung menschlichen Verhaltens*. Tübingen: Mohr.

Berger, B. & Newman, S. (Hrsg.). (2012). *Money talks*. New York, NY: Routledge.

Björk, G. (2015). Dinge haben eine Seele. *Zeit-Online*. www.zeit.de/2015/09/moma-bjoerk-retrospektive (17.09.2020).

Brohm, J. M. (1972). Psychoanalyse und Revolution. In H.-P. Gente (Hrsg.), *Marxismus, Psychoanalyse, Sexpol 2: Aktuelle Diskussion* (S. 241–289). Frankfurt a.M.: Fischer.

Bundesministerium für Familie, Senioren, Frauen und Jugend (2015). www.bmfsfj.de/BMFSFJ/Kinder-und-Jugend/kinderbetreuung.html (07.07.2016).

Büttner, G. (2018). Nachtschicht im Kindergarten. www.spiegel.de/karriere/bundesfamilienministerium-foerderung-fuer-24-stunden-kitas-a-1042357.html (18.08.2018).

Chargaff, E. (1989). Erforschung der Natur und Denaturierung des Menschen. *Universitas, 3*, 205–214.

Compton, A. (1985). The concept of identification in the work of Freud, Frenzy, and Abraham: A review and commentary. *Psychoanal. Quart., 54*(1), 200–233. doi.org/10.1080/21674086.19 85.11927104

Cremerius, J. (1989). Lehranalyse und Macht. Die Umfunktionierung einer Lehr-Lern-Methode zum Machtinstrument der institutionalisierten Psychoanalyse. *Forum Psychoanal., 5*(2), 190–208.

Cremerius, J. (1994). Die Zukunft der Psychoanalyse. In ders. (Hrsg.), *Die Zukunft der Psychoanalyse* (S. 9–55). Frankfurt a.M.: Suhrkamp.

Eissler, K. R. (1965). *Medical orthodoxy and the future of psychoanalysis*. New York, NY: Int. Univ. Press.

Fenichel, O. (1945). *Psychoanalytische Neurosenlehre, Bd. III*. Freiburg: Walter, 1973.

Ferenczi, S. (1908). Psychoanalyse und Pädagogik. In ders., *Bausteine zur Psychoanalyse, Bd. III* (S. 9–22). Bern: Huber.

Fine, S. & Fine, E. (1991). Psychoanalysis. The common ground. *Int. J. Psychoanal., 72*(1), 166.

Focke, I., Kayser, M. & Scheferling, U. (Hrsg.). (2013). *Die phantastische Macht des Geldes*. Stuttgart: Klett-Cotta.

Frank, G. (2000). The status of psychoanalytic theory today. *Psychoanal. Psychol., 17*(1), 174–179. doi.org/10.1037//0736-9735.17.1.174

Freud, S. (1910d). Die zukünftigen Chancen der psychoanalytischen Therapie. *GW 8*, 104–115.

Freud, S. (1933a [1932]). *Neue Folge der Vorlesungen zur Einführung in die Psychoanalyse. GW 15*.

Freud, S. (1985c). *Briefe an Wilhelm Fließ. Ungekürzte Ausgabe.* Hrsg. v. J. Masson. Frankfurt a. M.: Fischer.

Freud, S. (1993e). *The complete correspondence of Sigmund Freud and Ernest Jones 1908–1939* (S. 249–250). Hrsg. v. R. A. Paskauskas. Cambridge, MA: Harvard Univ. Press.

Fromm, E. (1976). *Haben oder Sein. Die seelischen Grundlagen einer neuen Gesellschaft. Gesamtausgabe Bd. II* (S. 269–414). München: dtv.

Gabbard, G. O. (2007). ›Bound in a nutshell‹: Thoughts on complexity, reductionism, and ›infinite space‹. *Int. J. Psychoanal., 88*(3), 559–574. doi.org/10.1516/e8u0-g516-98 g4-11p7

Gabbard, G. O. & Westen, D. (2003). Rethinking therapeutic action. *Int. J. Psychoanal., 84*(4), 823–841. doi.org/10.1516/002075703768284605

Gödde, C. & Lönitz, H. (Hrsg.). (2003). *Theodor W. Adorno & Max Horkheimer. Briefwechsel 1927–1969. Band 1 1927–1937.* Frankfurt a. M.: Suhrkamp.

Green, A. (2005). The illusion of common ground and mythical pluralism. *Int. J. Psychoanal., 86*(3), 627–632.

Hamilton, V. (1996). *The analyst's preconscious.* Hillsdale, NJ: Analytic Press.

Haug, W. F. (2009). *Kritik der Warenästhetik. Gefolgt von der Warenästhetik im High-Tech-Kapitalismus.* Frankfurt a. M.: Suhrkamp.

Herron, W. G. & Welt, S. R. (1992). *Money matters. The fee in psychotherapy and psychoanalysis.* New York, NY: Guilford.

Hirsch, I. (2012). It was a great month: None of my patients left. In B. Berger & S. Newman (Hrsg.), *Money talks* (S. 13–20). New York, NY: Routledge.

Holt, R. R. (1981). The death and transfiguration of metapsychology. *Int. J. Psychoanal., 8*(1), 129–143.

Horkheimer, M. & Adorno, Th. W. (1947). Dialektik der Aufklärung. In M. Horkheimer (1987), *GS 5* (S. 11–238) Frankfurt a. M.: Fischer.

Horn, K. (1969). Zur Formulierung der Innerlichkeit. In G. Schäfer & C. Nedelmann (Hrsg.), *Der CDU-Staat, Bd. 2* (S. 315–342). Frankfurt a. M.: Suhrkamp.

Jacobs, Th. (2012). Money – Some reflections on its impact on psychoanalytic education and psychoanalytic practice. In B. Berger & S. Newman (Hrsg.), *Money talks* (S. 1–11). New York, NY: Routledge.

Kirsner, D. (2000). *Unfree associations.* London: Process Press.

Lakatos. I. (1970). Falsifikation und die Methodologie wissenschaftlicher Forschungsprogramme. In I. Lakatos & A. Musgrave (Hrsg.). (1974), *Kritik und Erkenntnisfortschritt* (S. 89–190). Braunschweig: Vieweg.

Lefèbvre, H. (1958). *Probleme des Marxismus, heute.* Frankfurt a. M.: Suhrkamp.

Lieberz, K. (2018). Reformen in der Psychotherapie. Quantität statt Qualität. *PP, 16*(9), 392–393.

Lussier, A. (1991). The search for common ground: A critique. *Int. J. Psychoanal., 72*(1), 57–62.

Marx, K. (1852). Der achtzehnte Brumaire des Louis Bonaparte. *MEW 8*, 111–207.

Marx, K. (1867). Das Kapital, Bd. 1. *MEW 23*.

Marx, K. & Engels, F. (1847/48). Manifest der kommunistischen Partei. *MEW 4*, 459–493.

Mitscherlich, A. (1946). Niemandskinder. In ders. (1967), *GS 6*, 601–606. Frankfurt a. M.: Suhrkamp.

Peterfreund, E. (1975). The need for a new general theoretical frame of reference for psychoanalysis. *Psychoanal. Quart., 44*(3), 534–549. doi.org/10.1080/21674086.1975.11926730

Piketty, Th. (2013). *Das Kapital im 21. Jahrhundert*. München: Beck.

Popper, K. R. (1962). *Conjectures and refutations. The growth of scientific knowledge*. New York, NY: Basic Books.

Rangell, L. (1974). A psychoanalytic perspective leading currently to the syndrome of the compromise of integrity. *Int. J. Psychoanal., 55*(1), 3–12.

Richards, A. D. (1990). The future of psychoanalysis: The past, present, and future of psychoanalytic theory. *Psychoanal. Quart., 59*(3), 347–369. doi.org/10.1080/21674086.1990.11927276

Roudinesco, E. (1999). *Wozu Psychoanalyse?* Stuttgart: Klett-Cotta, 2002.

Rürup, B. & Gruescu, S. (2005). *Familienorientierte Arbeitszeitmuster*. Gutachten im Auftrag des Bundesministeriums für Familie, Senioren, Frauen und Jugend vom 6. Juli 2005.

Sandler, J. (1982). Psychoanalysis and psychotherapy. The training analyst's dilemma. In E. D. Joseph & R. S. Wallerstein (Hrsg.), *Psychotherapy: Impact on psychoanalytic training* (S. 39–47). New York, NY: Int. Univ. Press.

Schafer, R. (1990). The search for common ground. *Int. J. Psychoanal., 71*(1), 49–52.

Shervin, H. (2003). The consequences of abandoning a comprehensive psychoanalytic theory. Revisiting Rapaport's systematizing attempt. *J. Amer. Psychoanal. Assoc., 51*(3), 1005–1020. doi.org/10.1177/00030651030510032201

Sigusch, V. (1997). Metamorphosen von Leben und Tod. Ausblick auf eine Theorie der Hylomatie. *Psyche – Z. Psychoanal. 51*(10), 835–874.

Vaughan, S. C. & Roose, S. P. (1995). The analytic process: Clinical and research definitions. *Int. J. Psychoanal., 76*(2), 343–356.

Vaughan, S. C. & Roose, S. P. (2000). Patient-therapist match. Revelation or resistance? *J. Amer. Psychoanal. Assoc., 48*(3), 885–899. doi.org/10.1177/00030651000480031901

Wallerstein, R. S. (1988). One psychoanalysis or many? *Int. J. Psychoanal., 69*(1), 5–21.

Wallerstein, R. S. (2011). Metaphor in psychoanalysis: Bane or blessing? *Psychoanal. Inq., 31*(1), 90–106. doi.org/10.1080/07351690.2010.515525

Wurmser, L. (1989). »Either-Or«: Some Comments on Professor Grünbaum's Critique of Psychoanalysis. *Psychoanal. Inq., 9*(2), 220–248.

Zepf, S. & Seel, D. (2017). Würden sich kleine Kinder für ihre Betreuung Kitas ausdenken? *Kinderanal., 25*(3), 203–230.

Zepf, S., Seel, D., Mengele, U., Marx, A. & Hartmann, S. (2001). *Zur ambulanten psychotherapeutischen Vorsorgungslage in der Bundesrepublik Deutschland*. Gießen: Psychosozial-Verlag.

Biografische Notiz

Siegfried Zepf, Univ.-Prof. em., Dr. med., ist ehemaliger Direktor des Instituts für Psycho-analyse, Psychotherapie und Psychosomatische Medizin der Universitätskliniken des Saarlandes sowie Lehranalytiker (DPG, DGPT). Zahlreiche Zeitschriften- und Buchpublika-tionen zu psychoanalytischen Themen (siehe Homepage: http://www.siegfriedzepf. de).

Normativität und Normalisierung in der Diskussion um einen Begriff psychischer Krankheit

Andreas Heinz

Einleitung

Psychiatrischer Diagnostik wird immer wieder vorgeworfen, dass sie nur die herrschenden Normen der jeweiligen Gesellschaft widerspiegelt, in der die diagnostischen Kriterien angewendet werden. Auch wenn internationale Krankheitsklassifikationen, wie die der WHO (World Health Organisation, 2011) oder der Amerikanischen Psychiatrischen Gesellschaft (American Psychiatric Association, 2013) weltweit angewendet werden, entstammen diese Krankheitsklassifikationen und die damit verbundenen diagnostischen Kriterien doch einer europäisch-westlichen Tradition. Michel Foucault (1973, 1975) hat mehrfach darauf hingewiesen, dass sich gesellschaftliche Traditionen der Disziplinierung der Subjekte moderner Staaten in der Konstruktion und Anwendung psychiatrischer Diagnosen und Therapieansätze spiegeln. So finde in der Zeit der Klassik und Aufklärung eine systematische Ausgrenzung und Internierung aller vermeintlich unvernünftigen Menschen statt, unabhängig davon, ob es sich um Arme oder psychisch Kranke, Obdachlose oder Witwen und Waisen handle (Foucault, 1973). Dieses unterschiedslose Einsperren sei gerade kein Ausdruck mangelnder Differenzierungsfähigkeit und medizinischer Unkenntnis, sondern resultiere aus dem wahrgenommenen Gegensatz der ausgegrenzten Lebensformen mit den herrschenden Normen gewinnorientierter Arbeit und Selbstdisziplinierung.

Für das 20. Jahrhundert lassen sich Konstruktionen psychischer Krankheit nachweisen, die als Projektion kolonialer Herrschafts- und Ausgrenzungsverhältnisse auf Geist und Gehirn psychisch erkrankter Personen verstehen lassen (Heinz, 2002). Auch hier dient die Krankheitsklassifikation also der Stigmatisierung und Entwertung von Verhaltensweisen, die vorherrschenden Normen nicht widerspruchslos unterworfen werden können.

Betrachtet man aktuelle Diskussionen um die Einführung des DSM-5 durch die Amerikanische Psychiatrische Gesellschaft (American Psychiatric Association, 2013), trifft man auf ähnliche Bedenken (Frances, 2014). Tatsächlich drängt sich bei der Neuregelung des Zeitkriteriums, wie lange eine Trauerreaktion anhalten kann, bevor sie als klinisch relevante Depression diagnostiziert werden darf, oder bei der Einordnung verschiedener sozial unliebsamer Verhaltensweisen als »Verhaltenssüchte« die Frage auf, ob hier nicht erneut gesellschaftlich vorherrschende Normen über die notwendige Leistungsfähigkeit der Individuen und ein damit verbundener Anspruch an schnelle Verarbeitung von Trauerreaktionen oder an die Selbstkontrolle der Betroffenen in die Formulierung der jeweiligen Krankheitskriterien eingeflossen sind (Jacobi, Maier, & Heinz, 2013). Gerade bei möglichen neuen Diagnosekategorien, wie der vermeintlichen »Sexsucht«, stellt sich die Frage, ob damit Liberalisierungstendenzen der letzten 50 Jahre durch Pathologisierung zu starker Begierden aufgehoben werden (Heinz & Friedel, 2014).

Ist die Diagnostik psychischer Erkrankungen also unrettbar mit sozialen Vorurteilen verbunden, die in einer jeweiligen gesellschaftlichen Herrschaftssituation die Konformität der Individuen mit den vorherrschenden Leistungs- und Verhaltensnormen erzwingen? Und falls das so ist, wie unterscheidet sich dann der Bereich der Psychiatrie und Psychotherapie von den übrigen medizinisch relevanten Erkrankungen?

Notwendige Normativität bei der Diagnostik somatisch objektivierbarer Erkrankungen

Eine einfache Annahme wäre, dass Erkrankungen im übrigen Bereich der Medizin ohne Normsetzung aufgrund ihrer biologischen Auffälligkeiten diagnostiziert werden können. Demnach würde man keine »Normvorstellung« menschlicher Gehirne benötigen, um feststellen zu können, dass beispielsweise eine Schussverletzung, die Teile des Frontalhirns zerstört, eine Erkrankung ist. Dem ist aber nicht so, denn sobald es sich nicht um derartig grobe Verletzungen eines Organs, sondern um subtilere Variationen handelt, wird eine Normsetzung benötigt, um eine Erkrankung diagnostizieren zu können. So finden sich im Gehirn eine Vielzahl von Auffälligkeiten inklusive kleiner Zysten, die als harmlos gelten und nicht als klinisch relevante Erkrankung gewertet werden. Ein viel zitiertes Beispiel in diesem

Zusammenhang ist die Unfähigkeit, die Zunge zu rollen – diese Unfähigkeit hat offenbar einen genetischen Hintergrund und lässt sich leicht objektivieren, ohne jedoch Symptom einer klinisch relevanten Erkrankung zu sein. Denn das Zungenrollen braucht man im alltäglichen Leben nicht, wohingegen Schluckstörungen, die durch andere Bewegungsbeeinträchtigungen der Zunge verursacht werden, Symptome klinisch unterschiedlicher, relevanter Erkrankungen sein können (Heinz, 2014). Auch bei der Wertung somatischer Befunde als medizinisch relevante Krankheitszeichen spielen also Normsetzungen eine Rolle, die sich generell anhand der Frage diskutieren lassen, ob die Funktionsbeeinträchtigung für das »nackte Überleben« oder zumindest das alltägliche Leben der betroffenen Personen relevant sind oder eben nicht. Angesichts der Diversität der Menschen sind solche Entscheidungen unabdingbar, will man nicht jede Normvariante als Krankheit werten. Dabei ist mit Canguilhem (1974) davon auszugehen, dass menschliches Leben eben gerade nicht durch fixe Normsetzungen, sondern durch konstante Normüberschreitungen gekennzeichnet ist. So wie sich Höchstleistungen im Sport beständig verändern können, ist es auch seit Ende des Zweiten Weltkriegs zu einer dramatischen Erhöhung der Testleistungen in sogenannten IQ-Tests gekommen (Flynn, 1987). Ohne dass eine sichtbare Verbesserung der angeblich vielfältigen individuellen und sozialen Probleme eingetreten wäre, die demnach zu Unrecht einer angeblich mangelnden Intelligenzleistung der Betroffenen zugeschrieben wurde, hat also unsere allgemeine Fähigkeit zugenommen, kleine Rätsel in Minutentakt zu lösen. Der entsprechende Leistungszuwachs führte nur zu einer beständigen Neuanpassung entsprechender Testnormen. Der ganze Vorgang zeigt, dass Normsetzungen, die generell lebensrelevante Funktionsfähigkeiten aller Menschen betreffen, kein unveränderliches »Wesen« der Menschen festschreiben, sondern zu bestimmten Zeiten und oft nur in bestimmten Regionen geltende Durchschnittswerte und die davon üblichen statistischen Abweichungen beschreiben.

Schaut man sich die Normsetzungen an, die zur Diagnostik als »neurologisch« betrachtete Krankheiten des Gehirns zählen, so wird wiederum deutlich, dass medizinische Diagnostik nicht auf eine Vielzahl objektivierbarer Beobachtungen zurückgreift, sondern gezielt einzelne Funktionsfähigkeiten auswählt, die für das Leben und Überleben der betroffenen Personen relevant sind. So wird beispielsweise eine Lähmung nicht anhand einer statistischen Normabweichung von der allgemeinen Bewegungsfähigkeit oder den üblichen Bewegungsmustern einer repräsentativen Bevölkerungsgruppe definiert, sondern als Beeinträchtigung einzelner Funktionsfähigkeiten, zu denen die Kraft, der Muskeltonus und die Trophik der Muskulatur zählen. Aus der Vielzahl der möglichen Beobachtungen werden also einzelne Funktionsfähigkeiten ausgewählt, die sich einerseits klinisch bewährt haben und die andererseits Ermöglichungsbedingungen jeder Bewegung sind.

Die Diagnostik einer Erkrankung im übrigen Bereich der somatisch orientierten Medizin, inklusive der Neurologie, greift also notwendigerweise auf Normsetzungen zurück, wobei in der Regel nur solche Funktionsbeeinträchtigungen als medizinisch relevante Krankheitssymptome gelten, die plausiblerweise für das Leben aller Menschen weltweit relevant sind. Hinzu kommt, dass die Frage, welche Funktionen notwendig sind, um überhaupt motorische Bewegungen zu ermöglichen, weit weniger leicht politisch missbraucht werden kann, als dies bei psychischen Funktionsfähigkeiten der Fall ist, die zum Überleben der betroffenen Personen und ihrem Leben in einer Mitwelt beitragen können. Psychiatrische Diagnostik trägt also nicht nur die Bürde der geschichtlichen Verknüpfung mit den jeweiligen Herrschaftsverhältnissen, sondern muss zudem der Variabilität entsprechender Menschen – und Weltbilder – Rechnung tragen, in deren Kontext Fragen nach lebenswichtigen Funktionsfähigkeiten zu stellen sind.

Normativität im Kontext eines Begriffs psychischer Krankheit

Menschen mit psychischen Erkrankungen wurde oft der gleichberechtigte Zugang zum Gesundheitssystem verwehrt. So gilt bis heute, dass Menschen, die an einer Suchterkrankung leiden, nur eingeschränkten Zugang zum Gesundheitssystem gewährt bekommen: Nur die akute Entgiftung ist eine Leistung der Krankenkassen, die Behandlung der Grunderkrankung wird in die Rehabilitation verwiesen. Man stelle sich vor, dass ein solches Vorgehen die Menschen betreffen würde, die unter einer Depression leiden: Dann würde die Kasse nur die medizinisch notwendige Versorgung der akuten Folgen des Suizidversuchs bezahlen, während die Behandlung der depressiven Grunderkrankung erst nach Antragstellung auf Rehabilitation und entsprechender Bewertung des Antrags durch die Rentenversicherung erfolgen dürfte. Innerhalb der psychischen Erkrankungen gibt es also weitergehende Diskriminierungen einzelner Krankheitsbilder, die zusätzlich zur allgemeinen Stigmatisierung psychisch Kranker auftreten. Die Forderung nach Gleichstellung psychisch kranker Personen mit Menschen mit anderen Erkrankungen lässt es demnach ratsam erscheinen, die psychiatrische Diagnostik den üblichen Kriterien der Diagnostik somatischer Erkrankungen anzugleichen. Sind Symptome somatischer Erkrankungen durch eine Beeinträchtigung lebensrelevanter Funktionsfähigkeiten charakterisiert, deren Normen im jeweiligen sozialen und zeitgeschichtlichen Kontext plausibilisiert werden, so gilt dementsprechend dasselbe auch für psychische Erkrankungen. Nicht jedes auffällige oder gar jedes gegen vorherrschende Normen verstoßende Verhalten wäre demnach ein Zeichen psychischer Erkrankung! Durchschnittsnormen helfen hier nicht weiter, wie schon Karl Jaspers bemerkte (1946), als er darauf hinwies, dass Karies in seiner Zeit durchaus üblich und in der Mehrheit der Bevölkerung anzutreffen, aber eben dennoch eine Erkrankung sei. Entscheidend ist also die Beeinträchtigung lebensrelevanter Funktionsfähigkeiten (in diesem Fall der Zähne), die sich an einer idealtypischen Norm und nicht an einem statistischen Durchschnitt orientiert.

Überträgt man diesem Ansatz auf die Diagnostik psychischer Erkrankungen, so ergeben sich aus der psychiatrischen Tradition eine begrenzte Zahl von Leitsymptomen, die plausiblerweise als Beeinträchtigung lebensrelevanter Funktionsfähigkeiten gewertet werden können. Dazu gehören die beeinträchtigte Wachheit, die fehlende zeitliche oder örtliche Orientierung und die beeinträchtigte Auffassung sprachlicher Kommunikation bei akuten Delirien, Störungen der Konzentration, Merkfähigkeit und des Langzeitgedächtnisses bei Demenzen, die fehlende Zuschreibung eigener Gedanken im Sinne der Ich-Störungen oder das Hören komplexer akustischer Halluzinationen bei Psychosen sowie die Affektstarre und Antriebsminderung bei affektiven Erkrankungen, die – wenn schon nicht das nackte Überleben der Betroffenen – zumindest das Leben in einer Mitwelt deutlich beeinträchtigen. Denn wenn die Mitmenschen nicht wissen, ob eine bestimmte Person aufgrund eigener Entscheidungen handelt oder nur imperativen Stimmen oder von »fremden Mächten« manipulierten oder »eingegebenen« Gedanken folgt, und wenn die affektive Funktionsfähigkeit soweit beeinträchtigt ist, dass ich beispielsweise in einer Manie auch dann nicht trauern kann, wenn etwa das Kind meines besten Freundes gestorben ist, ist zumindest das Zusammenleben von Menschen in der Mitwelt deutlich beeinträchtigt (Heinz, 2014). Es sei an dieser Stelle aber darauf hingewiesen, dass solche normativen Setzungen einzelner Funktionsbeeinträchtigungen als lebensrelevant und damit als medizinisch relevante Symptome einer psychischen Erkrankung durch eine Philosophische Anthropologie zu reflektieren sind. So kann man beispielsweise mit Plessner (1975) davon ausgehen, dass Menschen immer einerseits im Zentrum des Geschehens stehen und über ihren Leib mit der Umwelt interagieren, andererseits aber jeweils eine distanzierte Sicht auf sich selbst im Sinne der exzentrischen Positionalität einnehmen. In dieser doppelten Positionierung sah schon Plessner den Keim pathologischer Spaltung angelegt, ihr Funktionieren setzt also den jeweils selbstvertrauten Rückbezug aus der exzentrischen Positionalität in die eigene Leiblichkeit und umgekehrt voraus. Eine Beeinträchtigung der hier notwendigen »präreflektiven« Selbstvertrautheit wird dementsprechend als Grundmechanismus psychotischer Störungen diskutiert (Frank, 1991; Heinz, 2014).

Dass eine Funktionsbeeinträchtigung generell für das Leben aller Menschen relevant erscheint, heißt aber noch nicht, dass auch das betroffene Individuum darunter leidet oder in seiner Alltagsbewältigung beeinträchtigt wird. Ein solcher individueller Schaden, sei es durch subjektives Leiden oder die fundamentale Beeinträchtigung sozialer Teilhabe, ist aber bei der betroffenen Person unbedingt nachzuweisen, will man eine klinisch relevante Erkrankung diagnostizieren. Denn ansonsten würden Menschen, die einzelne generell als relevant erachtete Funktionsbeeinträchtigungen erleben, darunter aber weder leiden noch in ihrem Alltag eingeschränkt sind, ungerechtfertigterweise pathologisiert werden. Ein Beispiel hierfür sind sogenannte »Stimmenhörer«, die akustische Halluzinationen als Bereicherung und nicht als Qual erleben und ihren Alltag trotz oder sogar mit diesen akustischen Halluzinationen gestalten können. Aus medizinischer Sicht handelt es sich dabei zwar um Störungen der Wahrnehmung (eben um Halluzination), diese führen aber nicht zu einem individuell nachweisbaren Schaden und somit ist keine klinisch relevante Erkrankung zu diagnostizieren, was auch von der Gruppe der organisierten »Stimmenhörer« so eingefordert wird. So teilte uns ein Patient unserer Klinik mit, dass wir seine Stimmen unbedingt in Ruhe lassen sollen, denn er spekuliere an der Börse und bisher hätten ihm die Stimmen immer die richtigen Tipps gegeben.

Nur solche aus medizinischer Sicht generell lebensrelevanten Funktionsbeeinträchtigungen sind also als Symptome einer klinisch relevanten Erkrankung zu werten, die von den Betroffenen individuell auch als leidvoll erlebt werden oder zu einer schweren Beeinträchtigung ihrer sozialen Teilhabe führen. Das letztere Kriterium ist notwendig, um beispielsweise eine Demenz als individuell relevante Erkrankung diagnostizieren zu können, auch wenn die betroffene Person unter ihrem Gedächtnisschwund subjektiv nicht leidet und ihn vielleicht sogar überhaupt nicht bemerkt. Dieses Kriterium ist aber durchaus politisch missbrauchbar, denkt man an die Pathologisierung von Dissidenten in der Sowjetunion (Heinz, 2014). Bei der Beeinträchtigung der sozialen Teilhabe darf es also keineswegs um eine staatlich geforderte Konformität mit vorherrschenden Ideologien gehen, sondern nur um die Fähigkeiten, die ich zur Bewältigung des Alltagslebens brauche. Dazu zählen beispielsweise die Fähigkeit, Tätigkeiten zur Nahrungsaufnahme und Körperhygiene durchzuführen. Eine weitergehende Pathologisierung sozialen Widerstands oder sozial unangepasster Haltung ist folglich dringend zu vermeiden, weshalb die Beschränkung der Möglichkeit zur sozialen Teilhabe auf die Tätigkeiten des täglichen Lebens erfolgt. Ähnlich wie bestimmte psychische Funktionsfähigkeiten als Ermöglichungsbedingungen menschlichen Lebens gelten können (wie z. B. Wachheit, Orientierung oder Zuschreibung eigener Gedanken zu sich selbst), so können die Aktivitäten des täglichen Lebens als Ermöglichungsbedingungen sozialer Teilhabe gelten. Die individuelle Ausgestaltung der menschlichen Lebensführung und der damit verbundenen sozialen Interaktionen ist somit inhaltlich in keiner Weise einzuschränken.

Plädoyer für einen engen Begriff psychischer Krankheit

Eine Vielzahl von Störungsbildern, die derzeit von der WHO (2011) oder der Amerikanischen Psychiatrischen Gesellschaft (2013) aufgelistet werden, erfüllen aber die oben genannten Kriterien nicht. Bei jeder psychischen »Störung« kann dementsprechend gefragt werden, ob die Leitsymptome tatsächlich Einschränkungen lebensrelevanter Funktionsfähigkeiten sind, also ob sie das Leben aller Menschen weltweit generell beeinträchtigen können und ob sie individuell Leid oder eine schwere Minderung der sozialen Teilhabe bewirken. Eine Vielzahl der derzeit diskutierten »Verhaltenssüchte« erfüllt diese Kriterien nicht und es muss lobend darauf hingewiesen werden, dass die Amerikanische Psychiatrische Gesellschaft tatsächlich nur eine einzige Verhaltenssucht, die sogenannte Spielsucht, neu in die Liste der psychischen Störungen aufgenommen hat. Andere sozial unliebsame Verhaltensweisen, inklusive der »Sexsucht« oder

»Internetsucht«, wurden von der Amerikanischen Psychiatrischen Gesellschaft (2013) bewusst nicht in ihren Krankheitskatalog integriert. Dies ist
besonders bedeutsam, da damit vermieden wird, dass beispielsweise kritische Blogger in illiberalen Staaten als »internetsüchtig« pathologisiert
werden können. Will man eine umfassende Normierung der Gesellschaft
durch verfügbare psychiatrische Diagnosen und Etikette vermeiden, erscheint die Beschränkung auf wenige, normativ zu setzende und von der
Öffentlichkeit zu konsentierende Funktionsbeeinträchtigungen als notwendig. Gerade wenn solche Normen laut Canguilhem (1974) immer
wieder durch das menschliche Leben überschritten werden, ist es unabdingbar, die entsprechenden Kriterien zeitgemäß anzupassen. Dies gelingt
nur in einem öffentlichen »trialogischen« Prozess, der die Sichtweisen der
Professionellen, der Betroffenen und ihrer Angehörigen ebenso einbezieht
wie die kritischen Fragen einer größeren Öffentlichkeit. Welche psychischen und somatischen Funktionsbeeinträchtigungen krankheitsrelevant
sind, muss also jeweils in einem öffentlichen Prozess kritisch ausgehandelt
werden. Nur so kann verhindert werden, dass die notwendige Normativität
in der Konstruktion jedes medizinisch relevanten Krankheitsbegriffs nicht
in eine oppressive Normalisierung der Individuen umschlägt.

Literatur

American Psychiatric Association (2013). *Diagnostic and Statistical Manual of Mental Dis-
orders, 5th edn (DSM 5)*. Washington, DC: American Psychiatric Press.
Canguilhem, G. (1974). *Das Normale und das Pathologische*. München: Hanser.
Flynn, J. (1987). Massive IQ gains in 14 Nations: What IQ tests really measure. *Psycho-
logical Bulletin, 101*, 171–191.
Foucault, M. (1973). *Wahnsinn und Gesellschaft: Eine Geschichte des Wahns im Zeitalter
der Vernunft*. Frankfurt a.M.: Suhrkamp.
Foucault, M. (1975). *Überwachen und Strafen. Die Geburt des Gefägnisses*. Frankfurt a.M.:
Suhrkamp.
Frances, A. (2014). *Saving Normal: An Insider's Revolt against Out-of-Control Psychiatric
Diagnosis, DSM-5, Big Pharma, and the Medicalization of Ordinary Life*. New York,
NY: William Morrow.
Frank, M. (1991). *Selbstbewusstsein und Selbsterkenntnis*. Stuttgart: Reclam.
Heinz, A. (2002). *Anthropologische und evolutionäre Modelle in der Schizophreniefor-
schung*. Berlin: VWB-Verlag für Wissenschaft.
Heinz, A. (2014). *Der Begriff der psychischen Krankheit*. Berlin: Suhrkamp.
Heinz, A. & Friedel, E. (2014). DSM-5: Important Changes in the Field of Addictive Disea-
ses. *Der Nervenarzt, 85*(5), 571–577.

Jacobi, F., Maier, W. & Heinz, A. (2013). Diagnostic and Statistical Manual of Mental Disorders: Hilfestellung zur Indikation. *Deutsches Ärzteblatt, 12*, 547–549.

Jaspers, K. (1946). *Allgemeine Psychopathologie.* Berlin: Springer.

Plessner, H. (1975). *Die Stufen des Organischen und der Mensch.* Berlin, New York: Walter de Gruyter.

World Health Organisation (2011). *International Classification of Diseases. Tenth revision (ICD 10).* Genf.

Biografische Notiz

Andreas Heinz, Prof. Dr., ist Neurologe und Psychiater. Er leitet die Klinik für Psychiatrie und Psychotherapie an der Charité, Campus Mitte. Er studierte Medizin, Philosophie und Anthropologie an der Ruhr-Universität Bochum, der Freien Universität Berlin und der Howard University, Washington, D.C. Im Bereich der Philosophie arbeitet er zum Konzept psychischer Krankheit und zur Kritik der Konstruktion wissenschaftlicher Paradigmen. Sein medizinischer Forschungsschwerpunkt befasst sich mit Lernmechanismen bei psychischen Erkrankungen und mit interkulturellen Aspekten psychiatrischer Diagnostik und Therapie.

Das Klinische Tagebuch

Ansätze zu einer Philosophischen Anthropologie der Genesungsprosa

Patricia Gwozdz

> »Der moderne Mensch wird in der Klinik geboren und stirbt in der Klinik: also soll er auch wie in einer Klinik wohnen!«
>
> *Robert Musil, Der Mann ohne Eigenschaften*

Leiden, Schreiben, Heilen: Die Geburt eines neuen Genres

In Robert Musils *Der Mann ohne Eigenschaften* wird das Leben als Klinik imaginiert, in der sich der moderne Mensch einrichten muss. Zwischen Geburt und Tod liegt das Leben auf dem Krankenbett der Moderne und weiß nicht, dass der Grund seiner Erkrankung tief in sich selbst verwurzelt ist. Das Leben erkrankt am Leben und kennt den Schlüssel seiner Genesung nicht. Klinisch tot betrachtet sich der Mensch beim Fortgang seines Lebens von außen als nicht-teilnehmender Beobachter. Die Klinik ist ihm Wiege und Grab zugleich. Sein Leben befindet sich im Dauerzustand des Pathologischen. Dies verhandelt zumindest die moderne Literaturgeschichte zu Beginn des 20. Jahrhunderts.

Über Normen und Formen psychischer Gesundheit und ihrer Störung wurde seit der Antike in philosophischen wie medizinischen Abhandlungen rege debattiert und spätestens bei Descartes, aber auch Leibniz und Locke, wurden Ausschlussverfahren des Wahnsinns angewandt, um eine Rationalität des menschlichen Verstandes zu konzipieren. Die Frage nach psychischer Gesundheit und der Abweichung von ihr war immer schon ein Feld von Kämpfen zwischen Grenzziehungen gewesen, die zwar oft exemplarische Fallbeispiele verwendeten, aber nichtsdestotrotz stets vom konkreten Einzelfall zum großen Allgemeinen führten, um die Theorie eines rational, gesunden Bewusstseins zu begründen. Philosophische Theoriebildung beruht seit jeher auf einem Ausschlussverfahren, welches die Gesunden von den Kranken trennt, die »Vernunftmenschen« von den

»wahnsinnigen Menschen« (vgl. Foucault, 1973, S. 8). Spätestens mit den statistischen Messverfahren des 19. Jahrhunderts, der Quantifizierung von Daten und der Verschiebung von qualitativen Bestimmungen zu quantitativen wurden die beiden Pole der Gesundheit und Krankheit zu zwei Enden eines Spektrums, sodass Krankheit eben nicht mehr qualitativ betrachtet als das gänzlich Andere der Gesundheit klassifiziert wurde, sondern als Abweichung, die quantitativ messbar war (vgl. Fangerau & Martin, 2015).

Im Kontext der neuen interdisziplinären Perspektive der *Medical Humanities* bzw. *Narrative Medicine* (vgl. Charon, 2006) werden Gesundheit und Krankheit an den Schnittstellen natur- und geisteswissenschaftlicher Diskurse betrachtet. Es werden Konzepte entwickelt, die jenseits einer Essenzialisierung von Gesunden und Kranken liegen und Formen eines integrativen Zusammenlebens zwischen Patientinnen, klinischem Personal und sozialem Umfeld wie Familien und Freundinnen durchdenken. Das Forschungsfeld der *Narrative Medicine* fokussiert insbesondere auf das *Life Writing*, ein Genre, das weit in die historischen Ursprünge des autobiografischen Schreibens zurück reicht, jedoch in der jüngeren Literaturgeschichte so viele unterschiedliche Formen angenommen hat, dass man sich für den weiter gefassten Begriff des *Life Writing* entschieden hat (vgl. Jolly, 2001). Literaturwissenschaftliche und narratologische Studien werden von Forscherinnen[1] der *Narrative Medicine* als ein wichtige Informationsquelle genutzt, um durch bestimmte Erzählweisen und -fähigkeiten (»narrative skills«) Erkenntnisse zu gewinnen, die in die klinische Praxis von Ärztinnen, Krankenschwestern und Pflegerinnen sowie Sozialarbeiterinnen eingebracht werden. Die literarisch-fiktional ausgestalteten Geschichten und das *story-telling* sollen als Basis einer »patient-centered care« dienen, um das Gesundheitssystem von Grund auf zu erneuern (vgl. Charon, 2006, S. 4). Innerhalb des klinischen *Life Writing* haben sich daher die Begriffe der *Memoirs of Well-Being* (vgl. Reiffenrath, 2016) und der *Illness Narratives* (vgl. Bury, 2001) herausgebildet. Beide Genrebezeichnungen umfassen dabei Texte, in deren Zentrum ein plötzlich eintretender Lebenswandel bedingt durch eine Krankheit steht, die meist einen chronischen Verlauf nimmt. Durch die narrative Neuordnung der Geschehnisse ergibt sich eine veränderte Wahrnehmung der eigenen Identität, die sich durch den Umgang mit der Krankheit gewandelt hat. Gleichzeitig, so Bury, seien diese Geschichten dazu in der Lage, neue Bedeutungs- und Handlungs-

---

1 Ich verwende im weiteren Verlauf dieses Beitrags das generische Femininum.

räume in der Lebenssituation zu schaffen (Bury, 2001, S. 264). Das kontingente Ereignis, das zum Riss im Lebensgewebe wurde, wird durch das Erzählen kontextualisiert, indem es interpretiert und damit in ein alternatives Lebensgefüge integriert wird, das vorher kaum vorstellbar war. Dennoch sei das Genre eher als »cultural ressource« zu betrachten und nicht als literarisch-ästhetisches Kunstwerk (ebd., S. 279). Viele Patientinnen-Geschichten wiesen zwar ein sehr reiches intertextuelles Archiv auf, das auf unterschiedliche Erzählmuster aus dem jeweiligen sozio-kulturellen Hintergrund Bezug nehme und damit produktiv arbeite, allerdings entspreche dies nicht einem kreativ-künstlerischen Prozess. Stattdessen müsse man diese Praktik im Kontext einer Gestaltung der eigenen Erfahrung sehen (»to fashion experience«). Mit ihren oft auch sehr moralischen Wertungen seien diese Geschichten Teil eines Evaluierungsprozesses zwischen Individuum und Gesellschaft, die die »biographical disruption« normalisieren soll, wobei er hier unter Normalisierung nicht die Rückkehr zu einem früheren, gesunden Zustand meint, sondern noch zu erprobende neue Lebensformen mit der Krankheit, die auch diejenigen Praktiken (und die Identität) mit einschließen, die vor der chronischen Erkrankung das Leben der Person prägten (ebd., S. 272f.).

Rebecca Garden hingegen betont, dass man eine sehr bedachte Leserin dieser Prosa sein müsste, weil sie bereits Strukturen und Regeln des Buchmarktes folge und damit bestimmten literarischen wie ökonomischen Faktoren unterliege. Man dürfe daher gerade die Literarizität dieser Texte nicht zu gering schätzen (vgl. Garden, 2010). Lars Christer Hyden (1997) unterscheidet darüber hinaus verschiedene Varianten der *Illness Narrative*. Zwar seien all diese Versionen in einem gewissen Sinne persönliche Problemlösestrategien, dennoch könne der Bezug zur Krankheit unterschiedlich ausgeprägt sein. Während die »narrative about illness« eine Erzählvariante darstellt, die vor allem klinisches Wissen über eine Krankheit vermittelt und daher von Ärzten als zusätzliche Quelle von Informationen für eine Differenzialdiagnose werden kann, so bedeutet »narrative as illness«, dass die Unmöglichkeit zu Erzählen selbst zur Form einer Krankheit werden kann (vgl. Hyden, 1997). Die dritte Variante sei diejenige, die Krankheit und Erzählung zu einer Einheit komponiere und dadurch zu einer neuen sozialen Realität werde, »a new world of illness« (ebd., S. 54). Auch Reiffenrath sieht in den *Memoirs of Well-Being* ein hybrides Genre, das zwischen autobiografischem Bericht und literarischer Fiktionalisierung changiert und gerade deshalb auch als Form einer Selbsttherapie betrachtet werden könne (vgl. Reiffenrath, 2016, S. 33). Dabei unterscheidet sie zwischen den Patientengeschichten, die aus einer Laienperspektive und diejenigen, die aus einer akademisch-wissenschaftlichen Perspektive geschrieben worden seien, sogenannte *Academic Memoirs*. Letztere seien bereits einem bestimmten medizinischen Fachvokabular unterworfen, sodass die Erzählerin in ein gänzlich anderes Verhältnis zu sich selbst als auch zu ihrem Text trete (ebd., S. 36f.).

Mit dem Begriff des *Klinischen Tagebuchs* beziehe ich mich nicht auf das »journal clinique« von Sandor Ferenczi, das autobiografische Anmerkungen zu seiner eigenen psychoanalytischen Praxis als auch Kommentare zur Psychoanalyse Sigmund Freuds enthält (vgl. Ferenczi, 2013). Hier geht es ausschließlich um die Position eines Arztes, der seine Gedanken über eine spezielle therapeutische Technik festhält, auswertet und kommentiert und auch Verhaltensweisen von Patientinnen nachträglich interpretiert. Es sind intime Gedanken eines Psychoanalytikers, der sein eigenes Verhalten als Therapeut stets in Bezug auf das Verhalten seiner Patientinnen reflektiert und daher zur Veröffentlichung nicht bestimmt war (vgl. Johach, 2009, S. 93–128). Ich verwende hier das *Klinische Tagebuch* in Anlehnung an die *Memoirs of Well-Being/Illness Narratives* und distanziere mich hierbei aber auch von den *Patient Diaries*, die als zusätzliches Diagnosematerial in dem Klinikalltag von Arzt und Patientin verwendet werden, um das quantifizierende Datenmaterial durch eine qualitative Beschreibung des eigenen subjektiven Befindens zu dokumentieren, die unter anderem auch zur Krankenakte und damit zur Bürokratie der Psychotherapie als Dienstleistungssektor gehört (vgl. Heinz, 2016). Die Standardisierung dieser Fragebögen fordert die Patientin zur kontrollierten Selbstbeobachtung auf, um die Fragen ausführlich und gewissenhaft auszufüllen.

Was in diesem Beitrag unter dem Textgenre des Klinischen Tagebuchs verstanden wird, geht über eine bloße Protokollierung von Verhaltensdaten und Krankheitssymptomen weit hinaus. Ich verstehe darunter, die fiktional ausgestaltete und nicht bloß dokumentierte Introspektion einer Ich-Erzählerin, die meist in der ersten Person Singular ein psychisch oder körperlich beeinträchtigtes Subjekt konstruiert, das sowohl Produkt einer bestimmten Schreibpraxis und damit eines textuellen Erzählverfahrens als auch der Referenzebene der Alltagswirklichkeit und Lebenswelt als Patientin ist. Daher möchte ich im Folgenden versuchen, die literaturwissenschaftliche Lesart mit der psychologisch-klinischen Perspektive zu verbinden und diese mit Begriffen der Philosophischen Anthropologie zu untermauern.

Karl Jaspers, Georges Canguilhem, Helmut Plessner: Anthropologische Grundzüge der Genesung

Karl Jaspers und Georges Canguilhem haben in ihren medizinphilosophischen Abhandlungen aufgrund ihrer eigenen praktischen Erfahrungen als Ärzte einen ganz besonderen Bezug zu dieser Profession. Jaspers hatte sich in der Psychologie als Therapeut ausbilden lassen, Canguilhem war forschender und praktizierender Mediziner bis er schließlich an der Sorbonne in die Wissenschaftsgeschichte und Epistemologie wechselte. Daher haben beide einen jeweils anderen Blick auf die medizinischen Praktiken sowie die Unterscheidung von Gesundheit und Krankheit. Jaspers hat in seinen essayistischen Ausführungen zur Praxis des Arztes immer wieder betont, dass Humanität und Wissenschaft stets zusammen gedacht werden müssten. Auf dieser Basis entwickelt er daher eine Ethik der praktizierenden Ärztin, die von derjenigen der Medizinerin als Forscherin und Wissenschaftlerin zu unterscheiden sei (vgl. Jaspers, 1999, S. 13ff.). Bei Jaspers geht es vor allem um das ärztliche Verständnis eines existenzialistischen Bezuges zum Alltag der Patientin und ihrer Krankheit. Er sieht die Ärztin gleichsam als Vermittlerin zwischen der Gesellschaft und der Erkrankten und damit sozial wie psychologisch beeinträchtigen Menschen. Damit hat Jaspers schon zu Beginn des 20. Jahrhunderts ethische Konzepte entwickelt, die heute im Rahmen der *Medical Humanities* erneut diskutiert werden.

Georges Canguilhem betrachtet das Verhältnis aus einer eher allgemeineren wissenschaftshistorischen Perspektive, die aus dem Begriff des Lebendigen selbst hergeleitet wird. In seinem oft zitierten und sicherlich meist diskutierten Aufsatz »Das Normale und das Pathologische« werden Gesundheit und Krankheit nicht als zwei voneinander getrennte Gegensätze verstanden, sondern als zwei Aspekte des menschlichen Körpers (oder der Organismen im Allgemeinen), die jeweils eine andere »Toleranzbreite gegenüber Unverlässlichkeit der Umwelt« (vgl. Canguilhem, 1974, S. 134) aufweisen. Krankheit ist nicht die Abwesenheit von Gesundheit und Gesundheit nicht die Abwesenheit von Krankheit. Ein krankhafter Zustand erscheint daher nicht als das Andere der Gesundheit, sondern als Anzeichen eines genesenden Leibes, wobei Genesung als ein Werdensprozess zu verstehen ist. Krank werden zu können und doch davon zu genesen, sei ein »biologischer Luxus« (ebd.).

Petra Lenz (2017) hat sich jüngst mit dem theoretischen Krankheitsbegriff historisch-vergleichend auseinandergesetzt und die einzelnen

Positionen und politischen wie religiösen Traditionen systematisch zusammengestellt. In einem zuvor veröffentlichten Aufsatz im Jahrbuch für Philosophische Anthropologie versucht sie, Helmut Plessners anthropologische Sichtweise in Bezug auf den Krankheitsbegriff anzuwenden und hält dabei fest, dass sich »Krankheitsentitäten« erst über einen Kommunikationsprozess zwischen Ärztin und Patientin konstituieren und sich im Laufe der Anamnese und des diagnostischen Prozesses manifestieren (Lenz, 2015, S. 307). Innerhalb dieser Gespräche entwickelten sich Therapieentscheidungen, die dann einen bestimmten Gesundheitszustand in der Zukunft für die Patientinnen als Ziel und damit auch einen Krankheitszustand setzen. Auf diese Weise greifen sowohl »theoretisch-deskriptive« als auch »praktisch-normative« Aspekte »ärztlichen Handelns« (ebd., S. 308).

Die Differenz von Krankheit und Gesundheit ist demnach an einen theoretischen wie praktischen Aushandlungsprozess gebunden, der auch die Selbstbeobachtung der Patientinnen in die Diagnose miteinschließt. Doch sobald eine ›Krankheitsentität‹ als solche erscheint und einem bestimmten Raster zugeordnet werden kann, wird eine Grenze markiert, die die gesunden Individuen von den kranken trennt. Der Prozess des Ausschließens beruhe darauf, dass zwar die Krankheit nun markiert werden könne, dafür jedoch der Bereich der Gesundheit unmarkiert bleibe, was zum einen dadurch gegeben sei, dass sich generell die Daseinsberechtigung der Medizin durch die Krankheiten erklären lasse, während wir keine Wissenschaft von der Gesundheit haben, die zumal nur im Singular auftrete (ebd., S. 309). Die Krankheitsentität könne zum Objekt werden, über das wir losgelöst von unserer Person sprechen, dennoch benötige sie einen Träger, um sichtbar in Erscheinung treten zu können. Wir sprechen dann also von einem Subjekt, das als Träger von Symptomen fungiert und diese gleichzeitig zum Objekt einer Selbstbeobachtung und -analyse machen kann. Durch diese je individuelle Trägerschaft erhält jede Krankheit eine andere Ausprägung, sie ist eine »Verschiedenartigkeit im Gleichen« (ebd., S. 310). Im Gegensatz hierzu lasse sich Gesundheit nur ex negativo durch ihre plötzliche Abwesenheit bestimmen.

Lenz kennzeichnet daher den kranken Menschen als jemanden, dessen ontologischer Zustand sich zur Außen-, Innen- und Mitwelt im Plessner'schen Sinne geändert hat. Er habe eben nicht nur eine Krankheit, sondern sei krank und dieses Krank-Sein verbinde ich eben mit anderen Kranken in einer geteilten Lebenswelt (vgl. ebd., S. 312). Mit Plessners Begriff der »Doppelaspektivität« von Körper und Leib versucht sie, diesen Umstand näher zu beschreiben, gibt jedoch auch zu bedenken, dass sobald man sich auf diese Grenze einlasse, sich der Status des Subjekts ändere, da sich die Subjektbezeichnung nun auf Personen beziehe, die sich in einer Mitwelt bewegen (ebd., S. 313). Das Verhältnis der unterschiedlichen Welten zeige sich vor allem in der englischsprachigen Unterscheidung der Begriffe *illness*, *desease* und *sickness*. Während *illness* der Sphäre der Innenwelt angehöre, weil sich hier die Beziehung zwischen Person und Krankheit über ein subjektives Erleben herstellt, über das nur die Patientin verfügt und darüber sprechen kann (ebd., S. 314), ist *desease* an die Sphäre der Außenwelt gebunden, wird durch statistische Daten in der Medizin erfasst und gehorcht einer biologischen Nomenklatur: der Nosologie (ebd., S. 315). Hier trennt sich die Krankheit als physisches Ereignis von der Krankheit im psychischen Erleben. Daher betont Lenz in diesem Zusammenhang: »Der Begriff illness stellt deutlich heraus, dass das Sich-Krank-Fühlen etwas mit uns als Person zu tun hat, dass es ganz persönliche und begründete Zuschreibung eines Zustandes einer Person zu sich selbst ist« (ebd., S. 314). Natürlich können auch beide Varianten miteinander interferieren, insbesondere dann, wenn durch die Diagnose der Ärztin ein Austausch zwischen beiden Krankheitswelten hergestellt wird. In einem solchen Moment werde die Diagnose zum Ereignis im Leben der Patientin und habe daher auch Einfluss auf sein Denken, Fühlen, Wollen und Handeln: »Im Sprechen wird er sich zu seinen Befunden positionieren, indem er seine Akzeptanz oder Ablehnung der Krankheit zum Ausdruck bringt« (ebd., S. 317). Sobald man jedoch den sozialen Aspekt einer Krankheit berücksichtige, sei das Verhältnis eher im semantischen Kontext von *sickness* zu verorten. Hierbei geht es nicht nur um die subjektive Artikulation eines Unwohlempfindens, sondern um die Wertungen derjenigen Menschen, die in der Mitwelt dieser Person auf das Ereignis reagieren. Sorgen und Ängste, die das subjektive Kranksein begleiten und die Person aufgrund ihrer sozialen Beziehungen betreffen, werden damit zu einem entscheidenden emotionalen Faktor in der Krankheitsentwicklung, die das physische und psychische Ereignis zu einem sozialen machen (ebd., S. 318). Anhand des Beispiels der Tuberkulose führt Lenz diese Thesen weiter aus. Was sie an Plessner interessiert, ist hauptsächlich die Charakterisierung der Person als ›extentrisch positioniertes Individuum‹, das sich relational über die drei unterschiedlichen Welten konstituiert.

In Lenz' eigenen Betrachtungen über Krankheit liegt die Betonung dennoch vor allem auf dem Begriff der Erfahrung, die Erkenntnis ermöglicht (vgl. ebd., S. 319). Was sie jedoch gänzlich übersieht, ist, dass Erfahrung erst über die Erinnerung möglich ist. Dies liegt bereits im Begriff der Anamnese begründet. Man könnte dies auch etwas thesenhafter formulieren: Ohne Erinnerung ist keine Erfahrung zu haben. Dass sich etwas irgendwann und irgendwo ereignet hat und eine Veränderung in dem Verhältnis von Außenwelt, Mitwelt und Innenwelt zur Folge hatte, wissen wir nur aufgrund unserer Gedächtnisleistung und der Fähigkeit, uns an gewisse Episoden unseres Lebens – bewusst oder unbewusst – zu erinnern.

Ereignisse, die in der Ärztin-Patientinnen-Kommunikation mündlich nacherzählt werden, sind bereits Bestandteil eines größeren narrativen Netzes, in dessen Zentrum die Person als Erzählerin die Ereignisse bereits deutet und interpretiert und damit eine zusammenhängende Geschichte konstruiert (vgl. Straub, 1998). Die Erinnerung kann so zum konstitutiven Aspekt des subjektiven Erlebens des *Sich-krank-Fühlens* werden. In der Psychologie ist bereits ein kognitives Therapieverfahren erprobt, das mit genau diesen Strategien der Renarrativierung im Sinne einer kognitiven Umstrukturierung von Emotionen arbeitet und hierzu auch ein sogenanntes »Gedankentagebuch«, im Englisch auch oft »Thought Record« genannt, verwendet, um vor allem Gefühle und Bewertungen voneinander isoliert zu betrachten (vgl. Witchen & Hoyer, 2011, S. 484). Diese Form des Tagebuchs ist jedoch bereits stark formalisiert, tabellenartig angeordnet und damit wie ein Formular gegliedert. Dadurch bietet es natürlich sehr viele analytische Vorteile, da es die Zusammenhänge zwischen Situationen, Gefühlen, Handlungen und ihren Bewertungen objektiviert. Es normiert damit auch bestimmte Aufschreibetechniken. Aber es entspricht nicht der klassischen, freieren Form, die von der Tagebuchschreiberin selbst bestimmt wird. Dennoch bieten beide Formen neben der mündlichen Ausdrucksweise eine größere Distanz zum Gedachten, Erlebten und Gefühlten. Sie erlaubt das Ablegen, Nachlesen, Durchstreichen und Korrigieren von aufgeschriebenen Informationen und interpretierten Erkenntnissen. Sie macht etwas auch noch dort sichtbar, wo bereits das Vergessen am Werk ist. Daher kann immer wieder auf andere Versionen seines Selbst und seines Weltbezugs zurückgegriffen werden. Michel Foucault hat bereits in seinem letzten Vorlesungszyklus zur Hermeneutik des Subjekts auf die hellenistischen Schreibtechniken, die »Hypomnemata« und die »exercice de soi sur soi«, hingewiesen, die diese Techniken kultiviert haben (vgl. Foucault, 2004).

Diese Einübungen in den Umgang mit sich selbst sind bis heute in Alltag und Klinik anhand neuer Aufschreibetechniken der Patientinnen beobachtbar. Im Folgenden soll gezeigt werden, dass es diese Aufschreibepraxis ist, die es ermöglicht, die drei Welten der Plessner'schen Anthropologie miteinander in Beziehung zu setzen und sie zu einer produktiven Hermeneutik des Selbst umzugestalten.

Vom Schmerz schreiben:
Unica Zürns »Haus der Krankheiten« und
Arnhild Lauvengs *Morgen werde ich ein Löwe sein*

Ich möchte mich auf zwei Werke konzentrieren, in denen nicht die Krankheit als dominierende Protagonistin die autobiografische Erzählung leitet, sondern die unterschiedlichen Formen und Stadien der Genesung. Unica Zürn und Arnhild Lauveng schreiben über das Krankheitsbild der Schizophrenie aus der Innensicht der leidenden Patientin, über Klinikaufenthalt und Frustration, Einsamkeit und Rückzug. Sie konstruieren dabei eine je eigene, autonome Welt der Quarantäne, mit Bildern aus ihren Träumen und ihrer Selbst- wie Fremdwahrnehmung mit Ärztinnen, Pflegepersonal und Patientinnen. Während Unica Zürn als surrealistische Lyrikerin zu stärker fiktionalisierten Mitteln des literarischen Schreibens greift und dadurch eine Bilderwelt zwischen Schreiben und Zeichnen erschafft (vgl. Lutz, 2003), bedient sich Lauveng ganz anderer narrativer Mittel. Ihre Genesungsprosa wird aus der Retrospektive geschrieben, gleicht damit also einem rekonstruierenden Erinnerungsvorgang, in dem ein aktuelles Ich ein vergangenes zu neuem Leben erweckt (vgl. Lauveng, 2010). Es wird also im Imperfekt erzählt, wobei sich die Erzählweise zwischen dokumentarischer Distanz und objektiver Bewertung als auch subjektiver Introspektion bewegt. Hierin liegt der besondere Unterschied zwischen Unica Zürns und Arnhild Lauvengs Prosa: Zürn schreibt ausschließlich aus der Perspektive einer Patientin, die Künstlerin ist, Lauveng schreibt aus der Therapeuten- und Patientenperspektive, d. h., der rekonstruierende Erzählvorgang, der die Symptome der Schizophrenie beschreibt und mit zahlreichen Metaphern erklärt, ist aus der Position der Expertin geschrieben, die nachträglich eine subjektive Selbstbetrachtung der Schizophrenie-Patientin zu einer literarisch-fiktionalisierten Autobiografie komponiert. Zwar gab es ein frühes Tagebuch, das sie erwähnt und aus dem sie auch zitiert, um die Entwicklung ihrer Krankheit zu schildern (ebd., S. 21), allerdings sehe ich diese Genesungsprosa nicht als Form des Klinischen Tagebuchs *sensu strictu* an.

An dieser Stelle möchte ich daher folgende gattungstheoretische Unterscheidung treffen: Zum *Klinischen Tagebuch* im engeren Sinne gehört sowohl die zeitliche Unmittelbarkeit zwischen dem Auftreten der ersten Symptome (und einem möglichen darauffolgenden Klinikaufenthalt) und dem Schreibprozess als auch die stark subjektivierte Introspektion mit Gegenwartsbezug zu dem simultanen Verlauf von Krankheit und Veränderungen des psychischen sowie körperlichen Zustands. Das Klinische Tagebuch ist demnach die Aufzeichnung und Evaluation des Jetzt, während die *Klinische Autobiographie* als eine abgeleitete Textsorte von dieser zu verstehen ist. Letztere zeichnet sich dadurch aus, dass sich der eigentliche Schreibprozess erst *ex post* zu einem viel späteren Zeitpunkt der Erkrankung bzw. der Genesung konstituiert und dadurch in eine zeitliche Distanz zum Geschehenen tritt. Zeit wird damit zum wesentlichen Faktor, der unterschiedliche Narrative zwischen Subjekt und Objekt der Beobachtung stiftet. Während die eine Textsorte zunächst einmal registriert und dokumentiert und damit gleichzeitig zu einer Quelle von Informationen für die Selbstlektüre und nachträgliche Bewertung werden kann, arbeitet die Klinische Autobiografie wie fiktionale Erzählliteratur: Sie formt den Text als eine szenische Darstellung, in der Mensch und Krankheit zwei Rollen spielen, deren vermeintlichen Ausgang man bereits kennt. Das aufgeführte Drama des Innenlebens, das der Öffentlichkeit durch die Publikation präsentiert wird, hat immer eine bestimmte Intention. Die unmittelbare Aufzeichnung des Jetzt hingegen kennt das intentionale Erzählen nicht, es verharrt vielmehr zwischen dem Impuls, der zum Schreiben auffordert sowie den aufgeschriebenen und plötzlich fixierten Zeichen, die diesen Impuls einem bestimmten Gefühl zuordnen. Eine rein maschinelle Registration ist also auch hier nicht wirklich gegeben. Es findet eher eine Übersetzung ersten Grades statt, von einem wie auch immer gestörten oder beeinträchtigten inneren Rhythmus, der durch den Impuls zum Schreiben einen Ausdruck findet, der sich an ein potenzielles Außen wendet. Psyche übersetzt sich ins Papier, während sie in der Klinischen Autobiografie vom Papier in eine publizierbare Geschichte verwandelt wird. Dies möchte ich anhand einiger Textbeispiele der beiden Autorinnen erläutern.

»Haus der Krankheiten, Du bist kein Haus der Genesung«

Unica Zürns »Haus der Krankheiten« (1991 [1958]) ist die Aufzeichnung ihres Klinikaufenthaltes im April/Mai 1958, den sie aufgrund einer angeblichen Augenkrankheit wahrnehmen musste. Beginn und Ende der Aufzeichnungen datiert die Autorin selbst zwischen dem 30. April 1958, dem 12. Tag ihrer Krankheit, und dem 9. Mai, dem 21. Tag ihrer Krankheit (Zürn, 1991, S. 78). Der Fokus liegt hier vor allem auf dem Begriff der Auf-*zeichnung*, denn Zürns Werk ist insbesondere für ihre ornamentalen Arabesken, die zwischen Schrift und Bild als auch zwischen Schreiben und Zeichnen changieren, bekannt. In ihrem Klinischen Tagebuch finden sich beide Formen, die eine innige Symbiose eingehen. Dabei sind diese »Schriftbilder« (vgl. Lutz, 2003) nicht als Illustrationen des Textes zu verstehen, sondern als eigenständige Gebilde, die eine andere Variation oder Interpretation des inneren Impulses vergegenwärtigen. Daher besteht sie auch darauf, dass bei einer Veröffentlichung auch die Zeichnungen aus den Manuskripten dem Buch beigefügt werden müssten (ebd.). Ich verwende hier den Begriff der ›Vergegenwärtigung‹ und nicht der Abbildung, um hervorzuheben, dass es sich bei diesem Schreibprozess nicht um ein mimetisches Verhältnis zwischen der inneren Bewegung und dem äußeren Ausdruck handelt, sondern um das Vor-Augen-Stellen von etwas, das nur als Verbildlichung des Gegenwärtigen zu haben ist. Rüdiger Campe bezeichnet diesen Prozess als »enargeia«, dessen Beschreibung bereits in den Rhetoriken von Aristoteles und Quintilian zu finden ist (vgl. Campe, 2007). Im Grunde bezeichnet dieser eine selbstbezügliche Doppelstruktur einer Vergegenwärtigung, die sich vergegenwärtigt. Was paradox klingt, kann im Rahmen von Unica Zürns Tagebuchaufzeichnungen leicht veranschaulicht werden.

Das Ich spricht aus zwei Perspektiven: Zum einen aus der Sicht der Patientin, deren Verhalten bestimmte Symptome aufweist, die dazu geführt haben, dass der Verdacht auf eine bestimmte Krankheit vorliegt, sodass diese unter klinische Beobachtung gestellt werden muss; zum anderen die Künstlerin, die Anagramme schreibt und Arabesken zeichnet, die Linien in Buchstaben und Buchstaben in Linien übersetzt. Hermetisch verriegelt bieten die Verse kaum Ansatzpunkte, um die Texte zu entschlüsseln. »Das Haus der Krankheiten« ist hingegen im klassischen Sinne eine Registrierung von Tagen und die Dokumentation der Erlebniswelt zwischen der Wahrnehmung des Außen und der Beobachtung des Innen. Doch die Übersetzung der einen Welt in die andere erfolgt nicht über eine realistisch-abbildende Sprache, sondern über surrealistische Verfremdungseffekte. Die Zeichnungen eröffnen eine topografische Lesbarkeit des Innenlebens. In vielen Skizzen werden unterschiedliche Räume der Klinik, aber auch des eigenen Körpers dargestellt. Die Leserin

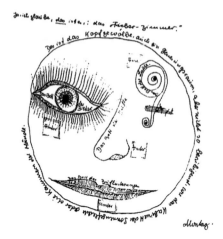

Abb. 1: Zeichnung von Unica Zürn
(aus: »Haus der Krankheiten«, S. 60)
© Verlag Brinkmann & Bose Berlin 1991

wird in die Wahrnehmung und Orientierung des Patientinnen-Ichs geführt, wie z. B. dem »Fieber-Zimmer«, das auf den Tag »Montag« datiert ist. Die Topografie ist dabei einem menschlichen Gesicht nachempfunden: Auge, Nase, Mund und Ohr sind kubistisch innerhalb eines Kreises angeordnet und mit einem Schriftzug etikettiert (Zürn, 1991, S. 60). Die arabeske Schrift schlängelt sich um die gezeichneten Formen. Dem jeweiligen Sinnesorgan ist ein »Fenster« zugeordnet, das durch ein Quadrat angedeutet und in unmittelbarer Nähe zum Organ platziert ist.

Die Inschriften lauten jeweils: »Das Bett der Bilder« (Augen), »Das Bett der Laute« (Ohr, in Form eines Notenschlüssels), »Das Bett der Düfte« (Nase), »Das Bett der Zuflüsterungen« (Mund). Der Schriftzug, der das Gesicht umrandet lautet: »Das ist das Kopfgewölbe ...« (vgl. Abb. 1).

Das Patientinnen-Ich verräumlicht sich in Schrift-Zeichen, die sich wiederum in Linien transformieren. Im Text selbst spricht währenddessen ein Ich, das über die Handlungen reflektiert und sie kommentiert, über die Hände, die zur gleichen Zeit verschiedene Dinge tun wollen, um sie in eine Reihenfolge zu bringen. Diese seien jedoch nur »Scheinhandlungen«, Handlungen, zu die sich der Körper herablässt, während ›in der Mitte des Leibes‹ die »Todesruhe« ›gähnt‹ (ebd.). Das Ich differenziert demnach zwischen dem Körper, der hinfällig ist, der alles erduldet und der sich für ›Scheinhandlungen‹ hergibt, und der ›Mitte des Leibes‹. Folgende Beschreibungen können wir hier lesen:

> »Mein ganzes Leben lang konnte ich mich auf seine Zeichen verlassen. Hier, wo mein Leib bereits Freudensprünge, Fallenkapriolen tanzt, bleibt mein Sonnengeflecht unberührt. Diese einzige Stelle an meinem Körper, die nicht betrügen kann, ihr muß ich glauben, denn an eine Sache im Leben muß der Mensch glauben, will er nicht wahnsinnig werden. Man will mich

also auf ganz gemeine Art hineinlegen, in ein neues Unglück. Ich soll mich stark fühlen, um wieder zu handeln, wo doch das Nicht-Handeln für mich jetzt der beste Zustand ist. Und über eine dieser erzwungenen Handlungen werde ich stolpern und auf die Nase fallen. Ha! Ich werde dem Kerl nicht den Gefallen tun. Soll ich nicht eine Atempause haben? Ich werde mich verteidigen!« (ebd., S. 61).

Der Leib, als ›Sonnengeflecht‹ vorgestellt und auch in vielen Zeichnungen visuell realisiert, ist anders als der Körper ein Raum des Rückzugs, ein Schutzwall, der die Ruhe des Todes birgt, weil sich eben dort kein ›man‹ verbirgt, das unaufhörlich Befehle zum Handeln gibt. Der ›tanzende Leib‹ fühlt sich wohl im ›Zustand des Nicht-Handels‹, er tanzt, weil er nicht muss, er ruht bewegend in sich selbst, weil er es will, ohne stark sein zu müssen. Der Körper *muss* hingegen, ohne zu wollen, funktionieren und stark sein, damit die ›Scheinhandlungen‹ in Gang gesetzt werden können.

Unica Zürns Patientinnen-Ich macht diese Differenz durch die topografische Landkarte ihres Leibes – im Gegensatz zu Helga Lutz' Interpretation es sei eine reine Körper-Topografie (vgl. Lutz, 2003, S. 144) – lesbar. Dieser Leib kennt den Körper nur als ein nach Außen projiziertes Werkzeug, das mit diesem Außen kommuniziert, indem er handelt. Die Sinnesorgane sind dabei in diesem ›Kopfgewölbe‹ auf sich selbst bezogen, sie genügen sich selbst, sie sind – wie im Schriftbild eingezeichnet – ›Betten‹, in denen der Sinnesapparat ruht und für sich existiert, anstatt für anderes da zu sein. Diese topografische Anordnung von Innen-, Mit- und Außenwelt findet sich bereits zu Beginn der ersten Aufzeichnung die den Titel »Mittwoch bis Freitag: Ein Meisterschuss« (ebd., S. 47) trägt. Es ist ein »Plan des Hauses der Krankheiten« vorgelagert, der einer Festung oder einer Burg gleicht (vgl. Abb. 2).

Der erste Eintrag schildert das Gespräch mit dem Arzt »Dr. Mortimer«, der bereits durch diese fiktive Namensgebung als personifizierter Tod erscheint. Isoliert in seinem »Wachtturm« beobachtet er die Patientin und schützt sie angeblich – wie das erzählende Ich beteuert – vor den Angriffen der »Feinde«, die über einen »Schleichweg« in das »Haus der Krankheiten« eindringen können, wie es in dem skizzierten Plan eingezeichnet ist. Dr. Mortimer ist der »persönliche Tod«, der durch seinen »theatralische[n] und unwahrhaftigen Charakter« sich als Arzt aufspielte (ebd., S. 53). Der »Todes-Arzt« ließ sie gleichgültig, »kalt«. Die Arzt-Patientinnen-Kommunikation beruht auf Misstrauen, die Patientin empfin-

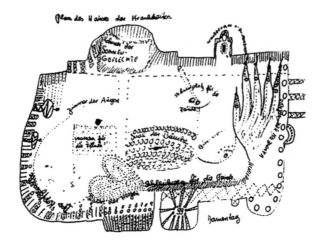

Abb. 2: Zeichnung von Unica Zürn (aus: »Haus der Krankheiten«, S. 45) © Verlag Brinkmann & Bose Berlin 1991

det Ekel vor seinen Worten, diesem »pastoralen Ton« in seiner Stimme (ebd., S. 49). Anstatt zu schützen, warte er nur auf die Angriffe der Feinde, um seiner Aufgabe als Arzt gerecht zu werden. Das führt zu Beunruhigung der Patientin. Sie fühlt sich fehl am Platz, weiß nicht, wie lange sie schon im Haus der Krankheiten verweilt und wer sie überhaupt dort hingebracht hat. Das Verhältnis von *illness*, dem subjektiven Gefühl, das uns sagt, dass mit uns irgendetwas nicht stimmt, und dem sozialen Verhältnis der *sickness* zwischen der Person und seiner Mitwelt wird hier als Dissonanz der beiden Krankheitswelten wahrgenommen.

Das Patienten-Ich arrangiert sich mit diesen Wissenslücken und findet in seinem Schreibmodus zwischen Bild und Text einen Weg, während seiner Genesung, die nur ›langsame Fortschritte‹ macht, seine Bilder und Gedanken zu ordnen (ebd., S. 53). Dem genesenden Leben eine wie auch immer geartete Ordnung im Sinne eines *Organisiertseins* zu geben, ist hier Aufgabe des Aufzeichnungs- und Zeichenprozesses. Dennoch wird dem allgemeinen Zustand der Gesundheit misstraut. Gesundheit, das ist für das schreibend-zeichnende Ich nichts anderes als ein »Fallensteller«, der einem für kurze Zeit des Gefühl vermittelt, stark zu sein, sich bewegen zu wollen, so als ob der »Kopf wieder von einem sachlichen, nützlichen Geist bewohnt werde« (ebd., 59). Das »selbstmordsüchtige Herz« (ebd., S. 62) will jedoch keine Gesundheit, denn das »Herz« ist dasjenige, was abgelehnt wird, da es »sich selbst beschmutzt« hat, »widerlich« und »weiblich« sei es. Das Ich flüchtet sich lieber in das ›Sonnengeflecht‹: In der verräumlichten Leib-Topografie befindet sich dieses im Norden der Karten, neben dem Wachturm des Arztes. Es ist eine blasenförmige Ausbuchtung, die über dem Körperinneren (Herz und »Saal der Bäuche«) liegt und vom körperlichen Gesamtbau nochmals durch ein Rechteck abgetrennt ist.

Die Datierung der einzelnen Aufzeichnungen ist nicht immer mit einem Tag und einem dazugehörigen Stichwort als Titelgebung für die Episode gekennzeichnet. Eine längere Textsequenz ist als »Kapitel« mit »Verschiedenen Beobachtungen« ausgewiesen (ebd., S. 66). Diese explizite Bezeichnung einer Episode als Kapitel verweist bereits während des Schreibprozesses auf eine mögliche Publikation, da eine finale Buchform durch die Wahl dieses Ausdrucks anvisiert wird. Folglich zeichnet und schreibt das Patienten-Ich aus der Perspektive des Künstler-Ichs, das sich mit seinen ›verschiedenen Beobachtungen‹ an eine potenzielle Leserin wendet. Es finden also ständig Interferenzen zwischen der Innenwelt des Patientinnen-Ichs, das mit der Brille der Künstlerin betrachtet wird, und der Außenwelt statt. Wenn wir ausgehend von dieser Interpretation danach fragen, welche Welt die gezeichneten Karten repräsentieren, dann tendiert meine Lesart zu der Annahme, dass es sich um die Mitwelt handeln muss, was ich im weiteren Verlauf der Argumentation noch näher erläutern werde.

Die topografisch-kubistische Anordnung ist zwar mit Schriftzügen/Bezeichnungen des menschlichen Körpers und der Andeutung seiner Sinnesorgane versehen, doch scheint es hier einen Leibbezug zu geben, der seine Sicht des Körpers durch die eigene Interpretation in ein anderes Verhältnis zur Außenwelt setzt. Was die Leserin in diesen Arabesken aus Buchstaben/Text und Linien/Figuren erblickt, ist die Übersetzungsbewegung des Innen in das Außen, dessen Ergebnis die ornamentale Mitwelt der hermetischen Zeichen ist. Begleitet wird dieser Prozess des Übersetzens von dem stets lakonischen Appell: »Haus der Krankheiten, Du bist kein Haus der Genesung« (ebd., S. 68), wobei das Verständnis des Begriffs ›Genesung‹ gleichbedeutend ist mit der Rückkehr ins Leben: »Wie soll in diesem Haus ein Mensch zurück zum Leben finden, wenn die Träume nicht damit aufhören, ihn zum Reifen aufzufordern?« (ebd.). Obwohl es hier nicht explizit gesagt wird, wird Leben hier mit dem sozialen Leben gleichgesetzt, aber auch mit dem Aspekt des Handelns und des Sich-in-Bewegung-Bringens, es gleicht einer Art von Selbstmotivation, sich nicht dem ›selbstmordsüchtigen Herz‹ so einfach zu überlassen.

129

Darüber hinaus schließen sich Krankheit und Genesung – anders zum Beispiel als in der medizinphilosophischen Annahme Canguilhems – gegenseitig aus. Es sind zwei voneinander getrennte Gebiete, die nichts miteinander zu tun haben. Genesen kann das Patientinnen-Ich nicht im ›Haus der Krankheiten‹, weil man eben nur von Krankheiten umgeben ist. Was fehlt – und was ständig in den Zeichnungen und Texten mitreflektiert wird –, ist der Blick aus dem Fenster in die Ferne: die Flucht nach vorne ins Draußen (vgl. ebd., S. 32). Dieser Ausgang, betitelt mit »Donnerstag: Heimlichkeiten« (ebd., S. 69ff.), durch die »offene Tür«, die immer schon offenstand, erweist sich jedoch für das Patientinnen-Ich als trügerisch. Ob nun imaginär durchlebt oder tatsächlich erlebt, lässt sich nicht entscheiden. Was entscheidend ist, ist das Resultat dieses Freigangs hinaus aus dem Haus der Krankheiten in das Leben hinein, in die Genesung. Das »Frühlingstheater, das die Welt gerade aufführte« (ebd., S. 70) sei kaum zu ertragen, es stimmt das Ich eher melancholisch und depressiv. Der »heimliche Spaziergang« in der Außenwelt entpuppt sich als gewöhnliche, langweilige Farce. Nichts habe sich verändert, alles sei gleich geblieben, dieselben Gesichter ohne Ausdruck: »Als gäbe es hier draußen keine Wunder mehr« (ebd., S. 69), und so erscheint auf einmal das Haus mit seinen ungewöhnlichen Krankheitsformen als eine Welt der lebendigen Phantasie, der Veränderung, der Wunder. Eine Rückkehr ins Haus der Krankheiten scheint unvermeidlich, denn hier »draußen zu sein« erscheint dem Ich als ein »freudloses« Unterfangen (ebd.). Kaum wendet sich der Gang zurück in Richtung des Hauses, ist das Ich bereits umfangen von Wirbeln, die sich wieder in die Welt der Klinik transformieren, es umfangen und beschützen, sodass das Patientinnen-Ich schon bald wieder im »Kabinett der Sonnengeflechte«, in der Mitte des Leibes, ruhen kann.

Wir erinnern uns: Das ›Sonnengeflecht‹ ist weder vollständig ins Haus der Krankheiten integriert, noch gehört es vollständig der Außenwelt an. Es ist eine Ausbuchtung, eine blasenförmige Abkapslung von der Innen- und der Außenwelt. In der Kapsel lebt das Patientinnen-Ich, es hat sich dort eingerichtet und versteht seine Symptome nicht als Anzeichen einer Krankheit, sondern als Zeichen einer Genesung, die niemals abgeschlossen sein wird, weil es immer genug weiße, leere Blätter geben wird, die sich in das Tagebuch hineinschieben lassen, um den Schreib- und Malprozess am Laufen zu halten: »Ich weiß seit gestern, warum ich dieses Buch anfertige: um noch eine Weile krank zu sein. Ich kann jeden Tag neue, leere Seiten hineinlegen, die beschrieben werden müssen, und so lange werde ich krank bleiben« (ebd., S. 71). Ist das Haus der Krankheiten damit vielleicht doch ein Haus der Genesung? Wenn dem so ist, dann ist es das Schreiben, das einen geheimen, unterirdischen Tunnel zwischen beiden Häusern errichtet, durch den das Ich sich selbst außerhalb des Hauses der Krankheiten betrachten – beim ›geheimen Spaziergang im Draußen‹ – und wieder zurückkehren kann.

Das Schreiben ist der Faden Ariadnes, um im verzweigten, tunnelartigen Labyrinth zwischen Krankheit und Genesung sich nicht vollständig zu verlieren. Einen Ausweg im Sinne einer erreichbaren Gesundheit gibt es nicht. Das wird bis zum Schluss vom Patientinnen-Ich beteuert. Eine Frage bleibt jedoch bestehen: Ist nicht vielleicht das Künstlerinnen-Ich diejenige Akteurin, die das Kranksein im Sinne der *illness* vorzieht, weil es ein Movens des kreativen Schreibens ist? Ist nicht das Hinauszögern der Gesundheit in diesem Fall ein Garant, mit der Kunst fortzufahren?

»[E]s gibt kein definitives Fazit«: Der Mitwelt eine Sprache geben

Vergleicht man das klinisch-künstlerische Tagebuchschreiben Zürns mit Arnhild Lauvengs Autobiografie wird einem schnell klar, dass hier keine Künstlerin spricht, sondern eine Stimme, die sich in zwei verschiedenen Rollen verkörpert und diese für die Erzählung unterschiedlich einsetzt: es ist zum einen die Rolle der schizophrenen Patientin und zum anderen die Rolle der ausgebildeten, studierten Psychologin, der Expertin, aus deren Perspektive die Erinnerung an das schizophrene Selbst rekonstruiert wird. Die chronologische Ordnung folgt dabei dem Kindheits- und Jugendalter, der Konstruktion eines frühen Selbstbildnisses bis zum ersten Auftreten von Symptomen, die erst spät in das Bewusstsein des Ichs treten, schließlich der Beschreibung des ersten Klinikaufenthalts mitsamt der Beziehung zu den Ärztinnen und Therapeutinnen wie dem Personal. Dieser distanzierte und objektive Blick wird dabei nicht nur aus der Position einer Expertin geschildert, sondern vor allem aus der Perspektive eines »gesunden« Menschen, wie Lauveng in ihrem Vorwort explizit hervorhebt (Lauveng, 2010, S. 13). Folglich haben wir hier gleich einen ganz anderen Zugang zur biografischen Erzählung, denn bereits zu Anfang wird eine strikte Grenze zwischen einer gesunden und kranken Person gezogen, indem auf die möglichen Ausprägungen schizophrener Symptome und des je individuellen Umgangs mit ihnen aufmerksam gemacht wird. Eine Heilung gäbe es jedoch nicht. Schizophrenie sei eine Diagnose auf Lebenszeit mit starken und schwachen Episoden. Das rekonstruierte Ich der Autobiografie sei jedoch von dieser Gruppe zu unterscheiden. Es gab also ein vergangenes, schizophrenes Ich, das gleichzeitig zum Objekt einer Analyse wird. Neben diesem erinnerten Schizo-Ich fungiert das gesunde, sich erinnernde Expertinnen-Ich als Instanz der nachträglichen Auswertung und Bewertung von Daten. Die Grundlage für die Interpretation *ex post* bilden die Informationen aus den frühen Tagebuchaufzeichnungen, die Lauveng nicht veröffentlicht hat, aber als Quelle für ihre klinische Autobiografie nutzt.

Zunächst gab sie ihrer Innenwelt die Gestalt fiktiver Figuren, indem sie anfing zu zeichnen (ebd., S. 27). Erst nach dem Zeichnen kam das Schreiben und mit dem Schreiben das Bewusstwerden der Dissoziation in der eigenen Person. Das frühe Tagebuch-Ich spricht von sich selbst in der dritten Person Singular, kann bald nicht mehr zwischen »ich« und »sie« unterscheiden und wer diejenige überhaupt ist, die anfängt zu schreiben. So werden alle Personalpronomen in eine unbekannte Variable, ein »x« verwandelt (ebd., S. 26). In den ersten Tagebuchaufzeichnungen wird die Existenz der Person zunächst vertauscht, mit grammatikalischen Markern in ein Außen verwandelt, eine andere Person, solange bis von der eigenen Existenz nichts mehr übrig bleibt:

> »Ich fühlte, ich hatte aufgehört zu existieren, alles war nur noch Unordnung, und ich hatte keine Ahnung, ob ich existierte, was ich war oder wer ich war. Ich war nicht mehr da, jedenfalls nicht als eine Person mit einer Identität und Grenzen, einem Anfang und einem Ende. Ich bestand bloß noch aus undefinierbarem, ausuferndem Chaos, wie ein Fetzen Nebel. Diffus und grenzenlos. Dabei war ich immer noch ich selbst. Das erkenne ich, wenn ich die Tagebucheinträge aus jener Nacht lese, in der ich den Eindruck hatte, dass sich meine Identität vollends auflöste und die Psychose endgültig die Oberhand gewann. Denn in Anbetracht des immer bedrohlicheren Chaos schrieb ich voller Verzweiflung – und nun zitiere ich: »Jetzt kann x nicht mehr. X hat keinen Schimmer, wer x ist, und x schafft es auch nicht mehr, darüber nachzudenken. X glaubt, x geht und bringt y ins Bett (Objektform)« (ebd., S. 26).

An dieser Textstelle sieht man sehr gut, wie sich das erinnernde Experten-Ich einer vergangen Gefühlswelt annähert, die durch das Geschriebene einen nochmals gefilterten Blick auf das erinnerte Ich wirft und vor diesem

Hintergrund neu bzw. anders interpretiert. Jetzt müsse sie lachen, denn natürlich habe sie existiert, nur die eigene Einstellung zu sich selbst, vermittelte einem damals ein anderes Gefühl. Das Experten-Ich greift auf sein psychologisches Wissen zurück und erkennt nun die *desease*, die damals als *illness* wahrgenommen worden ist. Wie wichtig der Schreibprozess für das erkrankende Ich war, zeigte sich bereits in dem Moment, wo die erste fiktive Figur, der »Kapitän«, in ihr Leben trat. Mit der ersten Tagebuchstimme trat diese Gestalt als Kommentator ihrer Handlungen und ihres Schreibens auf: »›Wer hat diesen Satz beendet?‹, und er antwortet: ›Das war ich.‹« (ebd., S. 28).

Aus literaturwissenschaftlicher Perspektive bedeutet die Frage »Wer spricht?«, dass man nach der Quelle sucht, aus deren Perspektive erzählt wird und die insbesondere in modernen Texten der Literaturgeschichte nicht immer einfach zu beantworten ist, weil mit Formen des multiperspektivischen Erzählens oft experimentiert wird. Vor allem unzuverlässiges Erzählen gilt als besonders ästhetisch reizvolle Technik. Die interne Fokalisierung bezeichnet hierbei die Beschreibung der Innensicht einer Figur durch eine Erzählerin. Die Leserin fühlt, sieht und bewertet ein Geschehen aus der Perspektive einer Figur, obwohl keine Ich-Erzählung im strengen Sinne vorliegt. Durch die dritte Person Singular wird immer noch eine gewisse Distanz aufrechterhalten und mittels einer externen Kommentatorin gibt es immer jemanden, der über die Schulter dieser Figur blickt und ihren Blick kanalisiert, leitet und das Geschehene filtert. Auf eine ähnliche Weise vollzieht sich diese Vielstimmigkeit auch in Arnhild Lauvengs Autobiografie, die eigentlich zwei Erzählungen miteinander verflechtet: die älteren Tagebucheinträge und Zeichnungen werden in die größere abgeschlossenere Erzählung von der Genesung und Heilung eingebettet. Es gibt das andere, kranke Ich, eigentlich eine »sie«, die sich als »x« ausgibt und durch diesen Platzhalter andere Figuren in ihre Innenwelt eintreten lässt. Diese Figuren und Gestalten bevölkern ihre Erzählungen, werden zu Filtern ihrer Fremd- und Selbstwahrnehmung. Schließlich tritt in diese Welt ein gesundes Ich ein, das einen Text mit einer anderen Grammatik zu entziffern versucht: den psychologischen Fachwörtern einer Expertin, die einen gänzlich anderen Text zu lesen scheint, als das damalige Ich, das diesen entworfen hat. Und dieser neue autobiografische Text des gesunden Ichs überlagert die Stimmen des schizophrenen Ichs. Aus diesem Grund ist es nicht nur eine Autobiografie einer ehemaligen Schizophreniepatientin und könnte daher auch als *Memoire of Well-Being* bezeichnet werden, sondern auch die Biografie einer Krankheit im Sinne der *desease*, denn das Experten-Ich diskutiert vor allem im zweiten Teil das Gesundheitssystem, klinische Diagnoseverfahren, bespricht wissenschaftliche Studien und vermittelt diese auf eine populärwissenschaftliche Art und Weise (ebd., S. 145). Wir lesen die *illness narrative* daher hier als *narrative about illness* und damit auch als eine weitere Variante innerhalb der *Academic Memoirs*.

Das Tagebuch der Jugendjahre funktioniert jedoch auch als Instrument, mit dem man die Auswirkungen und Nebenwirkungen von Medikamenten auf schizophrene Patientinnen beobachten und verifizieren kann. Die kritische Kommentierung medikamentöser Behandlung bei schweren Formen der Schizophrenie veranschaulicht die betroffene Expertin anhand der Veränderungen ihrer eigenen Handschrift beim Tagebuchschreiben und vor allem wegen der Unfähigkeit nicht mehr kreativ sein zu können (ebd., S. 186). Aus der Retrospektive erscheint die Schreibphase unter dem Einfluss von Medikamenten »flach, banal und ziemlich peinlich«, da den Gedanken jegliche »Glut«, »Reflexion« und vor allem die »Bilder« fehlten (ebd., S. 188). Diese Handschrift kann vom Expertinnen-Ich nicht als die eigene akzeptiert werden, es ist das Medikamenten-Ich, das damals schrieb, aber nicht das schizophrene Ich, das unablässig Bilder und Worte aneinanderreihte. Die Rückkehr zur alten Handschrift wird daher mit der Rückkehr zum eigenen Ich identifiziert (ebd., S. 191).

Entscheidend ist hierbei, dass keinerlei Partei für eine der beiden Seiten diesseits und jenseits der Klinik ergriffen wird. Das Expertinnen-Ich ist nicht belehrend, wohl aber korrigiert es hin und wieder einige Einsichten des früheren schizophrenen Ichs, vor allem um den Leserinnen, die vielleicht einen ähnlichen Lebensweg gehen oder gingen, eine erklärende, begleitende und extern kommentierte Sicht auf die Dinge zu geben. Die Expertin simuliert mit dem Blick über der Schulter des schizophrenen Ichs die »exzentrische Positionalität« (vgl. Plessner, 1975, S. 288). Diese These soll nun erläutert und mit Unica Zürns Aufzeichnungen abschließend verglichen werden.

Zunächst ist festzuhalten, dass Petra Lenz zwar wesentliche philosophische Begriffe Plessners für die Bestimmung des Krankheitsbegriffs geltend macht, diese aber in der weiteren Analyse zu kurz kommen und ihr Potenzial für eine philosophisch-anthropologisch orientierte *Narrative Medicine* nicht ausgeschöpft wird. Ich möchte mit den folgenden abschließenden Überlegungen zumindest einen Weg aufzeigen, der Anreize für weitere Untersuchungen zu diesem Themengebiet bieten könnte.

In Plessners Begriffsgebäude schillert sicherlich keine semantische Konstruktion so stark wie der Begriff der »exzentrischen Positionalität« (ebd.). In seinem Hauptwerk *Die Stufen des Organischen* taucht das Adjektiv *exzentrisch* bereits einige Kapitel vor der eigentlichen Definition im Kontext der »exzentrischen Mittelstellung des Organismus im Feld« auf. Hier wird natürlich nicht nur vom Menschen gesprochen, sondern auch von anderen Lebensformen, die der Definition des Organismus entsprechen. Es geht um die allgemeine Darlegung gewisser Prinzipien, die den Organismus als Organismus auszeichnen und dazu gehört seine ›exzentrische Mittelstellung‹, die weder vollständig in einem rein immanenten, natürlichen Milieu verortet werden kann, das einem Solipsismus gleichen würde, noch in einer rein transzendenten »Gegensphäre«, die sich vom natürlichen Ort komplett gelöst hat und dem Organismus als fremdartiges, unvorhersehbares und unabhängiges »Positionsfeld« erscheint (vgl. ebd., S. 203). Es ist daher diese Mittelstellung, die dem Organismus sowohl eine Beziehung zu sich selbst als auch zu seinem »Medium« garantiert, weswegen Plessner ihn auch als »Übergang« bezeichnet (ebd.). Entscheidend ist jedoch, dass der »lebendige Körper« weder dem einen noch dem anderen Positionsfeld angehört. Seine Übergangsstellung vermittle zwischen ihm selbst und dem ihn umgebenden Medium, sodass er zugleich Peripherie und Mitte in einem ist. Durch diese Überbrückungsfunktion kann er beide Pole zu einer Wirklichkeit zusammenschließen, »insofern er als Element der Peripherie zum Feld mitgehört, als Mitte dagegen sich dem Feld gegenüber befindet« (ebd.). Feld und Körper sind nicht durch eine fixe Grenzziehung geschiedene Entitäten. Plessner betont, dass das Feld weder eine »erweiterte Zone« noch ein »Spiegelbild« seiner Organisation ist, denn der »Hiatus zwischen dem Organismus und seiner Umgebung wird nicht zerstört, sondern überbrückt« (ebd., S. 204). Diese Annahme stellt er für alle biologischen Lebensformen fest. Für den Menschen im Besondern gelten jedoch noch andere Regeln. Hierzu gehört die Differenz zwischen Körper und Leib.

Dadurch dass der Mensch aufgrund seiner »Exzentrizität« dem »Umfeld« frontal gegenübergestellt ist, ergibt sich ein anderes Verhältnis zu seinem Körper durch seinen Leib und in diesem Kontext spielen die drei wechselseitig sich bedingenden Welten eine Rolle (vgl. ebd., S. 292). Durch den selbstreflexiven Modus eines Grenzwesens im »raumzeitlichen Nirgendwo-Nirgendwann« (ebd.), das nicht nur »lebt und erlebt«, sondern sein *Erleben erlebt*, ergibt sich ein »unaufhebbarer Doppelaspekt der

Existenz« zwischen dem »Sein innerhalb des eigenen Leibes« und dem »Sein außerhalb des Leibes« (ebd.). Wir befinden uns hinter *und* über uns. Diese Transposition eines gedoppelten Standpunktes, wie ich es nennen möchte, beschreibt in philosophischen Begriffen jenen Aspekt, den das klinische Tagebuch in der Konstruktion der unterschiedlichen Perspektiven vorführt. Bei Arnhild Lauveng ist dies nur über die zweite Lektüre und der Transkription ihres Schizophrenie-Tagebuchs in einen publizierbaren Text möglich. Diese Aufspaltung zwischen gesundem und krankem Ich wurde nachträglich über das Schreiben als ein hinter ihr liegender Fluchtpunkt kraft der Erinnerungsarbeit des Gedächtnisses reflektiert und dementsprechend in Szene gesetzt, wie es auch Plessner in Form der Metaphorik von dem »Zuschauer«, der dem »Szenarium dieses Innenfeldes« gegenübergestellt ist (ebd., S. 290), deutlich macht.

Bei Unica Zürn drückt sich dieser ›Doppelaspekt‹ in einer ganz anderen Form aus, weil zwei unterschiedliche Zeichensysteme miteinander kommunizieren: die gezeichneten Skizzen sind Topografien einer Welt innerhalb des Leibes, hermetisch abgeschlossen, künstlerisch verfremdet, Interpretationen der »Innenwelt« (vgl. ebd., S. 295), die aus dem Patientinnen-Ich herausströmen. Nach Plessner ist die Innenwelt durch eine Distanz zu sich selbst charakterisiert und doch eine Welt »›im‹ Leib«, während die »Außenwelt« eine »Umwelt« für diesen Leib darstellt, wobei Außenwelt eben nicht meint, dass es eine Welt der reinen »Körperdinge« ist. Die Dinge der Außenwelt sind immer schon eingegliedert in das Umfeld des Lebewesens. Außenwelt ist daher »Umwelt«, d. h. sie steht bereits in einem wie auch immer gearteten relationalen Verhältnis zur Innenwelt eines Subjekts (ebd.). Ein vollkommenes, losgelöstes *Da-Draußen*, in dem das Patientinnen-Ich Unica Zürns ›heimlich spazieren‹ geht, gibt es nicht und auch in ihren Zeichnungen ist dieses *Da-Draußen* immer schon als Umwelt in Form von Schleichwegen, Kanälen, gepunkteten Linien oder Wirbeln gekennzeichnet. Dennoch setzt die Flucht in die Leib-Mitte ein, die Kapsel zwischen Innen- und Umwelt. »Die Mitte wird Fluchtpunkt«, wie Plessner sagt (ebd., S. 295), und bei Zürn ist diese Mitte keine reine Leiblichkeit, denn die Zeichnungen selbst verraten eine Bindung an Körperfragmente aus der Umwelt, deren Anordnung uminterpretiert worden ist. Es sind zwei Kontinuen, die sich in einer Topografie, einem »Umfeld« (ebd.), verschränken. Die Selbstbeobachtungen aus dem klinischen Tagebuch decken sich daher auch mit Plessners These von dem »Fragmentcharakter« dieser Weltenansichten, denn jede von ihnen sei nur als Ausschnitt fassbar und immer schon im Licht der jeweiligen anderen Sphäre betrachtet (ebd., S. 293).

Das andere Zeichensystem, mit dem das Patientinnen-Ich kommuniziert, ist die Schrift, die einen ganz anderen Reflexionsgrad des In-Distanz-Tretens zur eigenen Mitte erlaubt – sowohl bei Zürn als auch bei Lauveng. Aus Plessners Perspektive wäre sie am ehesten der »Mitwelt« zuzuordnen (vgl. ebd., S. 302). Dies kann wie folgt begründet werden: Zunächst bedeutet Mitwelt keine rein soziale Größe im Sinne einer soziologisch analysierbaren Einheit, Mitwelt meint *keine* soziale Gruppe (vgl. ebd., S. 306), die dem Einzelnen gegenübersteht. Mitwelt ist weder Umgebung im Sinne eines Außen noch Erfüllung im Sinne eines Innen, sondern die *Sphäre des Geistes*, Träger der Person, die zugleich die Mitwelt trägt und sie bildet. D. h. die geistige Sphäre der Mitwelt realisiert sich nur in einem aktuellen Vollzug (ebd., S. 303). Man könnte auch sagen, sie *ist* nicht, sondern sie *wird*. Das Person-Sein als solches konstituiert sich erst mit dieser Wir-Sphäre des Geistigen, denn sobald auch nur *eine* exzentrische Positionsform gegeben ist, ergibt sich daraus bereits die Mitwelt (ebd., S. 304). Nur aufgrund dieser Basis ist Objektivation von Selbst und Außenwelt möglich (ebd., S. 305). Mitwelt ist Sphäre des »einen Menschen«, der mit der »raumzeitlichen Verschiedenheit der Standorte« nichts mehr zu tun hat, denn als »Glied der Mitwelt steht jeder Mensch da, wo der andere steht« (ebd., S. 304). Was im Umkehrschluss jedoch auch bedeutet, dass jeder Mensch als Person *austauschbar*, *ersetzbar* ist. Das gerade charakterisiert seine Individualität (ebd., 343). Im Falle des schizophrenen Ichs, das in den frühen Tagebuchaufzeichnungen Lauvengs zu Wort kommt, führt diese Ersetzbarkeit – *ich* ist *sie*, *sie* ist *X* – zu einer Aufspaltung in verschiedene Figuren, die zum Träger ihrer Person werden. Sie sind Figuren ihrer Mitwelt. Dieser Mitwelt einen Ausdruck zu geben, ist Aufgabe des klinischen Tagebuchs.

Wenn also Plessner nach den Möglichkeiten eines »Alten Egos« fragt und innerhalb seines philosophischen Systems die Zerfallenheit mit sich selbst als Wirklichkeit der Innenwelt gekennzeichnet wird (ebd., S. 299), müsste man dann nicht in den Schriftbildern der Schizophrenie eine Form des »künstlichen« Ausgleichs sehen, um diese Zerfallenheit zu kompensieren, die eigentlich – so Plessner – nicht ausgeglichen werden kann? Das vollständige Zitat lautet:

> »Worauf beruht denn die Möglichkeit falscher Gefühle, und echter Gedanken, des sich in Etwas Hineinsteigerns, das man nicht ist? Worauf beruht die

Möglichkeit des (schlechten und guten) Schauspielers, die Verwandlung des Menschen in einen ändern? Woher kommt es, daß weder die anderen Personen, die ihn beobachten, noch vor allem der Mensch selbst immer zu sagen wissen, ob er nicht in den Momenten vollkommenster Selbstvergessenheit und Hingabe doch nur eine Rolle spielt? Den Zweifel an der Wahrhaftigkeit des eigenen Seins beseitigt nicht das Zeugnis der inneren Evidenz. Es hilft nicht über die keimhafte Spaltung hinweg, die das Selbstsein des Menschen, weil es exzentrisch ist, durchzieht, so daß niemand von sich selber weiß, ob er es noch ist, der weint und lacht, denkt und Entschlüsse faßt, oder dieses von ihm schon abgespaltene Selbst, der Andere in ihm, sein Gegenbild und vielleicht sein Gegenpol« (ebd., S. 298f.).

Plessner hat zwar keine philosophische Theorie der Schizophrenie als *desease* formuliert, seine Fragen lassen jedoch Raum für gewisse weiterführende Überlegungen. Im Grunde entsprechen sie in etwa jenen Theorien, die Gilles Deleuze und Félix Guattari in ihrer Schizo-Analyse geltend gemacht haben. Soweit möchte ich hier jedoch nicht gehen.

Meine Überlegung geht eher in die Richtung, dass (bestimmte) Formen der Schizophrenie, wie sie hier über das Textgenre des Klinischen Tagebuchs kommuniziert werden, uns aufzeigen, dass *wir* – als Personen in einer Mitwelt – uns des Doppelaspekts unserer Existenz, unserer Spaltung *nicht* bewusst sind und *niemals* bewusst sein können. Schizophrenie übt Kritik an dem philosophischen Theorem, dass wir vollziehen müssen, leben müssen, was wir sind, uns zu dem machen, was wir sind. Würden wir unsere Spaltung leben, wäre Schizophrenie nicht eine vom Gesundheitssystem und ihren medizinischen Dispositiven klassifizierte *desease*, ja sie wäre noch nicht einmal im sozialen Sinne eine *sickness*. Sie wäre eine *illness*, die als Normalität empfunden werden würde – ›Normalität‹ hier im Sinne Canguilhems verstanden. Der Verlust der Elastizität der Normativitätsspanne des Organismus gegenüber dem Wechsel von Milieus und der mangelnden Anpassung an die wechselnden Bedingungen würde dann weder als Verlust interpretiert, noch als ein solcher wahrgenommen werden. Es gäbe nichts zu verlieren, weil wir sein würden, was wir sind: eine exzentrische Positionalität, *ex-zentrisch* genug, um wieder aus der Mitte heraus zu leben, wie ein Tier unter anderen Tieren in einem Mitverhältnis. Weil wir dies aber nicht können, benötigen wir einerseits die Elastizität unseres Körpers, um uns verschiedenen Situation gemäß anpassen zu können, andererseits jedoch Formen der »Künstlichkeit«, die die »Ergänzungsbedürftigkeit« des Menschen kompensieren, d.h. ihn *zentrieren* (vgl. ebd., S. 321). Unter diesen Künstlichkeiten ist aus anthropologischer Sicht die Sprache am wesentlichsten (ebd., S. 339). Zumindest aus Sicht Plessners: »Die Sprache, eine Expression in zweiter Potenz, ist deshalb der wahre Existentialbeweis für die in der Mitte ihrer eigenen Lebensform stehende und als über sie hinausliegende ortlose, zeitlose Position des Menschen« (ebd., S. 340), wobei es nicht eine, sondern viele Sprachen, »Idiome«, gibt, die sich gerade dadurch ergeben, dass der »Intentionsstrahl« des Menschen in der Realisierung seiner möglichen Ausdrucksformen nicht direkt von der Innerlichkeit zu Äußerlichkeit führt, sondern abgelenkt, gebrochen wird. Daher spricht er auch von »echter Erfüllung«, wenn eine bestimmte Intention nicht erfüllt wird, sondern scheitert: »Erfüllung ist wesentlich das auch ausbleibend Könnende« (ebd., S. 336). Resultat dieser Abweichung, Brechung und der negativen Erfüllung ist die Geschichte, die der Mensch hinter sich lasse, gleichsam als Spur seiner abgelenkten Intentionen (ebd., S. 338). Dementsprechend hält Plessner für das anthropologische Sprachverständnis fest:

> »Eine Sprache – könnte nichts sagen. Die Brechbarkeit der Intentionen als Bedingung ihrer Erfüllbarkeit, diese ihre Elastizität, welche zugleich der Grund ihrer Differenzierung in verschiedene Sprachen, ihrer Selektion in individuelle Typen ist, gibt die Gewähr für ihre Wirklichkeitskraft und mögliche Wirklichkeitstreue« (ebd., S. 341).

Die hier besprochenen Texte (und Bilder) sind Prismen mit je unterschiedlichen Elastizitäts- und Brechungsgraden, wobei gezeigt werden sollte, dass es auch hier keine Eins-zu-eins-Übersetzung von Innerlichkeit in Äußerlichkeit gibt. Plessner hat ausdrücklich darauf aufmerksam gemacht, dass Sprache durch ihre »Funktion des Meinens eine universelle Interindividualisierung« leiste (vgl. Plessner 1980, S. 82). ›Interindividuell‹ meint zwar die Loslösung vom Individuum, aber nicht vom Subjekt. In der Interindividualität verbindet sich gleichsam Subjektives und Objektives zu einem gemeinsamen Komplex von Anschauungsweisen. Zugleich betont er an anderer Stelle, dass Sprache und Schrift ein »innewerdendes Verstehen« sind (ebd., S. 163), die mit den seelischen Phänomenen in einem syntagmatischen Verhältnis zueinanderstehen:

> »Die seelischen Phänomene der innewerdenden Anschauung sind verständlich präzisierbar, das heißt der Bezeichnung fähig, nach den in ihnen selbst

gelegenen Bedingungen ihrer Gliederung, so daß der bloßen Form nach es nicht mehr auseinandergehalten werden kann, ob die syntagmatische Bedeutung den »Linien« der seelischen Phänomene oder diese in ihrer Gliederung und eigentümlichen Gestaltetheit den »Linien« des Syntagmas folgen. Die innere Sprachform und die Form des gesamtseelischen Habitus, von dem freilich alle einzelnen seelischen Phänomene bestimmt sind (die Art der Aufmerksamkeit, der Erinnerung, des Wollens usw.) kongruieren restlos und stehen in dauernder, nicht erst etwa in der Wissenschaft vom Seelischen herbeizuführender Entsprechung zueinander. Weil aber im Seelischen auch die Welt der darstellbaren Phänomene, der Natur vor allem, ebenso wie jede andere Wirklichkeit vertreten ist, sofern wir von ihr wissen und sie bewußt erleben, unterliegt auch sie der gliedernden Funktion der inneren Sprachform und Sinnform, die notwendig zugleich die Umrisse der seelischen Wirklichkeit geben« (ebd., S. 171).

Was wir als Leserinnen von Klinischen Tagebüchern bzw. Autobiografien daher >innewerdend verstehen< können, sind nur die Umrisse eines Übersetzungsprozesses. Im Falle Unica Zürns sind es nicht nur im metaphorischen Sinne Linien und Umrisse eines >gesamtseelischen Habitus<, sondern Buchstaben und Schriftzüge, die zur *Linie* als ihrem grafischen Ursprung von Schrift zurückkehren und damit nicht mehr ausschließlich dem System des linearen Syntagmas folgen. So betont auch Plessner, dass sich die syntagmatische Übersetzung nicht ausschließlich in Worten mitteilen müsse, sondern oft implizit mitgeteilt werde, in einem »Ahnen und Erraten«, gerade weil jeder Habitus eine andere »syntagmatische Prägung« aufweise (ebd., S. 174). Unica Zürn erschafft eine Kartografie des Seelenlebens im Schriftbild.

Bei Arnhild Lauveng hat die Leserin eine andere Grammatik der Seele vor Augen. Hier ist das Syntagma von dem Expertinnen-Wortschatz der Psychologin schon vordefiniert. Präzisiert wird aus der Perspektive einer Person, die das dahinter und darüber kennengelernt und aufgrund der zeitlichen Differenz ein stärkeres In-Distanz-Treten zu sich selbst erprobt hat. Wir lernen hier nicht nur die >Umrisse der seelischen Wirklichkeit< kennen, uns wird auch noch die Entstehung und die Entwicklung beschrieben und erklärt. Dennoch bleiben der Leserin die Akte des jüngeren, erkrankten Ichs verwehrt. Das Bild, das vor unseren Augen in Form eines klinischen Diagnoseberichts erscheint, unterliegt einer bewussten Selbstzensur. Zu diesem Archiv seelischer Syntagmen bleibt uns der Zugang verwehrt.

Unica Zürns Künstlerinnen-Patientinnen-Ich kann nicht damit aufhören, in unterschiedlichen Idiomen – ob Zeichnung, ob geschriebener Text – fortzufahren. Das Ausleben ihrer ›Exzentrizität‹ wird ihr zum einzigen Schöpfertum und Urhebertum ihres Lebens *in* und *mit* der Krankheit. Schreiben und Zeichnen sind hier als Modi des Genesens im Zusammenleben mit der Krankheit zu verstehen. Am Ende dieser *Biographie des Genesens* steht der Selbstmord, bei Arnhild Lauveng die Gesundheit, ein Zustand vollendeter Genesung, zwei Alternativen verschiedener Genesungsprozesse. Ein endgültiges Fazit gibt es nicht.

Literatur

Bury, M. (2001). Illness narratives: fact or fiction? *Sociology of Health & Illness, 23*(3), 263–285.

Campe, R. (2007). Aktualität des Bildes. Die Zeit rhetorischer Figuration. In G. Boehm, G. Brandstetter & A. von Müller (Hrsg.), *Figur und Figuration. Studien zu Wahrnehmung und Wissen* (S. 163–182.). München: Wilhelm Fink.

Canguilhem, G. (1974). *Das Normale und das Pathologische.* München: Carl Hanser Verlag.

Charon, R. (2006). *Narrative Medicine. Honoring the Stories of Illness.* New York.

Heinz, A. (2016). *Psychische Krankheit.* Stuttgart: Kohlhammer.

Lenz, P. (2015). Was ist Krankheit? Eine Antwort versucht mit der Anthropologie Helmut Plessners. *Internationales Jahrbuch zur Philosophischen Anthropologie, 3*(1), 303–326.

Lutz, H. (2003). *Schriftbilder und Bilderschriften. Zum Verhältnis von Text, Zeichnung und Schrift bei Unica Zürn.* Stuttgart: J. B. Metzler.

Lauveng, A. (2010). *Morgen werde ich ein Löwe sein. Wie ich die Schizophrenie besiegte.* München: btb Verlag.

Fangerau, H. & Martin, M. (2015). Konzepte von Gesundheit und Krankheit: Die Historizität elementarer Lebenserscheinungen zwischen Qualität und Quantität. In W. Viehöver & P. Wehling (Hrsg.), *Entgrenzung der Medizin. Von der Heilkunst zur Verbesserung des Menschen?* (S. 51–66). Bielefeld: transcript.

Ferenczi, S. (2013). *Das klinische Tagebuch.* Gießen: Psychosozial-Verlag.

Foucault, M. (1973). *Wahnsinn und Gesellschaft. Eine Geschichte des Wahns im Zeitalter der Vernunft.* Frankfurt a. M.: Suhrkamp.

Foucault, M. (2004). *Hermeneutik des Subjekts. Vorlesungen am Collège de France 1981/82.* Frankfurt a. M.: Suhrkamp.

Garden, R. (2010). Telling Stories about illness and disability. The limits and lessons of narrative. *Perspectives in Biology and Medicine, 53*(1), 121–135.

Hyden, L. C. (1997). Illness and Narrative. *Sociology of Health & Illness 19*(1), 48–69.

Jaspers, K. (1999). *Der Arzt im technischen Zeitalter. Technik und Medizin. Arzt und Patient. Kritik der Psychotherapie.* München: Piper.

Johach, H. (2009). *Von Freud zur Humanistischen Psychologie. Therapeutisch-biographische Profile.* Bielefeld: transcript.

Jolly, M. (2001). *Encyclopedia of Life Writing. Autobiographical and Biographical Forms.* London, Chicago: Fitzroy Dearborn Publishers.

Plessner, H. (1975). *Die Stufen des Organischen und der Mensch. Einleitung in die Philosophische Anthropologie.* Berlin, New York: de Gruyter.

Plessner, H. (1980). Die Einheit der Sinne. Grundlinien einer Ästhesiologie des Geistes (1923). In G. Dux, O. Marquard & E. Ströker (Hrsg.), *GS* (S. 7–316). Frankfurt a. M.: Suhrkamp.

Reiffenrath, T. (2016). *Memoirs of Well-Being. Rewriting Discourses of Illness and Disability.* Bielefeld.

Straub, J. (1998). Geschichten erzählen, Geschichte bilden. Grundzüge einer narrativen Psychologie historischer Sinnbildung. In ders. (Hrsg.), *Erzählung, Identität und historisches Bewußtsein. Die psychologische Konstruktion von Zeit und Geschichte* (S. 81–169). Frankfurt a. M.: Suhrkamp.

Zürn, U. (1991). Haus der Krankheiten. In G. Bose & E. Brinkmann (Hrsg.), *Gesamtausgabe. Prosa 3, Band 4.1.* Berlin: Verlag Brinkmann & Bose.

Wittchen, J.-U. & Hoyer, J. (2011). *Klinische Psychologie und Psychotherapie.* Heidelberg: Springer Verlag Medizin.

Biografische Notiz

Patricia Gwozdz, Dr. phil., ist Dozentin und wissenschaftliche Mitarbeiterin am Institut für Romanistik der Universität Potsdam. Sie forscht und lehrt zu Themen an der Schnittstelle zwischen Geistes- und Naturwissenschaften, dem Feld der Populär/Wissenschaft in Disziplinen wie der Biologie, Medizin und Psychologie sowie den Beziehungen zwischen Literaturtheorie und Philosophie. Zurzeit arbeitet sie an einer interdisziplinären Begriffsgeschichte und fortführenden Theorie des »figura«-Begriffs nach Erich Auerbach.

Sozialität und Dialektisches Denken

Martin Heinze

> »Leiblichkeit ist das Ende der Werke Gottes.«
> *Friedrich Christoph Oetinger, 1776, S. 407*

Einleitung: Die Bedeutung der Sozialität für die Wissenschaften der Psyche

Anthropologisch-philosophische Konzeptionen stehen im heutigen Diskurs über die Zukunft liberaler Gesellschaften des Westens wieder stärker im Fokus, insbesondere dann, wenn sie die Dialektik von Individualität und Sozialität von Menschen thematisieren. Denn die gesellschaftlichen Auseinandersetzungen beziehen sich in nicht unerheblicher Weise auf die Frage, inwieweit der Individualismus westlicher Gesellschaften »überzogen« sei bzw. dem Wunsch nach verstärkter Kollektiverfahrung und autoritärer Organisation der Gesellschaft nachgegeben werden müsse. Interessant scheinen vor allem solche Konzeptionen, die einen möglicherweise überzogenen Individualismus der Moderne nicht antithetisch durch ein Mehr an Kollektivierung infrage stellen und »zurückdrehen« wollen, sondern in der dialektischen Spannung von Individuum und Gesellschaft eine Möglichkeit sehen, beides, individuelle Freiräume und humane gesellschaftliche Entwicklung, gegenseitig zu affirmieren und in seiner Eigenrechtlichkeit zu steigern.

Das Erkenntnisinteresse dieses Aufsatzes[1] entstammt dem Nachdenken über eine zeitgemäße Theorie zum Verständnis psychischer Phänomene im Sinne des Gesamtkontextes dieses Sammelbandes: Psychotherapie zwischen Klinik und Kulturkritik. Die Philosophie der Wissenschaften der Psyche hat eine lange Tradition mit etablierten Gegensätzen wie Subjekti-

---

1 Das Material dieses Beitrags überlappt sich mit dem Aufsatz »Soziale Freiheit und Depressivität« (Heinze & Thoma, 2018), der zeitgleich entstand. Allerdings reflektiert der hier vorliegende Beitrag auf wissenschaftstheoretische Fragen der Psychiatrie, wohingegen der andere eine eher klinische Themensetzung verfolgt.

vität versus Objektivität, Konstruktivismus versus Objektivismus, Normen versus Fakten oder Leib versus Seele bzw. Veranlagung versus Umwelt. In der Theoriebildung scheinen solche dualen Gegensätze heuristisch notwendig, allerdings müssen sie in einem weiteren Schritt zusammengedacht werden – methodisch soll hier dialektisches Denken als geeignete Denkweise herausgestellt werden. Weiterhin bedarf es der Reflexion auf die Historizität des psychiatrischen Wissens: Psychiatrie und Psychotherapie stehen als angewandte Wissenschaften vom Menschen im jeweiligen Kontext der historischen und kulturellen Entwicklung der Gesellschaften zu ihrer Zeit, heute der neoliberalen Kultur mit ihrer besonderen Tendenz, gesellschaftliche Zusammenhänge zu atomisieren und die Fiktion eines in jeglicher Hinsicht autonomen Individuums als zentrales Ideologikum zu verwenden. Wie alle Sachwissenschaften bedürfen die Wissenschaften der Psyche der Reflexion dieser Bedingungen, die einerseits Ermöglichungsbedingungen für den wissenschaftlichen und praktischen Fortschritt des Faches sind, andererseits notwendigerweise auch Einschränkungen des Denkens und Handelns aufgrund der gesellschaftlich vorherrschenden Schematisierungen erfahren.

Dem allgemeinen kulturellen Trend zur Vereinzelung der Individuen folgend, neigen insbesondere auch psychiatrische Forschungsmethoden dazu, den Einzelnen als solchen zu isolieren, wie sich an molekulargenetischen, bildgebenden, aber auch psychotherapeutischen Forschungsansätzen ablesen lässt. Es handelt sich um verschiedene Formen eines Reduktionismus: den biologischen Reduktionismus, in dem der einzelne Mensch auf seine rein biologische Individualität reduziert wird, den individualistischen, in dem der Mensch als homo sociale, also als in Gemeinschaften lebend, reduziert wird auf isolierte intrapsychische Prozesse, aus denen wiederum so etwas wie ein »Selbst« konstruiert wird und gesamtgesellschaftlich ein neoliberaler Reduktionismus, in dem menschliches Sinnbedürfnis und Humanität als solche verdinglicht werden im Sinne einer Vermarktlichung und eines Warencharakters des Einzelnen.

Anders als in der psychiatrisch-psychotherapeutischen Forschung sind im psychiatrischen Alltag viele der diskutieren Gegensätze und Reduktionismen weniger handlungsleitend. In der der Praxis zugrundliegenden Wissenschaftstheorie der Psychopathologie als Wissenschaft des leidenden Subjekts tauchen sie jedoch naturgemäß wieder auf. So diese die Subjektivität des Einzelnen zum Gegenstand macht, konkretisiert sich der reduktionistische Gesamtansatz im Sinne einer Vernachlässigung wichtiger Dimensionen des Menschseins: als Vernachlässigung des gelebten Leibes in der Dominanz kognitionswissenschaftlicher Paradigmen, als Vernachlässigung der Sozialität des Menschen in den individualistischen Paradigmen, als Vernachlässigung der Freiheitsthematik in deterministischen Paradigmen und, über all das eine Klammer bildend, als Vernachlässigung der Konkretheit in einer als solchen nicht reflektierten theoretischen Abstraktion.

Um diesen Verkürzungen zu entgehen ist es zumindest kompensatorisch nötig, menschliche Lebensvollzüge hinsichtlich ihrer sozialen Eingebettetheit zu denken. Neueste Konzepte der verkörperten Kognitionswissenschaft (»embodied and enactive cognitive science«) versprechen, diese Engführungen im Sinne einer anderen Theorie des Verhältnisses von Gehirn und Geist zu überwinden (vgl. z. B. Fuchs, 2008). Das Gehirn erscheint danach einerseits nicht mehr als Produzent des Geistes, sondern als ein Vermittlungsorgan für die Beziehungen von Organismus und Umwelt. Andererseits lässt sich auf der Grundlage der embodiment-Konzepte eine »Psychopathologie des verkörperten Subjekts« entwickeln, wie sie vor allem Thomas Fuchs für den deutschen Sprachraum bearbeitet hat (vgl. Fuchs, 2009): Sie schreibt psychische Krankheit weder einer psychischen noch einer neuronalen Innenwelt zu, sondern fasst sie als Störung in den ökologischen und sozialen Beziehungen von Subjekt, Gehirn, Organismus und Umwelt auf. Damit wird die Einbeziehung der sozialen und kulturellen Lebenswelt zu einem zentralen Bestandteil psychiatrischer Diagnostik und Therapie. Die Loslösung vom Individualismus (sowohl ein Problem der erklärenden wie der verstehenden Psychiatrie) wird oft zunächst mit dem Begriff der Intersubjektivität zu leisten versucht: die Ich-Perspektive wird mit einer Du-Perspektive (Intersubjektivität) ergänzt. In deren Erweiterung wird dann eine Wir-Perspektive (Sozialität) ins Auge genommen.

So sinnvoll dieser Ansatz in einem ersten Schritt auch scheint, so hinterlässt er doch viele offene Fragen: Wenn nicht das Gehirn Produzent des Geistes ist, wer ist dann Träger geistiger Entwicklungen – der lebendige Einzelne, eine Gruppe oder die Menschheit als solche? Wenn das »Selbst« »verkörpert« ist, ist seine Verkörperung dann eine rein individuelle oder kann man auch von so etwas wie einem »embodiment des Sozialen« sprechen? Wenn psychische Krankheit als Störung in den ökologischen und sozialen Beziehungen von Subjekt, Gehirn, Organismus und Umwelt aufgefasst wird, wie sind dann diese Beziehungen zu denken? Die Art und Weise der Einbeziehung der sozialen und kulturellen Lebenswelt wird zu einem zentralen Bestandteil psychiatrischer Theoriebildung, auch ganz pragmatisch für Diagnostik und Therapie. Ergibt sie sich aber additiv über eine Kette von Individualität zu Intersubjektivität, wie es neben anderen Fuchs (2015) nahelegt, und dann Gemeinschaftlichkeit oder ist Sozialität nicht die primäre Kategorie, aus der heraus ein Verständnis für den individuellen Menschen zu entwickeln ist?

Angesichts solcher Fragen erscheint es also nicht ausreichend, nur kompensatorisch die Dimension der sozialen Eingebettetheit von Menschen zu denken. Dies wäre zu kurzgefasst, wenn nicht gleichzeitig aufgewiesen werden könnte, dass es dem Gegenstand Mensch, dessen Erleben und Handeln hier untersucht wird, auch sachlich gerecht wird, ihn als primär soziales Wesen aufzufassen.

Die Frage, inwieweit im Rahmen einer philosophischen und dann psychiatrisch-psychotherapeutischen Anthropologie die gleichsinnige Steigerung des Individuellen und des Allgemeinen möglich zu denken ist, lässt sich systematisch in verschiedener Weise stellen: Zum einen direkt sachbezogen anhand der Frage, wie konkrete individuelle Menschen mit gesellschaftlichen Vorgaben interagieren, also in einer Theorie der Besonderung oder des Sozialisierungsprozesses. Zum anderen, welche Vorgehensweise des Denkens nötig ist, um diese Frage angemessen weiterentwickeln zu können und darüber hinaus, inwieweit die Philosophie selbst der Utopie der gleichsinnigen Steigerung von Individuellem und Allgemeinem gerecht werden und damit eine auch für die heutige Zeit akzeptable Leitidee für die gesellschaftliche Entwicklung formulieren und ausweisen kann. Das Letztere ist, wenn man so will, positiv verstandene Spekulation.

Diese Grundthemen aufgreifend gliedert sich der folgende Absatz in die Abschnitte Sozialität, dialektisches Denken und leibliche Subjektivität.

Für diese drei Schritte des Aufsatzes wird beispielhaft auf Entsprechendes im Werk von Franz von Baader und Maurice Merleau-Ponty eingegangen. Denn historisch gesehen stellten sich die oben aufgeworfenen Fragen besonders dringlich nach Hegel in der kritischen Auseinandersetzung mit dessen Aufhebung des Einzelnen ins Allgemeine und der späteren Vorrangstellung der gesellschaftspolitischen Dimension im Linkshegelianismus bis zu Marx. In dieser Zeit hat sich vor allem von Baader, dem Rechtshegelianismus zugehörig, mit dem Spannungsfeld von Individualität und Sozialität auseinandergesetzt, sodass er in unserem Zusammenhang ein interessanter Autor ist. Von Baader thematisiert Menschen als primär soziale Wesen, aber auch generell menschliches Sein als leibliches Sein, sowohl individuell als auch sozial, also die Gemeinschaft betreffend. Die Frage stellte sich erneut dringlich in der nachstalinistischen Reflexion des Scheiterns einer sozialen Gesellschaftsutopie in der Sowjetunion. Zu dieser Zeit waren vor allem zwei Stränge der Philosophie vorherrschend: der der Phänomenologie, der grob gesprochen die Besonderheiten der Erlebenswelt von Individuen zur Grundlage des Nachdenkens über den Menschen machen wollte, und der der kritischen Theorie, in dem die individuelle Entwicklung als Sozialisierungsprozess Teil einer größeren gesellschaftlichen Entwicklung ist. Wenige Autoren[2] haben diese zwei Stränge so konsequent zusammenzubringen versucht wie Merleau-Ponty. Damit ist auch dieser für unsere Fragestellung von herausragender Bedeutung, denn nicht zuletzt weist er die Leiblichkeit im Sinne einer Kategorie der Wirklichkeit als ganze zur Erfassung der Beziehungen von Menschen zu anderen und Anderem aus, damit grundsätzlich ähnlich argumentierend wie von Baader. Dabei werden Gleichheiten und Unterschiede beider Autoren herausgestellt, wobei der Text nicht den Anspruch erhebt, sich innerhalb deren Werke systematisch und vollständig zu bewegen, sondern eher kollagenhaft die hier interessierenden Aussagen sammelt und kommentiert. Zielpunkt ist, nach dem Durchgang durch die drei Themen einen Begriff von Subjektivität vorzuschlagen, welcher der Utopie einer gegenseitigen Steigerung der Eigenrechtlichkeit von Individuellem und Allgemeinem gerecht wird.

Sozialität

Ermöglichungsgrund für unser heutiges Verständnis psychischer Störungen ist die neuzeitliche Rationalität, die Grundlage unseres heutigen wissenschaftlichen Blicks ist. Der Einzelne wurde vom Allgemeinen zunehmend freigesetzt und bestimmte seine Existenz nicht mehr wie zuvor als von Gott gegeben oder durch feste Institutionen gesichert, seine Freiheit nicht mehr als gewährt, sondern als der Person selbst zukommend und zu verteidigen. Damit wurden die Eigenständigkeit und der Wert des individuellen Menschen betont, ihm Bürgerrechte und Ansprüche auf die Verwirklichung individueller Bedürfnisse im Kontext des Allgemeinen zuerkannt.

---

2 Es sei darauf hingewiesen, dass die in diesem Beitrag benutzten maskulinen Personen- oder Berufsbezeichnungen, die auch eine feminine Wortform haben, als geschlechtsabstrahierende generische Maskulina gemeint sind, die sowohl männliche als auch nicht-männliche Personen einschließen.

In der Erkenntnistheorie nach Descartes wurde das Individuum im Rahmen der sich entwickelnden Wissenschaft als abstraktes und unvermitteltes Subjekt aufgefasst. Es entstand die Vorstellung eines Individuums, welches sich nur gemäß seinen eigenen Ansprüchen verstehen und verwirklichen könne. Bis heute ist dies ein prägendes Bild der Menschen von sich selbst und hat in der Folge erst einen Wissensbereich Psychologie ermöglicht. Da diese Thematik entwicklungsgeschichtlich mit dem Aufbegehren gegen die zuvor dominierenden Institutionen gekoppelt ist, entstand auch eine neue Art, Freiräume im menschlichen Handeln zu reflektieren. Die erkämpfte äußere Freiheit wurde internalisiert zur Freiheit des individuellen Menschen. Dabei behielt sie den Charakter, gegen etwas gerichtet zu sein als eine Freiheit, nicht unbedingt als Reflexion auf einen Ermöglichungsgrund, dann auch für eigenes gestaltendes Handeln. Michael Theunissen rekonstruiert in seinem Kierkegaard-Kommentar diese Freiheitsvorstellung als in charakteristischer Weise verkürzt, wobei die reale gesellschaftliche Freiheit »abgeschattet werde« (Theunissen, 1991b, S. 323f.). Die solchermaßen verkürzende Perspektive sei verbunden mit der Betonung der Wichtigkeit der Selbstverwirklichung des Menschen, damit rekurrierend auf ein Selbst als Subjekt individuellen Handelns. »[Die neuzeitliche Philosophie] begreift Freiheit fast ausschließlich als Freiheit des Menschen zu sich selbst, als Vermögen individueller Selbstverwirklichung. In der Moderne hat sich als Titel für diese Freiheit der Begriff des Selbstseins durchgesetzt« (ebd.). Theunissens Kritik richtete sich dann gegen »eine Philosophie des Selbstseins, die ausgesprochen oder unausgesprochen voraussetzt, daß der Mensch einzig unter der Bedingung seiner Autonomie er selbst sein könne« (ebd., 325).

Dass man es selbst ist, der handelt, ist nicht von der Hand zu weisen. Eine Gefahr besteht jedoch darin, zu denken, dass es ein Selbst gebe, welches zeitlich unverändert und prinzipiell von seinem Kontext loslösbar handelt. So würde man individuelle psychische Handlungsdispositionen verdinglichen, was dann notwendigerweise mit einer Ablösung dieses »Dinges« von anderen ihn umgebenden Menschen und Dingen einhergehe, oder anders ausgedrückt mit einer Abstraktion dieses hypostasierten Selbst von seiner konkreten Lebenswirklichkeit.[3] Als konkretes aber steht ein Individuum in seiner Lebenswelt, in der es etwas lernt zu können und

---

3 Zur philosophischen Begriffsgeschichte des Selbst wird hingewiesen auf Quadflieg (2008).

in der Können somit eine Bedingung individueller Freiheit ist. Die Gefahr, die seit dem Vorherrschen der neuzeitlichen Rationalität gegeben ist, oder seit dem Ausgang der Menschen aus ihrer selbstverschuldeten Unmündigkeit auf dem Weg zu sich rational selbst reflektierenden und verstehenden, autonomen Individuen, besteht folglich in der Isolierung des konkreten Einzelnen von seiner konkreten Lebenswirklichkeit, die ihm Bedingung für sein Leben ist, sei es materieller oder geistiger Art. Sie ist nicht nur erkenntnistheoretisch bedeutsam, sondern prägt als hintergründige Rationalität auch das Selbstverständnis des Einzelnen im Sinne einer Abstraktion von den je eigenen lebensweltlichen Voraussetzungen.

Gegen eine solche den neuzeitlichen Rationalismus prägende Abstraktion argumentierte bereits Georg Friedrich Wilhelm Hegel. Auch im Hinblick auf eine Bestimmung des individuellen Menschen sei das abstrakte Einzelne nur eine Vorstellung, es existiere ebenso wenig wie das abstrakte Allgemeine. Wirklichkeit komme dagegen dem konkreten Allgemeinen zu, als dem »lebendige[n] Inhalt des Wirklichen« (Hegel, 1986b, S. 310). Der Hegelkommentator Johann Eduard Erdmann fasst den Hegelschen Gedankengang wie folgt zusammen:

> »Man kann von menschlichen Individuen nur als gesellschaftlichen sprechen, die gesellschaftliche Allgemeinheit steht nicht gegen die individuelle Einzelheit, sondern je mehr sich ein menschliches Individuum als gesellschaftliches entfaltet, desto einzigartiger wird es: [...] Deswegen ist seine Bestimmung, seine blosse Einzelheit aufzuheben, und sich mit einem allgemeinen Inhalt zu erfüllen. Je mehr er dies thut, desto mehr steht er einzig da« (Erdmann, 1864, S. 124).

Für den einzelnen Menschen gilt, dass er »wirklich werden kann« nur als konkreter, konstituiert dadurch, dass er durch andere gesetzt sich selber setzen muss, oder auch nur im anderen ganz bei sich sein kann.

Die spätere materialistische Umkehr bei Karl Marx, der die Entwicklung der einzelnen Person abhängig von den Gegebenheiten der gesellschaftlichen, vor allem ökonomischen Umstände sieht und die persönliche Entwicklung soweit einengt, dass nurmehr die soziale Gruppe überhaupt Entwicklung zulässt, birgt erneut eine Gefahr einer Abstraktion von der Lebensweltlichkeit. Sie stellt eine andere Form des Vergessens der konkreten leiblichen Seinsweise von Menschen dar, diesmal vor allem auf der Seite des Einzelnen. Alternativ steht post-hegelianisch Franz von Baader (1991) zur Verfügung, der, soweit Hegel folgend, die Gemeinschaft als grundlegende Lebensbedingungen der menschlichen Entwicklung sieht:

> »so widerspricht es, wie Hegel bemerkt, der vernünftigen Natur des Menschen, nur ein Einzelner (im Denken, Wollen und Schaffen) zu sein, ... weil diese Natur den gemeinschaftlichen Bestand des Einzelnen mit allen anderen seiner Gattung verlangt, ... in der Verwirklichung eines gemeinsamen zentralen Selbstbewusstseins, welches alle einzelnen selbstbewusste Wesen in sich gründend voneinander frei macht« (von Baader, 1991, S. 162).

Wissenschaftstheoretisch formuliert von Baader sogar noch schärfer: Die einzelne Person für die Gesamtheit der sozialen Bedingungen zu nehmen, könne man als eine Idiotie bezeichnen. Mit dem Gedanken, dass sich Selbstbewusstsein nur im Rahmen eines gesellschaftlichen Zusammenspiels von Einzelnen und »Gattung« entwickeln kann, entgeht von Baader dem marxschen Problem der Entwertung der konkreten Lebenswirklichkeit einzelner, wobei ein Einzelner individuelles Selbstbewusstsein nur im Rahmen seiner Sozialität entwickeln kann, aber dieser Durchgang durch die Besonderung des Allgemeinen in einem konkreten Einzelnen nötig ist, um die Freiheit aller einzelnen selbstbewussten Wesen zu garantieren.

Für diese dialektische Bewegung ist die organische Basis des Seins des Einzelnen, seine biologische Individualität, die leiblich ist, nötig. Aber auch die individuelle Leiblichkeit des Einzelnen prägt sich als besondere nur in der gemeinsam er- und gelebten Leiblichkeit der sozialen Gemeinschaft aus, sodass von Baader den Begriff des »sozialen Leibes« als Grundlage seiner Gesellschaftstheorie entwickeln kann.[4]

> »[D]ass die Vernunft als Anlage zu dieser Teilhaftwerdung in allen intelligenten Creaturen disseminiert sich befindet, so tritt dieselbe doch als wirkliche und wirkende Macht (objektiv, somit als Autorität für jeden und für alle) weder im einzelnen Menschen als solchem, noch in einem bloßen Aggregate solcher einzelnen Menschen, sondern nur da hervor, wo wir diese mehreren Menschen sich in eine sozialorganische Einheit formieren sehen*, sei denn

---

4 Wie sich ausgehend von diesen Gedanken von Baaders ein Weg zu zeitgenössischen Theorien der Sozialisation von Menschen und deren Problematik eröffnet, wird im bereits erwähnten Aufsatz »Soziale Freiheit und Depressivität« (Heinze & Thoma, 2018) im Zusammenhang mit dem Phänomen des Burn-Outs diskutiert.

nun in die Einheit einer Familie, eines Stammes, eines Volkes (Zunge), sei es in die mehrerer (aller) Völker als einer Gemeinde (Kirche). [...]

* D. h. in einen sozialen Leib (corps), womit der Begriff des Exprit du corps klar wird, indem es sich zeigt, dass der soziale Spiritualismus, welcher einen Geist ohne Leib (eine innere Kirche z. B. ohne eine äußere) statuiert, ebenso falsch ist, als der eigentlich psychische« (ebd., S. 164).

Diese Konzeption des Leibes als sozialer Leib verbindet dann auch von Baaders Theoriebildung mit der Phänomenologie Merleau-Pontys. Dessen Schriften haben die Überwindung des Gegensatzes eines objektivistischen Naturalismus einerseits und der Bewusstseinsphilosophie andererseits im Rahmen einer Theorie der Leiblichkeit als zentrales Anliegen. Das Leiblichkeitsdenken dieses Autors hat z. B. Bernhard Waldenfels umfassend rekonstruiert (vgl. Waldenfels, 1980a).[5] Für unseren Zusammenhang ist es nicht nötig, die bekannten Thesen der *Phänomenologie der Wahrnehmung* wiederzugeben, nach denen der Leib Medium zwischen Ich und Welt ist: »der Leib ist unser Mittel überhaupt, eine Welt zu haben« (Merleau-Ponty, 1966, S. 176) und »[u]nsere Verankerung in der Welt« (ebd., S. 174). Wichtig ist aber die Unhintergehbarkeit der Leiblichkeit auch für eine Theorie der Sozialität des Menschen. So kommentiert Bernhard Waldenfels:

»Wenn der Leib ursprünglich nicht Realität *für* das Bewusstsein ist, sondern Leben, Existenz, Sein des Bewusstseins selbst, wenn somit das leibliche Ich Ausgangspunkt allen reflexiven und ausdrücklichen Selbstbewusstseins ist und bleibt, dann geht es nicht an, die Leiblichkeit zu hintergehen und sie zum gegenständlichen Konstitut eines konstituierenden Bewusstseins zu machen, das der Leiblichkeit selbst noch voraus wäre« (Waldenfels, 1980a, S. 43).

Merleau-Ponty konnte zu seiner Zeit bereits darauf zurückgreifen, dass die bewusstseinsphilosophische Prägung der alten Philosophie durch Husserl

---

5 Diesem Aufsatz folge ich überwiegend bei der Rekonstruktion des Leiblichkeitsdenkens von Merleau-Ponty, insbesondere aus dem notwendigen wissenschaftstheoretischen Interesse eines Psychiaters, Dualismen zu überwinden: »Wo in der Geschichte der Philosophie die Leiblichkeit des Menschen problematisch wird, steht immer auch die Einheit des Menschen auf dem Spiel« (Waldenfels, 1980a, S. 29).

hinter sich gelassen wurde. Insofern kann er auch die ursprüngliche Offenheit der Dialektik bewahren ohne im Allgemeinen das Wesen des Menschen »feststellen« zu wollen. Er räumt dem Grundbegriff der Struktur einen wichtigeren Platz als dem des Bewusstseins ein. Merleau-Ponty sei gleichzeitig ein Kritiker des Denkens von Wesenheiten oder Eigentlichkeiten wie auch ein Vermittler auf dem Weg zum Strukturalismus, allerdings mit der Einschränkung, dass Merleau-Ponty gleichzeitig resistent sei, alles *nur* als Struktur oder nur als Diskurs aufzufassen und damit eine erneute Verfestigung des Denkens zu betreiben (vgl. Waldenfels, 1980b, S. 145ff.). Der Strukturbegriff thematisiere – als Übernahme von der Gestalttheorie – weder ein Ding noch eine Idee. Struktur sei eine Ganzheit, deren Elemente nicht einzeln für sich, sondern durch die Stellung zueinander, also durch einen permanenten Verweisungszusammenhang bestimmt sind. Damit mache die Suche nach einem der Struktur Vorgängigem keinen Sinn mehr, denn das Spiel der Differenzen hat keine aus ihm ablösbare Positivität (vgl. Waldenfels, 1987, S. 178). Allerdings lässt sich aus der als Gestalt gedachten Struktur eines Spiels der Differenzen auch nicht *die* Differenz herauslösen (dazu Schenck [1984] sowie Edie [1971]). Das Neue, welches durch menschliche Handlung entsteht, findet seinen Sinn wiederum im Strukturzusammenhang der ganzen von Menschen gestalteten Wirklichkeit. Damit sind auch politisches und emanzipatorisches Handeln nicht Einzelaktionen isolierter Individuen, sondern Teile eines lebendigen gesellschaftlichen Prozesses, welcher daraus besteht, dass ein Einzelner in ihm selbst vorgängliche Bedeutungszusammenhänge seiner Um- und Mitwelt hinein geboren wird, er seinerseits aber in seiner Existenz diese Zusammenhänge nicht unverändert lässt, sondern Bedeutungsverschiebungen generiert, die wiederum für alle anderen prägend werden. Die Freiheit des Individuums besteht ganz analog zu Hegels Auffassung des Durch-andere-gesetzt-sich-selber-Setzens, in diesem Wechselspiel von Rezeptivität und Spontaneität, wobei Absolutheit weder dem Einzelnen noch der Gemeinschaft zukommt, sondern nur der zwischenmenschlichen und gesellschaftlichen Interaktion. »Die zwischenmenschliche Praxis ist das Absolute« (Marx positiv zitiert von Merleau-Ponty, 1990, S. 20). »Was ist also Freiheit?« fragt Merleau-Ponty am Ende seiner *Phänomenologie der Wahrnehmung* und beantwortet dies wie folgt:

> »Geboren werden heißt in eins, aus der Welt geboren werden und zur Welt geboren werden. Die Welt ist schon konstituiert, aber nie ist sie auch vollständig konstituiert. In der ersten Hinsicht sind wir von ihr in Anspruch ge-

nommen, in der zweiten offen für unendliche Möglichkeiten. [...] [N]iemals bin ich bloß Ding und niemals nacktes Bewusstsein. [...] Der Entscheidung kommt die Allgemeinheit der ›Rolle‹[6] und der Situation zu Hilfe, und in diesem Austausch zwischen der Situation und dem, der sie übernimmt, sind der ›Anteil der Situation‹ und der ›Anteil der Freiheit‹ unmöglich voneinander abzugrenzen« (Merleau-Ponty, 1966, S. 514f.).

Der hier beschriebene »lebendige gesellschaftliche Prozess« ist von seiner Auffassung im Rahmen eines Denkens der Leiblichkeit nicht abzulösen. Auf der Ebene der Leibphänomenologie der *Phänomenologie der Wahrnehmung* baut Merleau-Ponty die Frage nach der Sozialität des Menschen aber nicht weiter aus. Wir werden später sehen, dass er erst nach dem Durchgang durch *Die Abenteuer der Dialektik* (Merleau-Ponty, 1974) beide Pole, individuelle Entwicklung und soziale Gemeinschaft, zusammendenkt, ohne die fundamentale Kategorie der Leiblichkeit als Verstehenshintergrund aufzugeben.

Dialektisches Denken

Wie im ersten Abschnitt dargestellt, hat die Philosophie, speziell die des deutschen Idealismus, die Gefahr eines überzogenen Idealismus erkannt und hinsichtlich des Verhältnisses von Einzelnem und Sozialem durch die Einführung der Denkfigur des konkreten Allgemeinen in der Logik einiges richtig gestellt. Dies bedeutet aber auch, dem wissenschaftlichen Rationalismus der Zeit mit seinen nomothetischen Behauptungen zum Wesen des Menschen eine andere Methode gegenüberzustellen, die man – nicht nur im streng hegelianischen Sinn – als dialektische bezeichnen kann. Ein solches Denkschema muss ermöglichen können, das getrennt erscheinende Paar individueller Mensch und Gesellschaft wieder zusammen zu denken, ohne aber die Fortschritte in der Emanzipation des Menschen zurückzunehmen.

---

6 Der Begriff der Rolle taucht hier nicht zufällig auf. Helmuth Plessner hat mit seiner Rollentheorie (Plessner, 1992) die Konkretwerdung des Menschen genauestens beschrieben im Zusammenspiel, wie ein allgemeines und abstraktes, sozial und historisch vorhandenes Rollenangebot »übernommen« werden muss, sich der Inhalt der Rolle aber erst durch individuelle Übernahme konkretisiert und nicht unverändert bleibt.

Es wurde vielfach bemerkt, dass Hegels Denken mit der großen Offenheit seiner Dialektik in der Phänomenologie in späteren Phasen zunehmend verengt und schließlich in eine autoritäre Vorstellung der Gesellschaft mündet, in der die Möglichkeiten des Einzelnen eben nicht mehr offen, seine Position geradezu deterministisch vorgegeben ist. Von Baader setzt in seinen Überlegungen zur Dialektik eben hier an und versucht gegen den Idealismus Hegels die Eigenrechtlichkeit auch der natürlichen Verfasstheit des Menschen geltend zu machen, indem er Natur, wenn man so will, nicht in Geist »aufhebt«, sondern die Eigenschaft des Menschen, frei handeln zu können, selbst als Möglichkeit seiner Natur beschreibt, die in ihm eine höhere »Seinsart« findet, als »naturfreier«, »nicht etwa naturloser« kreatürlicher Geist (von Baader, 1991, S. 171).[7]

Allerdings bleibt von Baader auch in seiner Kritik der hegelschen Dialektik dem autoritären bewusstseinsphilosophischen Paradigma der Philosophie seiner Zeit verpflichtet, sodass er das Spannungsfeld von Gesellschaftlichkeit und Individualität letztlich doch einseitig zugunsten bestehender institutioneller Zusammenhänge auflöst, nicht etwa hin zur Konkretwerdung in der Lebenswelt weiterentwickelt. Er schöpft damit auch letztlich nicht das gesamte Potenzial dialektischer Denkbewegungen aus, welches darin bestünde, auf der Basis der leiblichen Verfasstheit der Existenz das gesamte Maß emanzipatorischer Entwicklungsmöglichkeiten der Gesellschaft zu thematisieren. Mit seinem primären Denken der Sozialität verbleibt er letztlich in der Vorstellungswelt einer durch wenig veränderbare soziale Institutionen geprägten Lebensweise, was ihn hinsichtlich der katholischen Soziallehre zu einem starken Vertreter, aber auch blind gegenüber Freiheitspotenzialen im Leben des konkreten Einzelnen macht, wie sich beispielsweise aus der nachfolgenden Textstelle erschließt. Nachdem er zwar betont, dass sich zwar jeder Einzelne in einem freien Akt der gesellschaftlichen Autorität oder öffentlichen Überzeugung entziehen könne, sieht er den Einzelnen in jedem Fall aber als der Autorität unterworfen:

> »Sodann muss zweitens bemerkt werden, dass, wenn die Vernunft des Menschen nur in ihrem gemeinsamen (zentralen) Einverständnis aufzugehen vermag, diese Zentrierung aber ihre innere und äußere Begründung (als

---

7 Das Diktum der Naturfreiheit nimmt dann auch Michael Theunissen im Rahmen einer ausführlichen Betrachtung des Freiheitsverständnisses in der Neuzeit wieder auf (Theunissen, 1991a, S. 338).

Autorität) voraussetzt, letztere freilich nicht wieder der subjektiven Einsicht oder dem Privaturteil und Belieben jedes einzelnen unterworfen, sohin ein bloßes Ergebnis des letzteren sein kann und darf« (von Baader, 1991, S. 167f.).

Anders dagegen erlaubt es der Strukturbegriff Merleau-Pontys, auf einen Bezug zu »Wesenheiten« zu verzichten. Damit entgeht sein dialektisches Denken der Gefahr der Verfestigung und setzt sich von der Auffassung der Dialektik des späten Hegels deutlich ab:

> »Die Dialektik ist weder die Vorstellung der Wechselwirkung noch die des Miteinander von Gegensätzen und ihrer Aufhebung, auch nicht die einer Entwicklung, die sich immer wieder selbst in Gang bringt, noch der Gedanke eines Hinüberwachsens zur Qualität, das eine bis dahin quantitative Veränderung auf eine neue Ebene hebt; alles das sind nur Folgen oder Aspekte der Dialektik. [...] Sie werden nur verständlich, wenn man sie in der eigenen Erfahrung [...] erfasst: denn [hier ist] Raum für doppeldeutige Beziehungen, für Umstürze, für konträre und untrennbare Wahrheiten, für Überschreitungen, für eine fortwährende Genesis und für eine Pluralität von Absichten und Ordnungen. [...] Die Dialektik schafft [...] einen allumfassenden Zusammenhalt, primordial eines Erfahrungsfeldes, worin jedes Element für die anderen Elemente offen ist« (Merleau-Ponty, 1974, S. 245).

Eine solche Dialektik betrifft den Zusammenhang und die Stellung einzelner Momente in einem Ganzen. Damit setzt sie sich von einem das Einzelne isolierende Denken ab. Sie richtet sich gegen ein die Begriffe fixierendes Denken und wahrt damit die Offenheit für Neues. Und sie wendet sich gegen Dualismen im Denken, die der Erfahrung der Einheitlichkeit der Seienden entgegenlaufen. Besonders fruchtbar ist ein solcher Denkansatz im Hinblick darauf, freiheitliche Erlebens- und Handlungsmöglichkeiten von Menschen nicht abstrakt, sondern tatsächlich konkret zu denken, damit auch die von Theunissen kritisierte Engführung der Freiheitsthematik als »Freiheit-von« zu entgehen und »Freiheit-zu« als konkrete Handlungsmöglichkeit eines Einzelnen in und durch seine Gemeinschaftlichkeit zu thematisieren. Bezüglich emanzipatorischer Gehalte sieht Waldenfels in einer derart »verflüssigten« oder »inkarnierten Dialektik« Chancen für ein Denken von konkretisierter Freiheit, die sich in Strukturen bewegen,

»aber keine Garantie für eine ohnehin imaginäre Freiheit schlechthin« darstellen (vgl. Waldenfels, 1987, S. 144).

Merleau-Ponty unterscheidet sodann eine schlechte Dialektik, die letztlich immer zur Idealisierung führt und ein Denken des Konkreten nicht ermöglicht – und könnte damit von Baader gemeint haben – von seiner ihm eigenen Vorstellung einer Erzeugung von Bedeutungen nur in einer sich ständig bewegenden sozialen Interaktion. Für das zugehörige Denken prägt er den Begriff »hyperdialektisch«:

> »Unter Hyperdialektik verstehen wir dagegen ein Denken, das zur Wahrheit fähig ist, weil es ohne Einschränkungen die Vielfalt der Bezüge ins Auge fasst und das, was Ambiguität genannt wurde. Die schlechte Dialektik ist jene, die glaubt, das Sein durch ein thetisches Denken, durch eine Verbindung von Aussagen, durch These, Antithese und Synthese zusammensetzten zu können; die gute Dialektik ist jene, die weiß, dass jede These eine Idealisierung darstellt, dass das Sein nicht aus Idealisierungen oder aus Gesagtem besteht [...], sondern aus verbundenen Ganzheiten, wo die Bedeutung immer nur als Tendenz vorhanden ist« (Merleau-Ponty, 1986, S. 129).

Ausgestattet mit einer solchen Form des Denkens kann man sich der Frage der sozialen Leiblichkeit anders und intensiver stellen, wobei Merleau-Ponty durchaus eine Übereinstimmung des Denkens mit den Strukturen der Wirklichkeit voraussetzt, im besten Sinne also spekulativ vorgeht. Denn genausowenig wie sich Denken flexibel und veränderbar halten muss, allerdings auch der allgemeinen Sprache entstammt, so stellt die Leiblichkeit des Menschen weder eine feste unveränderbare Struktur dar, noch ist sie beliebig zu formen, sondern sie ist gerade das Ineinander beider Elemente in den konkreten Lebensvollzügen. In der *Phänomenologie der Wahrnehmung* operiert Merleau-Ponty mit dem Begriff der »Ambiguité«, einen Körper zu haben und Leib zu sein. Solche Bestimmungen durchdringen sich gegenseitig und bilden ein Netz von Bedeutungsaspekten, in dem der Sinn des Beschriebenen eingefangen wird. Ambiguität ist so ein Spiel unseres Denkens und unserer Sprache, die ebenso mehrdeutigen Aspekten der menschlichen Existenz darzustellen, ohne allerdings deren Wirklichkeit und Einheit infrage zu stellen.

Die Sinnhaftigkeit der menschlichen Existenz mit ihren Erlebens- und Handlungsmöglichkeiten ist verankert in den Strukturen seiner Leiblichkeit, der individuellen wie der sozialen. Leiblichkeit ist kategorial zu verstehen als ein Aspekt der Wirklichkeit, der nur exemplarisch anhand der Existenz von Menschen dargestellt werden kann. »Leib« ist der Ort, der eine freiheitliche Beziehung zur Welt erst ermöglicht, und auch Ort der Synthese von Unendlichkeits- und Endlichkeitsaspekten, die Menschen zukommen. Das Hegelsche Durch-andere-gesetzt-sich-selber-Setzen, also die Bewegung der Konkretwerdung menschlicher Individualität als besonderer, ist ein leibliches Geschehen, so es an die Materialität der Existenz in der Welt gebunden ist. Dennoch thematisiert der Begriff des Leibes nicht nur den einzelnen Menschen in seiner Endlichkeit. Schon früh formuliert Merleau-Ponty die Hoffnung, er könne ein Milieu sichtbar machen, »das der Philosophie und dem positiven Wissen gemeinsam ist, und dass sich uns, diesseits des reinen Subjekts und des reinen Objekts, so etwas wie eine dritte Dimension eröffnet, wo unsere Aktivität und unsere Passivität, unsere Autonomie und unsere Abhängigkeit einander nicht mehr widersprechen« (zit. n. Waldenfels, 1987, S. 150). Dieses Einander-nicht-Widersprechen kann durchaus auch verstanden werden als nicht nur ein Sich-gegenseitig-Bedingen, sondern vor allem als ein Sich-gegenseitig-Steigern, ganz wie die zuvor zitierte hegelianische Formel der Besonderung und Entwicklung von Einzigartigkeit als Ergebnis gesellschaftlicher Entfaltung bereits angesprochen hat. Ihr Verwirklichungsort ist die gemeinsame Lebenswelt mit ihren freiheitlichen Bezügen.

Merleau-Ponty interessiert sich dafür, was von solchen freiheitlichen Beziehungen in einer historischen Situation sichtbar ist oder gemacht werden kann. Leiblichkeit heißt zunächst tatsächlich, den Menschen im Rahmen seines Endlichkeitsaspekts, seiner Sterblichkeit, zu thematisieren. Allerdings verfolgt Merleau-Ponty mit ihr andere Intentionen: Für ihn ist die Analyse der Leiblichkeit überhaupt die Voraussetzung dafür, freiheitliche menschliche Existenz zu denken. Diese ist durch den Leibbezug jeweils konkret und als konkrete Freiheit auf Anderes und Andere verwiesen. Damit hat »Leib« selbst auch nicht fundierenden Charakter, sondern Leiblichkeit erscheint als eine sinnvolle Kategorie, die die Abhängigkeit des Menschen von seiner körperlichen Natur und gleichzeitig seine Freiheitlichkeit qua Natur thematisieren kann. Ein gewisses Spannungsfeld zwischen der faktischen Situiertheit der menschlichen Existenz und seinen bewussten Entscheidungen bleibt offen, sodass man nicht in seiner Leiblichkeit aufgeht, sondern als Person den Leib zu übernehmen habe, den man vorpersonal als natürliches Ich schon besitzt. Dieses Spannungsfeld bezeichnet Merleau-Ponty auch als »exzentrisch«. In seiner Exzentrizität[8] zu sich selbst realisiert ein Einzelner seine Personalität in sozialen Verhältnissen, die wiederum im Wechselspiel einzelner exzentrisch zu sich stehender Individuen flexibel und lebendig konstituiert sind: »Elle fait comprendre en particulier comment nous somme avec le monde socio-historique dans une sorte de circuit, l'homme étant excentrique à lui-même, et le social ne trouvant son centre qu'en lui« (Merleau-Ponty, 1960, S. 155).

Die Besonderheit des einzelnen Menschen ist nur in konkreten Situationen gegeben bzw. entwickelt, dagegen ist seine reine Individualität ebenso wie das Postulat der Gesellschaft als solche abstrakt, das heißt letztlich nicht wirklich. Aus dem gegebenen Zusammenhang wird aber auch deutlich, dass zur weiteren Bestimmung menschlicher Handlungsspielräume die Kategorie der Leiblichkeit nicht mehr ausreichend ist, sondern man der Personalität bedarf, deren grundlegende Ermöglichungsbedingung aber die Leiblichkeit als soziale ist.

Leibliche Subjektivität: Aspekte von Gewalt und Humanität

Kommt man unter dem Aspekt des Personseins als leibliche Subjektivität auf die eingangs beschriebene Separierung des Einzelnen vom Sozialen oder vom Allgemeinen zurück, so ist ersichtlich, dass durch diese Trennung eine Besonderung des Einzelnen, damit eine Entwicklung zu einer je eigenen Personalität, behindert ist. Der Einzelne mag sich gemäß seiner Individualität als Individuum begreifen, die dann aber unvermittelt, eben abstrakt ist und damit nicht dem Spiel der freiheitlichen Entwicklung zugänglich. Die Abtrennung von der sozialen Gemeinschaft geht, wenn man so will, mit einer Verkrustung freiheitlicher Entwicklungsmöglichkeiten Einzelner einher. Es wäre an dieser Stelle zu ausführlich, auf das »cui bono« dieser Vereinzelung von Menschen einzugehen. Es lässt sich aber gut argumentieren, dass ein vereinzeltes Selbst als »neoliberales« angesprochen werden kann. Für den Zustand der Subjekte prägt Bernd Heiter (2007) den Begriff der »Verwundbarkeit«. In der Zone der Integration, dem Markt, stelle das neoliberale Selbst eine Handlungsmacht dar. In der Zone der Verwundbarkeit bilde es dagegen ein Janusgesicht aus, eine Kipp-

---

8 Der Begriff wird durchaus ähnlich gebildet wie der analoge Begriff in Plessners *Die Stufen des Organischen und der Mensch* (1975). Zentrizität ist eine Kategorie der Wirklichkeit als Ganzer, mit der die Ausprägung des Menschen als exzentrisch genauer zu bestimmen ist.

figur zwischen Fremd- und Selbstführung. Dabei würden nicht nur soziale Teilhaberechte reduziert, sondern auch negative Freiheitsrechte massiv eingeschränkt, nachdem schon durch soziale Ausgrenzung und Entkopplung positive Freiheitsrechte dem Individuum gar nicht mehr zu Eigen seien. »Die Ironie des neoliberalen Freiheitsdispositivs besteht darin, den Leuten glaubhaft zu machen, es ginge um ihre Freiheit« (Heiter, 2007, S. 235).

Sowohl von Baader als auch Merleau-Ponty haben im Verlust der freiheitlichen Handlungsmöglichkeiten von Menschen qua fehlender Vermittlung mit dem Sozialen eine Gefahr für die Konstitution einer freiheitlichen Gesellschaft gesehen. Hegel spricht vom »Fanatismus« oder einer »Furie des Zerstörens« (Hegel, 1986a, S. 50); von Baader spricht vom »Zerstörungstrieb«:

> »[U]nd da in jeder Menschenbrust ein Keim der Zerstörungslust schlummert, so darf es endlich nicht befremden, wenn solche Lehren der absoluten Souveränität und Unbedingtheit des Menschen wenigstens in einzelnen jungen Gemütern jenen Keim in dem Maß erwecken, dass es zur Furie des Zerstörens sich entwickelt, und dieser Zerstörungstrieb endlich mit dem Gefühl des Dasein dermaßen identisch wirkt, dass ein solcher Mensch zerstören (alles Bestehende hassen und vernichten) muss, um sich nur in der Kontinuität seines Daseins zu erhalten« (Baader, 1961, S. 167ff.).

Merleau-Ponty greift weiter aus, indem er das Problem der Gewalt potenziell der leiblichen Seinsweise von Menschen zuschreibt und in ihm nicht nur den Ausdruck einer aktuellen Gesellschaftsformation sieht: »Als leibliche haben wir keine Wahl zwischen Unschuld und Gewalt, sondern nur zwischen verschiedenen Formen der Gewalt bzw. dem Ausgleich von Gewalt.« Und: »Die Gewalt ist unser Los, dadurch dass wir inkarniert sind. Es gibt nicht einmal Überzeugung ohne Verführung, das heißt in letzter Konsequenz ohne Verachtung« (Merleau-Ponty, 1990, S. 153). Demnach bedarf es gerade der Gemeinschaft mit anderen, diesen Aspekt der menschlichen Existenz zu humanisieren: »Was zählt [...] ist nicht die Gewalt, sondern ihr Sinn oder ihre Zukunft. Es ist das Gesetz der menschlichen Aktion, über die Gegenwart hinwegzuschreiten in Richtung auf die Zukunft, und über das Ich in Richtung auf den Anderen« (ebd.).

Das Verständnis dieser Zusammenhänge von einerseits Gesellschaftsorganisation mit ihrer strukturellen Gewalt, andererseits der Entfremdung Einzelner und deren Internalisierung der strukturellen Gewalt, ist dann auch heuristisch fruchtbar zu machen für die Frage, inwieweit Pathologien des Psychischen heute einen spezifischen Charakter tragen können. Es ist eine Einsicht heutiger Psychiatrie und Psychotherapie, dass die Schwächung eines verlässlichen sozialen Rahmens zu neuen Pathologien führt. Dies betrifft vor allem selbstdestruktives Verhalten, wie es bei der Borderline-Störung vorkommt, aber auch sozial destruktives Verhalten im Rahmen anderer Formen von Persönlichkeitspathologien, z. B. auch in paranoiden Auslenkungen von Wahrnehmung, Denken und Fühlen mit narzisstischer Kernproblematik. Durch gestörte soziale Gemeinschaftlichkeit ist vor allem der Mechanismus behindert, die eigene Persönlichkeit in der Spiegelung durch andere zu entwickeln, die nur reifen kann in der gegenseitigen Anerkennung eines werdenden Bewusstseins durch andere. Neben solchen eher destruktiven Störungen, sieht Axel Honneth auch Depressionen (und Süchte) als mitbedingt an durch gesellschaftliche Desintegration. In seiner Einleitung zu Alain Ehrenbergs *Das erschöpfte Selbst* (1998) fasst Honneth dies im Hinblick auf klinische Phänomene zusammen in der Weise, die Subjekte leiden heute am Zustand der sozialen Defizienz ihrer Persönlichkeit (wie vor hundert Jahren am Konflikt mit repressiven Normen der Gesellschaft):

> »Die rapide Zunahme von depressiven Erkrankungen ist das paradoxe Resultat eines sozialen Individualisierungsprozesses, der die Subjekte dadurch, dass er sie aus traditionellen Bindungen und Abhängigkeiten befreit [um sie produktiver und verwertbarer zu machen], im wachsenden Maße daran scheitern lässt, aus eigenen Antrieben und in vollkommener Selbstverantwortung zu psychischer Stabilität sowie sozialem Ansehen zu gelangen« (Honneth zit. n. Ehrenberg, 1998, S. 8).

Bestimmte psychische Störungsbilder sind für Honneth emblematische Erkrankungen des gegenwärtigen Kapitalismus mit seiner Auswirkung auf den Einzelnen, ihn verwertbar zu machen und zu isolieren. Eine solche Pathologie ist generiert aus Widersprüchen unserer Gesellschaftsordnung: der Vorstellung einer Selbstverantwortung, die nur eine Chimäre sei, und der Vorstellung, jeder sei für seine psychische Stabilität selbst verantwortlich, ohne dass er ein äußeres Gerüst dafür brauche.

Die Überforderung, die sich dabei im Lebensvollzug des Einzelnen einstellt, transformiere sich auf gesellschaftlicher Ebene in eine Orientierungslosigkeit wegen eines Verlustes der Gemeinschaftserfahrung, die in Anlehnung an Hegel als fehlende Besonderung des Einzelnen angesprochen werden kann. Zwar ist der Einzelne nicht von vornherein in seinen Entwicklungsmöglichkeiten eingeschränkt, er versteht aber den Kern seiner Selbstverantwortung falsch im Sinne überzogener Autonomie, die letztlich aber nicht mehr als Hypernormativität bedeutet und wenig Eigenes zeigt.

Eine freie Selbstverwirklichung dagegen würde vor allem die Verankerung im Sozialen betonen. Das Gefühl der Depressivität zeigt, auch hier kann man Honneths Beobachtungen folgen, dass dem Einzelnen seine Machtlosigkeit wegen fehlender Teilhabemöglichkeiten an wichtigen Entscheidungen sehr wohl bewusst ist. Die Unterwerfung der menschlichen Lebensvollzüge unter die Zweckrationalität des Systems erzeugt eine Individualität, die nicht mehr im empathischen Sinne Individualität sei, sondern eben Konformismus. Dies führt zu einer Vielzahl von neuen, sowohl materiellen wie psychischen Formen des sozialen Leidens. Diese Problematik heutiger Individualisierungsprozesse ist eng auf die Freiheitsthematik bezogen, die (wie schon oben von Theunissen angesprochen) verkürzt ist auf den Pol der »Freiheit-von«. Individuen gelangen nicht zu einer umfangreichen persönlichen Freiheit qua Vermittlung mit anderen, sondern bleiben als »Selbst« zu stark auf sich bezogen und auf ein angebliches Freisein von etwas ohne Möglichkeiten einer gestalterischen »Freiheit-zu«, was wiederum zur Erklärung des Anstiegs psychischer Symptomatik in unserer Gesellschaft herangezogen werden kann. Erneut mit Honneth: »Das Resultat dieses paradoxalen Umschlags, in dem jene Prozesse, die einmal eine Steigerung qualitativer Freiheit versprachen, nunmehr zur Ideologie der Deinstitutionalisierung geworden sind, ist die Entstehung einer Vielzahl von individuellen Symptomen innerer Leere, Sich-überflüssig-Fühlens und Bestimmungslosigkeit« (Honneth, 1992, S. 146).

Im kapitalistischen Freiheitsverständnis ist unsere Idee von Freiheit individualistisch oder privat-egoistisch verengt auf nur eine Form der Freiheit, nämlich die der individuellen negativen Freiheit, im Gegensatz stehend zu einer »sozialen Freiheit«, die neben der Freiheit auch Gleichheit und Gemeinschaftlichkeit verwirklichen würde. Die sozialen Leiden werden gerade deswegen nicht sichtbar, da sie in den Bereich der psychischen Erkrankungen verlagert worden sind, sodass für sie nur klinische Indikatoren bereitstünden. Hierin liegen die Wurzeln für eine Psychiatrisierung der Gesellschaft, wie sie heute beobachtet werden kann.

Beide Autoren, von Baader und Merleau-Ponty, haben schon zu ihren Zeiten eine solche »Diagnose« der gesellschaftlichen Verhältnisse gestellt. Sie suchen daher einen Ausgleich solch problematischer gesellschaftlicher

Entwicklungen mit philosophischen Mitteln ausweisen zu können, zunächst auf der Ebene der Reflexion zwischenmenschlicher Beziehungen, dann aber weitergreifend auch auf der Ebene der Reflexion allgemeiner gesellschaftlicher Beziehungen von Menschen. Insoweit für beide Autoren Bewusstsein inkarniert, grundieren sich heilsame, weil freiheitsfördernde Prozesse zwischen Personen leiblich als Liebesverhältnisse mit Zärtlichkeit, Sexualität und Erotik.

Von Baader, der beides, zwischenmenschliches und gesellschaftliches, leiblich sieht, kann den Begriff der »Erotik«, den er zu einem Leitbegriff seines philosophischen Entwurfs macht, auch auf gesellschaftliche Zusammenhänge ausdehnen. Es ist die erotische Dimension des sozialen Leibes, die diesen zusammenhält und entwicklungsfähig macht. Von Baaders erotische Philosophie richtet sich gegen einen Spiritualismus, der die Materialität der Leiblichkeit ignoriert. Auch Sexualität ist, so von Baader, der kapitalistischen Verwertung unterworfen, abgetrennt von jeder emanzipatorischen und personalen Qualität, als »die bloße Multiplikationsanstalt, zur bevölkerungspolitischen Zelle profanierte Ehe« (Kaltenbrunner, 1991, S. 55).

> »[D]a ja in dem Geschlechtsverhältnisse – dieses an sich und ohne den Exorzismus der (religiösen) Lieben betrachtet, welche das alleinige Prinzip aller freien Assoziation ist, und die unfreie Gebundenheit (Leidenschaft) zum freien Bund erhebt – keineswegs, wie heidnische Philosophen und Naturphilosophen träumten, ein Streben zur Rückkehr in die Androgyne als in die Integrität der menschlichen Natur in Mann und Weib sich merkbar macht, wohl aber physisch wie psychisch dasselbe orgastische, lieblose, egoistische oder selbstsüchtige Streben des Mannes wie des Weibes, jedes in sich und für sich jene hermaphroditische Doppelglut zu entzünden, und eines dem andern das zu entreißen, was jedes zu dieser Entzündung in sich bedarf; wie denn in der liebleeren Copula die höchste Selbstsucht des Mannes wie des Weibes ihre Befriedigung sucht und das Weib dem Manne, der Mann dem Weibe hiezu Werkzeug ist, weshalb die Befriedigung des Geschlechtstriebes nicht nur mit Verachtung der Persönlichkeit, sondern selbst mit deren Hass gar wohl besteht« (von Baader, 1991, S. 113).

Freie Assoziation mit anderen Menschen durch die Erotik und Leidenschaft[9] wären dagegen dem Menschen gerecht. Gegen die Sinnentfrem-

---

9 Hier besteht eine Parallelität zu Plessners Begriff der Leidenschaft, vgl. dazu Heinze (2009).

dung des Menschen in den kapitalistischen Produktionsstrukturen formuliert von Baader die Vision einer erotisch versöhnten Humanität, mit dem Anliegen der Wiederherstellung der leiblichen und sozialen Integrität von Menschen, die er im Ideal der Androgynität in der »heidnischen« Philosophie, den Bezügen auf Eros bei Plato und Aristoteles, thematisiert sah (vgl. von Baader, 1991, S. 113ff.). Erotische Philosophie ist eine unserer fortgeschrittenen Gesellschaftlichkeit entsprechende Philosophie. Sie gibt die Errungenschaft neuzeitlicher Rationalität, ihren emanzipatorischen Gehalt, nicht auf, stellt sich aber kritisch gegen die destruktive Verwertbarmachung von Menschen.[10] Dabei ergänzen sich die Geschlechter nicht, sondern helfen, die eigene Ganzheit im Sinne der Androgynität wiederherzustellen. Dies mag für den in neuzeitlicher Rationalität Denkenden irrational klingen, birgt im Kern aber eine rationale Kritik der Geschlechterordnungen im kapitalistischen Patriarchat, wie sie heute mit ganz anderem philosophischen Hintergrundbezug auch gesellschaftskritisch geltend gemacht wird. Man lese zum Beispiel die Argumentation bei Christina von Braun und Bettina Mathes (2007), in der westlichen Rationalität auch im Vergleich zum Islam eine »Verdrängung des Körpers« und eine Kastration des Sexuellen und überhaupt der leiblichen Natur des Menschen zu sehen. Mit der Entwicklung der Schrift und der Wissenschaftlichkeit sei es zu einer »symbolischen Kastration«, vor allem der Männlichkeit gekommen. Zur abendländischen Rationalität gehört dann eine »entkörperte Logik« (von Braun & Mathes, 2007, S. 115).

In einer ganz analogen Denkfigur ergänzt der späte Merleau-Ponty den Begriff des Leibes (»le corps«) um den des Fleisches (»la chair«). Er integriert in seine strukturale Phänomenologie eine Theorie des Begehrens, die einen spekulativen Zug in die Frage nach der Einheit des Menschen trägt, der sich im fleischlichen Geschehen, in der Erotik wiederfindet. Schon die *Phänomenologie der Wahrnehmung* kumuliert gewissermaßen im Hinblick auf Überlegungen zur Einheit des Menschen im Kapitel »Der Leib als geschlechtlich Seiendes«. Die sexuelle Erfahrung ist »gleichsam ein jedermann und zu jeder Zeit zugängiges Zeugnis der Bedingung des Menschseins in seinen allgemeinsten Momenten der Autonomie und der Abhängigkeit« (Merleau-Ponty, 1966, S. 200). In der späten und unvoll-

---

10 Auch bei Autoren der zeitgenössischen Philosophie wird von einer erotischen Erneuerung des Philosophierens als Kritik des abstrakten Denkens gesprochen. Eine umfassende Übersicht hat Olivia Mitscherlich-Schönherr (2017) vorgelegt.

endeten Schrift *Das Sichtbare und das Unsichtbare* wird diese Theorie des Begehrens als Grundlage einer nicht subjektzentrierten Anthropologie ausgebaut. Merleau-Ponty spricht dann nicht mehr vom leiblichen, sondern vom fleischlichen Sein und vom Leib des Geistes (vgl. Breimaier, 2009). Mit dem Begriff des Fleisches (»la chair«) verabschiedet sich Merleau-Ponty endgültig von den letzten Resten eines anthropologistischen Denkens mit seinen dualistischen Trennungen: »He sees that all the unresolved dualisms of Modernity arise from an erroneous abstraction, one which divides a single flesh« (Cohen, 1984, S. 330).

Mit dem Begriff des Begehrens wird die leibliche Verankerung der Subjektivität in der Welt (»Weil unerläßlich, wie Wellen, die am Strande ein Wrack umspülen, die Welt die Subjektivität überströmt und umgibt« [Merleau-Ponty, 1966, S. 244]) aus der Enge der Intersubjektivität auf eine Vielzahl von Subjekten bezogen und stellt Subjektivität qua Leiblichkeit und primärer Sozialität von Menschen heraus. Sozialer Sinn als Antidot zur erlebten Sinnleere des neoliberal vereinzelten Individuums wird bei Merleau-Ponty aus dem triadischen Verhältnis von Eigenleib, Fremdleib und der Welt abgeleitet und nimmt damit stets Bezug zu mehr als nur dem einzelnen Subjekt. Trotz der strukturalistischen Prägung der Leiblichkeit und der Bedeutung der Welt der anderen ist der Sinnzusammenhang nicht von der Realisierung von Subjektivität durch den Einzelnen losgelöst. Geradezu umgekehrt realisiert die sozial-leibliche Subjektivität das oben beschriebene dialektische Wechselspiel einer gegenseitigen Steigerung von Einzelnem und Gesellschaft hin zu mehr Freiheitlichkeit. Die gegenseitige Steigerung der Potenzialität des Einzelnen und aller anderen ist der spekulative Gehalt einer an der Erotik (von Baader) oder dem Begehren (Merleau-Ponty) orientierten Philosophie. Das hegelianische Durch-andere-gesetzt-sich-selber-Setzen ist erweitert durch ein unabschließbares und damit nicht gerinnendes oder vollständig aufgehobenes Spiel, in dieser Setzung den anderen und sich selbst permanent zu verändern und sich selber dadurch stets neu zu setzen. Dies könnte als Antidot zum neoliberalen Subjekt eine bessere, weil lebendige und menschengemäße, Subjektivität bedeuten.

Als Fazit dieser Überlegungen können wir deren Bedeutung für die Wissenschaften der Psyche herausstellen, die auch hier ihrem Gegenstand Psyche sachlich unter Zuhilfenahme von Kategorien wie Leiblichkeit, Sozialität und Personalität gerecht werden müssen. So sich das Personsein des Einzelnen nur in seiner Gemeinschaftlichkeit mit anderen entwickeln kann, kann der »Gegenstand« Psyche nicht individualistisch isoliert betrachtet werden. Die Struktur des individuellen psychischen Erlebens und menschlichen Handelns besteht aus geronnener Sozialität und Kultur ebenso wie aus seiner Materialität, all dies verankert nicht nur im Bewusstsein des Einzelnen, sondern auch im individuellen und kollektivem Unbewussten (zum Denken des Unbewussten bei Merleau-Ponty vgl. Günzel & Windgätter [2005], zur Materialität des Unbewussten auch Heinze [2010]). Andererseits lassen die Entwicklung und die Äußerungen des einzelnen Menschen in seiner Besonderheit den sozialen und historischen Kontext nicht nur nicht unverändert, sondern dieser Kontext braucht immer besondere Träger seiner Wirklichkeitswerdung. Durch so informierte Bezugnahmen gewinnt die psychiatrische Wissenschaft die Breite der für sie notwendigen Grundlagen zurück, indem sie unter anderem Philosophie, Soziologie und Ethnologie als Ideengeber respektiert. Daraus entsteht kein Gegensatz zu Erkenntnissen, die aus anderen Grundlagenwissenschaften, wie der Biologie und der Genetik, entstehen. Denn, um zu von Baader und Merleau-Ponty zurückzukehren, es besteht ja kein Widerspruch zwischen der individuellen, biologisch verfassten Einzelheit eines Menschen und der Allgemeinheit der historischen und kulturellen Bedingungen seiner Existenz, wenn er denn als besonderer Einzelner hinsichtlich aller relevanten Perspektiven seines Lebensentwurfs gesehen wird.

Literatur

von Baader, F. (1961). *Sämtliche Werke. Band I.* Hrsg. von F. Hoffmann et al. Aalen: Scientia-Verlag.

von Baader, F. (1991). *Erotische Philosophie.* Hrsg. von G. Kaltenbrunner. Frankfurt a. M., Leipzig: Insel Verlag.

von Braun, C. & Mathes, B. (2007). *Verschleierte Wirklichkeit. Die Frau, der Islam und der Westen.* Berlin: Aufbau.

Breimaier, A. (2009). *Maurice Merleau-Pontys Denkfigur des »Fleisches«. Eine Analyse der Abhandlung »Die Verflechtung – der Chiasmus«.* GRIN Verlag. E-Book abrufbar unter https://www.grin.com/document/123657 (09.11.2020).

Cohen, A. & Merleau-Ponty, M. (1984). The Flesh and Foucault. *Philosophy Today, 28*(4), 329-338.

Edie, J. M. (1971). Was Merleau-Ponty a Structuralist? *Semiotica, 4,* 297–323.

Erdmann, J. E. (1864). *Grundriss der Logik und Metaphysik.* Halle: H. W. Schmidt.

Fuchs, T. (2008). *Das Gehirn – ein Beziehungsorgan. Eine phänomenologisch-ökologische Konzeption.* Stuttgart: Kohlhammer.

Fuchs, T. (2009). Embodiment and psychopathology. A phenomenological perspective. *Current Opinion in Psychiatry, 22,* 570–575.

Fuchs, T. (2015). Subjektivität und Intersubjektivität. Zur Grundlage psychiatrischer und psychotherapeutischer Diagnostik. *Kontext. Zeitschrift für Systemische Therapie und Familientherapie, 46,* 27–41.

Günzel, S. & Windgätter, C. (2005). Leib/Raum. Das Unbewusste bei Maurice Merleau-Ponty. In M. B. Buchholz & G. Gödde (Hrsg.), *Das Unbewusste, Bd. 2* (S. 585–616). Gießen: Psychosozial-Verlag.

Hegel, G. W. F. (1989a). *Werke. Grundlinien der Philosophie des Rechts oder Naturrecht und Staatswissenschaft im Grundrisse, Bd. 7.* Frankfurt a. M.: Suhrkamp.

Hegel, G. W. F. (1989b). *Werke. Enzyklopädie der philosophischen Wissenschaften, Bd. 8.* Frankfurt a. M.: Suhrkamp.

Heinze, M. (2009). Helmuth Plessner's Anthropology and Psychiatric Understanding and Practice. *Philosophy, Psychiatry and Psychology, 16*(2), 117–128.

Heinze, M. (2010). Repressed and Formative. Comments on the Material Content of the Unconscious. *Intellectual News, 16,* 145–153.

Heinze, M. & Thoma, S. (2018). Soziale Freiheit und Depressivität. In L. Iwer, T. Fuchs & S. Micali (Hrsg.), *Das überforderte Subjekt* (S. 344–367). Berlin: Suhrkamp.

Heiter, B. (2008). Leute zurechtmachen. Über Praktiken neoliberaler Gouvernementalität. In D. Quadflieg (Hrsg.), *Selbst und Selbstverlust. Psychopathologische, neurowissenschaftliche und kulturphilosophische Perspektiven* (S. 219–237). Berlin: Parodos.

Honneth, A. (1992). *Kampf um Anerkennung. Zur moralischen Grammatik sozialer Konflikte.* Frankfurt a. M.: Suhrkamp.

Honneth, A. (1998). Vorwort. In A. Ehrenberg, *Das erschöpfte Selbst* (S. 7–10). Frankfurt a. M.: Suhrkamp.

Honneth, A. (2012). Organisierte Selbstverwirklichung. Paradoxien der Individualisierung. In C. Menke & J. Rebentisch (Hrsg.), *Kreation und Depression.* (S. 63–80). Berlin: Kadmos.

Kaltenbrunner, G. (1991). Kopfzerbrechen ohne Ungestüm, damit es licht wird … In F. von Baader, *Erotische Philosophie* (S. 9–32). Frankfurt a. M., Leipzig: Insel Verlag.

Merleau-Ponty, M. (1960). *Signes.* Paris: Gallimard.

Merleau-Ponty, M. (1966). *Phänomenologie der Wahrnehmung.* Berlin: Walter de Gruyter.

Merleau-Ponty, M. (1974). *Die Abenteuer der Dialektik (aus dem Französischen von A. Schmidt & H. Schmitt).* Frankfurt a. M.: Suhrkamp.

Merleau-Ponty, M. (1986). *Das Sichtbare und das Unsichtbare.* München: Wilhelm Fink.

Merleau-Ponty, M. (1990). *Humanismus und Terror.* Frankfurt a. M.: Hain.

Mitscherlich-Schönherr, O. (2017). Die Wirklichkeit der Liebe. Habilitationsschrift. Universität Potsdam.

Oetinger, F. C. (1776). *Biblisches und enblematisches Wörterbuch.* Heilbronn am Neckar.

Plessner, H. (1975). *Die Stufen des Organischen und der Mensch.* Berlin: de Gruyter.

Plessner, H. (1992). *Die Frage nach der Conditio Humana.* Frankfurt a. M.: Suhrkamp.

Quadflieg, D. (2008). Einführung. Zur Dialektik von Selbst und Selbstverlust. In ders. (Hrsg.), *Selbst und Selbstverlust. Psychopathologische, neurowissenschaftliche und kulturphilosophische Perspektiven* (S. 7–21). Berlin: Parodos.

Schenck, D. (1984). Meaning and/or Materiality. Merleau-Ponty's Notion of Structure. *J Brit Soc of Phen, 15*(1), 34–50.

Theunissen, M. (1991a). *Negative Theologie der Zeit.* Frankfurt a. M.: Suhrkamp.

Theunissen, M. (1991b). *Das Selbst auf dem Grund der Verzweiflung*. Frankfurt a. M.: Anton Hain.

Waldenfels, B. (1980a). Das Problem der Leiblichkeit bei Merleau-Ponty. In ders., *Der Spielraum des Verhaltens* (S. 29–55). Frankfurt a. M.: Suhrkamp.

Waldenfels, B. (1980b). Die Offenheit sprachlicher Strukturen bei Merleau-Ponty. In ders., *Der Spielraum des Verhaltens* (S. 145–163). Frankfurt a. M.: Suhrkamp.

Waldenfels, B. (1987). *Phänomenologie in Frankreich*. Frankfurt a. M.: Suhrkamp.

Biografische Notiz

Martin Heinze, Dr. med., ist Professor für Psychiatrie und Psychotherapie an der Medizinischen Hochschule Brandenburg (MHB) und Leiter der Hochschulklinik für Psychiatrie und Psychotherapie der MHB an der Immanuel Klinik Rüdersdorf. Seine Forschungsschwerpunkte sind Philosophie und Wissenschaften der Psyche, Soziale Psychiatrie, Psychiatrische Versorgungsforschung.

Kritik des Individualismus und Apologie der Libidotheorie

Zur Stellung von Adornos Kritik der revisionistischen Psychoanalyse Karen Horneys innerhalb seiner Kulturkritik

Sebastian Edinger

Angesichts des Individualismus der Gegenwart, insbesondere auf dem Markt der Selbstverwirklichungsideologien ist zu beobachten, wie die Psychodynamik des Narzissmus weithin zum Prinzip der Lebensführung verklärt wird. Dieser Individualismus des gesellschaftlichen Lebens und der Lebensführung des Einzelnen ist vom methodologischen Individualismus vornehmlich soziologischer Theoriebildung zu unterscheiden – Max Weber war diese Unterscheidung noch wichtig –, doch nicht komplett davon zu trennen, was sich schon an dem paradigmenbildenden Status des »Evangelium[s] des methodologischen Individualismus« (Kondylis, 1999, S. 141) ablesen lässt, in welchem der sozialwissenschaftliche Methodenanspruch und das politische Freiheitspathos eine Symbiose eingegangen sind.

In diesem Aufsatz soll entlang von Adornos Kritik der revisionistischen Psychoanalyse Karen Horneys gezeigt werden, wie die Kritik des methodologisch-axiologischen Individualismus Horneys, in dem Methodologie und Axiologie zu einer sich selbst undurchschaubar gewordenen Verschränkung gelangen, in eine Kritik des Therapeutischen mündet, das nicht nur Horneys Konzept der Psychotherapie trägt, sondern sich zudem in eine Komplizenschaft mit der Kulturindustrie begibt. Ein Kernphänomen der Reflexion und Kritik bildet bei Horney wie bei Adorno der Narzissmus. Gezeigt werden soll, dass Horneys psychoanalytische Kritik des Narzissmus nicht mit einer Kritik des Individualismus konvergiert, was bei Adorno hingegen der Fall ist, der das Verhältnis beider besser zu durchdringen vermag, *weil und indem* er eine dialektisch-naturphilosophische Aneignung der radikalen Psychoanalyse vornimmt, die ohne ein Festhalten an Freuds Libidotheorie nicht zu haben ist.

Im ersten Teil soll anhand der Psychoanalyse Karen Horneys gezeigt werden, dass die Verschmelzung von individualistischer Axiologie und Methodik auch vor der Psychologie nicht Halt gemacht hat. Was bereits an Freud sich im Grundsätzlichen aufzeigen ließe, gewinnt bei Horney Gestaltprägnanz. Bei ihr als einer amerikanischen Exilantin, die zwischen 1935 und 1955 ihre Hauptwerke verfasst und dabei trotz der gesellschaftlichen Transformationen einer bewegten Zeit einen klaren theoretischen Weg konsistent verfolgt hat, wird nicht nur der Hochkapitalismus US-amerikanischer Provenienz in ihrer Theorie reflektiert, sondern – was hier entscheidend ist – dieser *schlägt sich nieder* in ihrer Theorie und deren methodisch-axiologischer Anlage. Gezeigt werden soll, dass gerade im Vorrang der Widerspiegelung der kulturellen und gesellschaftlichen Realität *in* der Theorie eine kritische Reflexion derselben *durch* die Theorie ausbleibt und so die Infiltrierung des methodologischen Individualismus mit dem axiologischen sich manifestiert. Das normative und therapeutische Ziel Horneys, die ganzheitliche Persönlichkeit, wird auf der Grundlage einer Revision der Psychoanalyse entworfen, welche Freuds Libidobegriff psychoanalytisch exkommuniziert in Zeiten der gesellschaftlichen Entfesselung der (zunehmend und altersunabhängig verhärmter sich zeigenden) Libido. Wie Horneys im Kern individualistische psychoanalytische Theorie sich des Libidobegriffs entledigt, wird herauszuarbeiten sein, um Adornos Doppelkritik der revisionistischen Psychoanalyse und der Kultur entlang seiner Verteidigung der strengen, den Libidobegriff ins Zentrum stellenden, Psychoanalyse kontrapunktisch zu entfalten.

Die im zweiten Teil zu entfaltende Individualismus-Kritik Adornos wurde sowohl unabhängig als auch in seiner polemischen Auseinandersetzung mit der revisionistischen Psychoanalyse Horneys und ihren therapeutischen Aspirationen gemäß den philosophischen Grundlagen seiner Kulturkritik entwickelt. Adornos Kritik der revisionistischen Psychoanalyse ist daher kein Beitrag zu einer Philosophie der Psychologie oder Psychoanalyse, sondern sie akzentuiert vielmehr gegenstandsspezifisch seine philosophische und im Besonderen seine geschichtsphilosophische Kritik der bürgerlichen Gesellschaft als einer zur Gesellschaftsform geronnenen individualistischen Ideologie. Dabei ist zu zeigen, dass Adorno sehr wohl einen ästhetischen Individualismus affirmiert, wohingegen er den kulturindustriell präformierten (Pseudo-)Individualismus verwirft als eine Standardisierungspraxis, die Besonderheit predigt, während sie »Immergleichheit« (Adorno) produziert. Dabei ist die Verwobenheit von Adornos oft geschichtsphilosophisch verstandenem Begriff des *Banns* mit dem meist soziologisch verstandenen Begriff der *Ideologie* aufzuzeigen, wobei der Begriff des Banns im Ausgang von der kulturindustriellen Standardisierungslogik soziologisch geerdet werden soll. Der weit ausgreifende Blick auf die Standardisierung erfolgt, um zu zeigen, welche zentrale Rolle Adornos strengem Festhalten an Freuds Libidobegriff[1] zukommt: Die Libido bildet – wenn auch nicht ausschließlich – das kulturindustriell zu Standardisierende, für die Kritische Theorie aber gerade das Prinzip eines möglichen Widerstands gegen die Standardisierung. Zu zeigen ist deshalb, dass mit dem Libidobegriff eine Weggabelung sich auftut, an welche die Kritische Theorie und die revisionistische Psychoanalyse samt der von ihr konzipierten Psychotherapie entgegengesetzte Wege einschlagen, wobei in der Perspektive Adornos Psychotherapie und Kulturindustrie Elemente desselben Räderwerks bilden, das die Kritische Theorie im Bewusstsein der Unerfüllbarkeit dieser Intention zum Stillstand bringen will.

Das Dispositiv des Therapeutischen und die Gleichzeitigkeit der Verankerung des Individualismus in der bereits im Individualismus verankerten Psychotherapie

Horneys Freud-Kritik

Im positivistischen Rückblick auf die Geschichte der Psychotherapie ließe sich feststellen, dass es nicht »die« Psychotherapie, sondern verschiedene psychotherapeutische Schulen und Ansätze gegeben habe, deren jeweilige Eigentümlichkeiten eine abstrakte Homogenisierung verbieten. Demgegenüber macht der Begriff des Dispositivs stark, dass die verschiedenen Schulen und Ansätze einem gemeinsamen Nährboden entwachsen sind, der tiefer reicht als Ausdifferenzierungen innerhalb der Psychologie selbst, die selbst wiederum eine Gestalt der Ausdifferenzierung der Wissenschaft im Rahmen der Entwicklung der modernen Gesellschaft darstellt. Da hier das Dispositiv des Therapeutischen von der Manifestation des modernen Individualismus in der revisionistischen Psychoanalyse und ihrer therapeu-

---

1 Eine kleine Vorabverortung meiner Argumentation möchte ich hier geben: Anders als Ulrich Enderwitz, demzufolge Adorno »doch aber der Psychoanalyse gegenüber lebenslang Distanz« (Enderwitz, 1990, S. 106) gewahrt habe, argumentiere ich eher auf der Linie Ulrich Sonnemanns, der im Rahmen der selben Tagung, auf der auch Enderwitz gesprochen hat, die Bedeutung von »Adornos Interesse an der Psychoanalyse und Verteidigung ihrer unverwässerten Triebtheorie« (Sonnemann, 1990, S. 114) hervorgehoben hat.

tischen Weichenstellungen her betrachtet wird, soll mit diesem Individualismus ein textimmanent zu entfaltender Ansatzpunkt gewählt werden, der im Sinne des hierauf übertragenen Böckenförde-Diktums ideologische Voraussetzungen bereitstellt, die nicht erst durch die Psychoanalyse begründet und ihr nicht von ihr selbst garantiert worden sind.[2]

Für die sogenannte revisionistische Psychoanalyse gilt damit grundsätzlich, was im Begriff des Revisionismus analytisch steckt: Ein theoretischer Ansatz wird von Spätergeborenen, d. h. in der theoretischen Generationenfolge, einer Modifikation unterzogen, die auf seitdem stattgefunden habende wissenschaftliche und gesellschaftliche Entwicklungen reagiert und diese inkorporiert, wobei diese sich zugleich in ihr inkorporieren. In Horneys konkretem Fall ist zu beachten, dass sie nicht im Wien Freuds ihre maßgebenden Schriften verfasst hat, sondern in den 1930er Jahren nach ihrer 1932 erfolgten Emigration in die USA, wo die revisionistische Psychoanalyse durch sie, Harry Stuck Sullivan und den 1934 ebenfalls emigrierten Erich Fromm Gestalt angenommen hat. Die Revision der Wiener Psychoanalyse wird also in der Hochburg des modernen Kapitalismus und des Individualismus vorgenommen, sodass Horneys Freudkritik als eine durchaus »amerikanische« bzw. die neue Heimat affirmierende verstanden werden kann:

> »Three main reasons combined to prevent Freud from recognizing the impact of the drive for glory and its significance for the neurotic process. To begin with, he was not cognizant of the power of cultural conditions to mold human character – a lack of knowledge which he shared with most European scholars of his time« (Horney, 1950, S. 370).

Zwei grundlegende Motive von Horneys Freudkritik sind hier enthalten und betreffen beide die »Kulturblindheit« Freuds: (1) Wenn Horney sagt, dass Freud die Kenntnis der kulturellen Bedingungen psychischer Prozesse fehle, meint sie nicht, dass Freud die Prägung der Psyche durch

---

2 Eine institutionelle Totaldeterminierung mit der Zuweisung eines Agentenstatus an den Therapeuten kombinierende Zuspitzung hat Leonard Krasner diesem Grundgedanken gegeben: »The therapist, as the central variable in the therapeutic situation, is a social ›reinforcement machine‹, programed by prior training and experience. The therapist has been trained to use his behavior as a decisive factor in interpersonal situations with individuals who come to him for assistance« (Krasner, 1962, S. 61).

die Kultur überhaupt ausklammere, sondern sie nicht adäquat in den theoretischen Ansatz aufnehme und entsprechend tief in ihm verankere. Das wird noch genauer zu betrachten sein. (2) Die Darstellung Freuds als einen der »European scholars of his time« soll Freud nicht seine Originalität absprechen, sondern stellt vielmehr eine wissenschaftshistorische Situierung dar, die für Horney von direkter wissenschaftlicher Relevanz für den theoretischen Aufbau der Freud'schen Psychoanalyse und ihre Prämissen ist. Das wird daraus ersichtlich, dass Horney an anderer Stelle sagt, Freuds Denken sei »determined by philosophical ideologies in the nineteenth century« (Horney, 1939, S. 37f.), und sein Denken als »mechanistic thinking« (ebd., S. 41) und konkreter als »mechanistic-evolutionistic thinking« (ebd., S. 42) charakterisiert. Mit der ideologischen Verankerung Freuds im 19. Jahrhundert zielt Horney auf Freuds unter materialistischen bzw. szientifischen (in der Terminologie Adornos gesprochen) Vorzeichen entstandenes »dualistic thinking« (ebd., S. 41). Dabei hat Horney vor allem den »dualism he finds between instincts and the ›ego‹, a dualism which Freud regards as the basis of neurotic conflicts and neurotic anxiety« (ebd.) im Auge, wobei die von Horney so durchgehend wie irreführend unter dem Begriff »instincts« gefassten libidinösen Antriebe nicht nur im biologischen, sondern im biologistisch-naturalistischen Sinn aufgefasst werden. Mechanistisch sei das Denken Freuds bereits aufgrund seiner starren dualistischen Anlage, aus der alle psychischen Phänomene hervorgehen müssen, ohne dass das Ich und das Es in den Sog der Lebensgeschichte in transformativer Weise hineingerieten:

> »Each instinct theory he [Freud] propounds tends to make the totality of psychic manifestations comprehensible under two rigidly contrasting groups of trends. The most significant expression of this mental premise is in the dualism he finds between instincts and the ›ego‹, a dualism which Freud regards as the basis of neurotic conflicts and neurotic anxiety. [...] The rigidity involved in this type of thinking lends it a certain mechanistic quality, in contrast to dialectic thinking« (Horney, 1939, S. 41).

Daraus resultiert dann in einer erweiterten Perspektive auf Freuds Theorie das »mechanistic-evolutionistic thinking« (ebd., S. 42), demzufolge in psychologischer Spezifikation die gegenwärtige Persönlichkeitsstruktur und Psyche eine Ausfaltung der Vergangenheit in die Gegenwart hinein ist, bestimmt durch die in ihr liegenden Voraussetzungen, die die psychische Entwicklung durchgängig determinieren:

>»Mechanistic-evolutionistic thinking is a special form of evolutionistic thinking. It implies that present manifestations not only are conditioned by the past, but contain nothing except the past; nothing really new is created in the process of development; what we see today is only the old in a changed form« (ebd.).

In Horneys Darstellung verkommt die Freud'sche Psychodynamik tendenziell zur Psychomechanik und damit das spezifisch Historische der Lebensgeschichte zur bloßen zeitlichen Entfaltung eines faktoriell klar definierbaren und dualistisch strukturierten Dispositionsgefüges.[3] Den Kristallisationspunkt des Freud'schen Naturalismus und Determinismus, der einer im Ansatz hinreichend dynamischen Betrachtungsweise im Weg steht, bildet sein anthropologisches Verständnis der menschlichen Natur *(human nature)*,[4] welches ihn blind mache gegenüber der tatsächlichen Bedeutung kultureller Faktoren *(cultural factors)* und damit gegenüber dem wahren Wachstumspotenzial von Menschen *(human growth)*. Um diesen Zusammenhang geht es Horney in ihrer Verschränkung von psychoanalytischer Theorie und Therapie. Freud allerdings könne ihn nicht sehen oder würdigen, weil sein Naturalismus und Determinismus in einen Pessimismus münden, der die Möglichkeit des menschlichen Wachstums (human growth) überdecke: »Freud's pessimism as regards neuroses and their treatment arose from the depths of his disbelief in human goodness and human growth« (Horney, 1945, S. 19).

---

3 »In psychology the simplest example demonstrating these differences in viewpoint is the question of age. The mechanistic presupposition would consider the ambition of a man of forty as a repetition of the same ambition existing at the age of ten. Non-mechanistic thinking would hold that though elements of the infantile ambition are most certainly contained in the adult ambition, the implications in the latter are entirely different from those in the ambition« of the boy, precisely because of the factor of age« (ebd., S. 44).

4 Deshalb müsse Freud eine *reductio ad naturam* vornehmen und alles im Ego Aufspürbare letztlich vom Triebhaften her erklären; jedes wirkliche explanative *fundamentum in re* ist ein *fundamentum in natura* oder eine nicht auf den möglichen und nötigen Endpunkt der Erklärung führende Scheinererklärung: »Thus in his concept of the ›ego‹ Freud denies – and on the basis of the libido theory must deny – that there are any judgments or feelings which are not dissolvable into more elemental ›instinctual‹ units« (Horney, 1939, S. 187).

Der elementare Kulturalismus Horneys besteht darin, dass sie den Begriff der menschlichen Natur *(human nature)* rundheraus ablehnt und vermeintliche Qualitäten der menschlichen Natur als Resultate von Vorprojektionen kultureller Spezifika in dieselbe ansieht. Dem Naturalismus hält Horney entgegen, dass »feelings and attitudes are to an amazingly high degree molded by the conditions under which we live, both cultural and individual« (ebd., 1937, S. 19). Daraus ergibt sich, dass Neurosen keine Degeneration unserer Natur darstellen, sondern »deviations from the normal pattern of behavior« (ebd.) sind. Der individuativ maßgebliche Bereich des Kulturellen schließt sich damit gegenüber einer ihn determinierenden Natur ab, weil sowohl das Normalverhalten als auch die Abweichungen davon nicht nur empirisch in ihm verortet werden, sondern die Gründe und Erklärungen der Verhaltens- und Persönlichkeits- bzw. Charakterstrukturen nicht nur phänomenologisch, sondern auch genetisch und explanatorisch in ihn fallen. Was mit dem Naturalismus Freuds fällt, ist nicht weniger als seine gesamte Libidotheorie, die Horney im Namen des Kulturalismus verabschiedet. »If so many factors that Freud regarded as instinctual were culturally determined, if so much that Freud considered libidinal was a neurotic need for affection, provoked by anxiety and aimed at feeling safe with others, then the libido theory was no longer tenable«[5] (ebd., 1945, S. 13). Diesen Kulturalismus fundiert Horney auch von den wissenschaftlichen Entwicklungen ihrer Zeit her, indem sie die soziologischen und ethnologischen Grundauffassungen ihrer Zeit gegen das Erbe des 19. Jahrhunderts, welches sie als das Freud'sche Erbe identifiziert, in Anschlag bringt:

---

5 Horney tut sich keinen Gefallen, wenn sie »Libido« mit »instinct« übersetzt. Nicht nur wohnt der Übersetzung ein gravierender Mangel an Genauigkeit inne, sondern sie vollzieht damit eine Biologisierung Freuds, die weit übers Ziel hinausschießt, worauf J. B. Pontalis dezidiert hingewiesen hat: »Es erscheint deshalb oberflächlich, Freud à la Karen Horney des »evolutionistischen Mechanismus« zu beschuldigen, als ob er den Begriff »Instinkt« geradezu von der Biologie übernommen hätte, während es ihm nur um die Beschreibung von Verhaltensweisen geht, die weder körperlich noch bewußt sind (wenigstens nicht in dem Sinne des Wissens seiner Zeit)« (Pontalis, 1968, S. 179). – Überhaupt trifft Pontalis' Einschätzung sich erstaunlich gut mit der Adornos, z.B. in einer nicht expressis verbis als solche bezeichneten Verdinglichungskritik, die Pontalis formuliert: »Im Gegensatz zu Karen Horney stellt Freud nicht zwei schematisierte Wesenheiten (»Persönlichkeit« und »Gesellschaft«) einander gegenüber, um sie zuletzt zur Deckung zu bringen« (ebd., S. 181).

»It is only recently that, as a result of the research work of sociologists and anthropologists, we have lost our naïveté in the matter of cultural questions. In the nineteenth century there was little knowledge regarding cultural differences, and the prevailing trend was to ascribe peculiarities of one's own culture to human nature in general« (ebd., 1939, S. 39f.).

Horneys Freud-Kritik und ihr kulturalistischer Ansatz sind hochgradig modern und auch heute den meisten Interessierten noch problemlos vermittelbar, haben prinzipiell kulturalistische Ansätze in den Geisteswissenschaften und diesen zugeneigten Zweigen der Psychologie doch weithin paradigmatische Bedeutung erlangt. Das biografische Ereignis der Emigration und die wissenschaftliche Umorientierung verschränken sich bei Horney, deren kulturalistische Orientierung erst in den USA ihre systematische Entwicklung genommen hat.[6] Am Ende dieser Entwicklung steht eine im Folgenden kurz zu umreißende neue Theorie der Neurosenbildung, der Persönlichkeit und des therapeutischen Prozesses.

Die Theorie der Neurose und Horneys individualistisches Therapieverständnis

Die individualistischen Grundlagen der Theoriebildung

Ohne einen gewissen praktisch-methodischen Individualismus funktioniert Psychotherapie, vor allem die psychoanalytische, nicht, da die Therapie im Allgemeinen (sieht man einmal von Familien- oder Gruppentherapien ab) nur am Einzelnen ansetzen kann. Ihr auf der Grundlage dieses praktischen Desiderats einen Individualismus nachzusagen, offenbart ebenso wenig eine kritische Dignität, wie es umgekehrt eine therapeutische Dignität unter Beweis stellen würde, wenn man dem Patienten

---

6 »My own starting point was a different one. Freud's postulations in regard to feminine psychology set me thinking about the role of cultural factors. […] My interest in this subject grew over the course of fifteen years. It was furthered in part by association with Erich Fromm who, through his profound knowledge of both sociology and psychoanalysis, made me more aware of the significance of social factors over and above their circumscribed application to feminine psychology. And my impressions were confirmed when I came to the United States in 1932« (Horney, 1945, S. 11f.).

im Geiste Adornos sagte, dass er, obwohl er der sinnlichen Erscheinung nach verkörperte Individualität, *in essentia* aber die Verkörperung der geschichtsphilosophischen Obsoleszenz eines kulturellen Selbstverständnisses darstellte. Weder soll hier behauptet werden, dass Horney eine spezifische Variante des Individualismus erfindet, noch dass sie eine propagiert, sondern gezeigt werden soll, dass der Individualismus als ein geradezu identitätskonstitutives Ideologem der kapitalistischen Gesellschaft in Horneys psychoanalytischem und therapeutischem Konzept eine indirekte Bestätigung und therapeutische Prolongierung mit beträchtlicher Verstärkerwirkung (im Sinne des behavioristischen *reinforcement*) *qua* institutioneller Legitimität erhält.

Im theoretischen Ansatz spielt der Individualismus zunächst und vordergründig keine tragende Rolle, da Horneys Theorie der Neurose an der *basic anxiety* als einem Phänomen ansetzt, das in familiären und kulturellen Strukturen gründet und nicht im Individuum bzw. im Kind selbst als intrinsische Qualität desselben: »To approach the problem genetically we must go back to what I have called basic anxiety, meaning by that the feeling a child has of being isolated and helpless in a potentially hostile world« (Horney, 1945, S. 41). Das lebensweltlich-topologische Korrelat des genetischen Rückgangs bildet die Umgebung des Kindes, welche zugleich die Umgebung ist, in welcher die *basic anxiety* sich auszubilden beginnt (»environment in which the basic anxiety develops«, ebd., 1939, S. 75). Auslösende und verstärkende Faktoren der *basic anxiety*[7] gibt es viele:

> »A wide range of adverse factors in the environment can produce this insecurity in a child: direct or indirect domination, indifference, erratic behavior, lack of respect for the child's individual needs, lack of real guidance, disparaging attitudes, too much admiration or the absence of it, lack of reliable warmth, having to take sides in parental disagreements, too much or too little responsibility, overprotection, isolation from other children, injustice, discrimination, unkept promises, hostile atmosphere, and so on and so on« (ebd., 1945, S. 41).

---

7 Im folgenden Zitat spricht Horney von *insecurity* statt von *anxiety*. Dabei ist zu beachten, dass sie beides weitgehend gleichsetzt, wie die folgende Stelle zeigt: »It is the basic anxiety or basic insecurity which necessitates the rigid pursuit of certain strivings for safety and satisfaction, the contradictory nature of which constitutes the core of neuroses« (Horney, 1939, S. 173).

Indem Horney gleichsam metaphysische Ursprünglichkeitspostulate, welche in verdinglichter Weise in die Psyche hineingetragen oder -projiziert werden, sowie eine monokausale Reduktion der *basic anxiety* auf einen Auslöser vermeidet, bildet diese zwar den zentralen, nicht aber monolithischen oder erschöpfenden Grundbegriff ihrer Theorie der Neurose.

Zudem ist die *basic anxiety* in sich ambivalent, Entwicklungsmoment sowohl des »normal« sich entwickelnden Kindes wie desjenigen, das sich zum Neurotiker entwickelt. Der Fundamentalcharakter der Eltern-Kind-Beziehung bzw. Kind-Umwelt-Beziehung begründet praktisch analytisch die Universalität der *basic anxiety:* »The basic anxiety is more or less the same everywhere, varying only in extent and intensity« (ebd., 1937, S. 92). Zugleich aber nimmt Horney sie als spezifische Ursache neurotischer Entwicklungen in Anspruch: »The basic anxiety is itself a neurotic manifestation. It results largely from a conflict between existing dependency on the parents and rebellion against them« (ebd., 1939, S. 203). Hier überdeterminiert Horney unnötig die *basic anxiety*, welche die doppelte Kontinuität zwischen dem »gesunden Erwachsenen« und dem Neurotiker einerseits und dem Kind und dem Neurotiker andererseits begründet, da sowohl der Neurotiker als auch der gesunde Erwachsene die *basic anxiety* individuativ ebenso wenig überspringen können wie die Kindheit, denn wenn die *basic anxiety* selbst bereits eine neurotische Manifestation wäre, müsste der gesunde Erwachsene *per se* ein »gesundeter Erwachsener« sein; die *basic anxiety* wäre nicht nur die universal vorhandene *Grundlage* neurotischer Entwicklungen, sondern neurotische Manifestationen wären selbst im numerisch universalen Sinne vorhanden. Zur genuin neurotischen Manifestation werden Angst und Unsicherheit, wo das Individuum in eine Selbstspaltungsspirale hineingerät und darauf nur mit ihre Gründe unfreiwillig verstärkendem und verfestigendem (Über-) Kompensationsverhalten zu reagieren vermag. Dies soll hier nur sehr grob skizziert werden.

Gesunde Erwachsene sind in Horneys Weltbild als der individuative Goldstandard solche, die in realistischer Selbsteinschätzung und entsprechender Konformität mit ihrer gesellschaftlichen Stellung die Verwirklichung realistischer Ideale erstreben und dadurch menschliches Wachstum *(human growth)* erreichen. Wachstumsfördernde Ideale sind bei Horney positiv konnotiert: »Ideals have a dynamic quality; they arouse an incentive to approximate them; they are indispensable and invaluable for growth and development« (Horney, 1945, S. 98). Der gesunde Erwachsene wählt, Maß haltend, gesunde Ideale von überschaubarer Proportion, und nimmt auf diesem Wege die Entwicklung von einem *actual self* zu einem neuen und damit aktualisierten *possible self*; er vollzieht Übergänge ohne gravierende Brüche und ohne eigene innere Gebrochenheit, seine Identität ist und bleibt intakt. Der Neurotiker hingegen vollzieht eine Selbstspaltung durch die »creation of an image of what the neurotic believes himself to be, or of what at the time he feels he can or ought to be« (ebd., S. 96) – eines idealisierten Selbstbildes also, das Horney dem Ideal explizit dichotomisch gegenüberstellt und dem sie eine statische Qualität zuschreibt. Dieses die neurotische Persönlichkeit spaltende, ihr *qua* Spaltung innewohnende und insofern zugleich externale Bild nennt Horney 1945 in *Our Inner Conflicts* »the idealized image« (vgl. ebd., S. 96f.) und 1950 in *Neurosis and Human Growth* in verdinglichender und zugleich substanzialisierender Sprache »the idealized self« (vgl. exemplarisch Horney, 1950, S. 23ff., 34ff., 64ff.). Der erste Begriff erweist sich als klar vorteilhaft, wenn es darum geht, die Ich-Spaltung analytisch aufzuarbeiten, weil mit ihm die psychologische Einheit des Ichs gewahrt bleibt, das nicht in Instanzen zerfällt, sondern in die Mühlen widerstreitender psychischer Prozessmomente gerät, so z. B., wenn Horney sagt: »If the neurotic's interest lies in convincing himself that he *is* his idealized image, he develops the belief that he is in fact the mastermind, the exquisite human being, whose very faults are divine« (ebd., S. 98). Das *idealized self* jedoch stellt keine Verdinglichung seitens der Theorie dar, sondern die Theorie versucht hier die Verdinglichung des idealisierten Selbstbildes zu einem Selbst sui generis theoretisch einzuholen: »Eventually the individual may come to identify himself with his idealized, integrated image. Then it does not remain a visionary image which he secretly cherishes; imperceptibly he becomes this image: the idealized image becomes an *idealized self*« (ebd., 1950, S. 23).

Wichtiger als die analytische Feinstruktur von Horneys Unterscheidung sind hier die entgegen dem ersten Anschein durchaus aufweisbaren individualistischen Gehalte ihrer Theorie. Das *idealized image* und *idealized self* stellen nicht nur als Spaltungsmomente zugleich innerpsychische Ich-Multiplikatoren dar, sondern in ihnen erweist sich die Neurose, nach Horney ein psychoanalytisches Grundphänomen von überragender Bedeutung, als den Individualismus ihrer Zeit pathologisch widerspiegelnde Ich-Fixierung, weil das Ich im Verhältnis zu seinen konstitutiven verdinglichten Kompartimentalisierungen nicht von sich loskommt, sondern nur umso monomaner auf sich selbst zurückgeworfen wird, dabei zugleich aber in einer für es selbst undurchschaubaren Verflochtenheit mit eigenen und gesellschaftlichen Imperativen und axiologischen Gehalten befasst ist. Es findet eine – der Leistung nach vermittlungslose – Vermittlung von Ich und Gesellschaft in der Neurose statt, Ich und Gesellschaft vermitteln sich in der Neurose in pathologischer Weise am pathologischen Ort des neurotischen Subjekts. Die Neurose reproduziert dabei ein strukturelles Kernmerkmal der individualistischen Gesellschaft, weil sie ihrer Genesis und ihrer Bedeutung nach von ihr bestimmt wird. Ihre Genesis führt auf die elementaren Konflikte zurück, in deren Spannungsfeld sie sich bildet, während *ihre Bedeutung* der sozialen und kulturellen Sphäre entspringt, in welche die Konflikte wiederum eingebettet sind, in dem Fall: der sogenannten westlichen Gesellschaft.[8]

Die Gesellschaft charakterisiert sie als eine nicht nur kapitalistische, sondern vom Kapitalismus psychologisch okkupierte, in der »many people feel worth as much as the money they are ›making[‹] [sic!]« (ebd., S. 227). David Riesmans Begriff des außengeleiteten Menschen[9] bringt auf den Punkt, bei welcher Art Person äußerliche Wertbestimmungen die personale Selbst(wert)bestimmung anleiten:

> »In our civilization it is an average reaction to be proud of having an attractive girl, of coming from a respectable family, of being native born, a Southerner, or New Englander, belonging to a political or professional group enjoying prestige, meeting important people, being popular, having a good car or address« (Horney, 1950, S. 89).

Die trostlose Abderitenhaftigkeit solcher Wertmaßstäbe steht *prima facie* in einem augenfälligen Kontrast zur individualistischen Prägung der Menschen und steht doch *in essentia* in einer perfekten Entsprechung zur außenbestimmten Blasiertheit des innerhalb der kapitalistischen Gesell-

---

8 Die westliche Gesellschaft meint Horney, wenn sie von »our civilization«, »our culture« oder gar »our time« spricht; anders gesagt: Ich vereindeutige ihren laxen Sprachgebrauch durch die Verwendung des Terminus »Gesellschaft«, wo sie abwechselnd verschiedene Worte verwendet, mit denen sie den Rahmen der Gesellschaft nicht verlässt.
9 Riesmans Buch *The Lonely Crowd* (1950) ist im gleichen Jahr (1950) wie Horneys letzte Monografie *Neurosis and Human Growth* erschienen und konnte in letzterem Buch nicht die Beachtung finden, die Riesmans Konzept von Horney sicherlich erfahren hätte.

schaft entstandenen und gemäß der kapitalistischen Logik wuchernden Individualismus: Die Anerkennung von Besonderheit ist mehr eine Sache der oben angesprochenen »average reaction[s]« als die tatsächliche Erkenntnis einer solchen. Hier zeigt sich, was noch klarer werden wird in der folgenden Explikation, nämlich dass die Besonderheit im Individualismus mehr von Projektionen und animistischen Übertragungen (»prestige, meeting important people« etc.) abhängt als von einer wirklichen Besonderheit. Die von Horney grob skizzierte individualistische Axiologie korrespondiert physiognomisch mit der Eindimensionalität der kapitalistischen Logik und reicht mehr als nur sinnbildlich ins Mark der Neurose hinein, deren Analyse sich einer Terminologie befleißigt, welche das individualistische sozio-semantische Gepräge der kapitalistischen Zivilisation selbst widerspiegelt.

Entwicklungspsychologisch gründet dieses Hineinreichen in den Nukleus der Neurose darin, dass »there are many environmental factors adverse to a child's development« (ebd., 1942, S. 43). Horney fasst an anderer Stelle die solche Kompartimente bildenden »environmental factors« in ihrer Auseinandersetzung abstrakt als Dyade von Familie und Kultur: »Concerning the influence of the environment – the family in special, the culture in general – he [Freud] is interested mostly in the ways in which it molds what he regards as instinctual drives« (ebd., 1939, S. 40). So abstrakt der Ausdruck der »environmental factors« anmutet, unausdrücklich steht in dessen Hintergrund Erich Fromms sozialpsychologisch zentraler und Horney bestens bekannter Gedanke,[10] wonach die primäre Umgebung des Kindes, die Familie, die Agentur der Gesellschaft bilde. Die Familie wird aber nicht mehr erfahren als Sphäre der Einführung in eine Gesellschaft, in die sie organisch eingebettet ist, die Sozialisation von der Familie in die Gesellschaft hinein wird nicht als kontinuierlicher Prozess erfahren, weil die Familie selbst Teil und Opfer der Kompartimentalisierung der Gesellschaft ist:

> »The other, already pointed out by Strecker, is the phenomenon of living in compartments. Strecker, who also offers illustrations of the blind spots, speaks of logic-tight compartments and segregation. There is a section for friends and one for enemies, one for the family and one for outsiders, one

---

10 Zur prinzipiellen Bedeutung Fromms für Horneys Denkentwicklung vgl. Horney, 1939, S. 13 und Horney, 1945, S. 11f. und 78.

for professional and one for personal life, one for social equals and one for inferiors« (ebd., 1945, S. 133).

So wie ein Kind aus der familiären Sphäre in eine Welt hinaustreten kann, die ihm dieser gegenüber bizarr fremd erscheint, so wirken umgekehrt durch verschiedene Kanäle Konflikte in die familiäre Sphäre hinein. Den Kompartimenten kommt zwar eine interne Selbständigkeit zu, die sich gerade für die Familie selbst als eine scheinhafte Autonomie darstellen kann, doch sie sind nicht gegeneinander abgeschlossen, sondern permeabel: »It would be miraculuos indeed if the family alone were exempt from competitiveness, since it permeates all other spheres of our life« (ebd., 1939, S. 171). An anderer Stelle sagt Horney ausführlicher:

> »The economic principle of competition affects human relationships by causing one individual to fight another, by enticing one person to surpass another and by making the advantage of one of the disadvantage of the other. As we know, competitiveness not only dominates our relations in occupational groups, but also pervades our social relations, our friendships, our sexual relations and the relations within the family group, thus carrying the germs of destructive rivalry, disparagement, suspicion, begrudging envy into every human relationship« (ebd., 1939, S. 173).

Die Familie ist dann im Verhältnis zur Gesellschaft keine Agentur mehr, sondern Brennglas und Prisma der Konkurrenzgesellschaft zugleich; vom Schwinden ihrer Autonomie und Widerstandskräfte zeugt gerade die individualistische Struktur der Neurose innerhalb der individualistischen Gesellschaft. Die Familie ist die ontogenetisch am frühesten dem Kind intim bekannt werdende Sphäre, innerhalb welcher das Kind erfolgreich oder erfolglos auftritt, eine gesunde oder eine neurotische Entwicklung befördernde Umgangsweisen mit der *basic anxiety* entwickelt.[11] In der indivi-

---

11 »To approach the problem genetically we must go back to what I have called basic anxiety, meaning by this the feeling a child has of being isolated and helpless in a potentially hostile world. A wide range of adverse factors in the environment can produce this insecurity in a child: direct or indirect domination, indifference, erratic behavior, lack of respect for the child's individual needs, lack of real guidance, disparaging attitudes, too much admiration or the absence of it, lack of reliable warmth, having to take the sides in parental disagreements, too much or too little responsibility, overprotection, isolation

dualistischen Gesellschaft – von der hier fortan die Rede sein wird als von dem die Familie psychologisch infiltrierenden gesellschaftlichen Rahmen, ohne dass damit eine essenzialistische Reduktion oder umstandslose Substituierbarkeit verschiedener Attribute wie »individualistisch« und »kapitalistisch« suggeriert werden soll – wird das Individuum gepeinigt vom intimen Zusammenhang zwischen einer fundamentalen Unsicherheit, der *basic anxiety*, und einem kompensatorisch überwertigen Streben nach Großartigkeit, welches Horney *the search for glory* nennt und das unter dem Druck der *competitiveness* sowohl eine Reaktion auf als auch eine Verstärkung der *basic anxiety* darstellt. Die Angst und das Streben nach Ruhm halten sich ständig gegenseitig in Schach, befeuern sich mitunter, gewähren aber keine Entlastung.

Individualismus und Neurose – Verwandtschaft statt Koinzidenz

Das neurotische Ich ist laut Horney ein gespaltenes, die Spaltungen wiederum nehmen die Gestalt verselbstständigter Verdinglichungen von Ich-Kompartimenten an, welche zu erratischen Blöcken hypertrophieren. Horney unterscheidet zwischen dem *real self*, dem in der Neurose auf pathologische und geradezu katastrophische Weise überwertig gewordenen *idealized self* als tyrannisch verselbstständigte Ich-Instanz und dem *possible self*, welches das realistisch mögliche Selbst ist, zu dem ein gesundes aktuales Selbst *(real self)* sich produktiv in Beziehung zu setzen vermag. Das *idealized self* okkupiert das *real self* in der Neurose, indem das, was bei Freud infantiler bzw. primärer Narzissmus heißt, das Ich in Beschlag nimmt und das kindliche Bedürfnis nach Belobigung auf einem qualitativ niedrigen Sublimierungslevel in die *search for glory* transformiert: »It [das *idealized self*] entails not only the compulsive drive for worldly glory through success, power, and triumph but also the tyrannical inner system by which he tries to mold himself into a godlike being; it entails neurotic claims and the development of neurotic pride« (Horney, 1950, S. 368). Den Konflikt zwischen dem *actual self* und dem *idealized self* bezeichnet Horney als den »most comprehensive conflict of all« (ebd., S. 356), der befeuert wird von den Konflikten »within the pride system itself«, unter dessen Diktat das *idealized self* das *actual self* seinen Direktiven unterstellt (ebd., S. 112).

---

from other children, injustice, discrimination, unkept promises, hostile atmosphere, and so on and so on« (Horney, 1945, S. 41).

Neurotic pride ist demnach keine irreduzible intrinsische Eigenschaft der neurotischen Psyche, sondern, wie der Begriff des *pride systems* zeigt, Ausdruck einer eigenschaftlich bestimmten Dispositionsstruktur, die als Motor und Käfig der Verhaltensbildung zugleich fungiert. Entscheidend ist hier die Eigenschaft eines Systems, in koordinierter, zusammenhängender, umfassender und psychodynamischer Weise nicht nur Verhaltensgrundlagen, sondern auch Variationen und Anpassungen gemäß sich verändernden Situationen in (hinreichend) kohärenter Weise generieren zu können. Neurotisch zu sein, ist deshalb keine blinde oder statische Qualität einer Person, sondern eine dispositionelle Qualität und ein psychodynamischer Navigator zugleich.

Die fatale Leistung des neurotischen *pride systems* besteht darin, das Individuum, das der Semantik seines Namens nach ein Unteilbares ist, zu spalten und ein »divided individual« (ebd., 1945, S. 108) hervorzubringen, das gespalten wird durch den Konflikt zwischen »his idealized and his despised image« (ebd., S. 112). Damit wird die Identität des aktualen Selbst pathologisch unterminiert, denn vom »realistic self which by comparison with the idealized image is highly despicable« (ebd., S. 98) lässt sich nur noch als von einem Moment innerhalb eines Gefüges voneinander dissoziierten oder agonal assoziierten Momenten sprechen. Dadurch wird nicht die Einheit des neurotischen Subjekts überhaupt unterminiert, sondern es zerfällt *als Ganzheit*; in der, gleichwohl zerrissenen, Einheit bleiben die Momente als solche der Dissoziation der Person in antagonistischer Form vorhanden. Der Zerfall der Ganzheit bedeutet kein völliges Verschwinden derjenigen Elemente, die für ein gesundes Selbst konstitutiv sind; mit einer solchen Behauptung brächte die psychoanalytische Theorie sich um den therapeutischen Horizont, auf den hin sie die Theorie ausarbeitet. Die konstruktiven und die destruktiven Tendenzen bleiben daher im Widerstreit, ohne dass die ersteren von den letzteren, selbst wenn sie von diesen in Beschlag genommen werden, ausgelöscht würden: »The central inner conflict, however, is one between healthy and neurotic, constructive and destructive forces« (ebd., 1945, S. 113). Darauf wird im Hinblick auf Adorno zurückzukommen sein.

Die innerpsychisch entscheidende Rolle im neurotischen Prozess spielt die Imagination als das Organ der Externalisierung, von deren Logik aus die Struktur der Neurose selbst zu explizieren ist. Vermittels der Imagination rückt das *actual self* sich in ein Licht und damit in ein Selbstverhältnis, das ein durch gleichermaßen überwertige wie projektionsgeladene, statt realitätsgesättigte Zuschreibungen geprägtes Selbst*miss*verhältnis ist: »Neurotic pride furthermore rests on the attributes which a person arrogates to himself in his imagination,[12] on all those belonging to his particular idealized image« (ebd., 1950, S. 90). Der Neurotiker ist sich selbst gegenüber ein ›*con man*‹ bzw. ›*con artist*‹, gerade weil er dabei dem geltungssüchtigen idealisierten Selbstbild anheimfällt als Opfer der Selbstüberhöhung in demselben. Um dies psychodynamisch etwas genauer zu umreißen: Was das *idealized self*, die *search for glory* und die Externalisierung verbindet, ist die Imagination als intrapsychisches Organon der Externalisierung, die da stattfindet, wo das *idealized self* dem *actual self* als normativ übergordnete und mit der Autorität von Exemplarizität ausgestattete Instanz gegenübertritt; eine Externalisierung ist immer »an externalization of intrapsychic processes« (ebd., 1945, S. 172). Die Externalisierung des Imaginativen in der Gestalt des *idealized self* ist insofern eine Externalisierung ins imaginativ Externalisierte, die Externalisierung damit eine Externalisierung der Imagination durch die Imagination selbst, die eben doch in ihrer Sphäre verbleibt. Dieser Logik wohnt ein *telos* inne, nämlich das der Vermeidung der Konfrontation mit dem *actual self*: »The whole process of externalization is another active moving away from his self, actual and real« (ebd., 1950, S. 160). Die Konsequenzen dieser sich selbst nicht ansichtig werdenden bzw. in der Neurose nicht ansichtig werden könnenden Externalisierung sind gerade im Verhältnis zu anderen Menschen gravierend. Denn externalisiert wird auch Verantwortlichkeit, die ins Möglich-sein-Sollende projiziert wird, das qua neurotischer Setzung mit dem Möglichen koinzidiert, diesem aber auch gerade projektiv übergestülpt werden kann, die Verunmöglichung der Einlösung von Verantwortlichkeit ins Werk setzend. Das Sein-sollen-Können findet dann keine Entsprechung im Seinkönnen, ohne dass die Anspruchshaltung des Neurotikers dadurch an Determination verliere oder dadurch eine Modifikation erfahre: »Neurotic claims, while growing from inner needs, are mainly directed towards others. [...] We have seen that every single intrapsychic factor can be externalized, and how radically this process modifies our attitudes towards them« (ebd., 1950, S. 291).

---

12 Die spezifische Rolle der Imagination benennt Horney an verschiedenen Beispielen, wenn sie z.B. sagt »The idealized Image is a product of his [des Neurotikers] imagination« (Horney, 1950, S. 91), oder wenn sie von der »great and peculiar role of imagination« (ebd., S. 31) im Prozess des Strebens nach Ruhm spricht.

Horney unterscheidet zwischen aktiver und passiver Externalisierung. In der aktiven Externalisierung werden die vom Neurotiker gestellten Anforderungen an sich selbst im Lichte seiner projizierten Großartigkeit bzw. deren Anforderungen an ihn auf andere übertragen. Was dabei sich ausbildet und den Neurotiker an die Leine nimmt, sind die inneren Diktate, denen er sich unterwirft und die zugleich, in ihrer artfiziellen Selbständigkeit, ihn sich unterwerfen. Horney schildert eindringlich, wie die tyrannischen Diktate zu *shoulds* werden, die für den Neurotiker eine vehemente Eindringlichkeit gewinnen:

> »He holds before his soul his image of perfection and unconsciously tells himself: ›Forget about the disgraceful creature you actually are; this is how you should be; and to be this idealized self is all that matters. You should be able to endure everything, to understand everything, to like everybody, to be always productive – to mention only a few of these inner dictates. Since they are inexorable, I call them the ›tyranny of the should‹« (ebd., 1950, S. 64f.).

Die tyrannischen Diktate des *idealized selfs* dissoziieren nicht nur das *actual self* vermittels des *idealized self* von sich selbst und dem *possible self*, sie nehmen in der aktiven Externalisierung der *shoulds* die Gestalt manifester Tyrannei gegenüber Anderen an; direkte und indirekte Gebote regnen als *shoulds* des Neurotikers über die von ihm Adressierten herab.

In der passiven Externalisierung hingegen werden die Ansprüche des *idealized self* gegenüber dem *actual self*, das ihm nicht gerecht wird, auf Andere projiziert: Diese beurteilen den Neurotiker gemäß dieser Projektion so, wie er aufgrund seiner unwürdigen Verfehlung seiner unrealisierbaren Ansprüche beurteilt werden *muss*; sie müssen ein Urteil vollstrecken, das oft nicht ihres ist und auch wenn ihres ein anderes ist, können sie kein anderes haben. Dabei geht es nicht um Anforderungen, die anderen vom Neurotiker untergeschoben werden wie ihnen unterstellte partikulare Sprechakte, die im Subtext versteckt werden, sondern es geht um Haltungen gegenüber dem Neurotiker, in denen sich seine Haltung gegenüber sich selbst, sein Selbst(miss-)verhältnis, widerspiegelt:

> »The self-hate and self-contempt elicited by such a sense of failure are externalized in a passive way: others are accusing or despising him. Conversely he

tends to deny and eliminate expansive feelings about himself such as self-glorification, pride, and arrogance. [...] In accordance with this attitude he also tends to suppress in himself anything that connotes ambition, vindictiveness, triumph, seeking his own advantage. In short he has solved his inner conflict by suppressing all expansive attitudes and drives and making self-abnegating trends predominant« (Horney, 1950, S. 215f.).

In der passiven Externalisierung liegt die Lösung scheinbar gerade in der Suspendierung der Selbstglorifizierung, doch wichtig ist hier, dass es sich um eine Scheinlösung handelt: Gerade die selbstviktimisierende Aufgabe der verbindlichen Ansprüche bedeutet keine Aufgabe von deren Verbindlichkeit, wodurch der Selbsthass umwegig intensiviert wird und die suspendierten »Werte« bestätigt und in ihrer Valenz eher verstärkt als gemildert werden. Die Anderen verkörpern den Komplott der Umsetzbarkeit der allein achtungswürdigen Ziele, deren (präsumtive) Aufgabe ihre axiologische Unantastbarkeit nicht berührt.

Aber zeugt diese Logik der Externalisierung nicht gerade vom Gegenteil eines Individualismus, demgemäß es dem Individuum doch gerade um sich selbst und die Entfaltung seiner Potenziale, die Entwicklung inneren Reichtums, Selbstbewusstsein und Selbsterkenntnis geht? Selbst wenn man die Neurose als Unterbietung oder Pervertierung der hehren Gebote des Individualismus – insbesondere des neuhumanistisch-idealistischen, mit welchem der heutige *de facto* nichts mehr zu tun hat – aufgefasst wird, so bleibt entscheidend für die Struktur der Neurose, dass sie von diesen individualistischen Geboten durch und durch bestimmt wird. Die *basic anxiety* ist auch deshalb *basic*, d. h. grundlegend, weil die individualistische Gesellschaft zur Zeit Horneys bereits eine erkaltete war, in der die gesamte Umwelt als bedrohlich erlebt wurde.[13] Die Familie war nicht mehr der Hort der Geborgenheit, Angst und Unsicherheit keine gesellschaftsferne psychologische Zuständlichkeit. In der Logik der Externalisierung waltet der gebannte Blick auf die Umgebung fort. Zwar sagt Horney einerseits, die Axiologie der Gesellschaft aufgreifend:

---

13 »[T]he environment is dreaded as a whole because it is felt to be unreliable, mendacious, unappreciative, unfair, unjust, begrudging and merciless. According to this concept, the child not only fears punishment or desertion because of forbidden drives, but he feels the environment as a menace to his entire development and to his most legitimate wishes and strivings« (Horney, 1939, S. 75).

»In our culture we are more aware of the opposite attitude toward the self, the attitude that emphasizes and highly values the particularities and uniqueness of individuality. Man in our culture feels strongly that his own self is a separate unity, distinguished from or opposite to the world outside« (Horney, 1937, S. 273).

Setzt man dies aber ins Verhältnis zur Logik der Externalisierung samt ihrem Zwangscharakter, so zeigt sich – auch wenn Horney wenige Zeilen weiter auf Goethes Persönlichkeitsideal zu sprechen kommt –, dass es sich dabei nicht um idealistische Maximen, sondern um eine toxische Ideologie handelt. In einer individualistischen Gesellschaft verkörpert der Neurotiker nicht die neurotische Individualität, sondern die Ideologie des Individualismus verkörpert sich in ihm schablonenhaft auf neurotische Weise:

»When looking superficially at the expansive types we get a picture of people who, *in a streamlined way* are bent on self-glorification, on ambitious pursuits, on vindictive triumph, with the mastery of life through intelligence and will power as the means to actualize their idealized self« (ebd., 1950, S. 192; Hervorh. d. A.).

Eine genuine und/oder originäre Vermittlung des Individuums mit der Umwelt oder Lebenswelt findet hier, wo der gesellschaftlich indoktrinierte Individualismus sich pathologisch in eine neurotische Charakterstruktur umsetzt, gerade nicht statt. Zugleich erweist sich der Individualismus für Horneys Theorie der Neurose gerade als nicht arbiträr; die zentralen Elemente der psychoanalytischen Theorie Horneys sind in ihrer typologischen Bedeutung ohne ihn in seiner spezifischen historischen Gestalt gar nicht verständlich, wie der Buchtitel *The Neurotic Personality of our Time* bereits indiziert. War der neuhumanistische, künstlerische und vom Ethos und Privileg genuiner Bildung geprägte Individualismus emanzipatorischer Natur, so ist der Individualismus der »westlichen Massendemokratie« (Kondylis)[14], die auch den denkerischen Standort Horneys bildet, zutiefst

---

14 Kondylis spricht auch vom Individualismus dieser Gesellschaften als von einem »massendemokratischen Individualismus« (Kondylis, 1999, S. 26), dessen ideales Imaginäres dementsprechend ausfalle: »Reiche Auswahl ohne normativ-ethischen Druck – dies ist nicht sehr weit vom Ideal des massendemokratischen individualistischen Hedonismus entfernt« (ebd.).

»außengeleitet«. Gerade die Konkretisierung des Geltungsstrebens zur *search for (worldly) glory* legt Zeugnis davon ab, dass die fundamentale Struktur der Neurose nicht über die Statusversessenheit und kompulsive Konkurrenzbestimmtheit weitverbreiteter Motivationsweisen hinwegsehen kann, sondern in sich aufnehmen muss. Die zentrale Bedeutung der Externalisierungslogik und ihr Reaktionscharakter im Verhältnis zur *basic anxiety* machen sichtbar, dass der massendemokratische Individualismus die Schizophrenie der Flucht vor und der Identifikation mit dem Angreifer unausweichlich macht. Der massendemokratische Individualismus und das, was Freud den infantilen Narzissmus nennt, koinzidieren in der *search for glory* – und das nicht zufällig. An der massendemokratischen Infiltrierung der Psychodynamik setzt auch Horneys Therapiekonzept an – kritisch und doch in dieser stabilisierenden Komplizenschaft mit der massendemokratischen Gesellschaft.

Horneys anti-individualistisch-individualistisches Therapiekonzept

Horney setzt therapeutisch in klassisch psychoanalytischer Weise auf Aufklärung und Heilung durch Verstehen und Bewusstmachung: »The task of therapy [...] is to make the patient aware of his idealized image in all its detail, to assist him in gradually understanding all its functions and subjective values, and to show him the suffering that it inevitably entails« (Horney, 1945, S. 114). Das *idealized image* ist der Ansatzpunkt und zugleich die Nuss, welche die Therapie zu knacken hat. Obwohl Horney an Freuds Projekt der Heilung durch Bewusstmachung festhält, vollzieht sie eine Transformation des therapeutischen Modells innerhalb ihres Ansatzes. Statt »Wo Es war, soll Ich werden« gilt nun: »Wo das *idealized self* war, soll das *actual self* zu sich selbst finden und nicht neurotische, d. h. genuine Ideale entwickeln.« Deshalb geht es darum, »to analyze the entire neurotic character structure« (ebd., S. 220) und demzufolge nicht lediglich um die Veränderung einer Hierarchisierung von Instanzen, sondern um eine Transformation des Selbstverhältnisses des Patienten im Übergang von einem dissoziierten zu einem ganzheitlichen Selbstverhältnis.

Das Erstreben der Ganzheitlichkeit ist vordergründig anti-individualistischer Natur, sofern man die *search for glory* im Sinne der aggressiven Teilnahme an den Hahnenkämpfen der individualistischen Konkurrenzgesellschaft und die Therapie als Versuch einer Emanzipation von diesem Streben versteht. Anti-individualistisch mag sie auch darin erscheinen, dass diese Emanzipation ein Hinauswachsen über die manische und hermetische Selbstbezüglichkeit der neurotischen Fixierungen erfordert und das zu kurierende Individuum gerade nicht als durch Triebe sich mit der Welt Vermittelndes versteht. Horneys Formulierungen weisen auch durchaus in diese Richtung:

> »The aim of therapy is then not to help the patient to gain mastery over his instincts but to lessen his anxiety to such an extent that he can dispense with his ›neurotic trends‹. Beyond this aim there looms an entirely new therapeutic goal, which is to restore the individual to himself, to help him regain his spontaneity and find his center of gravity in himself« (ebd., 1939, S. 11).

Dass das *center of gravity* im Individuum liegen solle, könnte jedoch (auf maximal unterschiedliche Weise) sowohl die Maxime des neuhumanistischen wie des konkurrenzgesellschaftlichen Individualismus sein. Horney versteht ihren therapeutischen Ansatz als dem letzteren diametral entgegengesetzten, ja praktisch-therapeutisch ihm explizit entgegenarbeitendes Konzept, welches das *center of gravity* überhaupt erst wieder aus der Verlorenheit in es selbst zurückholen soll bzw. sein Zu-sich-selbst-Zurückfinden maieutisch begleiten soll:

> »Concomitantly he needs to excel, achieve success, prestige, or recognition in any form. Strivings in this direction are partly oriented toward power, insasmuch as sucess and prestige lend power in competitive society. But they also make for a subjective feeling of strength through outside affirmation, outside acclaim, and the fact of supremacy. Here as in the compliant type the center of gravity lies outside the person himself; only the kind of affirmation wanted from others differs« (ebd., 1945, S. 65).

Insofern ist Horneys Therapiekonzept tatsächlich anti-individualistischer Natur, doch ›insofern‹ heißt hier auch: wenn und solange man Horneys Selbsteinschätzung ohne weiteres akzeptiert und sich zu eigen macht.

Doch vielmehr selbst individualistisch und den dem Individuum geltenden funktionalistischen Erfordernissen der Konkurrenzgesellschaft angemessen ist Horneys Konzept zuletzt insofern, als die Therapie das Leben in der erkalteten Konkurrenzgesellschaft psychisch bewältigbar machen möchte, ohne deren den egoman-solipsistischen Individualismus protegierende Gesellschaftsstruktur anzutasten. Damit, dass es dem Individuum primär um sich selbst gehe, ist Horney nicht nur strategisch, d. h. nicht nur, um das Individuum zu seinem strukturellen Über-es-selbst-hinaus-Sein freizusetzen, einverstanden, sondern auch teleologisch dadurch, dass sie die Psychoanalyse von der Soziologie theoretisch abgrenzt im Sinne der Abschließung, welche hier die Wahrheit der Arbeitsteilung ist: »The sociologist can give information only on the social structure of a given culture; the analyst can give information only on the structure of a neurosis« (ebd., 1939, S. 172). Dem entspricht Horneys theoretische Selbstbeschneidung: »The sociologist can give information only on the social structure of a given culture; the analyst can give information only on the structure of a neurosis« (ebd.). Die Undurchhaltbarkeit dieser Trennung zeigt sich bereits im nächsten Satz: »Modern culture is economically based on the principle of individual competition« (ebd., 1937, S. 284). Zwar wird hier weder eine Theorie der Gesellschaft noch eine soziologische Zeitdiagnose ausgearbeitet oder präsentiert, doch eine Durchdringung des Psychischen mit dem Kulturellen bzw. Gesellschaftlichen im Allgemeinen und des Neurotischen mit dem Prinzip des Wettbewerbs zeigt sich klar. An dieses Prinzip kommt die psychoanalytische Therapie nicht heran, es entzieht sich ihrem Zugriff und wird von ihr in der Theoriebildung wie ein Faktum bzw., gemessen am Ethos der Therapie, wie ein Fatum hingenommen. Horneys Konzept ist deshalb in ihren selbstgesteckten Grenzen eine Art kritische Theorie der Neurose, aber sie ist keine genuin und deshalb konsequent kritische, sondern eine letztlich konformistische, mit ihrer Ohnmacht sich arrangierende Theorie. Sie ist keine *kritische* Theorie im Sinne der großgeschriebenen *Kritischen* Theorie, wie abgekürzt genannt wird, was eigentlich Kritische Theorie *der Gesellschaft* zu nennen wäre. Um die von Adorno, dem prominentesten Repräsentanten derselben, formulierte Kritik des Individualismus, welche eine Kritik der revisionistischen Psychoanalyse zu Gunsten einer radikalen, der Einlösung des gesellschaftskritischen Desiderats verpflichteten, Psychoanalyse beinhaltet, geht es im Folgenden.

Adorno: Kritik der revisionistischen Psychoanalyse und Kritik des kapitalistischen Individualismus

Im Folgenden sollen vier Grundlinien von Adornos Kritik der revisionistischen Psychoanalyse elaboriert werden, welche Adorno Horneys Ansatz zuschlägt. Adornos Kritik ist vielschichtig angelegt und setzt am soziologischen Desiderat in Horneys Psychoanalyse an, doch seine Einwände beschränken sich nicht auf das Verhältnis von Soziologie und Psychologie, wie er es in seinem Essay *Zum gegenwärtigen Verhältnis zwischen Soziologie und Psychologie* entfaltet, sondern reichen bis in die Geschichtsphilosophie und die Anthropologie hinein. Die drei Ansatzpunkte bilden:

(1) Die Kategorie der Individuation, die Horney in ihrer psychologistischen Reduktion auf der Ebene der Theoriebildung nicht adäquat zu konzeptionalisieren vermag.

(2) Die Individuation selbst, die Horney in der Sache nicht adäquat zu erfassen vermag.

Einen weiteren Rahmen eröffnet die dritte Linie von Adornos Kritik der revisionistischen Psychoanalyse, weshalb sie hier zum Ausgangspunkt genommen wird, um grundsätzliche Fragen zu thematisieren, die für Adornos Kritik des Individualismus entscheidend sind. Von der dritten Grundlinie her lässt sich nämlich ein weithin unterschätzter Aspekt von Adornos Denken ans Licht bringen, nämlich:

(3) Die Unterschätzung Freuds und der Libidotheorie im Besonderen, speziell des Antagonismus von Es und Über-Ich, der das Ich gerade in einem antagonistischen psychodynamischen Wirbel verortet und ihm seine dingliche Statik nimmt, wodurch das Verhältnis von psychologischer Individuation und gesellschaftlicher Unterdrückung verwischt wird; damit zusammenhängend die Marginalisierung des Es in Freuds Ansatz, die Horneys kulturalistische Transformation der Psychoanalyse ermöglicht, dabei aber geradezu aus ihr exorziert, woran sie sich bricht: *die Natur.*

Diese Grundlinien werden durchweg im Hinblick auf die darin implizit mitlaufende oder explizit artikulierte Kritik des Individualismus elaboriert. Dabei wird vor allem zu zeigen sein, dass Adornos Vermittlungsdenken im Ernstnehmen sämtlicher Momente des Vermittlungsgeschehens die Natur, und zwar konkret in Gestalt der Libido, begrifflich wie auch realdialektisch stärker veranschlagt als dies seinen geschichtlichkeits- und kulturverliebten Lesern munden kann, die Natur gerne durch Adorno zum naturgeschichtlichen Moment homöopathisiert wüssten. Von Adornos Aufnahme der Freud'schen Libidotheorie her werden dann die Konvergenz von Psychotherapiekritik und Kulturkritik entfaltet.

Begriff und Konzept von Individualität und Individuation

Das soziologische Desiderat in Horneys Psychoanalyse bildet die Grundlage von Adornos vernichtender Kritik derselben. Der Titel seines Essays »Zum gegenwärtigen Verhältnis zwischen Soziologie und Psychologie« (1955) verwirft die Möglichkeit einer theoretisch fruchtbaren spezialistischen Arbeitsteilung bereits in der Bestimmung des zu eruierenden Problems. Der Inhalt von Adornos Essay gibt, wenig überraschend, Aufschluss darüber, dass mit Soziologie weniger eine wissenschaftliche Disziplin als vielmehr eine soziologische Perspektivierung im Sinne soziologischen Theoretisierens gemeint ist, das die Fragen und Gegenstände der Psychologie gleichermaßen durchdringt wie es von ihnen gesättigt ist und sie verarbeitet.

Explizit gegen die psychoanalytischen Revisionisten wendet Adorno ein, sie vergäßen, »daß nicht nur das Individuum, sondern schon die Kategorie der Individualität ein Produkt der Gesellschaft ist« (Adorno, 1997a, S. 27), dass »gerade die Kategorie des Individuums, die man im allgemeinen als der Gesellschaft entgegengesetzt betrachtet und deshalb von der Soziologie ausnimmt, eine im eminentesten Sinn gesellschaftliche Kategorie ist« (ebd., 1993, S. 190). Damit sagt Adorno nicht weniger, als dass die Psychologie nicht der Konstitutionslogik ihres Gegenstandes bzw., wenn man denselben positivistisch als die Psyche bestimmen will, des Substrats ihres Anhaltspunkts theoretisch gerecht werden kann, da sie Individuum und Individualität naiv verdinglicht und damit die Kategorie des Individuums um ihren kategorialen Charakter bringt, indem sie es für *factum brutum* nimmt. Dieser Aspekt von Adornos Kritik an Horney zielt auf eine wissenschaftstheoretische Naivität im Bereich der Begriffs- und Theoriebildung, genauer: in der Verwendung von Kategorien, die als schlicht gegeben statt als *konstituiert* (nicht: konstruiert) angenommen werden. Dieses Überspringen der Konstitutionslogik von Kategorien überhaupt ermöglicht die unumwundene Überführung von psychologischen Beobachtungen entlang des axiologischen Individualismus der Gesellschaft in einen naiven methodologischen Positivismus, der diesen Individualismus in der Gleichsetzung von Ding (Psyche) und Dingkategorie (Begriff der Psyche) abbildet. So versucht die revisionistische Psychoanalyse Horneys umstandslos für die Theoriebildung zur Hand zu haben, was erst in der Entfaltung der Dialektik von Theorie und Praxis theoretisch zu gewinnen wäre, weil die Praxis in sich reflexiv gebrochen ist und dadurch nicht das schlicht andere »Ding« ist, welches dem »Ding« Theorie gegenübersteht. So wie in dieser

Verdinglichung das Individuum überschätzt wird, wird umgekehrt die Gesellschaft unterschätzt, worüber deren von Horney ihr zugestandene Macht über das Individuum hinwegtäuscht, da diese Macht nur als reale und empirische im psychologischen Sinn, nicht als konstitutionslogische im dialektischen Sinn aufgefasst wird, welche letztere allerdings bestimmend für das Wesentliche der Individualität selbst ist. Adorno beharrt dieser Unterschätzung der Gesellschaft gegenüber darauf, »daß man die Kategorie der Individuation selber und die spezifischen Formanten der Individualität ihrerseits als Verinnerlichungen von sozialen Zwängen, Bedürfnissen, Anforderungen interpretieren muß« (ebd., 1993, S. 190). Was der Psychologie dann als zu bewältigende Aufgabe sich stellt, lässt sich nicht im apologetischen Rückgang auf die mit der Arbeitsteilung einhergehende Spezialisierung und Fragmentierung wegwischen, wie Horney es tut: »Since I am not a sociologist I shall merely point out briefly the main trends which have a bearing on the problem of neurosis and culture« (Horney, 1937, S. 284). Was aus der Abstraktion von der Soziologie resultiert, ist Abstraktheit in der Psychologie. Was das Individuum konstituiert, aber nicht im psychologischen Sinne in dessen Immanenzsphäre fällt, wird in seine Umwelt abgeschoben. Adorno kann mit solchen Arrangements sich nicht arrangieren.

Was hier innerhalb der Logik von Adornos Analyse philologisch ausgebreitet worden ist, lässt sich etwas freier folgendermaßen paraphrasieren und konkret gegen Horney in Anschlag bringen: Horney kennt das Individuum, nicht aber die Individuation als maßgebliches theoretisches Konzept, obwohl sich die Individuation gemäß der philosophischen Analyse Adornos nicht überspringen lässt, ohne dass jenes dabei auch verloren geht. Die Individuation bildet nämlich nicht bloß den Prozess, in dem das empirische Individuum sich formiert, sondern zugleich den ontologischen Rahmen dieser historischen Individuogenese. Die Pointe dieser Differenz und der mit ihr einhergehenden theoretischen Tieferlegung des Nachdenkens über das Individuum besteht darin, dass die Individuation nicht nur die Vorgeschichte des gewordenen Individuums ist, sondern dass sie die Bildungsform des Individuums ist und als solche gleichermaßen die *bisherige* wie – von diesem Prozess her – die *aktuale* Individuogenese dialektisch bestimmt, d. h. den Rahmen abgibt, innerhalb dessen Individualität jeweils aktual existiert. Die Individuation, die Horney konzeptuell nicht kennt, ist nicht ohne den Rückgang auf die dialektische Verfasstheit von Individualität selbst zu verstehen, die Horney psychologisch nicht zu reflektieren vermag.

Die angesprochene Verkürzung der Konstitutionslogik von Individualität beschränkt sich daher nicht auf die Beobachtung der Konstitution *in der Theorie*, sondern in diese Beobachtung geht auf der nächsthöheren Stufe ein, dass Individualität auch *für das Individuum selbst* sich innerhalb und durch die antagonistische Differenz zur Gesellschaft hindurch konstituiert, dass das Individuum sich also *als solches* (wenn auch natürlich nicht in schroffer Ausschließlichkeit) und nicht erst als Neurotiker als zur Gesellschaft in einem antagonistischen Verhältnis stehend erfährt. Individualität bildet zwar den Kern von Horneys Theorie der Neurose, allerdings in objektivistischer Weise, d. h. ohne dass deren reflexive Konstitutionslogik in die Theorie selbst einginge. Dass Individualität sich durch antagonistische Beziehungen zur Gesellschaft auch da konstituiert, wo sie deren Axiologie aufnimmt, ja gerade da, wo das Individuum sie neurotisch affirmiert – d. h. ambivalent affirmiert und in der Affirmation wesentlich eigene Regungen negiert –, diese Konstitutionslogik bildet sich in Horneys Theorie lediglich objektivistisch ab im konkreten psychischen Konflikt: Das Individuum leidet an der ihm undurchschaubaren konfliktuösen Spaltung zwischen dem *actual* und dem *idealized self*, doch der Konflikt wird, trotz ihrer Freud-Kritik, freudianisch in der Form des Konflikts zwischen verdinglichtem und kompartimentalisiertem Ich-Instanzen aufgefasst. Damit wird aber gerade die angestrebte Ganzheitlichkeit von der Nomenklatur unterlaufen.

Dies ist nicht der Fall bei Adorno, dem zufolge »Individualität eine Reflexionskategorie ist« (Adorno, 2001, S. 104), weil die Individuen »in einen bestimmten Gegensatz zu der Gesamtheit treten und erst in dem Bewußtsein dieses Gegensatzes sich als das je Einzelne, als das Besondere überhaupt bestimmen« (ebd.). Horney beobachtet die psychische Geschichte und Struktur empirischer (Selbst-)Bestimmungen, ohne deren philosophische Bedeutung zu bedenken. Adorno wendet gegenüber Horney *nicht* ein, Individualität sei statt eines *ens realissimum* »bloß« eine Kategorie, sondern vielmehr, dass Individualität der Sache nach reflexiv verfasst ist und deshalb *die Sache selbst* der Individualität kategorial als Reflexionskategorie zu bestimmen sei. Damit eröffnet sich ein anderer theoretischer Horizont als in Horneys Rahmen, in dem vorrangig wichtig ist, was bestimmte Konflikte und Ereignisse für ein Individuum psychogenetisch bedeuten, jedoch nicht, dass und in welcher Weise der dialektische Antagonismus zwischen Individuum und Gesellschaft in seinem Gegebensein für das Individuum selbst konstitutiv für die Individualität desselben ist. Individualität ist für

Horney deshalb keine Reflexionskategorie, sondern eine *auch reflexiv* be-stimmte Entität bzw. ein Sachverhalt in der empirischen und psychologi-schen Welt (sonst wäre der Neurotiker einer Therapie *per se* nicht zugäng-lich); deshalb ist die Modellierung der Individualität instrumentell reflexiv im Sinne der Anpassung des verdinglichten *actual self* an ein verdinglichtes *idealized self*. Der Unterschied mag *prima facie* von marginaler Bedeutung sein insofern, als die Reflexivität bei Horney ebenfalls eine Rolle spielt und nicht schlicht nach einem reduktiven Modell der kausalen Einwirkung der Entität Gesellschaft auf die Entität Individuum gedacht wird. Doch zugleich bleibt gerade ein im Individuum stattfindendes Kausalgeschehen von Impuls und Reaktion *prinzipiell* intakt, ohne dass die Theorie sich an Adornos dialektischem Sachverhalt zu bewähren hätte, demzufolge in allen *per se* nicht kausalistisch konzipierbaren Vermittlungsstufen des Verhält-nisses von Individuum und Gesellschaft die *an sich* bestehende Verfloch-tenheit des Individuums mit der Gesellschaft *qua* Konstitution als An-sich zugleich *für es* – bewusst und/oder unbewusst – gegeben ist.

Welche Bedeutung dieser Sachverhalt für Adornos Kritik der revisio-nistischen Psychoanalyse im Einzelnen hat, lässt sich anhand von Ador-nos Kritik von Horneys Therapiekonzept zeigen. Horneys therapeutische Agenda besteht in einer Befreiungsmaieutik: Das ganzheitliche Selbst soll seine es im Innern spaltenden Konflikte auflösen oder zumindest soweit entschärfen, dass es sich von neurotischen Zwängen zu emanzipieren vermag. Doch die Therapie, welche für Horney die Lösung des Problems verspricht, wird für Adorno selbst wiederum zum Problem. Horneys The-rapie ist sich nicht selbst gegeben als *fait social* und potenziell für das Indi-viduum, das sich reflexiv zur Therapie verhält, nicht unproblematisch (fall-weise: gerade deshalb). Die Therapie, deren Axiologie durchschaut wird, ist dann kein Instrument oder Panazee mehr, sondern selbst kritisierbar und etwas zu Kritisierendes. In einer solchen Kritik nimmt »Individualität als Reflexionskategorie« *praktisch* Gestalt an, sie kritisiert dann den axiologi-schen Konformismus der Therapie. »Individualität als Reflexionskatego-rie« bedeutet gemäß Adornos Systematik: Nicht das Individuum trifft auf die Gesellschaft und wird dadurch krank und muss geheilt werden, son-dern das Individuum ist als solches in sich und darin im Verhältnis zur Ge-sellschaft vermittelt, woraus für die Therapie folgt: sie hätte dieses gesamte Verhältnis auf sich zu nehmen – was sie nicht kann. Dadurch wird die Ge-sellschaft zum Einflussfaktor, zu dem, was die Psyche bestimmt, als wäre es ein innerhalb ihrer zugleich zu Bändigendes. Behandelt wird jedoch die Psyche, nicht – und zwar im Ansatz schon nicht – das Verhältnis, innerhalb dessen sie Gestalt annimmt, weil alles nicht ihr vollständig Zuzuschlagende der Therapie entzogen bleibt. Sie kann die Psyche als Resultat einer Vermittlung bearbeiten, aber nicht die Vermittlung der verschiedenen Bestimmungen (das Verhältnis) theoretisch und dann therapeutisch vermitteln. Dieses Der-Therapie-entzogen-Sein der Gesellschaft veranlasst Adorno in seiner Auseinandersetzung mit Horney dazu, der Psychologie das vermeintlich schlechthin ihr Zufallende ihr zu entziehen:

> »Karen Horney etwa meint gegen Freud, es sei illegitim, das Gefühl der Ohnmacht aus früher Kindheit und Ödipussituation abzuleiten; es stamme aus der realen gesellschaftlichen Ohnmacht, wie sie schon in der Kindheit erfahren sein mag, an der freilich Horney sich desinteressiert zeigt. Nun wäre es gewiß dogmatisch, wollte man das allgegenwärtige und gerade von den Revisionisten recht subtil beschriebene Gefühl der Ohnmacht abtrennen von seinen aktuellen sozialen Bedingungen. Aber die Erfahrungen der realen Ohnmacht sind alles andere als irrational, ja kaum eigentlich psychologisch. Sie allein ließen eher den Widerstand gegen das soziale System erwarten, als daß die Menschen es nochmals sich zu eigen machten. Was sie von ihrer Ohnmacht in der Gesellschaft wissen, gehört dem Ich, freilich dem ganzen Geflecht seiner Beziehungen zur Realität, nicht erst dem voll bewußten Urteil an« (Adorno, 1997b, S. 73).

Fragwürdig an Adornos Ausführungen ist, ob Horney an der Kindheit wirklich sich desinteressiert gezeigt hat, was sich kaum hinreichend daraus begründen lässt, dass sie nicht, wie Freud oder Melanie Klein, umfangreiche Fallstudien zu kindlichen Verhaltensmustern ausgearbeitet hat. Der »Widerstand gegen das soziale System«, von dem Adorno spricht, bricht sowohl mit dem Konformismus von Horneys Therapiekonzept, wonach das Individuum mit der Gesellschaft in (funktionalen) Einklang zu bringen sei, als auch mit der geheimen Komplizenschaftlichkeit dieses Konformismus mit der als solche gebrandmarkten Konkurrenzgesellschaft, dem gemäß die Therapie die Integration des Individuums ins System befördern solle, statt die widerständigen Tendenzen im Individuum zu stärken. Die Therapie bleibt in dem Maße unkritisch und von der Selbstanalyse verschont wie Individualität nicht als Reflexionskategorie konzeptualisiert wird; Adorno bezeichnet sie als eine »Art von Massage« (ebd., 2008, S. 147), gleichwohl als eine, mit der »in der therapeutischen Praxis auch tatsächlich gewisse rasche Heilerfolge erzielt« (ebd.) worden seien. Was jedoch unterblieben sei, ist eine adäquate »Analyse des Unbewußten und damit der eigentlich tragenden libidinösen Momente« (ebd.) und damit die Analyse der »eigentlich tiefen Konflikte« (ebd.).

Mit der Entfaltung der Individualität als Reflexionskategorie allein ist diese tiefergehende Analyse Adorno zufolge noch nicht zu leisten, sondern erst mit der prinzipiellen, wenn auch nicht blanken, Restitution der Libidotheorie, die Horney in ihrer Freud-Kritik verabschiedet hat, und das heißt auch: mit der Rehabilitation des Naturbegriffs gegenüber der kulturalistischen Verflachung der Psychoanalyse. Darum geht es im folgenden Abschnitt.

Adornos Restitution und Modifikation der Libidotheorie und des Naturbegriffs

Die Libidotheorie bildet für Adorno kein verzichtbares Seitenstück oder ein Randtheorem der Psychoanalyse, sondern sie bildet den »Kern der analytischen Theorie«. Die Libidotheorie allein ermögliche es, bis in die Tiefenschichten der psychologischen Dynamik vorzudringen. Dies zu vermögen, kennzeichnet für Adorno – im ausdrücklichen Gegensatz zur revisionistischen Psychoanalyse – die »radikale Psychoanalyse« (Adorno, 1997a, S. 27) bzw. »die strenge Psychoanalyse« (ebd., 1997b, S. 52), die, »indem sie sich auf Libido als ein Vorgesellschaftliches richtet, phylogenetisch wie ontogenetisch jene Punkte erreicht, wo das gesellschaftliche Prinzip der Herrschaft mit dem psychologischen der Triebunterdrückung koinzidiert« (ebd., 1997a, S. 27). Das Vorgesellschaftliche ist nicht das schlechthin ontologisch gegen Gesellschaft abgeschirmte oder von ihr getrennte Außergesellschaftliche, das gesellschaftlich vermittelter Erkenntnis nicht zugänglich wäre. Die Libido markiert für Adorno kein naturalistisch dem Sozialen oder Kulturellen dualistisch entgegengesetztes Instinktresiduum noch zeugt die Libidotheorie, wie Adorno explizit gegen die Revisionisten ausführt, von einer »angeblichen Befangenheit im mechanistischen, dem neunzehnten Jahrhundert entstammenden Denkgewohnheiten« (ebd., S. 22). Vielmehr bildet die Libido einen immanenten Umschlagpunkt der psychoanalytischen Dynamik zwischen Ich und Es, die nicht dualistischer Natur ist, weil beide Instanzen gesellschaftlich bestimmt sind, ohne bloß gesellschaftliche Produkte zu sein. Den Revisionisten hält Adorno vor, sie hätten »bloße Resultate psychologischer Dynamik [...] hypostasiert und als absolute sich vorgegeben« (ebd.); die Pointe der »radikalen« Psychoanalyse besteht darin, den Rahmen und die Logik dieser psychologischen Dynamik zu erfassen, deren Resultate demgegenüber von den Revisionisten als vermeintliche Fakten aufgelesen werden. Denn um nichts weniger als den »Kern der analytischen Theorie, den Widerstreit zwischen Ich und Es« (ebd., 1997b, S. 52) bringe der revisionistische und kulturalistische Ansatz die Psychoanalyse. Der »radikalen« bzw. »strengen« Psychoanalyse die Treue gehalten zu haben, hält Adorno Heinz Hartmann zugute, den er in direkte Gegenstellung gegen die Revisionisten bringt, wodurch er wiederum das Freud'sche Ichmodell und die Libidotheorie gegen (Pseudo-)Soziologisierung des Unbewussten in indirekte Gegenstellung bringt: »Anstatt, wie die Revisionisten, für die gesellschaftliche Interpretation das Unbewußte auf direkte soziale Einflüsse zurückzuführen, knüpft er an die Freudsche Distinktion Ich und Es an« (ebd.).

Doch führt die Libidotheorie und das Festhalten an ihr nicht in den psychologischen Atomismus einer individualistischen und überdies naturalistischen Ich-Psychologie zurück, welche gerade das Niveau unterbietet, welches die Kritische Theorie anstrebt? Und hält Adorno, indem er an der Freud'schen Psychoanalyse festhält, nicht auch an der »mechanistisch-hydraulische[n] Konzeption des Triebmodells«[15] (Fromm, 1980, S. 14) fest, die Erich Fromm Freud vorhält? Implantiert Adorno mit der Libidotheorie der Kritischen Theorie ungewollt eine mechanistische Denkfigur, welche die dialektische Dynamik der Theorie unterminiert? Diese Fragen lassen sich klar mit einem »Nein« beantworten, denn der Mechanismus wird dialektisch gesprengt und mit ihm die individualistische Autarkie des Individuums. Denn gerade im prinzipiellen Festhalten an der Libidotheorie und ihrer dialektischen Transformation eröffnet Adorno die Perspektive einer psychoanalytischen Kritik des psychoanalytischen Individualismus Freuds, wie im Folgenden auszuleuchten ist.

Die Libidotheorie ist bei Adorno Moment eines dynamischen Beziehungsgefüges, innerhalb dessen die einzelnen Beziehungsglieder sich

---

15 Fromm konkretisiert diese Charakteristik folgendermaßen: »Auch Freud folgte in seiner Libidotheorie einem hydraulischen Schema. Die Libido nimmt zu → die Spannung steigt → die Unlust nimmt zu; der Sexualakt vermindert die Spannung und die Unlust, bis die Spannung wieder zu steigen beginnt« (ebd.).

gegenseitig durchdringen, brechen und übersteigen. Auf diesen Entfaltungsprozess zielt, was Adorno die Individuation nennt und als deren Element die psychische Dynamik zu verstehen ist. Den Individualismus sprengt Adorno nicht, indem er Freuds Ich die Gesellschaft als es ermöglichende oder überwölbende und formierende Instanz entgegenstellt, sondern indem er die Individuation gedanklich bis an den Punkt verfolgt, wo Einzelnes und Allgemeines ineinander umschlagen, Momente voneinander sind[16], die unterscheidbar, aber nicht separierbar und deshalb Momente der Individuation selbst und nicht für ihre Analyse zu veranschlagende analytische Faktoren sind:

> »Die Freudsche Theorie sieht so aus, daß zunächst an der Oberfläche, nämlich nivelliert durch das Realitätsprinzip, dem alle Menschen sich anpassen müssen, gewisse durchlaufende, ähnliche, relativ abstrakte Situationen vorwalten, daß dann, wenn man in die sogenannte psychische Dynamik sich versenkt, also in die unbewußten Mechanismen und vor allem in das Wechselspiel zwischen dem Unbewußten und dem einzelnen Ich, sich die Differenzierung herstellt, daß man aber dann – und noch einmal gleichsam unterhalb, wie *im Kern der Individuation – des Kollektiven inne wird*« (Adorno, 1993, S. 192; Hervorh. d. A.).

Die konsequente Reflexion von Individuation führt nicht auf ein immer spezielleres Einzelnes, eine absolute Singularität, sondern auf ein undifferenziertes Allgemeines als dessen individuativem Grund (nicht Ursache); Adorno spricht von der »Allgemeinheit und Undifferenziertheit des Es« (ebd.), die gleichwohl kein unberührtes Dasein außerhalb von Individuum und Gesellschaft fristet, sondern in seiner Allgemeinheit und Undifferenziertheit formatives Moment des Ich ist. Dieser Grund eliminiert nicht die Individualität des Einzelnen, sondern verbindet es gerade mit anderen Einzelnen derselben Art; durch diesen Grund wird die Indivi-

---

16 In der dialektischen Reflexion der Psychoanalyse, die sie gegenüber Freud selbst noch einmal immanent dynamisiert, sowie in der Kritik von Freuds bürgerlichem Paternalismus tun sich Gräben auf, die Bonß' Glättung von Adornos Anknüpfung an Freud fragwürdig erscheinen lassen: »Adornos Interpretation der Psychoanalyse hatte schon immer im Gegensatz zu Fromm gestanden, als er die Freudsche Theorie zwar akzeptierte, ihre therapeutische Umsetzung jedoch radikal ablehnte« (Bonß, 1982, S. 400). Von einer prinzipiellen Anknüpfung an Freud lässt sich durchaus reden, von einer bruchlosen, die Bonß hier suggeriert, allerdings keineswegs.

dualität zur Individualität *des Einzelnen*, der in einem antagonistischen Bestimmungsverhältnis konstitutiver Art zum Allgemeinen steht. Das Kollektive im Kern der Individuation nivelliert nicht das Individuum, sondern bildet den realen Grund seiner Individualität, der gegenüber die ohne dieses Band des Allgemeinen konzipierte »absolute Singularität« eine leere, in narzisstischer Scheinhaftigkeit von reicher Substanzialität sich verlierende Entität von anämischer Abstraktheit darstellte. In der Individuation wird mehr ausgetragen als nur eine Ich-Es-Dialektik, sondern zugleich der gesamte Antagonismus zwischen Individuum und Gesellschaft, wie er sich im Individuum materialisiert; zugleich das Ineinander von Ontogenese und Phylogenese, wodurch das Verhältnis von Individuum und Gesellschaft sich in die Natur hinein erstreckt, die *im Individuum* – und daher nicht außerhalb der gesellschaftlichen Vermittlung – als Vorgesellschaftliches das Verhältnis zwischen Individuum und Gesellschaft verkompliziert.

Die Natur ist dabei keine hinzutretende Substanz, sondern am ehesten aufzufassen als eine *reale Grenze, die zurückwirkt auf das, was an sie stößt*; die also Grenze im Sinne des Erdbodens ist, der eine natürliche Bewegungsgrenze darstellt, welche allerdings keine Seins- und Stoffwechselgrenze ist, sondern vielmehr als Grenze vitaler Ermöglichungsgrund ist. Der Naturbegriff bildet hier insofern einen Grenzbegriff, als der Antagonismus zwischen Individuum und Gesellschaft im Individuum an eine Grenze stößt, von der das Individuum sowohl konstituiert als auch affiziert, aber auch *getragen und doch nicht besessen* wird, da es selbst (und die Gesellschaft durch den Antagonismus hindurch) bestimmend auf die Natur zurückwirkt. Was den Individualismus bei Adorno also sprengt, ist nicht lediglich durch das theoretische Desiderat diktiert, dem durch das Individuum hindurchgehenden Antagonismus von Individuum und Gesellschaft durch die Verschränkung von Soziologie und Psychologie gerecht zu werden, sondern sowohl die Immanenz der Gesellschaft in der Konstitution des naturwüchsigen Individuums als auch die Immanenz der Natur im Verhältnis von Individuum und Gesellschaft als dessen Möglichkeitsgrund und Grenze zugleich.

Horneys psychoanalytischer Ansatz hingegen hält dem Freud'schen gerade im Individualismus die Treue und verstärkt diesen Individualismus noch, indem sie das Ich gegenüber dem Es überprivilegiert und das Es wie einen illegitimen naturalistischen Fremdkörper dem Ich eximiert. Die »individualistisch intendierte Psychologie von Freud« (ebd.) findet in Horney ihre individualistisch zugespitzte Fortsetzung in der Marginalisierung des Es zu Gunsten des kulturalistisch gestärkten und insofern »rein gewordenen« Ichs. In Bezug auf Adornos Freud-Kritik stellt Horneys Individualismus sich beinahe als ein Ich-Absolutismus dar, da in ihrem Ansatz aufgegeben wird, was in Freuds Ansatz den Individualismus notgedrungen über ihn selbst hinaus treibt, nämlich die Individuation durch das individuelle Allgemeine des Es hindurch, das seine Substanz gerade nicht aus seiner Individuiertheit, sondern aus der »Invarianz und Konstanz des in allen Menschen identischen Es« (ebd., S. 193) gewinnt. Das Es ist dabei nicht bereits mit dem Kollektiven gleichzusetzen, weil es ein Nicht-Individuelles ist; im Unterschied zum Kollektiven ist es als libidinöse, der Psyche immanente, Instanz des Ich ein im personalen Lebensvollzug sich Individuierendes, während das Kollektive in diese Individuation hineinwirken, aber nicht direkt in ihr sich individuieren kann. Das Es ist ebenfalls nicht mit der Natur gleichzusetzen, weil die strikt biologische Natur viel weiterreicht als das Es, das als allgemeines Moment des psychischen Instanzenmodells oder als empirisch individuiertes Moment der Psyche eines Individuums auftritt. Indem Adorno die Libidotheorie explizit aufwertet, setzt er nicht der Kultur die Natur entgegen, sondern dem Kulturalismus die antagonistische Vermittlung von Kultur durch die im Es repräsentierte Natur als ihres antagonistischen Moments. Dialektische Vermittlung ist Adornos Pointe, nicht disjunktive Unterscheidung oder Entgegensetzung; letztere, als Emanzipation vom Naturalismus getarnt, muss man Horney von Adorno ausgehend gerade vorhalten.

Die Bedeutung von Adornos Apologie Freuds und von dessen Libidotheorie, insbesondere gegen den psychoanalytischen Revisionismus, lässt sich leichter unter- als überschätzen. Deshalb soll hier noch einmal darauf hingewiesen werden, dass Adorno in seiner unter dem Titel *Philosophische Elemente einer Theorie der Gesellschaft* veröffentlichten (und 1964 gehaltenen) Vorlesung in einer Passage, in der er Horney explizit kritisiert, über das Freud'sche Ich ohne Distanzierung sagt, es sei eine »außerordentlich dünne Schicht, während die gesamte Gewalt des Trieblebens, die gesamte libidinöse Energie, von der die Ich-Energie psychogenetisch bloß abgezweigt ist, darunter liegt und mit dieser Realitätsprüfung sich gar nicht so recht einläßt« (Adorno, 2008, S. 147). Auf der philologischen Ebene steht dieser Formulierung dem Anschein nach entgegen, dass gerade die revisionistische Abschwächung des Primats der Libido vor dem Ich Adornos Zustimmung gefunden habe: »Das verleiht den Revisionisten einiges Recht, wenn sie Freud die Unterschätzung der gesellschaftlichen, durchs Ich vermittelten und doch psychologisch relevanten Momente vorwerfen« (ebd., 1997b, S. 73). Doch diese Konzession ist keine Artikulation von grundlegendem Einverständnis, sondern die Anerkennung der Legitimität des Vorhabens, mit einem *rigiden Naturalismus* zu brechen. Gerade der oben angeführte Begriff der strengen bzw. radikalen Psychoanalyse verdeutlicht allerdings, dass Adorno die Strenge im Festhalten am Naturbegriff selbst nicht aufzugeben bereit ist. Adornos Kritik der klassischen Epistemologie in seinem frühen Husserl-Buch *Zur Metakritik der Erkenntnistheorie* verteidigt bereits die Natur gegen die Naturalismus-Kritik Husserls:

> »Den Bannfluch über den »Naturalismus« erspart der Erkenntnistheorie nicht, bei der Analyse des Gegebenen auf den sinnlichen Apparat, die Sinnesorgane zu rekurrieren. [...] Das eingeschliffene Gebot, die Sinnesorgane ebenso wie die individuelle Person, die sie trägt, seien von der Konstitutionsanalyse auszuschließen, ist einzig ein Stück apologetischer Strategie« (Adorno, 1997c, S. 149).

Indem Adorno der Konstitutionsanalyse die adäquate Reflexion von Natur als *constituens* desiderathaft vorgibt, formuliert er konkret, was er in der *Negativen Dialektik* und seinem zentralen Motiv derselben bündelnden Essay *Zu Subjekt und Objekt* unter dem Namen des »Vorrangs des Objekts« anspricht. Dieser Vorrang des Objekts ergibt sich Adorno zufolge daraus, dass selbst in seiner formalsten Bedeutung ein Subjekt immer ein Etwas und damit bereits konstitutiv objekthaft sei vor jeder näheren Bestimmung *als Subjekt*. Die Epistemologie greift hier auf die verschmähte Ontologie über, weil der Vorrang des Objekts einem Gesetz epistemischer Notwendigkeit folgt und das epistemisch Gegebene gerade da epistemologische Verbindlichkeit erlangt, wo Erkenntnis ihren Auftrag, Erkenntnis von etwas zu sein und diesen Sachverhalt theoretisch einzuholen, ernstnimmt. Nichts anderes und nicht weniger tut Adorno, wenn er den Vorrang des Objekts anerkennt, und diese Anerkennung findet ihre konkrete Umsetzung, wo er an der Libidotheorie dezidiert in einer Weise festhält, die bereits die Erwägung verbietet, einen Exorzismus der Natur aus der »strengen« Psychoanalyse anzuvisieren. Psychoanalytisch würde mit dem Natur überwinden wollenden Kulturalismus die Aporie der klassischen Erkenntnistheorie wiederholt, die Konstitutionsanalyse um das unhintergehbare *constituens* der Sinnlichkeit (als konkreter Bestimmung von Natur) zu bringen. Deutlich zeigt sich das in Adornos Verteidigung von Humes Lehre von der Vorstellung gegen ihre leichtfertigen Überwindungen, die bloß übergehen, was sie zu überwinden vorgeben:

> »Bequem ist diese Lehre als insgeheim naiv-naturalistisch zu kritisieren. Aber in ihr zittert ein letztes Mal das somatische Moment erkenntnistheoretisch nach, bis es vollends ausgetrieben wird. In der Erkenntnis überlebt es als deren Unruhe, die sie in Bewegung bringt und in ihrem Fortgang unbesänftigt sich reproduziert; unglückliches Bewußtsein ist keine verblendete Eitelkeit des Geistes sondern ihm inhärent, die einzige authentische Würde, der er in der Trennung vom Leib empfing« (Adorno, 1997d, S. 202f.).

Die Intention, dem Naturalismus seinen theoretischen Stachel zu ziehen, ist nicht dadurch einlösbar, dass kulturalistisch der Primat zugunsten der Kultur umgekehrt wird. Dialektisch ist der »Vorrang des Objekts«, weil der Vorrang gerade kein kausaler Primat ist, dessen theoretische Voraussetzung die Reformulierung der Lehre von der zusammengesetzten Substanz mittels des Begriffs des Faktors wäre. Das dialektische Moment ist kein Faktor, kein auf der Liste der Totalitätskonstituenten mit dieser oder jener Wertigkeit Aufzuführendes, sondern es ist *es selbst* in der Vermitteltheit durch *sein* Anderes (im Fall des Bewusstseins: in der Vermitteltheit durch das Somatische als sein Anderes) *hindurch*. Die radikale Psychoanalyse *weiß* deshalb nicht nur im abstrakten Sinn, sondern sie reflektiert diese dialektische Konstitutionslogik konkret: Sie spürt die Natur in der Kultur, das Vor- und Unbewusste im Bewusstsein auf und kann dies, weil »die Kultur« anders vergisst, wodurch sie überhaupt erst sie selbst ist. Adornos negative Dialektik ist insofern in den Prozess der Vermittlung gebrachtes Gedächtnis; sein Festhalten an der Libidotheorie markiert die Weigerung, die Psychoanalyse der Verflachung anheimfallen zu lassen, welche in der Verklärung von Kultur nach zwei Seiten hin stattfindet:

(1) im Übergehen der Libidotheorie und
(2) in der halbherzigen Aufnahme soziologischer, aber nicht *soziologisch entfalteter* Motive unter dem abstrakten Namen der »Kultur«, denn Horney führt das Wort »Gesellschaft« gerne im Munde, ohne sich um eine Theorie derselben zu bemühen.

Die bisherige Analyse hat Adornos Individualismus-Kritik verfolgt, soweit sie von ihm in einem wissenschaftlichen Rahmen verfolgt worden ist und daselbst wiederum in der konkreten Orientierung an den theoretischen Grundlagen der Psychoanalyse und der Psychotherapie. Die Motive der methodischen und inhaltlichen Kritik der revidierten Psychoanalyse und die der auf ihr basierenden Psychotherapie greifen ineinander: Wie der theoretischen Grundlegung die Vermittlung der Momente abgeht, die ihren Gegenstand logisch wie reflexiv konstituieren, so gerät die Therapie zur bloß instrumentellen Behandlung von in sich selbst verdinglichend gespaltenen Menschen; indem sie deren dialektisch-reflexive Konstitution übergeht, kann sie genuin eigene Potenziale nicht entfalten und sich nicht reflexiv gegenüber der Gesellschaft als einer in sich falschen, weil in ihrer fatalen Auswirkung auf die Individuen durchschauten Totalität positionieren und nicht als kritische Instanz gegen dieselbe in ihr auftreten. Adornos Horney-Kritik enthält jedoch eine Ambivalenz: Wo er ihr therapeutische Erfolge zugesteht, tut er dies, weil er in der Diagnose der verdinglichenden Ich-Spaltung mit ihr übereinstimmt. Die Wege beider trennen sich jedoch schnell, weil Horney am pathologisch entstellten Individuum positivistisch, seinen Zustand wie einen Zählerstand ablesend, ansetzt und diesem ein Ideal von Ganzheitlichkeit entgegenhält, das nicht nur idealisierter Natur ist, sondern auf Voraussetzungen basiert, von denen der Neurotiker abgeschnitten ist.

Was Adorno in der Kritik der Psychotherapie nur andeutet, findet in seiner Individualismus-Kritik, wie er sie geschichtsphilosophisch entlang von Kunst und Kulturindustrie entfaltet, seine konkrete und manifeste Gestalt. Der gemeinsame Nenner der Psychotherapie und der Kulturindustrie besteht im Sinne Adornos darin, dass sie die Menschen zu dem machen, was sie nicht sein sollten, indem sie sie blind dafür machen, was sie könnten, weil sie Ideologie und damit Verdinglichung prolongieren, wo sie Reflexion befördern sollten. Doch Adornos Kulturkritik verfährt mehrschichtiger als Horney in ihrem Ansatz: Das kontrafaktische Ideal des mit sich versöhnten Menschen bietet kritische Maßstäbe gegenüber dem faktischen Zustand, umgekehrt wird der faktische Zustand nicht vorrangig deskriptiv in seiner Faktizität registriert, sondern hinsichtlich des kulturkritischen regulativen Ideals der Versöhnung kritisiert. Das Dispositiv des Therapeutischen kann, wie im Folgenden gezeigt werden soll, weder Grundlage noch Motor der Kritik des Individualismus oder der Bewahrheitung seiner ideologischen Idolatrie des Individuums sein.

Geschichtsphilosophische Erweiterung des Rahmens von Adornos Individualismus-Kritik: Der authentische Individualismus und der Massenindividualismus ohne Individualität

Historische Wurzeln des Individualismus nach Adorno

Zwar verbleibt die Analyse hier innerhalb des Werks Adornos, doch zugleich ist die Überschrift dieses Abschnitts insofern irreführend, als Adorno über keine selbstständig entwickelte und ausgearbeitete Geschichtsphilosophie des Individualismus verfügt. In der ideengeschichtlichen Datierung der Entstehung der Kategorie des Individuums am »Anfang der Renaissance in Europa« (Adorno, 2001, S. 104) stützt Adorno sich auf das Werk Jacob Burckhardts. Zwar zitiert Adorno gelegentlich Burckhardts *Griechische Kulturgeschichte*, wo er von der Individualität zur Zeit der Antike spricht[17], meines Wissens aber nicht die ihm sicherlich genauso bekannte und ihn sein Bild von der Geistesgeschichte der Renaissance geprägt habende *Die Kultur der Renaissance in Italien*, in der Burckhardt die Ursprünge des Individualismus der europäischen Neuzeit bis ins Italien des 13. Jahrhunderts zurückverfolgt. Diesen Individualismus porträtiert Burckhardt derart eindringlich, eindrücklich und begrifflich in Übereinstimmung mit Adornos kulturkritischen Schriften, dass hier ein genauerer Blick auf Burckhardts letztere Schrift angebracht ist.

Der spezifisch neuzeitliche Individualismus beginnt nach Burckhardt nicht mit der Entstehung von gegeneinander distinguierten Individuen, sondern mit der von *Persönlichkeiten:* »Mit Ausgang des XIII. Jahrhunderts aber beginnt Italien von Persönlichkeiten zu wimmeln; der Bann, welcher auf dem Individualismus gelegen, ist hier völlig gebrochen; schrankenlos spezialisieren sich tausend einzelne Gesichter« (Burckhardt, 1928, S. 134). Der Übergang vom Individuum zur Persönlichkeit, d. h. zum über eine distinkte Identität und eine deren Distinguiertheit kultivierenden Individuum, ist Proprium und Novum der italienischen Renaissance. Diesen Prozess begründet Burckhardt sowohl politisch mit der Ausbildung eines der Macht antagonistisch entgegengesetzten und sich ausdifferenzierenden Privatlebens (vgl. ebd., S. 134f.) als auch künstlerisch und vor allem lite-

---

17 So in den »Minima Moralia« (Adorno, 1997e, S. 170) und in den »Vorlesungen zur Lehre von der Geschichte und von der Freiheit« (ebd., 2001, S. 127).

rarisch mit der Entstehung der italienischen Novelle. Den Kulminations-
punkt macht Burckhardt im 15. Jahrhundert aus:

>>Ein sehr geschärfter kulturgeschichtlicher Blick dürfte wohl imstande sein,
im XV. Jahrhundert die Zunahme völlig ausgebildeter Menschen schrittweise zu verfolgen. [...] Das XV. Jahrhunderts ist vorzüglich dasjenige der
vielseitigen Menschen. Keine Biographie, welche nicht wesentliche, über
den Dilettantismus hinausgehende Nebenbeschäftigungen des Betreffenden
namhaft machte<< (ebd., S. 136f.).

Diesen wenigen synoptischen Zeilen ist bereits zu entnehmen, dass der Individualismus, den Burckhardt porträtiert, ein grundlegend anderer ist als
der heutige Individualismus, der die Qualität sinnexorzistischer Vermas-
sung zu seinem Schibboleth erwählt hat, nämlich ein von Grund auf aristo-
kratischer[18], der folgerichtig seine ideal-reale bzw. genuine Verkörperung in

---

18 Nicht verschwiegen werden soll, dass mit dem großen Individuum auch die institutionalisierte Feier des großen Individuums einsetzt, d. h. der moderne Ruhm: »Der bisher
geschilderten Entwicklung des Individuums entspricht auch eine neue Art von Geltung
nach außen: Der moderne Ruhm« (ebd., S. 143). Der moderne Ruhm bildet wiederum
die Grundlage eines spezifisch frühmodernen Persönlichkeitskults, der im 18. Jahrhundert einsetzt, und den Edgar Zilsel auf den Namen der »Genierreligion« bringt (vgl. Zilsel,
1990). Nicht zufällig stützt Zilsel sich auf Burckhardts Studien und gesteht freimütig,
dass sein »ganzer ideengeschichtlicher Versuch gerade Burckhardt zu Dank verpflichtet«
(Zilsel, 1926, S. 110) sei. Ein zentraler Aspekt der »Genierreligion« besteht im Heraustre-
ten des Individuums aus dem Gattungsleben, dem es doch unterworfen bleibt; in der
Erlangung von Unsterblichkeit unter dem Bann der Sterblichkeit: »Daß aber nicht nur
Autoren zur Vorstellung der entscheidend urteilenden Nachwelt gelangt sind, sondern
daß der Glaube an die Heiligkeit des Nachruhmes auch im *Publikum* so sehr verbreitet
ist, dies ist wohl vor allem religiösen Motiven entsprungen. Da nämlich die halbreligiöse
Färbung der Geniebegeisterung so sehr in die Augen fällt, so scheint es erlaubt, die Entstehung der Geniedogmen religionspsychologisch zu erklären und nach den religiösen
Bedürfnissen zu suchen, die durch unseren Geniebegriff befriedigt werden sollen. So ist
es kein Zufall, daß der Nachruhm *Unsterblichkeit* genannt wird, denn hier bezeichnet der
gleiche Name wirklich die gleiche Sache« (Zilsel, 1990, S. 64). Die Renaissance bereitet
diesen Aspekt der Moderne gerade durch die Entwicklung des Individualismus bereits
vor, der hier allerdings noch auf realem Verdienst und Können basierte, statt, wie heute,
auf einem Star-Status oder gar bloß auf einem ökonomischen Status. Das exzeptionelle Individuum der Renaissance konnte ein solches nur durch Können werden, die
Vielseitigkeit der ambitionierten Betätigung war nicht durch die Vielzähligkeit von *likes*
ersetzbar.

Gestalten wie Dante und Leonardo da Vinci gefunden hat. Innerhalb dieser Axiologie mit Hauptrollen ausgestattet sind »einzelne Künstler, welche in allen Gebieten zugleich lauter Neues und in seiner Art Vollendetes schaffen« (ebd., S. 137), und in denen sich Exemplarisches und Repräsentatives vereinigen wie in Dante, dem die folgenden Zeilen gelten: »Sieht man aber auf den Inhalt, so ist in der ganzen äußeren und geistigen Welt kaum ein wichtiger Gegenstand, den er nicht ergründet hätte und über welchen seine Aussage – oft nur wenige Worte – nicht die gewichtigste Stimme aus jener Zeit wäre« (ebd., S. 138). Der wechselseitigen Durchdringung von Exemplarischem und Repräsentativem gemäß fungiert die Kunst, besonders die Literatur[19], als Medium der Entwicklung, aber auch der Überlieferung der Gestalten der Individualität in der Renaissance; Burckhardt bezieht sich an einer Vielzahl von porträtistisch eindrücklichen Stellen auf die Dichter und besonders die Novellisten.[20] Doch die Entwicklung des Individualismus zeichnet Burckhardt historisch nach, ohne selbst einem verklärenden Individualismus anheimzufallen, was ihn gerade die dialektische Pointe nicht übersehen lässt, dass Individualisierung und wirkmächtige Typenbildung sich gegenseitig durchdringen und befeuern, was sich in typologischen Begriffen wie »l'uomo universale« (der allseitige Mensch), »l'uomo piacevole« (der amüsante Mensch) oder in konkreten Rollengestalten, wie dem des Spaßmachers, zeigt. Ferner zeigt sich dies darin, dass die Nation (vgl. ebd., S. 304) kein äußerlicher Rahmen, sondern Humus und Kraftquelle dieses Individualismus ist, der letzten Endes – hier geht

---

19 Wenig überraschend handelt es sich um eine nationale Literatur. Auch hier gilt wieder, dass die Größe des Einzelnen nach Burckhardt von einem Größeren als ihm selbst abhängt, das nicht die Nation im Sinne der sie gegenwärtig oder in der historischen Gesamtheit konstituierenden Individuen, sondern im Sinne eines an eine bestimmte Sprache und Lebensart gebundenen kulturellen Archivs ist. Burckhardt spricht dies klar aus und es verdient zitiert zu werden: »Zunächst entwickelt dies Weltalter, wie wir sahen, auf das stärkste den Individualismus; dann leitet es denselben zur eifrigsten, vielseitigsten Erkenntnis des Individuellen auf allen Stufen an. Die Entwicklung der Persönlichkeit ist wesentlich an das Erkennen derselben bei sich und anderen gebunden. Zwischen beide große Erscheinungen hinein haben wir die Einwirkung der antiken Literatur deshalb versetzen müssen, weil die Art des Erkennens und Schilderns des Individuellen wie des allgemein Menschlichen wesentlich durch dieses Medium gefärbt und bestimmt wird. Die Kraft des Erkennens aber lag in der Zeit und in der Nation« (Burckhardt, 1928, S. 304).

20 Vgl. insbesondere Burckhardt, 1928, S. 371ff. und 134, wo deren grundlegende Bedeutung hervorgehoben wird.

die historische Analyse in die geschichtsphilosophische Deutung über –
»durch einen weltgeschichtlichen Ratschluß [...] auch über alle anderen
Völker des Abendlandes« (ebd., S. 455) gekommen sei. Doch nicht nur
die prinzipiell geschichtsphilosophische Deutung des Individualismus eint
Burckhardt mit Adorno, sondern auch der scharfe Blick für dessen Am-
bivalenzen.[21] Die angedeutete Ambivalenz nimmt bei Adorno die Gestalt
eines doppelten Individualismusbegriffes an: eines affirmativen und eines
kritischen, in welchem letzteren die zentralen gedanklichen Motive der
Konzepte der Kulturindustrie und des Banns sich verdichten. Zunächst
zum affirmativen Individualismusbegriff.

Auch für den von Adorno affirmierten künstlerischen Individualismus,
den »Individualismus der geistigen Produktion« (Adorno, 1997e, S. 147),
gilt: »Das Prinzip der Individualität war widerspruchsvoll von Anbeginn«
(ebd., 1997f, S. 178). Ist das Prinzip der Individualität von Anbeginn an
widerspruchsvoll, so hört es logischerweise im geschichtlichen Verlauf
nicht auf, es zu sein; es kommt vielmehr zu einer dialektischen Explosion
des individualistischen Prinzips: »Der Zustand, in dem das Individuum
verschwindet, ist zugleich der fessellos individualistische« (ebd., 1997e,
S. 170). Dieses dialektische Fatum des generalisierten bzw. vermassten Individualismus betrifft auch die Individualität des authentischen Künstlers,
der auf keine geschichtsphilosophische Oase mehr hoffen sollte: »Die
Frage nach der Individualität muß im Zeitalter von deren Liquidation aufs
neue aufgeworfen werden« (ebd., S. 147). Das affirmative Festhalten an
der Individualität ist deshalb das Festhalten an einer *gebrochenen Individualität*, die auch als Verkörperung den Bann brechender Wahrheit der
Unwahrheit nicht zu entrinnen vermag. Doch welchen Kriterien muss das
Individuum genügen, um dem Individualismus der geistigen Produktion –
als »-ismus« der Semantik nach eine Haltung oder, im besseren Falle, ein
Ethos – Genüge leisten zu können? Die Antwort darauf gibt Adorno mit
der Kategorie des künstlerischen Werks.

---

21 »Wenn wir uns nun erlauben dürften, die Hauptzüge des damaligen italienischen Charakters, wie er uns aus dem Leben der höheren Stände überliefert ist, zusammenzu-
fassen, so würde sich etwa folgendes ergeben. Der Grundmangel dieses Charakters erscheint zugleich als die Bedingung seiner Größe: der entwickelte Individualismus. [...]
Gegenüber von allem Objektiven, von Schranken und Gesetzen jeder Art hat er das
Gefühl eigener Souveränität und entschließt sich in jedem einzelnen Fall selbständig,
je nachdem in seinem Innern Ehrgefühl und Vorteil, kluge Erwägung und Leidenschaft,
Entsagung und Rachsucht sich vertragen« (Burckhardt, 1928, S. 455).

Die ästhetischen Bereiche, deren Werke Adorno bevorzugt ins Visier nimmt, sind die Neue Musik und die Literatur der sogenannten Hochmoderne. Gerade die Neue Musik stellt für Adorno das Musterbeispiel einer aus schöpferischem Individualismus geborenen und *de facto* und wahrhaftig individuellen, d. h. von substanzieller Individualität gesättigten, Kunst dar:

> »Die Neue Musik, von Anbeginn Widerspruch zur offiziellen Kultur und zum künstlerischen Establishment, entstand aus individualistischem Pathos und unter durchaus individualistischen Bedingungen der Produktion. Der Protest gegen die Verhärtung gesellschaftlicher Verhältnisse und gegen die verhärtete Kultur, in der jene sich fortsetzen, war damals eins mit dem Protest gegen Vergesellschaftung überhaupt und gegen Organisation« (ebd., 1997g, S. 349).

Individualistische Bedingungen der Produktion sind solche, in denen Künstler über das Material der Kunst verfügen können, ohne dazu von einer technischen Apparatur abhängig zu sein, die sich gegen den schöpferischen Prozess als verselbstständigt und ihm als ein Äußeres entgegentritt, das sich seiner bemächtigt: »Der gesamte Problemkreis dessen etwa, was durch das Stichwort Elektronik angezeigt wird, bedarf einer Apparatur, über die kein Einzelner mehr verfügt« (ebd., S. 350) Entscheidender als diese Produktionsbedingungen, zu denen selbst wiederum in ein über sie verfügendes Verhältnis zu treten prinzipiell, wenn auch nicht im Sinne totaler Verfügung, (insbesondere mittlerweile) möglich ist, sind die individualistischen (geschichtsphilosophisch-mentalen) und individuellen (materiellen) Produktionsbedingungen aufseiten des Subjekts selbst. Denn das Werk, das der individualistische Künstler hervorbringen will, untersteht nicht seinem Belieben, und dies wiederum nicht nur nicht, weil der schöpferische Prozess ein anstrengender und von der Möglichkeit des Scheiterns belasteter ist.

Die erste Aufgabe, welcher der individualistische Künstler sich zu stellen hat, besteht in der »unumgänglichen Reflexion, was möglich ist, was nicht mehr möglich sei« (ebd., 1997h, S. 319f.). Diese Reflexion eröffnet einen Hiatus zwischen Subjektivität und Individualität, denn der individualistische Künstler muss objektive Möglichkeiten der Kunst in seiner Zeit finden, statt sich bloß subjektiven Ausdrucksneigungen und idiosynkratischen ästhetischen Vorlieben zu überlassen. Subjektivität und Individualität fallen auseinander, und in welchem Maße dies zu begreifen, sich dem zu stellen und es ästhetisch zu bewältigen jemand in der Lage ist, entscheidet darüber, ob jemand überhaupt dazu in der Lage ist, ein authentisches Werk hervorzubringen: »Wer traditionell derart sich verhält, daß er spricht, wie er sich einbildet, daß der Schnabel ihm gewachsen sei, wird im Wahn der Unmittelbarkeit seiner Individualität erst recht schreiben, was nicht mehr geht« (ebd., S. 320). Der »Wahn der Unmittelbarkeit seiner Individualität« ist die bloße und expressiv (aber auch nach naiv) nach außen gekehrte Subjektivität (darin ein ästhetisches Komplement des naiven Realismus in der Epistemologie), die es nicht zur substanziellen Individualität bringt. In Bezug auf diese wahnhafte Individualität gilt, was Adorno unglücklicherweise über Individualität generalisierend sagt, dass »die Individualität selber, ohne daß sie bezogen wäre auf ein Objektives, in sich selber auch ein Nichtiges ist« (ebd., 2009, S. 113). Anders verhält es sich mit dem Werk, in dem Subjektivität und Individualität nicht mehr im Verhältnis zur Nichtigkeit ihrer Hohlheit oder zur Substanzialität ihrer Intention, sondern in der gesellschaftlich bedingten dialektischen Ambivalenz von Wahrheit und Unwahrheit stehen.

Die Wahrheit wird von Adorno nicht dem Individuum zugeschlagen, das der Gesellschaft als dem Statthalter des Unwahren gleichermaßen schroff wie gegen diese immun gegenüberstünde. Vielmehr vertritt das Werk »die Wahrheit der Gesellschaft gegen das Individuum, das ihre Unwahrheit erkennt und selbst diese Unwahrheit ist« (ebd., 1997i, S. 54). Die Unwahrheit der Gesellschaft erkennt das Individuum in der authentischen Erkenntnis, die im Werk Gestalt annimmt, ohne allerdings der Unwahrheit zu entkommen, wo es die Kritik der Gesellschaft zur Frontstellung gegen das Gesellschaftliche individualistisch überhöht. Die Gesellschaft im konkretistischen Sinne wäre die historisch je existierende Gesellschaft im ideellen Sinne, der ein Moment aller historisch aktualen ist, ist jedoch auch das, was dem Künstler als traditionaler Zusammenhang gegenüber-, aber auch zur Seite tritt. Die Kritik der Gesellschaft und die der Tradition sind nicht das Gleiche, aber lassen sich auch nicht trennen, was von Bedeutung ist für eine Ästhetik, die den Anspruch formuliert, dass Tradition ein Konstitutionsmoment nicht nur des Werkes, sondern auch von dessen Wahrheitsgehalt ist, zugleich aber ein zu Kritisierendes: »Dichtung errettet ihren Wahrheitsgehalt nur, wo sie in engstem Kontakt mit der Tradition diese von sich abstößt« (ebd., 1997h, S. 320). Adornos Ausführungen zur Tradition erhellen die zur Gesellschaft: So wie die Legitimität von Tradition (nicht unbedingt: der/dieser/jener Tradition) alle Kritik von Tradition nicht nur überragt, sondern noch trägt, so bleibt die Wahrheit der Gesellschaft, verstanden als Wahrheit *von* Gesellschaft *als solcher*, intakt gegen die nötige Kritik der zu kritisierenden, historisch aktualen Gesellschaft. Das Individuum, das als blanke Verkörperung einer starren Antithese gegen die Gesellschaft sich versteht, beraubt seinen Widerstand der Substanz, indem es dem Desiderat der antagonistischen Vermittlung der künstlerischen Gehalte zu emphatischen Wahrheitsgehalten sich nicht stellt. Das Individuum, das an der Durchbildung des Werkes scheitert, bleibt das »ganz gleichgültige Einzelindividuum« (ebd., 2009, S. 112), das »durch den Ausdruck hindurch, den Anspruch erhebt, als ob es doch noch etwas wäre« (ebd.). Es unterbietet ein Desiderat, das Adorno in einem von der Gesamtsystematik seines Denkens her gesehen gleichsam axiomatischen Satz formuliert: »[K]ein authentisches Kunstwerk und keine wahre Philosophie hat ihrem Sinn nach je sich in sich selbst, ihrem Ansichsein erschöpft. Stets standen sie in Relation zu dem realen Lebensprozeß der Gesellschaft, von dem sie sich schieden« (ebd., 1997j, S. 16).

Den Künstler, der den Kriterien des ästhetischen Individualismus zu genügen vermag, erwarten weder Lorbeerkränze der gelungenen Selbstverwirklichung noch die Heilung in einem innerweltlichen Refugium – mit Schopenhauer gesprochen: die Erlösung in der Kunst –, denn die Psychologie des schöpferischen Prozesses und Ausdrucks führt auf keinen Pfad, auf dem der Künstler der Wahrheit und Unwahrheit der Gesellschaft zu entkommen imstande wäre – und gerade in ihrer Unwahrheit ist die Gesellschaft Medium und Peitsche zugleich des geschichtsphilosophischen Banns. Diesem Begriff des Banns kann hier nicht in seinen diversen Bedeutungsausfaltungen nachgegangen werden (z. B. seiner geschichtsphilosophisch-mythologischen, wie Adorno sie vor allem in seinem Kafka-Essay entwickelt hat), weshalb hier eine Beschränkung auf die Bedeutung des Banns erfolgen muss, in welcher geschichtsphilosophische und soziologische Perspektiven zur Verschränkung gelangen. Auf diesen Begriff des Banns muss man, wie ich im Folgenden zeigen möchte, zurückgehen, um verstehen zu können, wieso für Adorno der Individualismus das im geschichtsphilosophischen Sinn ideologische und ideologisch überhöhte Kompensat des selber geschichtsphilosophisch begründeten Absterbens der emphatischen Individualität ist. Zudem soll gezeigt werden, dass und inwiefern das Dispositiv des Therapeutischen in Adornos kulturkritischer Perspektive die Idolatrie der Individualität bei gleichzeitiger Hinfälligkeit derselben nicht nur invisibilisiert, sondern sie in einen ideologischen Schein kleidet und von einer Gloriole umschweben lässt, die verdeckt, dass es sich beim Individualitätskult des Individualismus um eine quasi-religiöse Überhöhung von allzu ephemerem Profanem handelt.

Adornos geschichtsphilosophische Kritik des Individualismus: Individuum und Gesellschaft unterm Bann des Banns

Adornos Geschichtsphilosophie sowie seine Kultur- und Gesellschaftskritik lassen sich in ihrer internen Verwobenheit vom Begriff des Banns her entschlüsseln. Es ist hier nicht möglich – in Adornos Worten gesprochen –, »diesen Begriff des Banns selber, und zwar nach all seinen Dimensionen hin, zu artikulieren« (Adorno, 2001, S. 241). So kann beispielsweise die Denkfigur des mythischen Banns, die in der *Dialektik der Aufklärung* bereits auftaucht und vor allem in Adornos Kafka-Essay ihre nuancierte Konturierung erhält, nicht eingehend betrachtet werden. Stattdessen soll der Bann – ohne die Prätention, bei dessen Bedeutungsnuancen handelte es sich um voneinander isolierbare Bedeutungen – in seiner geschichtsphilosophischen und soziologischen bzw. kulturkritischen Bedeutung analysiert werden.

Nur scheinbar wird die Sache durch Adornos so erläuterungsbedürftigen wie axiomatischen Satz klarer, dem die folgende Analyse gilt: »Bann und Ideologie sind dasselbe« (ebd., 1997d, S. 342). Paradox an dieser Identifikation ist, dass sie gemäß dem Grundgedanken der *Negativen Dialektik* die Identität von Nichtidentischem behauptet, allerdings als notwendige, zu durchbrechende und undurchbrechbare Kalamität, nicht schlicht als logisches Strukturmerkmal von Identifikation überhaupt. Bann und Ideologie sind dasselbe innerhalb der bürgerlichen Gesellschaft, die wiederum Adorno in der Betrachtung zweier Sphären und Denker analysiert: der Sphäre des Rechts, basierend auf Hegel, und der Sphäre der Ökonomie, basierend auf Marx.

Hegel ist Adorno zufolge zum bürgerlichen Rechtsbegriff über den Begriff der zweiten Natur gelangt, indem er »die welthistorische Haupt- und Staatsaktion als zweite Natur gewahrt, aber in verruchter Komplizität mit ihr die erste darin verherrlicht« (ebd., S. 350f.) habe. Nicht nur erscheint dem Bewusstsein des bürgerlichen Rechts das durch es Vermittelte als Natur, es statuiert es – in seiner Scheinhaftigkeit – *de facto* als Natur:

> »Nichts, was draußen wäre, erscheint mehr jenem Bewußtsein; in gewissem
> Sinn ist auch tatsächlich nichts mehr draußen, nichts unbetroffen von der

totalen Vermittlung. [...] Je unerbittlicher Vergesellschaftung aller Momente menschlicher und zwischenmenschlicher Unmittelbarkeit sich bemächtigt, desto unmöglicher, ans Gewordensein des Gespinsts zu sich zu erinnern; desto unwiderstehlicher der Schein von Natur« (ebd., S. 351).

In der Unwiderstehlichkeit gerät der »Schein von Natur« zum Bann, zur Ideologie, die selbst wiederum Ideologeme produziert und von ihnen zementiert wird; die totale Vermittlung koinzidiert dann mit der totalen Verhärtung bzw. Versteinerung des kulturell generierten Seienden zum An-sich-Seienden. Was als Gegebenes, wie das Recht als das dem es kritisierenden Bewusstsein Gegebenes, ein Sich-Gegebenes werden kann und soll, bleibt im Ausbleiben von Reflexion nicht dieses Gegebene, sondern verwandelt sich unter der Hand zum Gegebenen schlechthin oder, wie Adorno sagt, zum Bann, denn Rechtsverhältnisse nehmen dann die Gestalt von gesellschaftlichen Naturverhältnissen an, in denen diejenigen, deren Fälle verhandelt werden werden, zu Verhandlungsmasse geraten.

Über die Verdinglichung, wie Marx sie in den *Ökonomisch-philosophischen Manuskripten* entfaltet hat, hinaus entlehnt Adorno Marx vor allem das Theorem, dass die bürgerlich-kapitalistische Gesellschaft von *Bewegungs- bzw. Wesensgesetzen* bestimmt ist, die sämtliche Bereiche, die man systemtheoretisch als Sub- oder Teilsysteme konzipieren könnte, überwölbt. Als eine »Wesensgesetzlichkeit der Gesellschaft« (ebd., 1993, S. 44) spricht Adorno in seinen Vorlesungen *Einleitung in die Soziologie* an,

> »daß das Netz der Vergesellschaftung immer enger und enger sich spinnt, und daß dadurch auch diejenigen, die außerhalb der bürgerlichen Gesellschaft oder vielmehr halb außerhalb der bürgerlichen Gesellschaft gestanden haben, wie das Industrieproletariat während der dreißiger und vierziger Jahre des vorigen Jahrhunderts, daß die in einem zunehmenden Maße eingegliedert werden« (ebd., S. 45).

Auf der Basis ökonomischer Wesensgesetzlichkeit und der ihr anhaftenden Integrationsleistungen, die zugleich ökonomische Totalisierungsbewegungen darstellen, findet eine Depotenzierung des Klassenbewusstseins statt, die Adorno gegen Lukács ins Feld führt. Das Festhalten an der auf Emanzipation durch Bewusstwerdung setzenden Klassentheorie ist für Adorno ein Romantizismus, der das Verhältnis von Wesen und Erscheinung zugunsten eines Epiphänomens verkehrt (vgl. ebd., S. 43f.). Adorno bestimmt als eine

»Aufgabe der Soziologie [...], diese Abweichungen zwischen Wesen und Erscheinung ihrerseits aus dem Wesen zu begreifen« (ebd., S. 46). Und hier gilt eindeutig der Vorrang des Seins vorm Bewusstsein, denn »entscheidend ist nach wie vor eben doch die Stellung der einzelnen Menschen im Produktionsprozeß, also ob sie über die Produktionsmittel verfügen oder ob sie von den Produktionsmitteln getrennt sind« (ebd., S. 43). Soziologisch und ökonomisch lässt der Bann sich konkret fassen, wenn man das Verhältnis zwischen dem Individuum und dem konkreten Produktionsprozess in den Fokus rückt.

Welche Bewandtnis hat die hier notwendigerweise nur angedeutete Konstitutionslogik des Subjekts im Rahmen des bürgerlichen Rechts und der bürgerlichen Ökonomie[22] für das Problem des Individualismus und der Individualität? Unter Absehung von einer Vertiefung der juridischen Konstitution des bürgerlichen Subjekts lässt sich sagen: *Die ökonomische Subjektbestimmung*[23] *verschränkt sich mit der Subjektbestimmung durch die Kulturindustrie in der Standardisierung des Lebensprozesses der Individuen wie der Gesellschaft.* Wesentliches Merkmal der Standardisierung ist, dass die Produktionsmittel nicht der Verfügungsgewalt der Produktionskräfte unterliegen – weder in der Ökonomie noch in der Kunst bzw. den Erzeugnissen der Kulturindustrie –, von ihnen aber, soweit sie ihnen direkt oder indirekt zugänglich sind, in einer von dieser Standardisierung geprägten Weise gehandhabt werden. Entscheidend ist dabei, dass zu den Produktionsmitteln im Bereich von Kunst und Kultur, also den vorrangigen Sphären individualistischer Selbstkonzipierung (und -beweihräucherung), die Produzenten selbst, d.h. auch ihre Ansichten, ihre Bildungsvoraussetzungen, ihre Ideen etc., gehören. Eine ideelle und ideologische Standardisierung von Kultur und Gesellschaft durch die Kulturindustrie greift also schon von der Wurzel her in die Genesis der Produktionsmittel ein, noch bevor die Produzenten oder Produktivkräfte sich zu ihnen überhaupt in ein Verhältnis setzen können. Hierin koinzidieren die bei Adorno *nicht ex-*

---

22 Eine vertiefte Analyse müsste sich mit dem Problem befassen, dass das, was Adorno als bürgerliche Ökonomie und bürgerliche Gesellschaft verhandelt, nicht mehr gemäß seiner Terminologie zu fassen sind. Eine Aufarbeitung zentraler Transformationen, die theoretisch einzuholen wären, findet sich bei Streeck (2013).

23 Diese ist zu unterscheiden von der *ökonomistischen* Subjektbestimmung, die Konzepte wie den des *homo oeconomicus* hervorbringt, der innerhalb einer Gesamtperspektivierung der Gesellschaft von der Ökonomie her selbst wiederum nur ein Partialphänomen wäre.

plizit in einer einheitlichen Perspektive verschränkten Begriffe der Wesens-gesetzlichkeit und des Banns.

Die genuin ästhetische und Freiheitspotenziale erstickende Standardi-sierung der inneren Logik, der Möglichkeiten und Grenzen von Genres und Produkten ist das zentrale Kennzeichen der Kulturindustrie: »Der Ausdruck Industrie ist dabei nicht wörtlich zu nehmen. *Er bezieht sich auf die Standardisierung der Sache selbst* – etwa die jedem Kinobesucher geläu-fige der Western – und auf die Rationalisierung der Verbreitungstechniken, nicht aber streng auf den Produktionsvorgang« (Adorno, 1997k, S. 339; Hervorh. d. A.). Doch die eigentliche Leistung dieser Standardisierung reicht weit über die Gestaltung kulturindustrieller Erzeugnisse heraus und terminiert in der Standardisierung von Verhaltens- und Reaktionswei-sen, mit Bourdieu gesprochen: des Habitus bis in die *hexis* hinein, als der eigentlichen Leistung der Kulturindustrie, die deshalb nicht weniger als das ist, als was Hans Magnus Enzensberger sie in der konsequenten Verfol-gung ihrer Wirkungen auf ihre Rezipienten und die geistige Konfiguration ihres Resonanz- und Rezeptionsraums bezeichnet hat: eine Bewusstseins-industrie[24] (vgl. Enzensberger, 1962). Durch die Standardisierung wird die »Verwandlung künstlerischer Gebilde in Konsumgüter« (Adorno, 1997l, S. 711) vollzogen, die »von kalkulierter Pseudo-Individualisierung und ähnlichen Erscheinungsformen dessen, was man in deutscher philosophi-scher Sprache Verdinglichung nennt, nicht zu trennen« (ebd.) ist. Die ver-meintliche Individualisierung gerät zur »Pseudo-Individualisierung«[25],

---

24 Nicht unvermerkt bleiben soll, dass Adorno diese Begriffsprägung Enzensbergers in sei-nen späten Vorlesungen explizit zitiert hat (vgl. Adorno, 2008, S. 209) – Keineswegs Un-recht haben Metz und Seeßlen, wenn sie in Anbetracht der Entwicklungen dieses Jahr-hunderts die Bewusstseinsindustrie als »Verblödungsindustrie« auffassen (vgl. Metz & Seeßlen, 2011, S. 19). Kritisch positioniert sich, prinzipiell mit Adorno sympathisierend, aber auf dem charakter- und persönlichkeitsbildenden Vorrang der Sozialisation vor der Medienwirkung beharrend, Dieter Prokop gegenüber dem Begriff der Bewusstseins-industrie (vgl. Prokop, 2003, S. 77).

25 Dieses *double bind* des modernen Individualismus hat Peter Sloterdijk in seinen *Neuen Zeilen und Tagen* treffend auf den Punkt gebracht: »Imitiert niemals wen und was auch immer & doch weißt, ihr werdet nur Erfolg haben, wenn ihr imitiert wie die Teufel!« (Sloterdijk, 2018, S. 206). Das Resultat entspricht dem Rezept, das die vermeintlichen Originalgenies dem der Fluch der Imitation um des Segens des Erfolgs willen unterwirft, da die Originalitätsbedürftigkeit des Publikums mit der Originalitätspotenz der Akteure der Kulturindustrie harmoniert.

weil die Kulturindustrie »die Abweichungen ebenso standardisiert wie die Standards« (Adorno, 1997m, S. 129), in der Konsequenz: »Von der genormten Improvisation im Jazz bis zur originellen Filmpersönlichkeit, der die Locke übers Auge hängen muß, damit man sie als solche erkennt, herrscht Pseudoindividualität« (ebd., 1997f, S. 177).

Je mehr allerdings Pseudo-Individualisierung und Pseudo-Individualität herrschen, desto gigantischer gerät die Ideologie der Individualität und das Begehren einer solchen, die beide im Begriff der Individualismus ebenso angesprochen werden wie das performative Komplement des Individualitätsbegehrens, die Attitüde der Individualität: »Parallel zur Standardisierung läuft Pseudoindividualisierung« (ebd., 1997m, S. 129). Deren Ausweglosigkeit resultiert aus der produktionslogischen Standardisierung und empirischen Standardisiertheit der Abweichungen, ihrer Katalogisiertheit vorab; Adorno spricht von ihrer »Vorverdautheit«:

> »Alle Massenkultur ist prinzipiell Adaptation. Der Adaptationscharakter jedoch, das Monopolfilter, das alle Strahlen draußen hält, die nicht im verdinglichten Schema beheimatet sind, ist zugleich die Anpassung an die Konsumenten. Die Vorverdautheit setzt sich durch, rechtfertigt sich und stabilisiert sich, indem sie in jedem Augenblick auf jene verweist, die anderes als Vorverdautes nicht verdauen können. Es ist baby food: die permanente Selbstreflexion stützt sich auf den infantilen Wiederholungszwang in den Bedürfnissen, die sie erst erschafft« (ebd., 1997f, S. 305).

Die »Anpassung an den Konsumenten« passt den Konsumenten an das an, was ihm vorgesetzt wird; sie ist zugleich »Anpassung des Konsumenten«, Adjustierung seiner Bedürfnisse an das, dessen Zustandekommen seinem Einfluss entzogen ist und das ihm doch erscheinen soll als das, was er sich *idealiter* hätte wünschen können: Erfüllung ist die Koinzidenz wechselseitiger Anpassungen und Kalibrierungen, welche die Petrifikationen der Standardisierungsprozesse als Verkörperung eines Werdensideals erscheinen lassen. Unter dem Bann der Standardisierung, die den vermassten Individualismus bzw. den Individualismus der Massengesellschaft kennzeichnet[26], stellt die Harmonie von Konsu-

---

26 Den vermassten Individualismus könnte man auch als integralen Individualismus bezeichnen gemäß der Beschreibung, die Gerhard Schweppenhäuser von ihm in seiner Auseinandersetzung mit Adorno gegeben hat: »Individualismus wird kritisch als einer

mentenbedürfnis und Konsumangebot sich in dem Maße ein, wie das vitale Imaginäre, das ein Verhältnis antagonistischer Differenz entstehen lassen könnte, auf beiden Seiten eingestampft wird. In der Standardisierung wird damit kalkuliert, auf ein erfolgreich erschaffenes rezeptives Nichts, ein Scheinbewusstsein, zu treffen, in der Hoffnung, dass es so sei, weil ein Etwas vom substanziellen Nichts, das auf es niederprasselt, abgestoßen sein müsste. In den *Minima Moralia* spricht Adorno unerbittlich aus, was nicht zur Radikalität literarischer Freiheitnahme zu verklären ist, wenn er von den »standardisierten und verwalteten Menscheneinheiten« (ebd., 1997e, S. 153) spricht und seine in der Analyse der Kulturindustrie durchgeführte Beweisaufnahme im folgenden geschichtsphilosophischen Verdikt über das Individuum gipfeln lässt: »Daß das Individuum mit Haut und Haaren liquidiert werde, ist noch zu optimistisch gedacht« (ebd.).

Der Erfolg der Kulturindustrie ist insofern eine Determinante des Misserfolgs einer Psychotherapie, deren *modus operandi* nicht darauf zielt, transformativ in den Nucleus der Gesellschaft vorzudringen. Wenn die Liquidierung des Individuums – unabhängig vom literarischen Charakter von Adornos Formulierung, auf den man sich allzu leicht zurückziehen kann, um sich der Radikalität des Gedankens zu entziehen – zu optimistisch gedacht ist, ist es illusionär, überhaupt ein solches Individuum als Ansatzpunkt vorzufinden zu hoffen. Nicht nur in welchem Sinne, sondern auch in welchem Maße der kulturindustriellen Standardisierungslogik eine gleichermaßen soziologisch wie geschichtsphilosophisch determinierende Kraft innewohnt, zeigt sich hier. Um auf das einleitende Zitat des Abschnitts zurückzukommen: Wenn Bann und Ideologie dasselbe sind und der Individualismus ein Ideologem ist, in dem der Bann sich verkörpert, dann ist der Individualismus als Ideologie der paradoxe Imperativ, seine eigene Unmöglichkeit zu realisieren, weil das Individuum in der in sämtliche Poren öffentlicher Kommunika-

---

beschrieben, der gesellschaftlich in Regie genommen ist: im Rahmen des verordneten Konsums und der organisierten Ausfüllung der arbeitsfreien Zeit durch Kulturindustrie, Technikbegeisterung und Sport. Integration, von der Soziologie traditionell in einem spannungsvollen Wechselverhältnis zur Differenzierung innerhalb von Gesellschaften beschrieben, verselbständigt sich Adorno zufolge in der verwalteten Welt. Totale Integration bedeutet für ihn heute die restlose Erfassung der Menschen bis in ihr Innenleben hinein« (Schweppenhäuser, 1996, S. 86).

tion eindringenden Standardisierung um sein Eigenstes gebracht wird. Die reale Liquidierung wäre eine Sache des Tuns oder Unterlassens, der Bann ist allerdings nicht durch eine revozierbare Anordnung dekretiert worden, sondern hat sich in seiner Un(an)greifbarkeit verselbstständigt und – der Kreis schließt sich hier – das Individuum verstümmelt: »Weit entfernt davon ist der gegenwärtige Zustand. Das Unheil geschieht nicht als radikale Auslöschung des Gewesenen, sondern indem das geschichtlich Verurteilte tot, neutralisiert, ohnmächtig mitgeschleppt wird und schmählich hinunterzieht. Mitten unter den standardisierten und verwalteten Menscheneinheiten west das Individuum fort« (Adorno, 1997e, S. 153) – wir können nun ergänzen: das Individuum west fort, wurde aber der Möglichkeit wahrhafter Individualität durch den Bann der Standardisierung beraubt.

Adornos Kritik der therapeutischen Standardisierung als Kritik kulturindustriell bestimmter Kultur

Doch müsste Adornos Urteil übers Individuum so harsch ausfallen, wenn die Standardisierung nur Bewusstseinsformen standardisierte, ohne die Triebökonomie des Menschen, seine gesamte libidinöse und vitale Antriebsstruktur in Beschlag zu nehmen, zu manipulieren und zu entstellen? Weit davon entfernt, dualistisch zu denken, nimmt Adorno die Verflochtenheit von Bewusstseins- und Libidomanipulation ins Visier, die nicht übergangen werden kann, wo es gerade darum geht, die Nichtexstirpierbarkeit der Libido aus Adornos philosophischem Denken aufzuweisen. Diese Verflochtenheit muss im Folgenden genauer betrachtet werden, damit verständlich werden kann, wie individualistische Bestrebungen mit der Ideologie des Individualismus sich verbrüdern, wobei die kulturindustrielle Standardisierung nicht nur ideologiekonformen Produktionen jeglicher Art das Rezept souffliert, sondern im gleichen Ausmaß das gesellschaftliche Bewusstsein zur endemischen Verfehlung der Ansprüche des Individualismus verurteilt ist, dessen Verwirklichungsversuche dadurch fast schon eine unfreiwillige Komik gewinnen. Adorno legt allerdings explizit dar, dass die Standardisierung nicht nur eine des Bewusstseins, sondern *auch eine der Triebregungen* ist, deren Verwandlung von einem reißenden Fluss in einen Tümpel ebenfalls in die Regie der Standardisierung genommen werden soll. Doch die

Verstümmelung[27] kann nur Verstümmelung dessen sein, was gegen sie sich wehrt oder wenigstens stumm an ihr leidet, und verstehen lässt sie sich nicht, wenn die doppeldeutige, konstitutive und in der Unversöhntheit sich manifestierende, Nichtidentität des Ichs mit sich selbst nicht als mehrfältiger Konflikt des Ichs mit sich selbst und der Welt verstanden wird, in dem standardisiert wird, was der Standardisierung *via constitutionis* widerstrebt. Und im besonderen Fall der hier durchgeführten Analyse: was nicht nur kulturindustriell, sondern auch therapeutisch standardisiert wird, der therapeutischen Standardisierung aber seiner Konstitution nach widerstrebt.

Die Kulturindustrie fungiert als Medium und Motor der Standardisierung, sie implementiert Ideologien, die nicht mehr in thetischer, propositionaler oder überhaupt ausdrücklicher Form tradiert werden müssen, sondern in der Realität selbst sich verkörpern derart, dass die Realität dieselben verkörpert; deshalb nennt Adorno *die Kulturindustrie selbst* »die heute eben wirksamste Form der Ideologie« (Adorno, 2001, S. 115). Die Standardisierung greift jedoch auch direkt in die Psyche der Menschen ein und muss dies, denn sie basiert auch auf der Manipulation von Bedürfnissen, vor allem aber auf der Manipulation des Welt- und Selbstverhältnisses des Individuums, auf der Anpassung seines Unbewussten an die standardisierte, verwaltete, verhärtete und erkaltete Welt und auf der proaktiven Bestätigung und Vertiefung dieser Anpassung, d. h. auf einer Selbstkonformierung (die über bloße Anpassungsleistungen hinausgeht): »Durch Manipulation vor dem Blickstrahl des Ichs sorglich abgeschirmt, findet das Unbewußte in seiner Armut und Undifferenziertheit sich glücklich mit Standardisierung und verwalteter Welt« (ebd., 1997b, S. 59). Doch das glückliche Einvernehmen, das Adorno an dieser Stelle suggeriert, ist natürlich kein ungebrochenes, mit ihm ist nicht die ontologische Wahrheit über das an- und eingepasste Individuum gesagt, da selbst die Verkörperung eines populären und für »normal« geltenden Typus Adorno zufolge Verdrängungsleistungen, d. h. Leistungen der Selbstzurichtung auf eine »selbstfremde« – Günther Anders würde sagen: eine gelieferte – *imago*

---

27 Adorno dazu in den *Minima Moralia* unmissverständlich: »Die libidinösen Leistungen, die vom Individuum verlangt werden, das sich gesund an Leib und Seele benimmt, sind derart, daß sie nur vermöge der tiefsten Verstümmelung vollbracht werden können, einer Verinnerlichung der Kastration in den extroverts, der gegenüber die alte Aufgabe der Identifikation mit dem Vater das Kinderspiel ist, in dem sie eingeübt wurde« (Adorno, 1997e, S. 65).

hin, psychopathologische Termini zur Analyse der Identitätskonstitution verwenden muss: »Der regular guy, das popular girl müssen nicht nur ihre Begierden und Erkenntnisse verdrängen, sondern auch noch alle die Symptome, die in bürgerlichen Zeiten aus der Verdrängung folgten« (ebd., 1997e, S. 65). Wenn in der »verwalteten Welt« Identität standardisiert wird, die Individuation also ans Gängelband der Konformierung durch eine ohne avancierte kulturkritische Analyse nicht mehr »ortbare« Ideologie in Regie genommen wird, um die Individuation um das zu bringen, dem sie ihren Namen verdankt; wenn die ideologisch zur Individuierung und Ausbildung einer substanziellen Individualität Angehaltenen in eins damit zur Selbstkonformierung angehalten werden, also dazu, sich selbst um das zu bringen, zu dessen Verwirklichung sie vordergründig angehalten werden, dann ist die Psychoanalyse nicht nur als psychologische Theorie, sondern auch als psychologische und therapeutische Praxis gefragt. In dieser Situation steht sie jedoch vor einer Weggabelung, die sich in alltagssprachlichen Metaphern folgendermaßen ausdrücken lässt: Sie wirkt daran mit, die Menschen auf Linie zu bringen und bei der Stange zu halten oder sie stellt dar, was Adorno einen »Eingriff« nennt. Als ein solcher Eingriff gewinne sie eine emanzipatorische Relevanz im Sinne der Kritischen Theorie und werde sich mit dem Individuum, dessen Individuation in einer die produktive Konfrontation des Individuums mit seiner libidinalen Konstitution fördernd, gerade gegen die flächendeckende Wirkmächtigkeit des Banns verbinden: »Relevant wird die Psychologie nicht allein als Medium der Anpassung, sondern auch dort, wo die Vergesellschaftung im Subjekt ihre Grenzen findet. Dem gesellschaftlichen Bann opponiert es mit Kräften aus jener Schicht, in der das principium individuationis, durch welches Zivilisation sich durchsetzte, noch gegen den Zivilisationsprozeß sich behauptet, der es liquidiert« (ebd., 1997n, S. 92). Nicht umsonst spricht Adorno hier allerdings von der Psychologie und nicht von der Psychotherapie, denn gemeint ist die Psychologie ihrem Potenzial *als solcher* nach.

In der Analyse von Adornos Horney-Kritik ist bereits zur Sprache gebracht worden, dass Adorno Horneys therapeutischem Ansatz »gewisse rasche Heilerfolge« (ebd., 2008, S. 147) zugestanden hat, diese zugleich aber mit einer »Art von Massage« (ebd.) verglichen hat, welche an die tiefenpsychologisch relevanten Schichten nicht rührt. Welcher Art die Erfolge Horneys seien und wie genau Adorno die »gewissen« Erfolge zu relativieren gedenkt, bleibt in seinen Schriften im Einzelnen unausgeführt, doch einen deutlichen Hinweis gibt die folgende Stelle in *Kulturkritik und*

Gesellschaft: »Wahres erotisches Triebleben, die Beziehungen, in denen Lust sich realisiert, ist keineswegs jenes healthy sex life, das in den fortgeschrittenen industriellen Ländern heute alle Branchen der Wirtschaft, von der kosmetischen Industrie bis zur Psychotherapie, ermuntern« (ebd., 1997o, S. 537). Zwar bezieht die Stelle sich auf Adornos Kritik von Freuds bürgerlichem Paternalismus, doch die Linie, die hier von der kosmetischen Industrie zur Psychotherapie gezogen wird, sprengt offensichtlich den Freud'schen Rahmen und macht vor der Psychotherapie der Nachkriegszeit nicht nur nicht halt, sondern das Gesagte gilt ihr mehr noch als der Freud'schen Psychotherapie. Über die Psychotherapie ist Adornos Ausführungen vor allem dreierlei zu entnehmen:

(1)   Die Psychotherapie konfrontiert das Individuum nicht mit dem, was in ihm der Konformierung Widerstand leistet, sondern trägt zur Konformierung bei und vertieft sie. Das kann sie nur tun, indem sie sich auf ein komplizenschaftliches Verhältnis mit dem *status quo* und der Kulturindustrie einlässt und deren Standardisierungslogik und -leistungen unangetastet lässt. Die therapeutische Logik ist dann kulturindustriell integrierbar, d. h. die »therapeutische Katharsis« ist als Rezept und dasselbe überdies als ästhetisches Produktionsmittel verfügbar.

(2)   Die Libidotheorie bildet nicht nur den Kern der radikalen oder strengen Psychoanalyse, sondern auch einer jeden ernstzunehmenden Kultur- und Gesellschaftskritik, die auf mehr als eine Maskenbearbeitung zielt.[28] Die Psychotherapie stellt sich dem Abgrund der Libido in der gleichen Weise nicht, wie die Psychologie, die ihre Grundlagen ausarbeitet, sowohl der logischen Rolle der Libido im psychischen

---

28 Das bringt auch Bonß auf den Punkt: »Begreift man die Psychoanalyse als eine Theorie jenseits der harmonistischen Oberflächenideologie, so gewinnen auch ihre materialen Konzepte, insbesondere die Libidotheorie und Todestriebhypothese, einen neuen Sinn: Die Beschreibung der individuellen und sozialen Entwicklung als deformatorische Zähmung der naturalen Triebbasis erscheint nun weniger als ein positiv-einzelwissenschaftliches Modell zum Funktionszusammenhang des psychischen Apparates, sondern als eine metaphorische Darstellung jener Dialektik von Emanzipation und Unterdrückung, die im Kapitalismus zu ungeahnt selbstdestruktiven Tendenzen führt« (Bonß, 1982, S. 402). – Leider kann hier nicht ausgeführt werden, was eine nähere Elaborierung verdient, nämlich dass die Politisierung von Adornos Aneignung der Psychoanalyse den epistemologischen Impetus, von dem Adorno nicht weniger sich leiten lässt, leider überblendet.

Gesamthaushalt wie auch dem libidotheoretischen Desiderat sich nicht stellt, das sich aus keiner Psychoanalyse und keiner ernstzunehmenden Psychotherapie herausschneiden lässt. Sie stellt sich dem libidinösen Abgrund nur nicht, sondern verstellt ihn, indem sie eine Gesundheit zu erlangen hilft, die eine von der ideologisch verhärteten Gesellschaft approbierte ist, eine Gesundheit, die in der falschen Gesellschaft, deren Falschheit sie unangetastet lässt, für gesund gilt.

(3) Die Psychotherapie setzt nicht nur den Patienten, sondern auch sich selbst in kein kritisches Verhältnis zu den gesellschaftlichen Prozessen, in die sie eingelassen ist; sie partizipiert bewusstlos an dem, was sie als kritische Instanz zu ihrem Gegenstand zu machen hätte.[29]

Über ihr Verständnis von Gesundheit partizipiert die Psychotherapie an der Ideologie, welche *auch* als Kulturindustrie Gestalt annimmt; sie tut dies nicht anders als die Religion, die innerhalb eines ideologischen Funktionszusammenhangs für das Wohlbefinden – wenn auch vom Fernsehen statt von der Psychotherapie – verordnet wird: »Der Zuschauer wird zur Religion ermuntert, weil sie gesund für ihn sei; hat man einmal einen Glauben an ›etwas‹, so braucht man sich nicht mehr mit Narzißmus und Hysterie herumzuquälen« (Adorno, 1997p, S. 529). In der nüchternen Anwendung auf die Psychotherapie[30] ließe sich sagen, dass ihre Empfehlungen in Adornos Augen dazu dienen, die Konfrontation mit den Abgründen der Libido zu umgehen. Nichts steht der Gesundheit Horney zufolge mehr im

---

29 Womit sie allerdings hoffnungslos überfordert wäre als Psychotherapie, die eine solche der Gesellschaft im Ganzen zu sein versuchen müsste. Sie müsste zu ihrem Gegenstand erklären, was als Gegenstand ihren Rahmen und ihre Reichweite theoretisch wie praktisch hoffnungslos sprengt. Adorno formuliert seine Kritik der revisionistischen Psychoanalyse im klaren Bewusstsein dieser Überforderung: »In der Tat kann Psychologie, als ein Sektor der arbeitsteiligen Wissenschaft, die gesellschaftliche und ökonomische Problematik nicht insgesamt bewältigen« (Adorno, 1997a, S. 20).

30 Diese Anwendung ist kein spekulativer Drahtseilakt, denn Adorno zeigt in Fernsehen als Ideologie auf, dass die psychische Entwicklung von Figuren in *plots* gerade eine Psychotherapie *en miniature* exemplarisch darstellt; die Kulturindustrie ist insofern eine standardisierte und standardisierende (und konformierende) Praxis, deren Erfolg sich ihrer ideologischen Trivialisierung der *plots* und Figuren maßgeblich verdankt: »Er schreibt ein Stück, in dem sie die Hauptrolle spielt, und ihre innere Auseinandersetzung mit dieser Rolle soll eine Art von Psychotherapie an ihr zuwege bringen, ihren Charakter ändern und die psychologischen Hindernisse zwischen den beiden beseitigen« (Adorno, 1997o, S. 525).

Wege und bedarf der Behandlung als die *search for glory*, die ihre Entschärfung und Einhegung in der axiologisch empfehlungswürdigen und praktisch anzustrebenden ganzheitlichen Persönlichkeit finden soll, die den tyrannischen Zwang des *idealized self* überwinden soll, um schließlich – in einer Art psychotherapeutischem *happy end* – ihr *center of gravity* in sich selbst finden. Damit wird im Streben nach Gesundheit ein explosives *ens realissmimum* des psychischen Lebens mit Schweigen bedeckt und umgangen, das zugleich funktional kanalisiert werden soll und im Zentrum dieses Selbst unaufhörlich brodelt: der Narzissmus[31], den Horney zwar auch kennt, dem psychoanalytisch sich zu stellen sie aber gerade umgeht.[32]

Beim Narzissmus handelt es sich um das ambivalente psychische Phänomen schlechthin, das der Konformierung im gleichen Maße dienen wie es Widerständigkeit gegen dieselbe unaufhörlich nähren kann. Im Narzissmus, dessen Sauerstoff die Libido gleichsam darstellt, zeigt sich auch die prekäre Doppeldeutigkeit von Selbsterhaltung, deren positive vitale Funktion das Individuum auch zum *salto mortale* in die Irrationalität antreiben kann: »Im Narzißmus ist die selbsterhaltende Funktion des Ichs zumindest dem Schein nach, bewahrt, aber von der des Bewußtseins zugleich abgespalten und der Irrationalität überantwortet« (Adorno, 1997b, S. 72).

---

31 Adorno benennt damit eine Leistung Freuds und ein Desiderat psychoanalytischer und kritischer Theorie gleichermaßen: »Die Einführung des Narzißmus rechnet zu seinen [Freuds] großartigsten Entdeckungen, ohne daß die Theorie ihr bis heute sich ganz gewachsen gezeigt hätte« (Adorno, 1997b, S. 72).

32 Verharmlosend definiert Horney als narzisstisch den »wish for personal fulfillment« (Horney, 1945, S. 187) und wehrt Freuds expansives und gleichsam ozeanisches Verständnis des Narzissmus explizit ab: »I use the term narcissism with some hesitation, because in the classic Freudian literature it includes rather indiscriminately every kind of self-inflation, egocentricity, anxious concern with one's welfare, and withdrawal from others. I take it here in its original descriptive sense of being ›in love with one's idealized image‹« (ebd., 1950, S. 193f.). Was unter dem Vorwand der Differenzierung präsentiert wird, stellt eine Einhegung des Phänomens gemäß der eigenen Terminologie dar, die zudem suggeriert, dass der Narzissmus sich nur auf ein einigermaßen bewusstes oder innerhalb von Horneys Konzept ausbuchstabierbares Selbstverhältnis erstreckt. Der Versuch, den Narzissmus in einer – im Verhältnis zur Frreud'schen Psychoanalyse und ihrem Libidokonzept – hyperrationalistischen Weise zu spezifizieren, die sich mit dem gesellschaftlich approbierten Ideal eines bewusst und zielführend entworfenen und bestimmten Lebens merkwürdig gut verträgt, führt dazu, dass der größte Teil des Seelenlebens der Bestimmung durch narzisstische Motive entzogen und durch die Verwerfung des Libidokonzepts indirekt psychodynamisch neutralisiert wird.

»Dem Schein nach«, weil der Narzissmus, wo er die dem Bewusstsein zugängliche Grundlage von Sublimierungsleistungen bildet, die Selbsterhaltung davor schützt, zur »Selbsterhaltung ohne Selbst« (Adorno, 1997q, S. 115) zu erodieren, wozu er jedoch nicht mehr imstande ist, wenn er aufgrund des Objektverlusts ins Leere läuft:

> »Der Narzißmus, dem mit dem Zerfall des Ichs sein libidinöses Objekt entzogen ist, wird ersetzt durch das masochistische Vergnügen, kein Ich mehr zu sein, und über ihrer Ichlosigkeit wacht die heraufziehende Generation so eifersüchtig wie über wenigen ihrer Güter, als einem gemeinsamen und dauernden Besitz« (ebd., 1997e, S. 73).

Objektverlust meint hier nicht, dass keine Objekte mehr existierten, sondern dass Objekte nur noch Ersatzobjekte darstellen, solche also, die nicht Objekt dadurch geworden sind, dass das Ich in ihnen eine Sinnerfüllung finden kann, die seiner eigenen Erfüllung dient. Doch nur weil dem Narzissmus mit dem Ichzerfall sein libidinöses Objekt abhandenkommt, versiegen die libidinösen Energien und die von ihnen befeuerten Bedürfnisse nicht. Das bedeutet aber auch: Je stärker die narzisstische Besetzung einer umso hohleren Pseudo-Individualität ist, desto militanter gerät das Bedürfnis gegenüber der Möglichkeit seiner Erfüllung (ohne dass dies auch für die *Kraft* zur Sublimierung gelte), desto mehr erstarrt die narzisstische Intentionalität in ihrer gierigen, aber auch resignierten und anspruchslosen Getriebenheit. Abwehr und Erfüllung können sich dann in bizarrer Weise verkehren: Findet die Libido Ersatzerfüllungen, so kann die Abwehr sich dann gegen die Bewusstwerdung oder Auseinandersetzung mit genuinen Bedürfnissen richten. In der schwarzen Diagnose Adornos kann die Abwehr von genuin Erstrebenswertem auf der Basis von gegen frühe Widerstände angeeigneten Antriebsstrukturen zur Abwehr des Menschlichen zugunsten des approbierten Unmenschlichen pervertieren, gerade wenn Abwehr, einst die gegen ichfremde Zumutungen, zur Abwehr einer jeden Anstrengung, die Normalität zu durchbrechen, sich transformiert.[33]

---

33 »Die Ich-Schwäche heute, die gar nicht nur psychologisch ist, sondern in der der seelische Mechanismus die reale Ohnmacht des Einzelnen gegenüber der vergesellschafteten Apparatur registriert, wäre einem unerträglichen Maß an narzißtischer Kränkung ausgesetzt, wenn sie nicht, durch Identifikation mit der Macht und Herrlichkeit des Kollektivs, sich einen Ersatz suchen würde« (Adorno, 1997r, S. 580). – Auch hier steht

Das Resultat solcher Verhärtungen nennt Adorno an vielen Stellen seiner Schriften »Kälte«, die sozioklimatisch in Grau porträtiert, was im Blick auf Individuationsprozesse als »Entfremdung« sich bezeichnen lässt, aber darüber hinausreicht.

Im Narzissmus verschränkt sich der psychologische Ewigkeitscharakter der Libido, die auch für Adorno ein nicht eskamotierbares *fundamentum inconcussum* darstellt, mit dem sozial- und geschichtsphilosophischen Fatum des Banns, d. h. der kulturindustriellen Standardisierung der Bedürfnisse und des Imaginären, deren konformierende Kraft wie deren explosives Potenzial sich gerade dieses Ankerpunkts in der menschlichen Trieb- bzw. Antriebsstruktur verdanken. Die Psychotherapie akzeptiert dieses Verhältnis und versucht es moderierend im Sinne des zur Anpassung an die Realität gezwungenen Patienten und damit im Sinne der Anpassung selbst zu gestalten, statt es aufzubrechen. Was Adorno ihr in der konkreten Gestalt der revisionistischen Psychotherapie vorhält, ist, dass sie mit dem Ideal der ganzheitlichen bzw. gut integrierten Persönlichkeit eine fehlgeleitete Politik der falschen, weil illusionären Versöhnung verfolgt, die der Perpetuierung des falschen Zustandes zupasskomme: »Das Ziel der ›gut integrierten Persönlichkeit‹ ist verwerflich, weil es dem Individuum jene Balance der Kräfte zumutet, die in der bestehenden Gesellschaft nicht besteht und auch gar nicht bestehen sollte, weil jene Kräfte nicht gleichen Rechtes sind« (ebd., S. 65). Als das Verschwiegene der revisionistischen Psychotherapie macht Adorno *expressis verbis* die »gesamte Gewalt des Trieblebens« (ebd., 2008, S. 147) aus, die in einer »vordergründigen Ichpsychologie« (ebd., 1997b, S. 74) zum Verschwinden gebracht werde. Resultat dessen, was Adorno der Psychotherapie im Ganzen vorhält, ist, dass sie die Standardisierung nicht zu durchbrechen vermag, dies auch nicht versucht und damit indirekt zu ihr beiträgt – all dies wiederum, weil sie den brodelnden und explosiven Tiefenschichten in dem Maße ausweicht, in dem sie dem Narzissmus und der Libido sich nicht stellt.

---

der Narzissmus wieder im theoretischen Zentrum der Reflexion. Genuiner Widerstand müsste ihn nicht brechen, sondern bedürfte gerade seiner im Sinne etwa narzisstischer Kränkungen, die durch eine Ich-Stärke evoziert werden, die nicht mehr therapeutisch einhegbar ist. Anders gesagt: Narzisstische Kränkungen müssten in Erkenntnis münden und von Erkenntnis getragen werden, statt dem zu dienen, was Adorno den Verblendungszusammenhang nennt – ob es sich um den gesellschaftlichen im Ganzen oder sein innerpsychisches Komplement handelt.

Schluss

Folgende Sachverhalte sollten die angestellten Betrachtungen aufklären:

(1) Der Individualismus, der Horneys psychoanalytischer Psychotherapie – als *pars pro toto* der »populären« Psychotherapie zu jener
Zeit – ebenso wie den Selbstverwirklichungseinflüsterungen der Kulturindustrie durch die Venen fließt, wird von Adorno aufgrund seiner
Standardisiertheit einerseits und seiner Standardisierungsleistung
andererseits zugleich als Bann und Ideologie aufgefasst. Die Psychotherapie als Versprechen und Kulturindustrie als Sedativum können
insofern bestens koexistieren. Vor allem in Bezug auf die Psychotherapie bedeutet dies kritisch: Sie tastet das, was die Kulturindustrie mit
den Menschen macht, nicht an; sie ist deshalb auch kulturindustriell
integrierbar, z. B. in filmischen Verarbeitungen von therapeutischen
Prozessen, denn es kommt am Ende nichts dabei heraus, was den Konformismus und die konformierende Wirkung der Kulturindustrie zu
unterminieren drohte. Indem die Psychotherapie nicht die Standardisierungslogik bricht, z. B. dadurch, dass sie sich die Ansprüche der radikalen Psychoanalyse zu eigen macht, gerät sie in eine unfreiwillige und
indirekte Komplizenschaft mit der Kulturindustrie. Jegliche Verwässe-
rung und Entschärfung der Psychoanalyse bedeutet für Adorno deren
Verkehrung in Unwahrheit und Ideologie – zum großen Schaden einer
ihrer bedürfenden Theorie und Kritik der Gesellschaft und der Kultur.

(2) Indirekt als Einwand gegen Horney gerichtet, aber überdies in Form
einer positiven Aussage gilt für Adorno grundsätzlich: Die Libido ist
aus der psychoanalytischen Theorie genauso wenig zu eskamotieren
wie die Libidotheorie aus der Psychologie und der Psychotherapie.
Darum handelt es sich insofern um eine besonders hervorzuhebende
Einsicht, als der Naturbegriff bei Adorno gerne verwässert wird zu
einem abstrakten Rest, der ein unverlierbarer Bezugspunkt einer im
Ganzen unter dem Banner einer trivialisierten Geschichtlichkeit in-
thronisierten kulturalistischen Interpretation ist. Demgegenüber sollte
klar herausgearbeitet werden, dass Adornos Insistieren auf der strengen
Psychoanalyse mit dem Insistieren auf einem material gehaltvollen und
anthropologisch keineswegs asketischen[34] Libidobegriff konvergiert.

---

34 »Anthropologisch keineswegs asketisch« bedeutet nun wiederum nicht umgekehrt – in
der Manier einer naiven Negation einer Negation – schlicht: anthropologisch. Doch die

(3) Die Theorie der Libido und die des Banns bilden keine »getrennten«
und voneinander separierbaren Elemente von Adornos Philosophie:
So sehr der Bann mit der Kulturindustrie einen »Verhängniszusam-
menhang« zu bilden scheint, der Bann und die Libido korrespondieren intim und in unheilvoller Weise. Kulturalistische Positionen,
wie die Horneys, wollen weder die theoretische Verbindlichkeit von
Bann und Libido noch deren Verschränktheit akzeptieren, weil sie in
seinen Augen den Individualismus und die Geschichtlichkeit, die als
Vorwand für *anything-goes*-Ideologien fungiert, unterminieren – und
dies nicht zuletzt deshalb, weil sie davon ausgehen, dass die einzige
mögliche Alternative zum Kulturalismus in einem reduktiven Naturalismus oder Biologismus bestünde. Die Leugnung des doppelten
Gängelbandes befreit niemanden von ihm. Adorno ist, insofern er
an solchen Begriffen festhält, ein Denker der Verbindlichkeit, der
nicht bereit ist, das Nicht-Eskamotierbare dem Belieben einer halb-
garen Theorie-Vogel-Strauß-Politik auszuliefern. Die Befreiung von
der Libido zu erstreben, wäre so unsinnig wie ihre Leugnung oder ge-
schwätzige Pseudo-Entschärfung; die Befreiung vom Bann hingegen
zu erstreben, ist das *movens* jeglicher Philosophie und Lebensnerv
von Freiheit und Menschlichkeit. Gerade deshalb wäre die Emanzipation von der Libido die zu ihr, d. h. die Befreiung der Libido zu ihrer
Unverstelltheit und Ununterdrücktheit. Die Befreiung vom Bann
wäre gleichbedeutend mit der Befreiung der Gesellschaft von Zwang
und Unterdrückung – und konvergierte mit der Befreiung der Libido.
Doch die Unsinnigkeit des Bestrebens, eine Befreiung von der Libido
in Angriff zu nehmen, bezeugt deren konstitutionelle Fundamentali-
tät sowohl im Hinblick auf das Individuum wie auch im Hinblick auf
Adornos Philosophie, in deren Analyse die Libidotheorie nur um den
Preis der Entleerung des Naturbegriffs zu marginalisieren ist.

(4) Dezidiert in Bezug auf den Bann bleibt deshalb auch festzuhalten:
Dieser zentrale Begriff von Adornos Geschichtsphilosophie ist kein

---

Disjunktion zwischen der Anthropologie und der Psychoanalyse muss bestritten werden, wo letztere – wie bei Adorno – fundamental philosophisch und epistemologisch
statt als therapeutisches Projekt aufgefasst wird. Die Bestreitung der Disjunktion von
Anthropologie und Psychoanalyse schwächt damit, ohne sie zu verwerfen, die Unterscheidung ab, die Christian Thies formuliert: »Die ältere Kritische Theorie argumentiert
nicht anthropologisch, sondern psychoanalytisch« (Thies, 1997, S. 139).

metaphysischer Begriff, sondern vielmehr ein soziologischer, der sein quasi-metaphysisches Antlitz gerade der mit ihm beschriebenen Tatsache verdankt, dass geschichtlich Entsprungenes innergeschichtlich durch anscheinend unaufbrechbare Verhärtungen und die Allgegenwart konformierender Ideologie dem Anschein nach einen Substanz- und Ewigkeitscharakter annimmt. Da der Bann, anders als der neurotische Konflikt bei Horney, nicht in der Psyche, aber auch nicht in der Gesellschaft verortbar ist, reicht seine psychologische Determinationskraft über die diagnostischen und theoretischen Möglichkeiten der disziplinären Psychologie hinaus.

(5) Der Individualismus bildet die gemeinsame ideologische Grundlage der Kulturindustrie und der Psychotherapie, wenn auch in verschiedener Weise. Während die Kulturindustrie den Individualismus propagiert, fungiert das Individuum als methodischer Ansatz- und Fluchtpunkt der Psychotherapie, die gleichwohl im Ganzen unkritisch gegenüber dem Individualismus als solchem bleibt und nur dessen Auslaufen in Exzesse wieder in die Spur zu bringen müssen meint. Demgegenüber realisiert Adornos Treue zum Individuum sich gerade nicht als Treue zum Individualismus, sondern als Kritik der Ideologie des Individualismus, die zugleich als Kritik der Kulturindustrie auftritt. Der psychotherapeutische Individualismus verdankt sich einer idealistischen Illusion, die in der Äquivokation von Psychischem und Innerpsychischem besteht. Aus dieser epistemologischen Illusion geht die ins konkret Praktische reichende Illusion einer Lokalisierbarkeit und rein psychologischen Behandelbarkeit von Konflikten hervor, die zu korrigierbaren Fehlbesetzungen axiologischer und psychischer Art werden und nicht als gewaltsame Verdrängungen von Gewalt gesehen werden, die Adorno im Individuum nicht als pathologisches Resultat kausalfaktoriell spezifizierbarer Traumata ausmacht, sondern als Momente individuativer Bestimmung.

(6) Aufgrund dieser idealistischen Illusion erfüllt die Psychotherapie ein zentrales Desiderat einer ernstzunehmenden und genuinen Kulturkritik *nicht*, das Adorno formuliert: Ihrem *modus operandi* inhäriert nicht die approximative Simultaneität von Immanenz und Transzendenz im Hinausgehen-über-die-Kultur, sondern sie operiert innerhalb der Immanenzsphäre der Gesellschaft in Übereinstimmung mit und gemäß ihren (ideellen und ideologischen) Gesetzen an einem »Objekt«, dessen konstitutives Bestimmtwerden durch etwas über

die psychische Sphäre Hinausreichendes sie nur abstrakt und schematisch konstatiert. Kulturkritik im Sinne Adornos schließt dezidiert die Kritik des seinerzeit durch die Psychoanalyse etablierten Verständnis des Therapeutischen – seiner theoretischen Grundlagen, seiner Ansprüche, seiner möglichen Reichweite – mit ein, ohne von der Psychotherapie gewichtige Anregungen oder Impulse erhoffen zu können. Dem therapeutischen Denkhabitus Horneys etwa fehlt nach Adorno die Freiheit, welche die (negativ-)dialektische Kulturkritik auszeichnet: »Ohne solche Freiheit, ohne Hinausgehen des Bewußtseins über die Immanenz der Kultur wäre immanente Kritik selber nicht denkbar: der Selbstbewegung des Objekts vermag nur zu folgen, wer dieser nicht durchaus angehört« (Adorno, 1997j, S. 23).

Man kann gegen die hier vorgelegten Überlegungen einiges einwenden, z. B. dass sie insofern philologische Betrachtungen darstellten, als sie den Protagonisten selbst von der Kritik ausnehmen, etwa von einer durch die Entwicklung der Psychotherapie seit den 1960er Jahren motivierten Gegenkritik bzw. durch die hier nicht mögliche Untersuchung der Frage, ob valide Grundlagen einer solchen Gegenkritik existieren. Auch historisch bleibt einiges vage: Zum Beispiel wird (wie übrigens meistens in der Auseinandersetzung mit Adorno) nicht ausgeführt, durch welche konkreten »kulturpolitischen« Weichenstellungen die populäre Kunst in ihren Möglichkeiten massiv beschnitten war; hier wäre vor allem der Hays-Code zu nennen (vgl. Zeisler, 2016, S. 53ff.). Die naheliegende Anschlussfrage könnte lauten: Ist Adorno mit hinreichender Präzision und Validität auf die Gegenwart anwendbar? Kann seine Analyse und Kritik der damaligen Kulturindustrie für eine Analyse und Kritik aller, auch heutiger, Kulturindustrie und überdies der heutigen westlichen Gesellschaft genommen werden, wenigstens in ihren Grundzügen? Haben sich die Koordinaten einer heute nötigen Gesellschaftskritik nicht auch dann, wenn man Adornos Einschätzung des Individualismus teilt, aufgrund der Transformation der westlichen Gesellschaften derart verschoben, dass ein anderer theoretischer Rahmen nötig wäre, um eine robuste Kritik formulieren oder ausarbeiten zu können? Diese und weitere Fragen müssen hier offenbleiben, doch sie zu stellen, wo sie nicht beantwortet werden können, bedeutet wenigstens, ihre Stellbarkeit nicht von vornherein auszublenden und nicht indirekt dem selbstgenügsamen Philologismus damit zu unverdientem Ansehen zu verhelfen. Diese Fragen verdienen eine Antwort – in der die Bedeutung der *strengen* Psychoanalyse für eine wahrhaft *Kritische* Theorie der Gesellschaft keiner Naturphobie geopfert wird, sondern die in der Adornos Psychoanalyse-Adaptation innewohnende *Naturalisierung ohne Naturalismus*, wie sie Habermas Plessner konzediert[35], auch unverfälscht und affirmativ aufgenommen wird.

Literatur

Adorno, T.W. (1993). *Einleitung in die Soziologie*. Frankfurt a.M.: Suhrkamp.

Adorno, T.W. (1997a). Die revidierte Psychoanalyse. *GS 8. Soziologische Schriften, Bd. 1* (S. 20–41). Frankfurt a.M.: Suhrkamp.

Adorno, T.W. (1997b). Zum Verhältnis von Soziologie und Psychologie. *GS 8, 1. Teilband* (S. 42–85). Frankfurt a.M.: Suhrkamp.

Adorno, T.W. (1997c). Zur Metakritik der Erkenntnistheorie. Studie über Husserl und die phänomenologischen Antinomien. *GS 5*. Frankfurt a.M.: Suhrkamp.

Adorno, T.W. (1997d). Negative Dialektik. *GS 6*. Frankfurt a.M.: Suhrkamp.

Adorno, T.W. (1997e). Minima Moralia. Reflexionen über das beschädigte Leben. *GS 4*. Frankfurt a.M.: Suhrkamp.

Adorno, T.W. & Horkheimer, M. (1997f). Dialektik der Aufklärung. *GS 6*. Frankfurt a.M.: Suhrkamp.

Adorno, T.W. (1997g). Nachruf auf einen Organisator. *GS 10, 1. Teilband* (S. 346–352). Frankfurt a.M.: Suhrkamp.

Adorno, T.W. (1997h). Über Tradition. *GS 10, 1. Teilband* (S. 310–320). Frankfurt a.M.: Suhrkamp.

Adorno, T.W. (1997i). Philosophie der Neuen Musik. *GS 12*. Frankfurt a.M.: Suhrkamp.

Adorno, T.W. (1997j). Kulturkritik und Gesellschaft. *GS 10, 1. Teilband* (S. 11–30). Frankfurt a.M.: Suhrkamp.

Adorno, T.W. (1997k): Résumé über Kulturindustrie. *GS 10, 1. Teilband* (S. 337–345). Frankfurt a.M.: Suhrkamp.

Adorno, T.W. (1997l). Wissenschaftliche Erfahrungen in Amerika. *GS 10, 1. Teilband*. Frankfurt a.M.: Suhrkamp.

Adorno, T.W. (1997m). Zeitlose Mode. Zum Jazz. *GS 10, 1. Teilband* (S. 123–137). Frankfurt a.M.: Suhrkamp.

Adorno, T.W. (1997o). Sexualtabus und Recht heute. *GS 10, 2. Teilband* (S. 533–554). Frankfurt am Mein: Suhrkamp.

Adorno, T.W. (1997p). Fernsehen als Ideologie. *GS 10, 1. Teilband*. Frankfurt a.M.: Suhrkamp.

Adorno, T.W. (1997q). Theorie der Halbbildung. *GS 10, 2. Teilband* (S. 93–121). Frankfurt a.M.: Suhrkamp.

---

35 Im Originalwortlaut: »Nun ist es heute so ungewöhnlich nicht mehr, die Menschengattung als ein Stück Natur zu betrachten. Sie jedoch vollziehen sehr energisch die naturalistische Wendung, ohne dafür den Preis eines philosophischen Naturalismus zu entrichten« (Habermas, 1973, S. 232).

Adorno, T.W. (1997r). Meinung Wahn Gesellschaft. *GS 10, 1. Teilband. Kulturkritik und Gesellschaft, Bd. 1.* Frankfurt a.M.: Suhrkamp.

Adorno, T.W. (2001). *Zur Lehre von der Geschichte und von der Freiheit.* Frankfurt a.M.: Suhrkamp.

Adorno, T.W. (2008). *Philosophische Elemente einer Theorie der Gesellschaft.* Frankfurt a.M.: Suhrkamp.

Adorno, T.W. (2009). *Ästhetik.* Frankfurt a.M.: Suhrkamp.

Bonß, W. (1982): Psychoanalyse als Wissenschaft und Kritik. Zur Freudrezeption der Frankfurter Schule. In A. Honneth & W. Bonß (Hrsg.), *Sozialforschung als Kritik. Zum sozialwissenschaftlichen Potential der Kritischen Theorie* (S. 367–425). Frankfurt a.M.: Suhrkamp.

Burckhardt, J. (1928). *Die Kultur der italienischen Renaissancen in Italien.* Berlin: Th. Knaur Nachf.

Enderwitz, U. (1990). Der Ideologiekritiker Adorno und seine Grenzen. In F. Hager & H. Pfütze, *Das unerhört Moderne. Berliner Adorno-Tagung* (S. 99–110). Lüneburg: zu Klampen.

Enzensberger, H.M. (1962). Bewußtseins-Industrie. In ders., *Einzelheiten* (S. 7–15). Frankfurt a.M.: Suhrkamp.

Fromm, E. (1980). Anatomie der menschlichen Destruktivität. *GS 7.* Stuttgart: Deutsche Verlags- Anstalt.

Habermas, J. (1973). Aus einem Brief an Helmuth Plessner 1972. In ders., *Kultur und Kritik* (S. 232–235). Frankfurt a.M.: Suhrkamp.

Horney, K. (1937). *The Neurotic Personality of our Time.* London: Routledge & Keagan Paul.

Horney, K. (1939). *New Ways in Psychoanalysis.* London: Keagan Paul.

Horney, K. (1945). *Our Inner Conflicts. A Constructive Theory of Neurosis.* New York: Norton & Company.

Horney, K. (1950). *Neurosis and Human Growth. The Strugggle toward Self-Realization.* New York: Norton & Company.

Kondylis, P. (1999). *Das Politische und der Mensch. Grundzüge der Sozialontologie, Bd. 1. Soziale Bedeutung, Verstehen, Rationalität.* Berlin: Akademie Verlag.

Krasner, L. (1962). The Therapist as a Social Reinforcement Machine. In H. Strupp & Luborsky (Hrsg.), *Research in Psychotherapy. Proceedings of a Conference, Chapel Hill, North Carolina, May 17–20, 1961* (S. 6-94). Washington, D.C.: American Psychological Association, Inc.

Metz, M. & Seeßlen, G. (2011). *Blödmaschinen. Die Fabrikation der Stupidität.* Berlin: Suhrkamp.

Pontalis, J.B. (1968). *Nach Freud.* Frankfurt a.M.: Suhrkamp.

Prokop, D. (2003). *Mit Adorno gegen Adorno. Negative Dialektik der Kulturindustrie.* Hamburg: VSA-Verlag.

Riesman, D. (1961). *The Lonely Crowd. A Study of the Changing American Character.* New Haven: Yale University Press.

Schweppenhäuser, G. (1996). *Theodor W. Adorno zur Einführung.* Hamburg: Junius.

Sloterdijk, P. (2018). *Neue Zeilen und Tage. Notizen 2011–2013.* Berlin: Suhrkamp.

Sonnemann, U. (1990). Die verwaltete Welt und das Unverfügbare. In F. Hager & H. Pfütze, *Das unerhört Moderne. Berliner Adorno-Tagung* (S. 111–117). Lüneburg: zu Klampen.

Streeck, W. (2013). *Gekaufte Zeit. Die vertagte Krise des demokratischen Kapitalismus. Frankfurter Adorno-Vorlesungen 2012.* Berlin: Suhrkamp.

Thies, C. (1997). *Die Krise des Individuums. Zur Kritik der Moderne bei Adorno und Gehlen*. Hamburg: Rowohlt.

Zeisler, A. (2017). *Wir waren doch mal Feministinnen. Vom Riot Grrrl zum Covergirl. Der Ausverkauf einer politischen Bewegung*. Übers. v. A. Emmert & K. Harlaß. Zürich: Rotpunkt.

Zilsel, E. (1990). *Die Geniereligion. Ein kritischer Versuch über das moderne Persönlichkeitsideal, mit einer historischen Begründung*. Frankfurt a. M.: Suhrkamp.

Biografische Notiz

Sebastian Edinger, Dr., war zuletzt wissenschaftlicher Mitarbeiter an der Universität Potsdam. Er lebt in Berlin.

Behagliche Kultur

Der Triumph des Wohlbefindens

Inga Anderson

The Triumph of the Therapeutic: Uses of Faith after Freud, die bekannteste Monografie des US-amerikanischen Soziologen Philip Rieff, erschien erstmals im Jahr 1966. Mit diesem Buch unternahm Rieff den ambitionierten Versuch, den Status und Stellenwert der psychoanalytischen Therapie für seine Gegenwart kultursoziologisch zu beschreiben und ihre Auswirkungen auf Gesellschaft und Kultur des Westens zu ermessen. Mit der Freudschen Psychoanalyse sei, so lautet eine der zentralen Thesen Rieffs, nicht nur eine psychotherapeutische Technik zur Behandlung psychischer Krankheiten entwickelt worden, sondern ein Denksystem entstanden, das das westliche Selbst- und Weltverhältnis weit über ihre klinische Anwendung hinaus prägte: Das Signum unserer Zeit sei die Psychotherapie.

Bis heute wird *The Triumph of the Therapeutic* gerne zitiert – bisweilen, weil Rieff sich darin an eine umfassende und auch für die Gegenwart anschlussfähige Zeitdiagnose wagt, oft jedoch auch lediglich deshalb, weil dieses Buch einen solch eingängigen Titel trägt. Zwar dürften die meisten Historikerinnen und Historiker der Psychoanalyse Rieffs Argumenten durchaus auch ein halbes Jahrhundert nach deren Erstveröffentlichung zustimmen, dass das Therapeutische triumphierte: »Psychoanalysis, in all its unruly complexity, became an integral part of twentieth-century social history«, so formuliert es Dagmar Herzog (Herzog, 2016, S. 1), und Eli Zaretsky begründet den kulturhistorischen Fokus seiner Geschichte der Psychoanalyse ebenfalls mit deren großer Bedeutung für die Gegenwart: »Eine Geschichte der Psychoanalyse muß vor allem erklären, warum sie eine so ungeheure Wirkung entfaltet hat« (Zaretsky, 2006, S. 14). Gleichzeitig aber weist etwa die Kultursoziologin Eva Illouz in ihrem 2008 erschienenen Buch *Saving the Modern Soul. Therapy, Emotions, and the Culture of Self-Help* bereits in ihrer Einführung darauf hin, dass der so wunderbar zitierfähige Titel Rieffs bisweilen einer kritischen Auseinandersetzung mit dessen Thesen im Wege stehen kann: »If all the critics of the psychological discourse agree that it has ›triumphed‹ and if some remarkable studies now detail *what* in the therapeutic has ›triumphed‹, we still do not know much about *how* and *why* it has triumphed« (Illouz, 2008, S. 4).

Diese Diskrepanz halte ich für bemerkens- und bedenkenswert: Die Geschichte der Psychotherapie hat in den Geistes- und Kulturwissenschaften gegenwärtig Konjunktur; Rieff war einer der ersten, die dazu beitragen wollten, und wurde als Autor auch keineswegs vergessen. Dennoch beobachte ich einen gewissen Widerwillen gegenüber der detaillierten inhaltlichen Auseinandersetzung mit seinen Schriften. Im deutschsprachigen Raum dürfte dieser Widerwille noch dadurch befördert worden sein, dass Rieffs Werke bisher nicht ins Deutsche übersetzt wurden.

Vor diesem Hintergrund will ich mit diesem Aufsatz dafür plädieren, sich intensiver mit Rieffs pointierten Beobachtungen zu beschäftigen, die unkonventionellen Wendungen nachzuvollziehen, mit denen er diese ausdeutet, und seine provokanten Analysen kritisch zu diskutieren. Als Grundlage dafür macht es sich der vorliegende Text zunächst zur Aufgabe, zentrale Annahmen und Argumente von *The Triumph of the Therapeutic* vor ihrem historischen Hintergrund zu rekonstruieren und zu verorten. In einem zweiten Schritt wird es in engem Bezug auf Sigmund Freuds *Das Unbehagen in der Kultur* um Rieffs kulturtheoretischen Einsatz gehen, bevor im dritten Schritt mit dem »psychological man« ein Schlüsselkonzept von Rieffs Text identifiziert wird, anhand dessen auch seine kulturhistorische Position erläutert werden kann. In einem letzten Abschnitt schließlich wird im Vergleich mit gegenwärtigen Ansätzen der Psychotherapie-Kritik und der Kultursoziologie danach zu fragen sein, ob und inwiefern Rieffs Zeitdiagnose sich mit Blick auf die Gegenwart als stichhaltig erwiesen hat.

Die 1960er Jahre: Kulturrevolution oder Kontinuität?

Zentral für die Perspektive, die dieser Aufsatz einnimmt, ist Rieffs übergeordnete Überzeugung, dass die westlichen Gesellschaften zum Zeitpunkt des Erscheinens von *The Triumph of the Therapeutic* mitten in einem tiefgreifenden kulturellen Wandel steckten. Solche Umbruchsthesen faszinieren und faszinierten die Menschen wahrscheinlich zu jeder Zeit, schließlich versprechen sie ihnen, weltgeschichtlich Relevantes aus nächster Nähe miterleben zu dürfen. Umbruchsthesen machen aus ihren zeitgenössischen

Leserinnen und Lesern historisch privilegierte Zeuginnen und Zeugen dessen, was sich an Epochenschwellen ereignet. Dennoch gibt es wahrscheinlich historische Momente, in denen derartige Thesen von einer Kulturrevolution auf besonders fruchtbaren Boden fallen.

Der Zeitpunkt der Veröffentlichung von *The Triumph of the Therapeutic* dürfte in den USA zu diesen Momenten zählen. Schließlich waren im Jahre 1966 die Anlässe, sich Gedanken über die Zukunft der westlichen Gesellschaft zu machen, nicht nur für einen an einer Ivy-League-Universität lehrenden Professor für Kultursoziologie vielfältig, sondern drängten sich den meisten US-Amerikanerinnen und -Amerikanern geradezu auf: Krisen rückten scheinbar immer näher, Unsicherheiten breiteten sich aus. Der Kalte Krieg, das die geopolitische Nachkriegsordnung bestimmende Kräftemessen zwischen den USA und der Sowjetunion, hatte 1962 mit der Kuba-Krise einen neuen Höhepunkt erreicht, den die Geschichtswissenschaft später auch als dessen Gipfel begreifen sollte.[1] 1965, drei Jahre nachdem die Vereinigten Staaten sich unmittelbar vor ihrer eigenen Küste mit atomar bestückten Raketen konfrontiert gesehen hatten, begann die US-amerikanische Regierung, Bodentruppen nach Südvietnam zu schicken. Im eigenen Land vermischten sich die Reaktionen auf diese militärischen Entwicklungen mit Emanzipationsbewegungen, in denen verschiedene Gruppen mehr Anerkennung und Autonomie einforderten: Neben den Studentinnen und Studenten, die gegen den Vietnam-Krieg protestieren, kämpften Frauen in der zweiten Welle des Feminismus für ihre Rechte und ihre sexuelle Selbstbestimmung, und aus der Bürgerrechtsbewegung entwickelte sich nach der Verabschiedung des Civil Rights Act im Jahre 1964 unter anderem die Black-Power-Bewegung.

Das Bedürfnis nach einer synthetisierenden Beschreibung und Analyse der gesellschaftlichen Transformationsprozesse der 1960er Jahre dürfte den zeitgenössischen Leserinnen und Lesern Rieffs folglich nachvollziehbar erschienen sein; vielleicht trieb es sie sogar selbst um. Bemerkenswert

---

1 Die Konfrontation von Ost und West im Kalten Krieg stellt eine Art Hintergrundrauschen von Rieffs soziologischer Analyse dar. Auf die Kuba-Krise spielt er in der folgenden Passage an: »Psychological man is, of course, a myth—but not more of a myth than other model men around whom we organize our self-interpretations. This is the time to evoke this new man, tease him out as the holder of the reins, to assume command of our emotional chaos. *He is the sane self in a mad world, the integrated personality in the age of nuclear fission, the quiet answer to loud explosions*« (Rieff, 1966, S. 39f., Hervorh. d. A.).

aus heutiger Perspektive ist jedenfalls, dass Menschen, gleich welchem politischen Lager sie angehörten und gleich welchen Überzeugungen sie anhingen, in den 1960er Jahren zu der Überzeugung gelangten, dass sich die Welt auf eine nicht umkehrbare Weise veränderte: Die Einschätzung, dass gesellschaftliche Ordnung wandelbar ist und sich der Westen in den 1960er Jahren tatsächlich in einem tiefgreifenden Veränderungsprozess befand, teilten die Anhängerinnen und Anhänger der oben genannten progressiven Bewegungen mit dem Konservativen Rieff.

Doch hat sich diese Einschätzung als angemessen erwiesen? Zunächst muss man heute, aus einer Distanz von mehr als fünfzig Jahren, feststellen, dass in den 1960er Jahren sicherlich viel in Bewegung geriet, jedoch kaum eines der von Pazifistinnen und Pazifisten, der Bürgerrechtsbewegung oder vom Feminismus adressierten Probleme überwunden werden konnte:[2] Rassismus prägt nach wie vor das Sprechen und Handeln der meisten Institutionen und den Alltag vieler Menschen. Frauen und Männer sind nicht gleichberechtigt, weder in der Öffentlichkeit noch im Privaten. Wo Frauen und Angehörige sexueller Minderheiten nach sexueller Selbstbestimmung streben, begegnen ihnen auch heute noch immer wieder Aggressionen, nicht selten unverhohlene. Und auch auf geopolitischer Ebene, auf der zwischenzeitlich der Westen als Gewinner aus der Konfrontation mit dem Osten hervorgegangen zu sein schien, treten mittlerweile autoritärere Regierungen immer antagonistischer auf.

Nun wäre es allerdings ein Missverständnis, Rieffs These von einem umfassenden Kulturwandel deswegen als verfrüht und seine Einschätzungen als überzogen zu bewerten, weil rückblickend viele der in den 1960er Jahren angestoßenen Veränderungen keine dauerhafte Wirkung entfalten konnten bzw. sich nicht gesamtgesellschaftlich durchsetzten. Rieff geht es in seiner Zeitdiagnose nämlich weniger um die augenfälligen Konflikte seiner Epoche: das Streben der Schwarzen, der Frauen und der Homosexuellen nach Gleichbehandlung und Freiheit, die Bruchlinien zwischen den Jungen und den Alten; diese versteht er eher symptomatisch als

---

2 Eine mögliche Weiterentwicklung dieses Aufsatzes würde darin bestehen, die hier formulierten Thesen mit der 1968-Forschung, die zuletzt anlässlich des fünfzigsten Jubiläums der Ereignisse des Jahres mit der in Europa vielleicht klingendsten Jahreszahl der Nachkriegszeit (oder, wie bei Robert Stockhammer anlässlich des Jubiläums von 1967) diskutiert, welche gesellschaftlichen Folgen und welche kulturelle Bedeutung die 1960er und 1970er Jahre hatten und haben.

ätiologisch. Auslöser der entscheidenden kulturellen Transformation ist Rieff zufolge im Kern nicht soziale Ungerechtigkeit oder Unterdrückung, auf die die Benachteiligten und Unzufriedenen – seien es Frauen, Schwarze oder eine gesamte junge Generation – mit Protest oder gar Gewalt reagieren. Ihr Auslöser ist vielmehr etwas denkbar Unscheinbares: die populäre Aneignung der Psychoanalyse als Therapie, mit der die Psychoanalyse zur »cultural force« (Rieff, 1966, S. 32) wurde.

Diese These stellt folglich die Folie dar, vor der Rieff die kulturellen Implikationen der sozialen Bewegungen seiner Zeit diskutiert. Ich will dies an den wenigen expliziten Aussagen zum Feminismus und zur Bürgerrechtsbewegung verdeutlichen, die sich in *The Triumph of the Therapeutic* finden. Rieffs Bemerkungen zur Geschlechterfrage sind zumeist historisch, beispielsweise wenn er den »theoretischen« Feminismus von Wilhelm Reich bespricht (vgl. ebd., S. 157 und S. 163).[3] Zwar erkennt er an anderer Stelle in Freuds Misogynie durchaus eine Schwäche in dessen ansonsten unnachgiebig konsequenten analytischen Verstand und stimmt auch der Kritik Adlers zu, dass Freud die soziologische Dimension der weiblichen Entwicklung vernachlässige (vgl. ebd., 1965, S. 81). Ein allzu großes gesamtkulturell transformatorisches Potenzial scheint er dem Feminismus jedoch nicht beizumessen – zu sehr deckt sich die an der Selbstbestimmung eines Individuums orientierte Antriebsstruktur des Feminismus mit der von der Psychotherapie propagierten. Damit interessiert Rieff der Feminismus al-

---

3 Diese Nachordnung überrascht, wenn man bedenkt, was für eine prägende gesellschaftliche Kraft der Feminismus in den 1960er Jahren war. Vielleicht ist das Schweigen über die Thesen und Themen des Feminismus strategisch: Hinsichtlich zeitgenössischer Artikulationen des weibliche Strebens nach sexueller Selbstbestimmung ist zu vermuten, dass Rieff diese auf ähnliche Weise abwerten würde, wie andere sexuelle Emanzipationsbewegungen in dem stellenweise irritierenden Epilog »One Step Further«, den Rieff 1978 der dritten Ausgabe seines Erstlingswerks *Freud: The Mind of the Moralist* hinzufügt: »That Freud appears a remissive theorist, seeing some optional yes in the most adamant no, accounts for the closeness of his otherwise distant connections with current exemplary horrors within Freud's field of clinical interest: the erotic life of the mind. Movements such as Homosexualism, Pansexualism, Bisexualism, Transsexualism – these pilot abominations in sacred order have nothing to do with Freud« (Rieff, 1979, S. 381). Sexuelle Befreiung kann Rieff nicht anders einordnen denn als ein unzulässiges Ignorieren einer berechtigten Ordnung zugunsten von triebhaften Impulsen. Dass Selbst*bestimmung* für jedes Geschlecht und mit jeder sexuellen Orientierung heißen muss, sich auch gegen den Trieb entscheiden zu können (dagegen, ihm zu folgen, nicht aber gegen seine Struktur), bleibt für Rieff ein blinder Fleck.

lenfalls als ein Phänomen, als eines von zahlreichen Phänomenen, in denen ein viel grundlegender Wandel zum Ausdruck kommt als die Neubestimmung der Geschlechterverhältnisse an und für sich. Die Neuaushandlung des Verhältnisses von Individuum und Gemeinschaft im Zeichen der Psychotherapie stellt für Rieff die genuine Kulturrevolution dar. Anders als zum Feminismus verhält Rieff sich zur Bürgerrechtsbewegung, welche ihm zufolge nicht vom psychotherapeutischen Zeitgeist getragen wird. In dieser erkennt Rieff ein Residuum dessen, was mit dem Erfolg der Psychotherapie marginalisiert wird: eine symbolische Orientierung an einem gemeinschaftlichen Zweck (vgl. ebd., 1966, S. 18 und S. 23).

»But what apocalypse has ever been so kindly?«

Rieff versteht den Triumph des Therapeutischen als eine tiefgreifende Veränderung, die die westliche Kultur auf nie dagewesene Weise in ihren Grundfesten erschüttert. Damit betrifft sie auch den Autor selbst unmittelbar und in existenzieller Dimension. Sie soziologisch zu analysieren, ohne das Terrain der Objektivität zu verlassen, gestaltet sich dementsprechend als herausfordernd. So sehr sich Rieff um wertfreie Begriffe bemüht, um den kulturellen Wandel seiner Gegenwart zu beschreiben – »one must struggle to find neutral terms« (Rieff, 1966, S. 25) –, so wenig gelingt es ihm bisweilen. Dass er seinem eigenen Anspruch, mit soziologischer Neutralität über ein »movement of Western culture away from its former configuration« nachzudenken und dabei die von ihm empfundene Gefahr einer »dissolution of culture« (ebd.) auszublenden, kaum zu genügen vermag, ist Rieff bewusst.

Diese Haltung bestimmt freilich den Fluchtpunkt seines Denkens: Wenn Rieff exploriert, welche Effekte die Ausbreitung psychoanalytischer bzw. psychotherapeutischer Denkfiguren bereits gezeigt hat und welche Folgen sie noch haben könnte, steht für ihn immer auch die Frage im Raum, ob das Schicksal der westlichen Kultur durch den Siegeszug des Therapeutischen vielleicht nicht »nur« ein weiteres Mal eine neue Wendung erfährt, sondern ob diese Revolution die Kultur des Westens nun unweigerlich und unwiederbringlich an ihr Ende führen wird:

> »Cultural revolutions may be viewed more as typical recurrences rather than as unique occurrences. Like a planet, a culture may move around in an ellip-

tical course, slowly changing its moral direction. In this classical view, all rev-
olutions are repetitions; certainly, there is nothing surprising in the advent
of a revolution. It is to be expected, like a change of seasons. But there is
another view: that a culture may reach a definite close« (ebd., S. 244).

Wo das Therapeutische triumphiert, kann Kultur kaum noch die Aufgabe
erfüllen, die in Rieffs Kulturverständnis ihre vornehmste ist, nämlich das
Selbst in ein vitales Verhältnis zu gemeinschaftlichen Zwecken zu setzen:
»Culture is another name for a design of motives directing the self outward,
toward those communal purposes in which alone the self can be realized
and satisfied« (ebd., S. 4). Was er stattdessen entstehen sieht, kann Rieff
vorerst nur als »new anti-culture« (ebd., S. 23) beschreiben, denn ein entscheidender Richtungswechsel hat stattgefunden. Statt seinen Blick nach
außen zu richten, stellt die Psychoanalyse dem Individuum eine Technik
zur Verfügung, um sich durch die Wendung nach innen gegen die Ansprüche der Außenwelt zu verteidigen. In den Tiefen seines Selbst findet der
Mensch eine ungeahnte Dynamik – stark genug, um die Kraft der Kultur
in neue Schranken zu weisen.

Während Rieff vor diesem Horizont den kulturellen Wandel seiner
Zeit deutet und daraus Schlüsse für die Zukunft zieht, bleibt er nicht
durchweg auf einer deskriptiven Ebene; vielmehr kommt er sowohl implizit als auch explizit immer wieder zu äußerst pessimistischen, gar dys-
topischen Urteilen. In den letzten Zeilen des Einführungskapitels von
The Triumph of the Therapeutic gesteht er sogar ein, dass Leserinnen und
Leser seine Schilderungen für »some parodies of an apocalypse« (ebd.,
S. 27) halten könnten. Trotz des dreifachen rhetorischen Distanzie-
rungsmanövers, das Rieff an dieser Stelle, vermutlich in Anrufung wissenschaftlicher Neutralität, vollzieht – man *könnte* seinen Text für eine
Parodie einer solchen *halten* –, darf die Wahl des Begriffs »Apokalypse«
für die Auseinandersetzung mit seinen Positionen durchaus ernst genommen werden. Denn nicht nur das sich darin artikulierende Wertur-
teil, sondern auch die damit vorgenommene Einordnung bringen gleich
mehrere Aspekte auf den Punkt, die in *The Triumph of the Therapeutic*
immer wieder aufscheinen: Rieff versteht die Veränderungsprozesse, die
er untersucht, nicht nur aus der Nahperspektive der oder des Betroffenen
als sehr bedenklich, sondern auch und vor allem aus der abstrahierenden
Perspektive der Sozialwissenschaftlerin oder des Sozialwissenschaftlers als
in höchstem Maße historisch signifikant. Die sich mit der Diffusion der

Psychoanalyse vollziehende Transformation hält er nicht für ein oberflächliches Phänomen, sondern für ein fundamentales; sie verändert die grundlegende Struktur, auf der Kultur und Gesellschaft ruhen und aufbauen.

Doch so tiefgreifend sie auch sein mag: Die apokalyptische Zeitenwende, um die es hier geht, ist überraschend schwer zu erkennen. Sie fällt selbst aufmerksamen Beobachterinnen und Beobachtern nicht auf den ersten Blick ins Auge, denn es handelt sich bei dem von Rieff beschriebenen Untergang um ein sanftes Weltende – und somit um ein Weltende, das in seiner Form keine Vorgängerinnen bzw. Vorgänger und Vorbilder hat. »The end of the world as we know it«, die üblicherweise imaginierte Apokalypse, bricht grausam über die Menschen ein, es verwüstet eine Lebensform und zerstört ihre Grundlagen.[4] Rieff jedoch malt zunächst keine vom Triumph des Therapeutischen eingeläuteten furchtbaren Szenarien aus, sondern stellt unmittelbar nach der Proklamation einer Apokalypse folgende überraschende Frage: »But what apocalypse has ever been so kindly?« (Rieff, 1966, S. 27). Er stellt sich eine Apokalypse vor, die sich von ihren Vorgängerinnen dadurch unterscheidet, dass sie die Menschen behutsam behandelt. Und so sanft diese Apokalypse sich ereignen könnte, so behaglich könnte die neue Welt sich anfühlen: Rieff ahnt, dass das von ihm gefürchtete Ende der westlichen Kultur in ihrer ihm vertrauten Form den Boden für eine neue und bessere Lebensweise bereiten könnte: »Civilization could be, for the first time in history, the expression of human contents rather than the consolatory control of discontents« (ebd.). Auch eine sanfte und säkulare Apokalypse, die niemals katastrophal wird, könnte somit letzten Endes doch in gewisser Hinsicht eine Zeitenwende darstellen, in der sich ein göttliches Wissen enthüllt.

4　Die biblischen Bilder und Symbole der Apokalypse verstellen bisweilen den Blick auf die tatsächlichen Bedrohungen. Es ist keineswegs unwahrscheinlich, dass eine zukünftige Apokalypse unbemerkt vonstattengeht. Sie kann unerkannt bleiben, weil wir auf die apokalyptischen Reiter warten, die durch Schwert, Krankheit und Hunger töten. Gefährlicher für die Menschheit ist heute jedoch oftmals das Gegenteil, darauf haben am Beispiel des Hunger/Übergewicht der israelische Universalhistoriker Yuval Noah Harari und im Anschluss an ihn der Philosoph und Kulturhistoriker Thomas Macho hingewiesen: »Besiegt und geschlagen wurden die apokalyptischen Reiter vergangener Jahrtausende, also Hunger, Seuchen, Gewalt und Krieg. […] Im 21. Jahrhundert sterben signifikant mehr Menschen daran, dass sie zu viel gegessen haben als an Hunger und Unterernährung« (Macho, 2017, S. 261).

Leiden lindern: Kultur, Religion, Therapie

In dem obigen Zitat – »Civilization could be, for the first time in history, the expression of human contents rather than the consolatory control of discontents« – spielt Rieff selbstverständlich auf Sigmund Freuds Text *Das Unbehagen in der Kultur* an (Freud, 1930a [1929]). Indem er dessen englischen Titel »Civilization and its Discontents« motivisch variiert, wirft Rieff eine Frage auf, die ihn und uns direkt ins Zentrum der psycho-analytischen Kulturtheorie führt: Könnte der apokalyptische Umbruch, das Ende der uns bekannten Zivilisation, in einer neuen und neuartigen Kultur resultieren, in einer behaglichen Kultur der Zufriedenheit? Kann es eine Kultur geben, in der der Mensch nicht einem ständigen Unbehagen ausgesetzt ist?

Genau diese Frage, ob Kultur nämlich das Rätsel des menschlichen Leidens wird lösen können, ob sie den Menschen von seinem Leiden wird erlösen können, treibt Freud in *Das Unbehagen in der Kultur* um. Er reagiert in diesem Text eingangs auf Romain Rollands Antwort auf seine Religions-kritik in *Die Zukunft einer Illusion* (Freud, 1927c), indem er unterstreicht, dass er und sein Freund Rolland (der von Freud hier als ein selbsternannter solcher bezeichnet wird) bezüglich der Frage, wo die Quellen der Religiosität liegen, unterschiedlicher Meinung sind. Rolland vermeint diese Quelle in einem ozeanischen Gefühl der Allverbundenheit zu erkennen, wohingegen Freud den Ursprung religiöser Gefühle von der Erfahrung infantiler Hilflosigkeit herleitet. Nicht nur weist Freud darauf hin, dass er auf einer individualpsychologischen Ebene die von Rolland beschriebene Allverbundenheit aus eigener Erfahrung nicht kennt, sondern betont darüber hinaus, dass die infantile Hilflosigkeit sich im Laufe der menschlichen Entwicklung entwicklungspsychologisch vielleicht wandeln kann, der Mensch sie jedoch nicht aufzulösen vermag: »Das Leben, wie es uns auferlegt ist, ist zu schwer für uns, es bringt uns zuviel Schmerzen, Enttäuschungen, unlösbare Aufgaben« (Freud, 1930a [1929], S. 423). Hilflos bleiben wir auch als Erwachsene – nur können oder wollen wir irgendwann nicht mehr auf die Fürsorge der Eltern zählen.

Warum aber will es dem Menschen – trotz seines Erfindungsgeistes und trotz seiner Kulturfähigkeit – nicht gelingen, diesem Leiden zu entgehen? Freud macht, darin liegt der maßgebliche Beitrag von *Das Unbehagen in der Kultur*, Kultur als eine eigenständige Quelle des menschlichen Leidens an und in der Welt aus. Menschen leiden, und zwar nicht nur am Verfall des eigenen Körpers und an der feindlichen Natur, sondern auch und gerade an der Kultur. Diese dient nämlich zwei Zwecken: »dem Schutz des Menschen gegen die Natur und die Regelung der Beziehungen der Menschen untereinander« (Freud, 1930a [1929], S. 448f.). Sie schränkt zu diesen Zwecken die Freiheit des Einzelnen ein und zwingt ihn, seine Aggressionsneigung zu kontrollieren, weshalb das Individuum ihr feindlich gegenübersteht. Der Sexualität entzieht sie psychische Energie »wie ein Volksstamm oder eine Schichte der Bevölkerung, die eine andere ihrer Ausbeutung unterworfen hat« (Freud, 1930a [1929], S. 464).

Nur vor diesem Hintergrund, so wird schließlich der Bogen zurück zum Ausgangsthema der Abhandlung geschlagen, der Religion, können deren ambivalente Rolle und ihre gegenläufigen Funktionen angemessen beurteilt werden: Einerseits lindert die Religion all dieses Leid an der Natur und an den Menschen. Sie tröstet die Verzweifelnden, indem sie ihnen Orientierung und einen Lebenszweck anbietet. Andererseits aber verkörpert Religion das Kultur-Über-Ich, das seine undurchführbaren Forderungen an die Menschen richtet und ihnen so erst das unauflösbare Unbehagen verursacht. Im Falle des Christentums kann dies freilich paradigmatisch greifbar gemacht werden; dort wird dieses Kultur-Über-Ich wortwörtlich von Jesus verkörpert, dessen undurchführbares Gebot lautet, nicht nur seinen Nächsten, sondern sogar den Feind zu lieben. Unfähig, dieses Gebot zu erfüllen, entwickelt der Mensch Schuldgefühle, der gewichtigste Grund für die Glückseinbußen, die gerade der Kulturfortschritt mit sich bringt. Gläubige jedoch werden Religion nicht als Wurzel, sondern als Lösung wahrnehmen: »Die Religionen wenigstens haben die Rolle des Schuldgefühls in der Kultur nie verkannt. Sie treten ja [...] auch mit dem Anspruch auf, die Menschheit von diesem Schuldgefühl, das sie Sünde heißen, zu erlösen« (Freud, 1930a [1929], S. 495).

Philip Rieff ist ein genauer Leser, ausgewiesener Kenner und ausgesprochener Bewunderer Freuds. Die weiter oben zitierte Anspielung auf Freuds Kulturtheorie geschieht deshalb keineswegs beiläufig, selbst wenn *Das Unbehagen in der Kultur* an dieser Stelle nicht explizit diskutiert wird.[5] Vielmehr nimmt Rieff in *The Triumph of the Therapeutic* die in den vorangegan-

---

5 Eine ausführliche explizite Auseinandersetzung mit *Das Unbehagen in der Kultur* findet sich im achten Kapitel seines Freud-Buchs *The Religion of the Fathers* (Rieff, 1965, S. 257–299, vgl. v. a. S. 266f., wo Rieff die Differenzen zwischen Freud und Rolland kommentiert, und S. 277, wo er sich mit der Funktion des Schuldgefühls beschäftigt).

genen Absätzen kurz skizzierten Themen und Thesen aus Freuds Essay auf und arbeitet sich argumentativ an ihnen ab, um eine eigene Kulturtheorie zu entwickeln. An deren Horizont erscheint mit der Vorstellung einer Kultur, die kein Unbehagen verursacht, genaugenommen eine Möglichkeit, mit der Rieff über »seinen« Freud hinausgeht, dessen beste aller möglichen Welten er als eine sich in einem Equilibrium des Unbehagens befindende beschreibt: »We are not unhappy because we are frustrated, Freud implies; we are frustrated because we are, first of all, unhappy combinations of conflicting desires. Civilization can, at best, reach a balance of discontents« (Rieff, 1965, S. 343).

Zunächst stellt Rieff in seinen kulturtheoretischen Überlegungen ein in menschlichem Leiden gründendes, enges Verhältnis von Religion und Kultur heraus. Rieff übernimmt damit den zentralen Ausgangspunkt Freuds: Er stimmt mit dem bewunderten Denker hinsichtlich der grundlegenden Ansicht überein, dass der Religion die entscheidende Aufgabe zukommt, das Individuum und seine Kultur miteinander ins Verhältnis zu setzen. Menschen brauchen religiösen Trost und die Hoffnung auf jenseitige Erlösung, weil sie leiden – und zwar auch und vor allem an den jede intersubjektive Beziehung bestimmenden Ansprüchen von Kultur. Seine Argumentation ist jedoch nicht entwicklungspsychologisch perspektiviert, sondern kultursoziologisch. Rieffs Interesse gilt somit weniger der Frage, wie sich die Struktur von Kultur aus der Struktur der individuellen Psyche und ihrer Entwicklung ableiten lässt, sondern er interessiert sich vor allem dafür, wie die Struktur einer *bestimmten* Kultur Persönlichkeit auf eine spezifische Weise organisiert. Das Zitat am Ende des vorherigen Abschnitts bedenkend ließe sich hier also spezifizieren, dass Rieff die Möglichkeit einer Kultur, in der der Mensch nicht ein fundamentales Unbehagen empfinden muss, nicht kategorisch ausschließt. Er lässt das Bestehen einer Kultur ohne ein dieser originär innewohnendes Leiden also zumindest spekulativ zu, selbst wenn die Kulturgeschichte bislang keine so geartete Kultur kennt.

In ihrer existenziellen Verzweiflung verlangen Menschen eine Antwort auf die – wie Rieff sie bezeichnet – religiöse Frage: »How are we to be consoled for the misery of living?« (Rieff, 1966, S. 29). Jede Antwort auf diese Frage ist Ausdruck eines Glaubens. Damit ist diese Frage strukturell religiös, auch wenn sie freilich nicht allein innerhalb institutionalisierter Religionsgemeinschaften formuliert wurde und genauso wenig allein von Kirchen beantwortet wurde. Ein Glaube, wie er in einer überzeugenden und befriedigenden, Ruhe vom Leiden verschaffenden Antwort zum Ausdruck kommen muss, richtet sich für Rieff stets auf etwas, das jenseits der leidvollen Faktizität der Existenz liegt. »The individual must be compensated by pleasures at once higher and more realizable than the pleasure of instinctual gratification« (ebd., S. 10). Auf diese Weise kann Religion Hoffnung nähren und Trost spenden. Sie lindert dann Leiden, wie Freud es betonte, oder, so könnte man es auch formulieren: Sie wirkt therapeutisch.[6] Wo die religiöse Frage gestellt und beantwortet wird, findet immer auch eine gewisse Form von Therapie statt, denn wenn die Antwort einer Religion überzeugen kann, muss der gläubige Mensch nicht verzweifeln, sondern kann auf Trost hoffen. Es wird ihm folglich etwas leichter fallen, sich und die Welt zu ertragen. Diese Schnittmenge zwischen der Religion und der Psychotherapie will Rieff hervorheben.

Dass jede Religion therapeutisch wirkt, heißt umgekehrt allerdings nicht, dass Therapie Religion zu werden versuchen sollte. Rieff richtet sich nachdrücklich gegen die Vorstellung, dass moderne und säkularisierte Therapien, so erfolgreich sie auch dazu beitragen mögen, das menschliche Leiden an Kultur zu lindern, Religion ersetzen könnten.[7] Besonders geht es ihm dabei natürlich um auf die Psyche wirkende, analytische Therapien, untern denen die Freuds die maßgebliche ist (vgl. Rieff, 1966, S. 73). Um zu verstehen, warum die für die Glücksversprechen der säkularisierten Gesellschaften der Moderne so verführerische Umkehrung »Religion ist therapeutisch, darum kann eine moderne Therapie an die Stelle von Religion treten« für Rieff einen Fehlschluss darstellt, müssen erstens die unterschiedlichen therapeutischen Wirkweisen der Religion und der Psychotherapie und zweitens eine Art »Nebenwirkung« der in einem religiösen Rahmen stattfindenden Therapie in Betracht gezogen werden. Damit ist

---

6 Auf die Analogien zwischen Religion und (Psycho-)Therapie ist immer wieder und mit wechselndem Fokus hingewiesen worden. Mal richtete sich der Blick auf die Autorität der Therapeutinnen und Therapeuten, in der etwas von der Autorität der Priester fortwirkt, mal auf die Gemeinsamkeiten zwischen der Beichte und der psychoanalytischen Behandlungssituation: Ohne das Gegenüber erblicken zu können, erforschen Gläubige sowie Patientinnen und Patienten sprechend ihr Inneres. Gerade dasjenige soll ausgesprochen werden, was die geltenden Gebote eigentlich untersagen.

7 Genau das wirft Rieff in der zweiten Hälfte von The Triumph of the Therapeutic Freuds »succesor-critics« (Rieff, 1966, S. 2) Carl Gustav Jung, Wilhelm Reich und D.H. Lawrence vor: dass sie in der Psychoanalyse eine eschatologische Antwort auf die religiöse Frage finden wollten.

freilich eine genuin religiöse Therapie gemeint, nicht die Anreicherung psychotherapeutischer Operationen mit seelsorgerischem Vokabular. Während die Religion auf die heilende Wirkung der Bindung und der Hingabe setzt, basiert die analytische Therapie auf rationaler, distanzierender Beobachtung:

> »Commitment therapies [...] operate by returning the individual to the cosset of his natal community or by retraining him for membership in a new community, with a more effective pattern of symbolic integration [...]. Analytic therapies, on the other hand, are uniquely modern and depend largely upon Freudian presuppositions. The therapeutic effort is not primarily transformative but informative« (ebd., S. 76).

Wo sich die therapeutische Wirkung der Religion auf diese Weise realisiert, zeitigt sie einen gemeinschaftsstiftenden Nebeneffekt: Die therapeutische Wirkung der Religion, ihr Versprechen einer individuellen Erlösung, ist nämlich stets mit der Integration in eine positive Gemeinschaft mit einem geteilten Sinnhorizont verbunden. Diese definiert Rieff wie folgt: »[P]ositive communities are characterized by their guarantee of some kind of salvation of self; and by salvation is meant an experience which transforms all personal relations by subordinating them to agreed communal purposes« (ebd., S. 73). Säkulare analytische Therapien hingegen können und wollen keine heilenden Gemeinschaften hervorbringen, allenfalls negative Gemeinschaften vermögen sie zu bilden: »The analytic therapy developed precisely in response to the need of the Western individual [...] for a therapy that would not depend for its effect on a symbolic return to a positive community; at best, analytic therapy creates negative communities« (ebd.). Im Übrigen funktioniert Rieff zufolge der Marxismus genauso wie die Religion als eine »commitment therapy«, die den Einzelnen mit den Vielen in Einklang bringt, indem sie das Individuum auf die Gemeinschaft hin ausrichtet, die es braucht, um zu heilen. Deshalb hält er auch die Psychoanalyse, nicht den Marxismus, für das eigentlich revolutionäre Projekt des 20. Jahrhunderts. Der Marxismus bleibt schließlich in der klassischen therapeutischen Wirkungslogik verhaftet, wie sie die Religionen prägten: »The function of the classical therapist is to commit the patient to the symbol system of the community, as best as he can and by whatever techniques are sanctioned« (ebd., S. 68).

Es wird deutlich, dass Rieff auch darin mit Freud übereinstimmt, dass es zwar die augenfälligere Funktion von Religion ist, dem Individuum Trost zu spenden, nicht aber die primäre: Diese liegt vielmehr darin, die Ansprüche einer Kultur, die Ansprüche und Regeln des Zusammenlebens in Gemeinschaft an das Individuum heranzutragen und bei diesem das Bedürfnis zu erzeugen, diesen gerecht zu werden – diejenige Funktion von Religion, die Freud als »Kultur-Über-Ich« bezeichnet. Wo Religion therapiert, zumindest wenn sie die Religion einer Gemeinde oder gar einer Institution ist und nicht Askese, verteidigt und konsolidiert sie herrschende moralische Vorstellungen und geltende Regeln: »Therapeutic elites before our own were predominately supportive rather than critical of culture as a moral demand system« (ebd., S. 15). Die zeitgenössische therapeutische Elite jedoch, von denen Rieff hier als der »unsrigen« spricht, erfüllt diese Aufgabe weniger und weniger. Sie versteht sich keineswegs als tragende Säule einer kulturellen wie therapeutischen Ordnung, die in einen »consensus of ›shalt nots‹« (ebd.) eingebettet ist. Vielmehr steht die den moralischen Ansprüchen, den Geboten und Verboten einer Kultur kritisch gegenüber; sie strebt nicht nach Impulskontrolle, sondern nach Impulsabfuhr.

Es mag irritieren, dass Rieff mit der Rede von den therapeutischen Eliten so freimütig heterogene psychotherapeutische Ansätze zusammenfasst. Denn auch wenn der »Psychoboom«, mit dem die Zahl der Psychotherapien in den 1970er Jahren noch einmal schlagartig anstieg und psychotherapeutisches Denken durch Selbsthilfe-Gruppen, durch Coaching und Beratung zu immer mehr Lebensfragen in Anschlag gebracht wird, zum Zeitpunkt der Veröffentlichung gerade erst einsetzt, hatten sich schließlich in den späten 1960er Jahren bereits mannigfaltige psychotherapeutische Schulen entwickelt. Meinungsverschiedenheiten innerhalb der psychoanalytischen Bewegung führten immer wieder zu Schismen und zur Herausbildung neuer psychotherapeutischer Schulen, welche sich zum Teil erheblich in ihren Theorien und Techniken unterscheiden. Diese Unterschiede aber zu durchdringen fällt nicht in das Erkenntnisinteresse Rieffs: Wer feststellt, dass die Obsternte reichlich ausgefallen ist, hat damit nicht Äpfel und Birnen zu Objekten eines illegitimen Vergleiches gemacht. Schwerer als alle ihre Differenzen wiegt für Rieff eine Gemeinsamkeit der analytischen Therapien, die sich ihm in deren kultursoziologischer Analyse offenbart: Analytische Psychotherapien erodieren das Verhältnis von Individuum und Gemeinschaft und zersetzen Kultur. Statt danach zu streben, in einer positiven Gemeinschaft aufzugehen, schließen Individuen sich allenfalls in negativen Gemeinschaften zusammen, statt sich an einem höheren oder größeren Außen zu orientieren, wenden sich

Menschen nach innen. Damit aber schwindet für Rieff die Kulturfähigkeit des Menschen.

Freuds analytische Haltung

An dieser Stelle ist ein caveat angebracht: Obwohl Freuds Psychoanalyse all den unterschiedlichen analytischen Therapien der Spätmoderne den Boden bereitet, denen Rieff die gewichtige Gemeinsamkeit zuschreibt, dass sie Kultur zersetzen, ist Freud für Rieff keine Negativfigur, sondern geradezu ein Genie. Dass Rieff tief von Freud fasziniert ist, lässt sich nicht zuletzt daran erkennen, dass er dessen Leben und Werk zwei seiner vier Monografien widmet: Neben dem hier im Zentrum stehenden Werk *The Triumph of the Therapeutic* setzt sich dessen Vorgängerschrift, das erstmals 1959 erschienene Buch *Freud: The Mind of the Moralist*, ebenfalls mit der Psychoanalyse Freuds auseinander.[8] Ein kurzer Blick auf einige relevante Passagen aus Rieffs Erstlingswerk soll an dieser Stelle dazu beitragen, dessen intellektuelles Anliegen besser zu verstehen und ein genaueres Gespür für die Differenzierungen und Nuancen zu entwickeln, die seine Argumentation durchaus an vielen Stellen auszeichnen – gerade angesichts der kulturpessimistischen Thesen, die Rieff in *The Triumph of the Therapeutic* mit großen rhetorischen Gesten vorträgt.

Auch in seinen Freud-Lektüren widmet Rieff sich intensiv der Vermittlung zwischen Individuum, Gesellschaft und Kultur, welche das zentrale Element seiner Kulturtheorie darstellt. Bei Freud findet er nicht nur eine bedenkenswerte Erklärung dafür, warum Kultur, indem sie menschliches Leiden lindert eben jenes erzeugt, sondern auch ihn überzeugende Ansätze einer nicht-religiösen, therapeutischen Vermittlung zwischen Individuum,

---

8 Nach den beiden Freud-Büchern erschienen zu Rieffs Lebzeiten noch zwei weitere Monografien: *Fellow Teachers* im Jahr 1973 und erst 2005, ein Jahr vor seinem Tod, *My Life Among the Deathworks: Illustrations of the Aesthetics of Authority*, welches den ersten Band einer Reihe von Publikationen darstellen sollte. In den dazwischen liegenden Jahren hatte Rieff nur einige Aufsätze veröffentlicht und sich weitgehend aus der Öffentlichkeit zurückgezogen: »A famously prickly man, he spent his last years at home in his Philadelphia townhouse, venturing out rarely, seeing few visitors, fiddling with his unfinished manuscripts. He was one of those whose obituary prompts one to exclaim: Was he still alive? Yes, he was. And his withdrawal from public life was pregnant with meaning. [...] [D]ropping out was Rieff's counter-countercultural strategy« (Beer, 2006, S. 247).

Gesellschaft und Kultur. Wovon bislang unter dem weiten Begriff des Leidens die Rede war, spielt dabei als medizinisch beobachtbare Pathologie eine Rolle: Freud versteht die moralischen Regeln, die durch die Einhegung triebhafter Impulse das Zusammenleben in einer Kultur regulieren, als Auslöser für Neurosen. Diese Ansicht würde freilich niemand aus den von Rieff für den Kulturzerfall verantwortlich gemachten »therapeutischen Eliten« bestreiten – im Gegenteil, liefert sie ihnen doch bei der Verteidigung des Inneren gegen die Ansprüche der Kultur die wichtigste Waffe. Es gebe jedoch, so macht Rieff auf einen Aspekt der Freudschen Psychoanalyse aufmerksam, der im Zuge ihrer Popularisierung häufig weniger beachtet wird, keine Hinweise darauf, dass Freud aus seiner Kulturkritik den Schluss ziehe, kulturelle Gebote und Verbote seien zu ignorieren oder abzuschaffen. Einen Beleg dafür findet er nicht zuletzt in Freuds praktischer ärztlicher Herangehensweise: Die Konfrontation mit Patientinnen und Patienten, die unter den Regeln der Monogamie leiden, bewegte Freud schließlich ebenso wenig dazu, für die Abschaffung der bürgerlichen Ehe zu plädieren, wie die Analyse des Inzesttabus ihn dazu führt, dessen Durchbrechen zu fordern.

> »To detach the individual from the most powerful lures in life, while teaching him how to pursue others less powerful and less damaging to the pursuer—these aims appear high enough in an age rightly suspicious of salvations. Freud had the tired wisdom of a universal healer for whom no disease can be wholly cured. Freud never wanders beyond analysis into prophecy. He leaves us with the anxiety of analysis—the anxiety proper to psychological man. Fidelity may frequently be neurotic, but Freud scarcely authorizes adultery. While explaining the incest taboo as a residue of historic repressions, of course he does not sanction the cohabiting of brother and sister, mother and son« (Rieff, 1965, S. 327f.).

Rieff erkennt in Freuds Denken ebenso wie in seiner Behandlungstechnik eine unerbittliche analytische Haltung, die die Ursachen für neurotisches Leiden durchdringen will – nicht jedoch, um diese Ursachen aufzulösen, davor schützt Freud sein Realitätssinn, sondern lediglich um sie als erkannte und verstandene etwas besser aushalten zu können. Erfolgreich Analysierte haben sich nicht von den Auslösern ihrer Neurosen befreit, sie können sich aber nun, da sie sie kennen, zu ihnen verhalten, sie moderieren: »the successful patient has learned to withdraw from the painful tension of assent and dissent in his relation to society by relating himself more affirmatively to his depths« (ebd., S. 330).

Heilung muss auf Heil verzichten, Lösungen können nicht erlösen. Diese analytische Haltung bildet für Rieff den Kern der Psychoanalyse. Hinter sie kann, wie er unermüdlich darlegt, psychoanalytisches Denken nicht zurückfallen, ohne die Psychoanalyse dessen zu berauben, was ihr größtes Verdienst darstellt. An Freuds analytischer Haltung misst Rieff folglich auch alle Transformationen, die die Psychoanalyse sowohl in den Schriften von Freuds Nachfolgerinnen und Nachfolgern durchläuft und die in ihrer impliziten, alltags- und massenkulturellen Aneignung widerfährt: »For humanists in science, and for scientists of the human, Freud should be the model of a concern with the distinctively human that is truly scientific« (ebd., S. 27). Das Urteil, zu dem Rieff kommt, wenn er Freuds analytische Haltung als Messlatte an die spätere Psychotherapie anlegt, dürfte nicht überraschen: Ihrem Vorbild wurden die therapeutischen Eliten nach Freud kaum je gerecht, weil diejenigen, die Freud nachzueifern meinten, allzu oft dessen dem Menschen zugewandtes, aber dennoch im entscheidenden Moment kühles wissenschaftliches Auge vermissen lassen. Ein solcher Blick auf den Menschen ist aber unabdingbar, um akzeptieren zu können, dass letztlich auch die Psychoanalyse das Unbehagen in der Kultur nicht wird überkommen können.

Sowohl die Regeln der Kultur als auch die Triebkräfte des Inneren sind vor allem anderen auf die Sexualität bezogen. Rieff plädiert nachdrücklich dafür, den Stellenwert der Sexualität in der psychoanalytischen Theorie nicht zu historisieren, sondern ihn anthropologisch zu begreifen: Freuds Fokus auf die psychosexuelle Entwicklung des Subjekts sei nicht der ihn umgebenden Prüderie des viktorianischen Zeitalters geschuldet und nur in Bezug auf diese angemessen zu verstehen, sondern eine historisch übertragbare Einsicht in die Konstitution des Selbst. Historisch übertragbar ist darum auch die Einsicht in die Konstitution von Kultur, die Rieff aus seiner analytischen Haltung ableitet – um Kultur sein zu können, muss diese die Sexualität des Menschen domestizieren und diesen Verzicht lehren. Vielleicht mag die Analyse die Psyche von der Vorstellung befreien, Seele werden zu wollen, um in etwas Höherem aufgehen zu können, doch sollte sie nicht danach streben, die Regeln der Kultur nach den Triebkräften des Inneren modellieren zu wollen.

Gleichzeitig muss Rieff allerdings zugestehen, dass selbst die am nachdrücklichsten für sexuelle Freiheit plädierenden Abwandlungen, selbst die

ausschweifendsten Aneignungen der zurückhaltenden Freudschen Psychoanalyse, die keine Notwendigkeit zum Triebverzicht anerkennen wollen,
durchaus bereits in dieser angelegt sind:

>»Yet if moral rules come only from cultures which legislate deviously for
their own advantage, against the freedom of the individual, how can any part
of conduct be taken for granted? If every limit can be seen as a limitation of
personality, the question with which we may confront every opportunity is:
after all, why not? While Freud never committed himself, the antinomian
implications are there. And those who have interpreted Freud as advocating,
for reasons of health, sexual freedom—promiscuity rather than the strain
of fidelity, adultery rather than neuroses—have caught the hint, if not the
intent, of his psychoanalysis. Freud intimates that we are ready for a new
beginning; he does not actually suggest one« (Rieff, 1965, S. 328).

>»We are ready for a new beginning.« Hier findet sich bereits das Motiv
eines radikalen Neubeginns, das in *The Triumph of the Therapeutic* im Bild
der Apokalypse wieder auftaucht. Freuds analytische Haltung verbat es
ihm, einen Entwurf einer kulturellen Revolution zu wagen, auf den er sich
affirmativ beziehen könnte. Auch Rieffs Vorstellungskraft reicht nicht aus,
eine utopische neue Ordnung zu imaginieren, wenn er sie auch prinzipiell
für möglich hält. Die tatsächlichen Vorboten einer neuen Zeit jedoch, die
er um sich herum beobachtet, stimmen ihn bedenklich.

Der Auftritt eines neuen charakterlichen Ideals

Durch Freuds Lehren wurden Spannungen zwischen dem inneren und dem
äußeren Leben auf eine neue Weise thematisiert. Nicht nur drängten sich
diese Spannungen den Initiierten in einer vorher nicht dagewesenen Deut-
lichkeit auf, vielmehr erschloss sich ihnen auch ein neuer Weg, um mit
ihnen umzugehen: nicht, indem das innere Leben nach ihm äußerlichen
Gesetzen gestaltet wurde, sondern durch den Versuch, dem inneren Leben
zu seinem eigenen Recht zu verhelfen. Oft gerieten mit dem Fokus auf die
Gesetze des Psychischen aber die Errungenschaften und auch das Eigen-
recht der Kultur aus dem Sichtfeld. Zwar vermochte Freud selbst als großer
Realist die Spannungen zwischen Innen und Außen auszuhalten, ohne an
Schärfe oder Weitsicht einzubüßen, das heißt ohne die Notwendigkeit von

den Trieb domestizierenden Ge- und Verboten prinzipiell infrage zu stellen; den allermeisten derer, die sich für seine Ideen interessierten und sich von ihnen begeistern ließen, gelang es jedoch nicht, Freuds Beispiel folgend Innen und Außen gleichermaßen im Blick zu behalten: »Such careful and detailed concentration on the self as Freud encourages may more often produce pedants of the inner life than virtuosi of the outer one« (Rieff, 1965, S. 329). Rieff betrachtet Freud als eine Schwellenfigur, die mit ihren Einsichten einerseits dringend benötigte Lösungen für Neurosen anbot, aber andererseits auch neue Herausforderung erschuf: Seine Psychoanalyse zeigt neue Lösungen, doch verweigert sie letzten Endes doch die Erlösung – was wenigen zu einer Art demütigen Weisheit verhilft, die meisten aber zu Pedantinnen und Pedanten der Innerlichkeit macht.

Gerade diese Dynamik aber, die Rieff kultursoziologisch so emphatisch kritisiert, bildet den Grundstein für die Popularität der Psychoanalyse: Mit der intensiven Konzentration auf das Selbst hat Freud solch eine überzeugende und attraktive Alternative zu einem vom Leiden befreienden therapeutischen Aufgehen in der Gruppe formuliert, dass aus immer mehr Unerlösten Kranke wurden. Nicht nur brauchten diese die Gruppe nicht mehr, um zum Heil zu gelangen, sondern sie konnten auf dem Weg zur Heilung sogar lernen, sich mit psychotherapeutischen Argumenten gegen die Regeln und Ansprüche der Kultur zu verteidigen. Wie in den vorherigen Abschnitten herausgearbeitet wurde, kann Rieff sich nicht zu einem eindeutigen Urteil durchringen, ob der Erfolg der Psychoanalyse eine kulturelle Revolution im Sinne einer apokalyptischen Zeitenwende einläutete, die langfristig die Zivilisation, aus der sie entsprang, an ihr Ende führen wird, oder ob aus ihr letzten Endes eine Kultur des Behagens entspringen wird. Sicherlich aber war und ist der Erfolg der Freudschen Lehren vor allen Dingen in den USA[9] groß genug, um Rieffs These, dass mit Freud ein neues Kapitel in der Geschichte des Westens anbrach, zu stützen.

Rieff illustriert seine These durch eine historiografische Narration, in der jedes menschheitsgeschichtliche Kapitel durch eine eigene Hauptfigur geprägt ist. Auch das Kapitel über den Erfolg der Psychoanalyse wird er-

---

9 Zu den Wurzeln des Erfolgs der Psychoanalyse in den USA vgl. das Kapitel »Freud: A Cultural Innovator« in Illouz, 2008, S. 22–56, zu einem Vergleich zwischen den unterschiedlichen Voraussetzungen für die Entwicklung der Psychoanalyse in Europa und den USA Zaretsky, 2006, S. 100–103, oder mit einem historischen Fokus auf die Nachkriegszeit Herzog, 2016.

zählt, indem die Entwicklung einer neuen Hauptfigur verfolgt wird. Diese Hauptfigur wird erstmals bereits im letzten Teil von *Freud: The Mind of the Moralist* vorgestellt, der mit »The Emergence of Psychological Man« überschrieben. Dieser psychologische Mensch stellt den Nachfolger des politischen, des religiösen und schließlich des ökonomischen Menschen dar:

> »Three character ideals have successively dominated Western civilization: first, the ideal of the political man, formed and handed down to us from classical antiquity; second, the ideal of the religious man, formed and handed down to us from Judaism through Christianity, and dominant in the civilization of authority that preceded the Enlightenment; third, the ideal of the economic man, the very model of our liberal civilization, formed and handed down to us in the Enlightenment. This last has turned out to be a transitional type, with the shortest life expectancy of all; out of his tenure has emerged the psychological man of the twentieth century, a child not of nature but of technology« (Rieff, 1965, S. 356).

Die Kulturgeschichte des Westens wird hier in nur einem Satz als Geschichte einander ablösender charakterlicher Ideale erzählt, die das jeweilige Selbstbild der Menschen bestimmen, ihren Symbolwelten zugrunde liegen, ihren Anstrengungen, Ordnung und Form in die Welt zu bringen, Struktur geben – »model men around whom we organize our self-interpretations« (Rieff, 1966, S. 40). Die Figur des politischen Menschen verbindet Rieff mit der klassischen Antike; die Wurzeln des religiösen Menschen liegen im Judentum, mit dem Christentum wuchs dieser weiter. Im Vergleich zu diesen beiden Idealtypen erscheint die Lebensdauer des ökonomischen Menschen kurz: Mit der Aufklärung tritt er ins Licht der Geschichte, doch schon mit dem 20. Jahrhundert überlässt er seinem Nachfolger das Feld. Bei diesem Nachfolger handelt es sich um den »psychological man«, einen Charaktertyp, dessen Denken und Handeln den Gesetzen der Psychologie folgt. Erneut wird hier deutlich, für wie kulturhistorisch gewichtig Rieff die symbolische Ordnung der Psychoanalyse hält: Schließlich vergleicht er ihren Einfluss mit dem der politischen Philosophie der Antike, dem des Juden- und Christentums sowie mit dem der Aufklärung.

Allen vier Charakteridealen ist gemeinsam, dass sie gleichsam historisch bedingt und Motor historischer Entwicklung sind. Als neues charakterliches Ideal ist der »psychological man« somit nicht nur ein Ergebnis, sondern ein entscheidender Faktor für den Erfolg der Psychoanalyse. Was also zeichnet den psychologischen Menschen aus, was macht ihn besonders? Zunächst ist er, so endet die oben zitierte Ein-Satz-Genealogie, kein Kind der Natur, sondern der Technologie. Diese Formulierung kann im Sinne einer technikgeschichtlichen These im engeren Sinne verstanden werden: Erst die technischen Innovationen und ingenieurswissenschaftlichen Erkenntnisse der zweiten industriellen Revolution schafften die sozioökonomischen Voraussetzungen, unter denen das Charakterideal des psychologischen Menschen sich ausbilden und an Bedeutung gewinnen konnte. Eli Zaretsky hat in seiner Geschichte der Psychoanalyse darauf hingewiesen, wie die Psychoanalyse in der sich herausbildenden Konsumgesellschaft den Nährboden fand, auf dem sie wachsen und sich ausbreiten konnte:

>»Die Anfänge der zweiten industriellen Revolution lagen in den 1860er, 1870er Jahren – in der Zeit von Freuds Kindheit und Jugend. In diesen Jahrzehnten entstanden die für die Epoche charakteristischen Wissenschaften, Technologien (Dynamo, Stahl und Chemie) und wirtschaftlichen Organisationsformen (Großbanken, Konzerne, Welthandel). [...] Bildung, Schulwesen und Forschungseinrichtungen, vor allem die Universitäten, machten gewaltige Fortschritte und trugen zur Beschleunigung der Produktion bei – der Voraussetzung der zur Zeit des Fin de siècle einsetzenden Ära des Massenkonsums« (Zaretsky, 2006, S. 38).

Mit dem Massenkonsum stieg auch der »Druck auf die Geschlechterordnung« (ebd., S. 66), deren Regeln für den Ausdruck und das Ausleben von Sexualität vorher nur selten angetastet wurden. Diese Regeln gerieten vor allen Dingen deshalb auf den Prüfstand, weil die Bedeutung der Familie sich unter den neuen ökonomischen Bedingungen veränderte: Schon lange bildete die Familie nicht mehr eine vorindustrielle, wirtschaftliche Produktionseinheit, stattdessen wurde sie zum Herzen einer neu gewonnenen Privatsphäre. Diese unterschied sich von der Sphäre des öffentlichen Lebens vor allem darin, dass es sich um jene »Sphäre der Gesellschaft [handelte], in der man erwarten konnte, ›um seiner selbst willen‹ verstanden und gewürdigt zu werden« (ebd., S. 204). Es entstand ein Ort, an dem es nicht um Disziplin und um Selbstbeherrschung geht, sondern um Pflege des Selbst, vielleicht sogar um dessen Befreiung. Als Kind der Technologie kann der »psychological man« aber auch in einem weiteren Sinne verstanden werden, denn die Psychoanalyse stellt ihm eine psychotherapeutische Technik für eben diese Pflege und Befreiung des Selbst zur Verfügung. Wo der ökonomische Mensch Technik nutze, um mit den aggressiv-expansiven Bewegungen des Kapitalismus die abgelegensten Winkel der Welt zu erkunden und verfügbar zu machen, richtet der psychologische Mensch seine Blickrichtung nach innen, um dort mit der Hilfe neuer Techniken der Psychoanalyse die unbekannten Kontinente der Psyche zu entdecken.

Die flache Welt des psychologischen Menschen

Mit dem Abschlusskapitel »The Emergence of Psychological Man« eröffnet Rieff nach einer rund 400-seitigen, mikroskopischen Auseinandersetzung mit dem Leben und Werk Freuds eine Perspektive der *longue durée*. Die Frage, was der Erfolg der Psychoanalyse für die Geschichte des Westens bedeutet, erscheint als argumentativer Horizont des Erstlingswerks Rieffs, wobei es nicht überraschen dürfte, dass die Prognose düster ist: Die Rekonfiguration des Politischen und der Moral, die mit dem Erfolg der Psychoanalyse einhergeht, ebnet den Weg für eine »tyranny of psychology, legitimating self-concern as the highest science« (Rieff, 1965, S. 355).

Die hier zum Ausdruck kommende Sorge wird Rieff zu seinem zweiten Buch führen. Und bereits im Vorwort zu *The Triumph of the Therapeutic* verweist Rieff erneut auf den psychologischen Menschen:

> »I have thought it important to amplify the concept of psychological man for a reason stated most succinctly by two historians in their appraisal of my work and its implications: If the dominant character type of the twentieth century is really what Rieff calls ›psychological man‹, the consequences for western society are quite incalculable« (ebd., 1966, S. vii).

Beim Versuch, sich dieser Herausforderung zu stellen und den Einfluss der Psychoanalyse auf die Geschichte des Westens zu ermessen, zeichnet Rieff das Bild des neuen Charaktertyps »psychological man« von Beginn an mit harschen Pinselstrichen und bezeichnet ihn in den eröffnenden Abschnitten seines Buches warnend als »the latest, and perhaps the supreme, individualist« (ebd., S. 10), der eine tiefe und vor allen Dingen gefährliche Aversion gegen Kultur in sich trägt. Während Rieff im weiteren Verlaufe sein wenig schmeichelhaftes Portrait des »psychological man« detaillierter entwirft, gilt sein Interesse besonders den Implikationen von dessen

Charakterstruktur für die Politik und für die Moral – für zwei Systeme also, die das Zusammenleben in einer Kultur regeln.

Politisch ist der neue Menschentyp, der mit der Psychoanalyse entsteht, bis in sein Herz demokratisch. Dennoch brennt dort kein Feuer für die Demokratie; der psychologische Mensch ist kein glühender Verfechter demokratischer Ideen, denn er hat gelernt, alle politischen Überzeugungen vor allen Dingen symptomatisch zu deuten. Demokratisch ist eine vom »psychological man« dominierte Gesellschaft eher deshalb, weil es sich bei diesem um eine zutiefst anti-heroische Figur handelt. Die moderne Demokratie, die ausgehend von der Aufklärung entsteht, kann (ihrer Idee nach und unabhängig von ihren mangelhaften, Ungleichheit zulassenden historischen Manifestationen) beschrieben werden als Herrschaft eines Volkes, das aus gleichwertigen Individuen besteht. Zwar kennt eine solche politische Ordnung der Gleichheit keinen Ort für das Exzeptionelle, für Heldinnen und Helden, denen besondere Autorität zukäme, weil sie außergewöhnlich sind.[10]

Gleichzeitig aber braucht eine egalitäre Demokratie selbstbewusste Individuen, um vital zu bleiben: Sie braucht Individuen, die ohne den Zuspruch einer übergeordneten Autorität in sich selbst das Vertrauen finden können, besonders zu sein und deshalb zu zählen. In sich selbst finden sie die politische Antriebskraft, mit der sie ihre sich aus ihrer individuellen Geschichte ergebenden Ansprüche gegen unzulässige Übergriffe der zahlreichen anderen Gleichwertigen verteidigen. Rieff bringt dies gewitzt auf den Punkt, wenn er lakonisch bemerkt, dass in der Welt des psychologischen Menschen aus dem *Ödipus Rex* der *Ödipuskomplex* wird (vgl. Rieff, 1966, S. 66). Auch wenn Rieff sich dagegen verwehrt, aus Freuds Modell des Subjekts eine Theorie der Befreiung des Selbst abzuleiten, erkennt er also in der Psychoanalyse durchaus eine politische Theorie. Patientinnen

---

10 Eine ähnliche Argumentationslinie verfolgt die in New York City praktizierende, belgische Psychotherapeutin Esther Perel, wenn sie demokratische Gesellschafts- und Beziehungsideale als einen Faktor identifiziert, der dazu beiträgt, dass aus langfristigen Beziehungen häufig zuerst die Erotik, dann das Begehren und schließlich die gesamte Sexualität verschwindet: »Some of America's best features – the belief in democracy, equality, consensus-building, compromise, fairness, and mutual tolerance – can, when carried too punctiliously into the bedroom, result in very boring sex. Sexual desire and good citizenship don't play by the same rules. And while enlightened egalitarianism represents one of the greatest advances of modern society, it can exact a toll in the erotic realm« (Perel, 2007, S. 55f.).

und Patienten lernen mithilfe der Psychoanalyse, Facetten ihrer Sexualität zu artikulieren, von denen sie vorher nicht sprechen konnten. Nachdem die Sexualität im Behandlungszimmer sprechen gelernt hat, kann sie auch zu einer politischen Stimme werden:

> »Perhaps it might be more accurate to see depth psychology not as an emancipation of sex but as an enfranchisement. Freud recognized that in fact the silent vote of the psychic world never had been silent. He is the Bentham of the unenfranchised unconscious; what he brought into the realm of legitimacy, he also brought to responsibility« (ebd., 1965, S. 345).

Diese Dynamik betrifft nicht nur individuelle, innerpsychische Kräfte- und Machtverhältnisse, innerhalb derer einerseits das Ich dem Trieb seine Regeln aufzuerlegen versucht, was ihm umso besser, d. h. auf umso gesündere Weise gelingt, desto besser es mittels der Psychoanalyse die Aspekte seiner Sexualität verstehen lernt, die es ansonsten nur verdrängen könnte. Sie betrifft ebenfalls das demokratische politische Ich, dem gerade von seiner triebhaften Anthropologie politische Handlungsfähigkeit und Stimme verliehen werden.

Autorität wirkt in der Welt des psychologischen Menschen nicht mehr von oben nach unten, Macht verteilt sich breit, politische Hierarchien werden flach. Parallel zu dieser Verflachung im politisch-gesellschaftlichen Koordinatensystem ändern sich auch die Bezugspunkte moralischer Urteile. Mit der Psychoanalyse wird das Pathologische der Regelfall – das Normale ist nicht das Gegebene, sondern das zu Erstrebende (vgl. Rieff, 1966, S. 51, aber auch Illouz, 2008). Um ein gutes Leben zu finden, muss der Mensch sich nicht überschreiten, sondern zu sich selbst finden, sein Selbst erkunden und so dazu beitragen, es gesünder zu machen. Ein gelungenes Leben richtet sich nicht länger an überlieferter Autorität aus oder sucht mit zum Himmel gerichtetem Blick nach dem rechten Weg zur Gerechtigkeit; vielmehr lautet das moralische Gebot, forschend den Blick auf sich selbst zu lenken:

> »While older character types were concentrating on the life task of trying to order the warring parts of the personality into a hierarchy, modern pedagogies, reflecting the changing self-conception of this culture, are far more egalitarian: it is the task of psychological man to develop an informed (i. e., healthy) respect for the sovereign and unresolvable basic con-

tradictions that make him the singularly complicated human being he is« (Rieff, 1966, S. 55).

Wichtiger als »might« oder »right« ist für den psychologischen Menschen »insight« in das eigene Selbst (ebd., 1965, S. 356): Einsicht wiegt schwerer als politische Macht oder das moralisch Gute, die Orientierungspunkte im Leben des politischen und religiösen Menschen. Das Selbst ist der Ort, an dem der psychologische Mensch, Bewohner einer flachen Welt, noch Tiefe erfahren kann. Weil er die Dimension der Tiefe verinnerlicht hat, muss er äußerlich nicht mehr nach einem Ziel suchen oder gar nach Höherem streben, sondern ist tagein, tagaus lediglich damit beschäftigt, sein Gleichgewicht zu finden und zu halten: »Balance is the delicate ethic Freud proposes, balance on the edge that separates futility and ultimate purposelessness from immediate effectiveness and purpose. Psychological man may be going nowhere, but he aims to achieve a certain speed and certainty in going« (ebd., 1966, S. 40f.). Mit sich selbst im Reinen und ausbalanciert, erübrigen sich für den psychologischen Menschen Fragen nach großen Idealen. Er schützt seinen Blick vor dem zu gleißenden Licht der höchsten Zwecke, doch blickt er auch nicht in das Dunkel eines chaotischen Leidens, das der menschliche Verstand nicht durchdringen kann.

Wenn es um die Gemeinsamkeiten zwischen dem psychologischen Menschen und den anderen Idealtypen menschlichen Charakters geht, betont Rieff einerseits die Nähe zwischen dem psychologischen Menschen und dem ökonomischen Menschen: Ersterer geht aus letzterem hervor, beide positionieren sich kritisch gegenüber überlieferten Autoritäten und suchen die Gründe für ihre Entscheidungen lieber in sich selbst, sei es in der ihnen innewohnenden Vernunft, sei es in ihrem Unbewussten. In Abgrenzung zu dem autoritätshörigen religiösen Menschen versteht Rieff den ökonomischen Menschen deshalb als Modellcharakter für die liberale Zivilisation, der er sich zugehörig fühlt. Andererseits gibt es aber durchaus auch Ähnlichkeiten zwischen dem religiösen Menschen und dem psychologischen Menschen, die sich nicht zuletzt in der Rolle äußern, die den Vertreterinnen und Vertretern der jeweiligen Leitprofession und den paradigmatischen Orten ihrer Aktivität zukommt: Ohne die Verkündigung durch den Priester würde die religiöse Sensibilität des religiösen Menschen vertrocknen, ohne die Kirche hätte sie keinen Ort. Gleichermaßen braucht der psychologische Mensch die professionellen Psychotherapeutinnen und -therapeuten, von deren Behandlungszimmern aus psychotherapeutische

Denkfiguren und Handlungsmuster ihren Siegeszug antraten. Deshalb bezeichnet Rieff Psychotherapeutinnen und -therapeuten in einem Vergleich zwischen dem religiösen und dem psychologischen Menschen als »secular spiritual guide« (Rieff, 1966, S. 24f.) des letzteren.

Diese Ähnlichkeit überrascht nicht, wenn man sich die von Rieff formulierte und früher in diesem Text diskutierte These ins Gedächtnis ruft, dass Religion und Psychotherapie gleichermaßen sowohl entwicklungspsychologisch als auch kulturtheoretisch als Versuche gedeutet werden können, die Frage zu beantworten, was es bedeutet, dass Menschen leiden. Das Durchlaufen einer Psychotherapie erscheint dann in dem Sinne als eine Konversionserfahrung, als dass in ihrem Verlauf ein Mensch in eine neue Wahrheit tritt, welche ihn vom Leiden erlöst. Und weil Konvertiten bekanntermaßen häufig die eifrigsten Gläubigen sind, dürften sie ihren Beitrag dazu geleistet haben, dass therapeutische Denk- und Handlungsmuster von den Behandlungszimmern ihren Weg in die Arbeitswelt, die Schulen und die Wohnzimmer auch derjenigen fand, denen selbst nichts fernerläge, als sich in psychotherapeutische Behandlung zu begeben: »As the ideal type of psychological man there is the therapeutic« (ebd., 1966, S. 200). Dieser Idealtyp des psychologischen Menschen, der therapeutische Mensch, hat gelernt, dass er Probleme durch die Exploration seines Inneren lösen kann, und überträgt dieses Wissen auf die Organisation von Wirtschaft, Bildungssystem und Familie. Psychotherapeutische Behandlungsstrategien finden Anwendung in Fällen, in denen es nicht um die Linderung neurotischen Leidens geht.

Dass Rieff diese Ähnlichkeiten zwischen dem religiösen und dem psychologischen Menschen betont, heißt übrigens nicht, dass er sich für psychotherapiehistorische Positionen vereinnahmen ließe, die von einer Psychotherapie *avant là lettre* ausgehen. Diese Geschichten der Psychotherapie argumentieren, dass es psychotherapeutische Behandlungen schon lange vor der Psychoanalyse, der Hypnose oder gar dem Mesmerismus gegeben habe, diese nur anders bezeichnet worden seien, Seelsorge oder Beichte etwa (vgl. zu einer solchen Herangehensweise z.B. Schmidbauer, 2012, oder zur historiografischen Kritik an dieser Position Marks, 2017). Rieffs Argumente bestätigen diese These nicht, denn er betont auch solche Unterschiede zwischen dem religiösen und dem psychologischen Menschen, die sich nicht im Sinne einer kontinuierlichen Entwicklung fassen lassen, sondern die eine wesenhafte Verschiedenheit bedeuten: »Religious man was born to be saved; psychological man is born to be pleased«

(Rieff, 1966, S. 24). Für den religiösen Menschen war ein *besseres* Leben nicht selten ein entbehrungsreicheres, ein Leben mit mehr Versagungen. Um ein besserer Mensch zu werden, musste er ein *schwereres* Leben führen. Solche Überlegungen sind für den psychologischen Menschen nicht mehr verständlich; für ihn kann ein besseres Leben nur das *angenehmere* Leben sein. Die Ähnlichkeiten zwischen Rieffs religiösem und seinem psychologischen Menschen resultieren folglich nicht aus einer evolutionären Aktualisierung. Vielmehr müssen die Charakterzüge des religiösen Menschen, die im psychologischen Menschen fortbestehen – d. h. die Sehnsucht nach Heil bzw. Heilung und die Orientierung an denen, die berufen sind, den Weg zum Heil zu verkünden bzw. die Heilung beruflich anbieten – in einer sich säkularisierenden Umwelt als eine Art Atavismus des Seelenlebens verstanden werden: ein verkümmerter Rest, der keine vitale Funktion mehr erfüllt, ein Überbleibsel, das für das Fortbestehen und Wohlbefinden des psychischen Lebens des psychologischen Menschen keine entscheidende Rolle mehr spielt.

Darum geht Rieff in letzter Konsequenz sogar davon aus, dass das psychohistorische Erbe des religiösen Menschen über kurz oder lang gänzlich verschwinden wird:

> »Now the psychological man of this post-religious century is struggling to make his deeper and more subjective processes clearer as neuroses, rather than as gods, as his ancestors had done. Later, probably, the therapeutic will have externalized his emotional life successfully, and psychology will then cease to be a postreligious discipline; rather, it will probably supply the language of cultural controls by which the new man will organize his social relations and self-conceptions« (Rieff, 1966, S. 200).

Erneut wagt sich Rieff hier an einen vorsichtigen Blick in die Zukunft und prognostiziert, dass die Psychologie, sobald es ihr gelungen sein wird, alle Prozesse des psychischen Lebens zu Objekten wissenschaftlicher Beobachtung und Bearbeitung zu machen, als effizient funktionierendes Mittel sozialer Kontrolle genutzt werden kann. Für mein Anliegen, im letzten Abschnitt dieses Textes Rieffs Kritik an der Lebensform des psychologischen Menschen und seine Sorge um einem Triumph einer therapeutischen Anti-Kultur mit exemplarischen Positionen der gegenwärtigen Kritik an der Psychotherapie sowie der Kultursoziologie zu vergleichen, stellt diese Prognose einen hervorragenden Anschlusspunkt dar.

Der Triumph des Therapeutischen
als neue Form sozialer Kontrolle?

Rieff ist keineswegs der erste, der mit dem Gedanken spielt, dass die Mittel der Psychologie und Methoden der Psychotherapie im Sinne einer »therapeutic re-education« (Rieff, 1966, S. 55) äußerst effektive Medien sozialer Organisation und Kontrolle darstellen könnten. Diese Form der sozialen Kontrolle kann dann funktionieren, wenn es ihr gelingt, individuelle Bedürfnisse mit denen der Gesellschaft deckungsgleich übereinzubringen. Das unheimliche Portrait einer solchen Gesellschaft, die die Gesetze der Psychologie erfolgreich nutzt, um das Glück für ihre Mitglieder zu maximieren, entwirft beispielsweise im Jahr 1948 der utopische Roman *Walden Two*. Sein Verfasser ist B. F. Skinner, eine der wichtigsten Figuren für die Psychologie des Behaviorismus. Aus dem Behaviorismus aber entwickelte sich freilich die Verhaltenstherapie, die neben den aus der Psychoanalyse abgeleiteten Ansätzen einflussreichste psychotherapeutische Technik. In *Walden Two* führt Skinner Leserinnen und Leser an der Seite des College-Professors Burris zu einer utopischen Gemeinschaft, in der Architektur, Kleidung, Freizeitaktivitäten oder Kindererziehung allesamt entsprechend objektivistisch-naturwissenschaftlicher Erkenntnisse optimiert wurden. Gewünschtes Verhalten wird durch positive Verstärkung erzeugt. Doch obwohl Skinners Roman verdeutlicht, dass die psychologische Kontrolle menschlichen Verhaltens im Behaviorismus eine besonders ergiebige Quelle finden kann, setzt sich Rieff mit dieser psychologischen Schule nicht vertieft auseinander. Explizit erwähnt wird der Behaviorismus in *The Triumph of the Therapeutic* überhaupt nicht, sondern nur über das Motiv der Taube als Versuchstier (Skinner war nicht zuletzt durch seine Experimente mit Tauben berühmt geworden) assoziativ evoziert und sodann eilig abgekanzelt:

> »Much of what is still taught in our schools as psychology revolves around problems other than those of moral conduct; lobotomists of pigeons, e. g., are entirely within their rights in calling themselves psychologists – insofar as their observations of the learning behavior of pigeons might be used to form hypotheses about the learning behavior of men. But Freud's is a psychology that matters culturally« (Rieff, 1966, S. 39).

Freuds Psychologie ist für Rieff deshalb von kultureller Relevanz, weil sie die Spannung zwischen Individuum und Gesellschaft nicht aufzulösen trachtet – weder, indem sie das Individuum darauf ausrichtet, vollkommen in der Gemeinschaft aufzugehen, und ihm vor Augen führt, dass das Glück aller auch sein Glück sein wird, noch indem sie auf eine Gesellschaft hofft, deren höchstes Ziel und strukturgebendes Prinzip es ist, die Wünsche des Individuums zu erfüllen. Während die Psychoanalyse oft in letztere Richtung ausgelegt wurde und mit ihr dafür plädiert wurde, dass nur eine Befreiung des Triebs zur Befreiung des Subjekts führen könnte, stellt Rieff mehr Weitblick unter Beweis, wenn er darauf hinweist, dass auch die psychoanalytische Erkundung der geheimsten Wünsche zu einem Mechanismus werden kann, mittels dessen soziale Kontrolle ausgeübt werden kann: »Self-knowledge again made social is the principle of control upon which the emergent culture may yet be able to make itself stable« (ebd., S. 22). Rieffs weiter oben diskutierte Sorge, dass mit dem Aufstieg des psychologischen Menschen das Ende jeder Kultur begonnen habe, dürfte durch diese Aussicht auf soziale Kontrolle und Stabilität übrigens kaum gemildert werden. Denn der Mensch wäre, nachdem die moralischen Ansprüche von Kultur erfolgreich delegitimiert wurden, nicht mehr als ein Rädchen in einem bürokratischen Getriebe, in dessen inneren und äußeren Leben nichts über sich selbst hinausweist.

Die Befürchtung, dass die Psychotherapie zwar am und mit dem Individuum arbeitet, letzten Endes aber nicht im Dienste des Individuums, sondern im Dienste einer dieses ausbeutenden Gesellschaft steht, ist heute ein wichtiges Motiv in der Kritik der Psychotherapie. Die machtanalytischen Arbeiten Michel Foucaults stellen die wahrscheinlich wichtigste Referenz derartiger sozial- und kulturwissenschaftlicher Diskussionen der Psychotherapie dar; verbunden werden sie mit aktuellen kapitalismuskritischen Positionen, die in dessen neoliberalen Spielarten eine vollständige Vereinnahmung der menschlichen Existenz durch die Ökonomie erkennen: Weil Psychotherapie selbst in die Funktionsmechanismen des Neoliberalismus eingebunden sei, könne sie sich nicht daran orientieren, was für das leidende Individuum das Beste ist, sondern müsse dieses funktions- und gesellschaftsfähig halten (vgl. ausführlich für eine an Foucaults Machtanalytik orientierte Kritik an der Psychotherapie Grubner, 2017).[11]

---

11 In meiner Dissertation (Anderson, 2018) habe ich den psychiatrischen und psychotherapeutischen Umgang mit Trauernden daraufhin untersucht, ob, wo und welche Tendenzen eines biopolitischen Regierungs(denk)stils im Sinne von Stephan Lessenich darin
zum Ausdruck kommen.

In diesem Lichte erscheint Psychotherapie als Komplizin eines unterwerfenden Systems; ihr emanzipatorischer Anspruch wird zum Feigenblatt, dass das Wirken der Biomacht verdeckt. Dass es Psychotherapie oftmals gelingt, individuelles Leiden zu lindern, d. h. dass die individuelle Partizipation am herrschenden System mit dem Versprechen von individuellem Glück verknüpft wird, erscheint wiederum als besonders perfides Manöver für die Herstellung dessen, was Foucault Gouvernementalität nennt: die Bereitschaft, sich selbst und seine Affekte, Triebe und Impulse zu beherrschen, um sich leichter beherrschen zu lassen – und damit auch das Herrschen leichter zu machen. »Denn wenn die Lösung in jeder Person selbst zu finden sei, bräuchte es keine wohlfahrtsstaatlichen Sicherungssysteme mehr, weil jede dann, so sie bereit ist, an sich zu arbeiten, alles erreichen kann« (Grubner, 2017, S. 336). Der Vorwurf, die Psychotherapie individualisiere politisch zu begreifendes Leiden, ist wohl schon deutlich älter als die Theorie und Begriffe Foucaults; er lässt sich aber hervorragend mit diesem Vokabular formulieren.

Dass der moderne Staat ein Interesse an einer körperlich ebenso wie psychisch gesunden, und somit an einer leistungs- und arbeitsfähigen Gesellschaft hat, impliziert, dass die staatliche Gesundheitsversorgung nicht nur Mittel der Daseinsfürsorge ist. Deshalb widmen sich herrschaftskritische Auseinandersetzungen mit der Psychotherapie häufig der Rolle der Krankenversicherungen, in deren gesetzlich geregelten Leistungen sich die Sorge um die Bürgerinnen und Bürger eines Staates mit der Sorge um deren Fähigkeit, einen Beitrag zum Gemeinwesen zu leisten, verwebt. An welche Voraussetzungen die Übernahme der Kosten für eine psychotherapeutische Behandlung geknüpft wird, gibt wichtige Hinweise darauf, welche Ansprüche ein Regierungssystem an Psychotherapie stellt und welche Erfolge es erwartet. Während Patientinnen und Patienten im Zuge einer Psychotherapie an ihrem Selbst arbeiten, um dieses ein bisschen besser und ihr Leben ein bisschen leichter zu machen, sind die Umstände ihrer Behandlung in ökonomische, bürokratische und legale Systeme eingebunden, welche ebenfalls danach streben, ihre eigene Effizienz zu optimieren. In diesem Spannungsfeld aber schreiben die Psychotherapie-Kritik und die Kultursoziologie oft gerade der Psychoanalyse eine Sonderrolle zu, weil diese sich den Rationalisierungszwängen moderner Gesellschaften nicht vollständig unterwerfen kann. So schreibt etwa Hartmut Rosa über den »in den Logiken des Wachstums, der Beschleunigung und der Innovationsverdichtung angelegte[n] Zwang zur stetigen Steigerung« (Rosa, 2018, S. 100):

»Keine Krankenkasse kann sich auf eine Behandlungsmethode einlassen, deren Dauer und Erfolg zweifelhaft ist – psychoanalytisch arbeitende Therapeuten wissen ein Lied davon zu singen [...]. *Der Output muss stimmen, und er muss zeitlich und inhaltlich berechenbar und beherrschbar sein,* das verlangt die institutionelle Logik dynamischer Stabilisierung« (ebd., S. 101).

Psychotherapie und Psychoanalyse stehen nicht im Zentrum von Rosas Argumenten; an der eben zitierten Stelle wird nur deshalb auf die psychoanalytische Therapie verwiesen, um zu illustrieren, was er mit gesellschaftlichem Optimierungszwang meint. Dennoch sind Rosas Überlegungen zur *Unverfügbarkeit*, so der Titel des Buches, aus dem das Zitat stammt, in Bezug auf Rieffs *The Triumph of the Therapeutic* interessant. Hin- und hergerissen zwischen dem Wunsch, die eigene Reichweite und Kontrollfähigkeit zu vergrößern und dem Verlangen, mit dem Unverfügbaren in eine Resonanzbeziehung zu treten, verfängt sich die Moderne, so Rosas These, in einem fundamentalen Paradox: Eine moderne Gesellschaft muss danach streben, sich das Unverfügbare anzueignen, um die Welt immer besser zu verstehen, sie zu kontrollieren und nutzen zu können. Doch gleichzeitig braucht der Mensch die Begegnung mit der nicht-verfügbaren Welt, denn aus dieser Begegnung entspringen Sinn und Vitalität.

Auch Rieff fürchtet den Verlust von Sinn und Erfüllung, sollte der psychologische Mensch triumphieren. Bei dem, was bei Rosa als »Unverfügbarkeit« firmiert, handelt es sich somit in gewisser Hinsicht um eine Facette dessen, was Rieff als »Kultur« bezeichnet, indem nämlich sowohl die Idee einer »nicht verfügbaren Welt« als auch die von »Kultur« auf etwas verweisen, das außerhalb des Menschen liegt, das diesen übersteigt, auf das er aber fundamental angewiesen ist. Denn indem der Mensch sich zu eben diesem in Beziehung setzt, das über ihn hinausgeht, während er sich ihm anverwandelt, nährt er diejenige Dimension menschlichen Lebens, die nicht in den technischen, ökonomischen und bürokratischen Apparaten moderner Gesellschaften aufgehen kann.

Dennoch unterscheiden sich Rieffs Kulturtheorie und Rosas Theorie des Unverfügbaren an einer wichtigen Stelle: Anders als bei Rieffs Fokus auf die Kulturfähigkeit des Menschen geht es bei Rosas Versuch darum, die Relevanz des sich Entziehenden herauszuarbeiten, nicht um etwas gemeinsam Hervorgebrachtes, auf einer geteilten Symbolik Beruhendes. Rosa beschreibt vor allen Dingen individuelle Erfahrungen, nicht kulturelle Erfahrungen. Wenn er einen Musiker zitiert, der in der Mondscheinsonate immer wieder auf etwas Unbekanntes trifft, dann wird diese Begegnung durch individuelle Meisterschaft ermöglicht und realisiert sich als individuelle ästhetische Erfahrung. Deshalb tauchen in Rosas Auseinandersetzung mit dem Unverfügbaren moralische Fragen auch vor allem dann auf, wenn er sich mit der Unverfügbarkeit des Begehrens beschäftigt: Wen und was wir begehren, können wir nicht kontrollieren, wohl aber darauf reagieren, indem wir uns an erfahrungsbasierten Werten orientieren (vgl. Rosa, 2018, S. 118). Hier besteht also ein deutlicher Gegensatz zu Rieff, für den Einzelnen übersteigende Kultur, d. h. dasjenige, was den Menschen vor dem Individualismus und dem Verschwinden in den Apparaten der Moderne bewahren kann, die Trägerin eben dieser Werte ist.

Eine Kritik an der Psychotherapie, die diese als Komplizin neoliberaler Regierungs- und gouvernementaler Kontrolltechniken begreift, kann insofern an Rieff anknüpfen, als dass Psychotherapie hier wie dort als ein Mittel verstanden wird, mit dem der Mensch sich selbst erforscht, um sich gesellschaftsfähiger zu machen (wobei für Rieff »gesellschaftsfähig« freilich etwas ganz anderes als »kulturfähig« bedeutet). Ebenso äußert sich Psychotherapiekritik hier wie dort als eine Kritik am Individualismus. Diese wird allerdings auf sehr unterschiedliche Weise artikuliert: Argumentationen wie die Grubners bemängeln, dass Psychotherapie Probleme individualisiere, die erstens nur gesellschaftlich zu verstehen und zweitens nur politisch zu lösen sind (vgl. dazu auch Gießelmann, 2016). Rieff hingegen wirft dem psychologischen Menschen vor, dass dieser sein persönliches Wohlbefinden – kurzsichtig verstanden als Ausleben aller Triebe und Realisierung aller Wünsche – zum Maßstab erhebt, nach dem die gesamte ihn umgebende Welt zu gestalten sei. Der psychologische Mensch fordert, so könnte man es in Umkehrung des Diktums der Individualisierung politischer Probleme formulieren, dass seine individuellen Probleme gesellschaftlich und politisch zu lösen seien.

Doch auch dieser Aspekt von Rieffs Kritik des Selbst- und Weltverständnisses des psychologischen Menschen findet sich bei vereinzelten konservativen Autorinnen und Autoren bis heute wieder. Exemplarisch sei hier eine Passage aus Mona Charens *Sex Matters: How Modern Feminism Lost Touch with Science, Love, and Common Sense* zitiert, in der sie auf Rieffs titelgebende Formulierung anspielt und diese leicht abwandelt: Sie spricht von einem »triumph of the therapeutic mindset«, einer mit psychologischen Argumentationsmustern vertrauten Denkweise, die diese auch außerhalb psychotherapeutischer Settings strategisch für sich einzusetzen weiß. In der

Passage, in der Charen mit diesem Ausdruck auf Rieff anspielt, setzt sie sich mit einem Brief auseinander, mit dem sich Studierende der Columbia University »Multicultural Affairs Advisory Council« wandten. Gegenstand des Briefes war ein Fall, der mittlerweile viel Aufmerksamkeit auf sich gezogen hat und exemplarisch für einen insbesondere an US-amerikanischen Universitäten immer häufiger zwischen Studierenden und Universitätsleitungen ausgefochtenen Konflikt steht (vgl. Gumbrecht, 2016). Eine Studentin, die sexuelle Gewalt erlitten hatte, wies nach einer Seminarsitzung über Ovids *Metamorphosen* darauf hin, dass sie an einer Diskussion, die sich auf die ästhetische Qualität der Sprache von Ovids *Metamorphosen* konzentrierte und die gewaltvollen Inhalte ignorierte, nicht teilnehmen konnte und wollte. Vertreterinnen und Vertreter der Studierendenschaft nahmen dies zum Anlass, eine Revision der Literaturlisten zu fordern, der einige kanonische Werke der westlichen Literarturgeschichte zum Opfer fallen sollten.

> »But allowing the intensity of feeling, the hegemony of subjective pain, to govern will mean we have abandoned reason and descended into a world that cannot support academic freedom. [...] [T]he current enthusiasm to silence intellectual inquiries altogether in the name of feelings is antithetical not just to the First Amendment and the academic enterprise but also to the whole Enlightenment. [...] If we shun literature that is disturbing or that churns up painful experiences, what will remain? And whose sensitivities are to govern? If one student in class is a rape survivor, will her feelings exclude the Bible, Plutarch, and *To Kill a Mockingbird*? If another student is the descendant of slaves, will *Narrative of the Life of Frederick Douglass* and *Uncle Tom's Cabin* be off-limits? What if some members of the class have relatives who were murdered in the Holocaust? Will the works of Elie Wiesel be banned? This represents a triumph of the therapeutic mindset, in which feelings reign« (Charen, 2018, o. S.).

In Forderungen nach Triggerwarnungen oder gar der vorsorglichen Vermeidung bestimmter Texte und Themen verdichtet sich für Charen therapeutisches Denken zu einer veritablen Gefahr für die Errungenschaften der Aufklärung. Die Intention der konservativen Charen – Politik vor den Bedürfnissen von Individuen zu schützen – dürfte damit der Intention Rieffs wesentlich näher sein als die Intention der zumeist an Foucault orientierten, im linken politischen und intellektuellen Spektrum zu verortenden

Autorinnen und Autoren: Jene warnen vor der politischen Indienstnahme der Psychotherapie, die doch eigentlich im Dienste des Individuums stehen sollte. Als anschlussfähig erweist sich Rieffs These von einem Triumph des Therapeutischen aber hier wie dort; überall findet in gewisser Weise eine ähnliche Zuspitzung statt: Für Rieff galt es, wie ich dargestellt habe, angesichts des Bedeutungsgewinns psychotherapeutischer Denk-, Argumentations- und Handlungsweisen vor allem moralische, kulturtheoretische und kulturhistorische Fragestellungen kritisch zu analysieren. Die gegenwärtige Psychotherapie-Kritik wendet sich politischen Fragen zu und hinterfragt den Einfluss psychotherapeutischen Denkens auf die Legitimation und Ausübung von Macht und Herrschaft.

Gerade weil sich *The Triumph of the Therapeutic* für so gegensätzliche Positionen als anschlussfähig erwiesen hat, möchte ich abschließend noch einmal auf Illouz' eingangs schon zitierten Einwand hinweisen: So einfach es ist, sich darauf zu einigen, dass die Psychotherapie triumphiert hat, so selten wurde im Detail untersucht, wie sich dieser Prozess vollzogen hat. Illouz' Perspektive unterscheidet sich meines Erachtens vor allem dadurch von den anderen bislang in diesem Artikel diskutierten Positionen, dass sie Menschen als Akteure, nicht als Subjekte begreifen will. Sie interessiert nicht allein, wie eine Kultur des Therapeutischen einen bestimmten Typ Mensch hervorbringt, sondern vor allem, wie Menschen eine bestimmte Kultur des Therapeutischen herstellen: »How does the [therapeutic] cultural structure translate into ›micropractices‹ of giving accounts, telling one's life story, and explaining others' behavior?« (Illouz, 2008, S. 156). Methodisch stellt sie deshalb ihrer detaillierten und informierten Diskussion der hegemonialen (wissenschaftlichen) Texte und (gesundheitspolitischen) Strukturen Erkenntnisse gegenüber, die sie aus narrativen Interviews und aus teilnehmenden Beobachtungen gewinnt. Dabei wird ersichtlich, dass die psychotherapeutischen Theorien und Argumente, die von Expertinnen und Experten formuliert werden und die sich in Staat und Markt widerspiegeln, keineswegs automatisch, reibungslos oder störungsfrei die mentalen und emotionalen Denkmuster von Einzelnen übernehmen und diese überformen, sondern dass ein Übersetzungsprozess stattfindet, mittels dessen sich Akteure zu herrschenden Systemen und bestehenden Strukturen in ein Verhältnis setzen.

Das bedeutet, dass Menschen nie in den Theorien, Gesetzen und Geboten aufgehen, die der kulturellen und gesellschaftlichen Ordnung unterliegen. Der Mensch in der Epoche des »psychological man«, um noch

einmal einen Bogen zurück zu Rieff zu schlagen, lässt sich mit psychologischen Theorien niemals vollständig beschreiben und mittels dieser kontrollieren, genauso wenig wie der »economical man«, der »religious man«
oder der »political man« von den Gesetzen der Ökonomie, Religion oder
Politik vollständig bestimmt werden können. Charakterideale determinieren den Menschen nicht, auch wenn ihnen ein bestimmtes Kontrollprinzip
eingeschrieben ist.

Besonders deutlich zeigt sich diese Diskrepanz zwischen solch einer
Figur im Sinne einer analytischen Kategorie und der gelebten Realität
an den Vorgängerinnen der »psychological woman«: Frauen konnten in
der Welt des »political man« nicht an politischen Entscheidungen teil-
haben; in der Welt des »religious man« blieben ihnen religiöse Ämter
und sakrale Räume verschlossen, weil das weibliche Geschlecht als sünd-
haft und schuldig betrachtet wurde; der »economic man« war, um den
Ansprüchen des arbeitsteiligen Kapitalismus und seiner Produktions-
logik gerecht zu werden, darauf angewiesen, dass in der bürgerlichen Ehe
den Frauen allein reproduktive Aufgaben zufallen und sie sich nicht
an der Mehrwertgewinnung beteiligten konnten. Frauen konnten den
menschheitsgeschichtlichen Charakteridealen vor dem »psychological
man« also niemals vollkommen gerecht werden. Weil sie systematisch
von einer vollen und erfüllenden Teilhabe an der jeweiligen Lebensform
ausgeschlossen waren, konnten sich die Idealtypen in ihren Leben nicht
manifestieren.

Für den »psychological man« und die »psychological woman« kann
die Parallelisierung zwischen der Geschlechterdifferenz und der Unterscheidung zwischen denen, die das Charakterideal in jedem Aspekt ihres
Lebens verkörpern können, und denen, für die diese Möglichkeit nicht
offensteht, nicht in analoger Form fortgeführt werden. Im Gegenteil
finden sich gute Argumente für die These, dass der Erfolg der Psychotherapie eng mit Fortschritten bei der Gleichberechtigung zwischen Männern und Frauen verbunden ist. Auch Illouz macht darauf aufmerksam,
dass sich mit der Therapeutisierung der Gesellschaft die Funktion der
Geschlechterdifferenz wandelte: Einerseits betont Illouz nämlich, dass
gerade die erfolgreiche politisch-strategische Indienstnahme psychoanalytischer Konzepte durch den Feminismus zum gesellschaftlichen Erfolg
der Psychoanalyse beigetragen hat. Die Psychotherapie stellte eine Sprache bereit, mit der Frauen ihre politische Stimme finden und ihre politischen Ansprüche artikulieren konnten. Zweitens weist Illouz darauf hin,

dass durch psychoanalytisch geprägte Argumentationsmuster ehemals von als männlich konnotierten Idealen geprägte Bereiche (wie die unternehmerische Personalführung) feminisiert wurden. Insgesamt wirke die Psychoanalyse deshalb gesellschaftlich als ein Geschlechterdifferenzen nivellierender Faktor.

Meine Argumentation könnte nun im Lichte dieser These in eine Richtung weitergeführt werden, die Rieffs düstere Prophezeiung, dass der Triumph des Therapeutischen eine nie dagewesene und fatale Kulturrevolution darstellt, unterstützen würde. Was vor dem Triumph des Therapeutischen für Männer galt, galt nicht in identischer Weise für Frauen. Das heißt einerseits, dass sie von einer gleichberechtigten und vollen Teilhabe am gesellschaftlichen Leben ausgeschlossen waren. Andererseits aber kann auch bedeuten, dass bestimmte gesellschaftliche Kontrollmechanismen sich in ihren Leben anders realisieren müssen. Die Nivellierung der Geschlechterdifferenz würde, wollte man diese argumentative Linie ideologiekritisch zuspitzen, als eine Entwicklung erscheinen, die die reibungslose Übersetzung eines Charakterideals in gelebte Realität begünstig. Mit der Angleichung von Männern und Frauen fällt in dieser Lesart eine Hürde, die die psychoanalytisch inspirierte Ideologie des Individualismus sonst hätte nehmen müssen, während sie den Menschen zu vereinnahmen trachtet. (Ähnlich ließe sich übrigens auch mit Blick auf die Verwischung der Grenze zwischen Öffentlichem und Privatem argumentieren, auf deren Beitrag zum Erfolg der Psychoanalyse Zaretsky hinweist.)

Ich möchte am Ende dieses Textes einen anderen argumentativen Weg einschlagen. Drei Überlegungen sind dafür richtungsgebend. Zuerst: Auch wenn es herrschaftstheoretisch nachvollziehbar und plausibel ist, dass die Gleichförmigkeit von Regierten deren Kontrolle leichter macht, würde es mir zynisch erscheinen, sich mit dieser Einsicht zufriedenzugeben. Zu einfach wäre es, so Ausschlussmechanismen und die damit einhergehende Machtlosigkeit zu beschönigen oder gar zu glorifizieren, zu leicht, diese zu einem Residuum der Freiheit zu verklären: Glücklich wäre dann die Frau, die kein Bankkonto eröffnen darf, weil sie sich weniger nach den Gesetzen des Kapitalismus zu richten hätte.

Zweitens übernehmen in der Welt des »psychological man« andere Differenzkategorien und Ausschlussmechanismen die Funktion, die die Geschlechterdifferenz für die gesellschaftliche Ordnung und für die soziale Kontrolle (in jeweils spezifischer Form) in der Welt des politischen, des ökonomischen und des religiösen Menschen hatte. Schon zu Zeiten Freuds wurde darauf hingewiesen, dass die psychoanalytische Selbsterforschung nur den bürgerlichen Eliten, und nicht der breiten Bevölkerung offen stünde. Diese soziale und materielle Stratifikation lässt sich bis heute beobachten, und zwar nicht nur was die Aufnahme einer psychotherapeutischen Behandlung im engen Sinne betrifft, sondern auch was die alltägliche Notwendigkeit sowie die soziokulturell unterschiedlich verteilte Bereitschaft betrifft, die eigenen Rolle in der Familie, im Beruf etc. in psychologischen Konzepten zu begreifen und mit psychologischen Begriffen zu reflektieren. In der demokratischen Welt des psychologischen Menschen funktionieren Ein- und Ausschlussmechanismen vielleicht verdeckter und subtiler, aber egalitär ist diese Welt nicht.

Doch nicht allein um darauf hinzuweisen habe ich die Figuren »political woman«, »religious woman«, »economic woman« und »psychological woman« eingeführt. Worauf ich mit ihrer Hilfe abschließend hindeuten will, ist, dass die Rolle von Rieffs menschheitsgeschichtlichen Charakteridealen genauer beschrieben werden muss, als dieser es in *The Triumph of the Therapeutic* leistet. Charakterideale werden gestützt und verbreitet von Autoritäten, die denjenigen, die dem Ideal zu folgen versuchen, verschiedenartige Werte und Versprechungen in Aussicht stellen, sodass Menschen sich nach diesen Idealen richten *wollen*. Gleichzeitig strukturieren dominante Charakterideale gesellschaftliche Institutionen, sodass Menschen sich nach diesen Idealen richten *müssen*. Während ich Rieff darin folgen kann, dass sich wohl keine und keiner den jeweils vorherrschenden Charakteridealen vollkommen entziehen kann, will ich dennoch darauf hinweisen, dass das nicht bedeutet, dass Menschen diesen Charakteridealen blind folgen. Sie entwickeln ein Verhältnis zu ihnen, das sie durchdenken und modellieren können. Diejenigen, die von einer dem Charakterideal vollkommen entsprechenden Lebensführung systematisch ausgeschlossen sind, verfügen über diese Fähigkeit in besonderem Maße. Darum möchte ich zum Abschluss dafür plädieren, die Erfahrung, an einem dominanten Modell nicht partizipieren zu können – ohne dies hinnehmen zu wollen – als etwas zu begreifen, woran der Widerstand gegen eine herrschende Ordnung geschult werden kann. Solange ein Charakterideal und die gesellschaftliche Ordnung, die es verkörpert, vielen Zeitgenossinnen und Zeitgenossen zumindest ein stückweit äußerlich bleiben müssen, dann dürfen diejenigen, die eine sanfte Apokalypse fürchten, für einen Moment aufatmen.

Literatur

Anderson, I. (2018). *Bilder guter Trauer. Neue Sichtbarkeiten der Trauer in der Psychologie, Philosophie und Fotografie.* Paderborn: Wilhelm Fink Verlag.

Beer, J. (2006). Philip Rieff and the Piety of Silences. In P. Rieff, *The Triumph of the Therapeutic. Uses of Faith after Freud* (40th anniversary edition) (S. 249–256). Wilmington, Delaware: ISI Books.

Charen, M. (2018). *Sex Matters. How Modern Feminism Lost Touch with Science, Love, and Common Sense.* New York: Crown Forum.

Freud, S. (1927c). *Die Zukunft einer Illusion. GW XIV,* 325–382.

Freud, S. (1930a [1929]). *Das Unbehagen in der Kultur. GW XIV,* 419–505.

Gießelmann, K. (2016). Psychotherapie und Gesellschaft: Hilfe für das erschöpfte Selbst. *Deutsches Ärzteblatt, 15*(11), 505.

Grubner, A. (2017). *Die Macht der Psychotherapie im Neoliberalismus. Eine Streitschrift.* Wien: mandelbaum Verlag.

Gumbrecht, H. U. (2016). Die Dialektik der Mikro-Aggression. Politische Korrektheit als neues 1968. Hat die neue Jugendbewegung Zukunft? *Neue Zürcher Zeitung.* https://www.nzz.ch/feuilleton/zeitgeschehen/political-correctness-die-dialektik-der-mikro-aggression-ld.115923 (17.09.2020).

Herzog, D. (2016). *Cold War Freud. Psychoanalysis in an Age of Catastrophes.* Cambridge: Cambridge University Press.

Illouz, E. (2008). *Saving the Modern Soul. Therapy, Emotions, and the Culture of Self-Help.* Berkeley, Los Angeles: University of California Press.

Macho, T. (2017). Im Wirbelsturm der Gegenwart. In A. Lucci & T. Skowronek (Hrsg.), *Potential regieren. Zur Genealogie des möglichen Menschen* (S. 253–264). Paderborn: Wilhelm Fink Verlag.

Marks, S. (2017). Psychotherapy in historical perspective. *History of the Human Sciences, 30*(2), 3–16. DOI: 10.1177/0952695117703243

Perel, E. (2007). *Mating in Captivity. Unlocking Erotic Intelligence.* New York: HarperCollins Publishers.

Rieff, P. (1965). *Freud. The Mind of the Moralist.* London: Methuen University Paperbacks.

Rieff, P. (1966). *The Triumph of the Therapeutic. Uses of Faith after Freud.* New York: Harper & Row.

Rosa, H. (2018). *Unverfügbarkeit.* Wien/Salzburg: Residenz Verlag.

Schmidbauer, W. (2012). *Die Geschichte der Psychotherapie. Von der Magie zur Wissenschaft.* Stuttgart: Herbig Verlag.

Stockhammer, R. (2017). *1967. Pop, Grammatologie und Politik.* Paderborn: Wilhelm Fink Verlag.

Zaretsky, E. (2006). *Freuds Jahrhundert. Die Geschichte der Psychoanalyse.* Wien: Paul Zsolnay Verlag.

Biografische Notiz

Inga Anderson, Dr., ist wissenschaftliche Referentin im Bereich »Bildung, Gender« beim DLR Projektträger in Bonn. Von 2015 bis 2017 war sie wissenschaftliche Mitarbeiterin am Institut für Kulturwissenschaft an der Humboldt-Universität zu Berlin und Koordinatorin des weiterbildenden Masterstudiengangs »Psychoanalytische Kulturwissenschaft«.

In ihrer Promotion *Bilder guter Trauer*, die sie im Frühjahr 2016 verteidigte und die im Wilhelm Fink Verlag veröffentlicht wurde, beschäftigte Inga Anderson sich mit neuen Sichtbarkeiten der Trauer in der Psychologie, Philosophie und Fotografie.

Christine Kirchhoff, Thomas Kühn, Phil C. Langer,
Susanne Lanwerd, Frank Schumann

Psychoanalytisch denken
Sozial- und kulturwissenschaftliche Perspektiven

2019 · 160 Seiten · Broschur
ISBN 978-3-8379-2935-5

Die AutorInnen entfalten interdisziplinäre Perspektiven einer universitären Psychoanalyse. Sie zeigen so das besondere Analyse-, Verstehens- und Erkenntnispotenzial einer nicht-klinisch ausgerichteten Psychoanalyse und weisen auf Anschlussmöglichkeiten zu zahlreichen sozial- und kulturwissenschaftlichen Debatten hin.

Christine Kirchhoff fragt nach Motiv, Funktion und der Bedeutung von (psychoanalytischen) Zeitdiagnosen, die zumeist Verfallsdiagnosen sind. Eine kulturwissenschaftliche Perspektive entfaltet Susanne Lanwerd zur Evidenz von Kultur und Religion und nimmt Bilder – Kunstwerke und Fotos – mit ihrem gesellschaftlichen Kontext in den Blick. In einem kritischen Rückblick auf die Theoriegeschichte der Frankfurter Schule nähert sich Frank Schumann der Frage, wie der Zusammenhang zwischen gesellschaftlichen Bedingungen und dem Leiden der Menschen zu konzipieren ist. Phil C. Langer untersucht die Sozial- als Friedenspsychologie und entwirft den Grundriss eines interdisziplinären Forschungsprogramms, das theoretische Überlegungen zu Verwundbarkeit, Mitgefühl und Solidarität in empirisch-qualitative Forschungsperspektiven überführt. Thomas Kühn widmet sich dem analytisch-sozialpsychologischen Ansatz von Erich Fromm und skizziert dessen Potenzial zum Verständnis zeitgenössischer gesellschaftlicher Herausforderungen.

Walltorstr. 10 · 35390 Gießen · Tel. 0641-969978-18 · Fax 0641-969978-19
bestellung@psychosozial-verlag.de · www.psychosozial-verlag.de

Psychosozial-Verlag

Alina Brehm, Jakob Kuhlmann (Hg.)

Reflexivität und Erkenntnis

Facetten kritisch-reflexiver Wissensproduktion

2018 · 296 Seiten · Broschur
ISBN 978-3-8379-2590-6

Das Verhältnis von Reflexivität und Erkenntnis – verstanden als das Verhältnis der Subjektivität des Forschenden zur Erkenntnisproduktion – steht im Zentrum des Bandes.

Die Autorinnen und Autoren diskutieren aus der Perspektive der Sozialpsychologie, der Soziologie, der Psychoanalyse, der Philosophie, der Pädagogik und der Sozialen Arbeit die Frage nach dem Erkenntnisvermögen einer forschenden Subjektivität, die sich vom Objekt anrühren lässt, um mittels (Selbst-)Reflexion zu Erkenntnis zu gelangen. In den Fokus genommen werden dazu nicht nur theoretische, sondern auch methodische, methodologische und berufspraktische Ebenen.

Mit Beiträgen von Dominic Angeloch, Karola Brede, Alina Brehm, Sebastian Carls, Manfred Gerspach, Rolf Haubl, Daniel Keil, Jakob Kuhlmann, Angela Kühner, Phil C. Langer, David Pavón-Cuéllar, Felix Roßmeißl, Tamara Schwertel, Christian Sperneac-Wolfer und Hauke Witzel

Walltorstr. 10 · 35390 Gießen · Tel. 0641-969978-18 · Fax 0641-969978-19
bestellung@psychosozial-verlag.de · www.psychosozial-verlag.de

Psychosozial-Verlag

Ralf Zwiebel

Die innere Couch
Psychoanalytisches Denken in Klinik und Kultur

2019 · 401 Seiten · Broschur
ISBN 978-3-8379-2895-2

Ob mit oder ohne Couch – es lohnt sich, das Potenzial psychoanalytischen Denkens zu entdecken!

Ralf Zwiebel erläutert zentrale Grundannahmen psychoanalytischen Denkens und Handelns und legt dar, wie diese diesseits und jenseits des klinischen Feldes angewendet werden können. Dort, wo Zwiebel die analytische Behandlung verlässt, nimmt er die Couch als inneres Bild mit. Die psychoanalytische Herangehensweise entfaltet so über die engen Grenzen der Therapiesituation hinaus eine enorme Reichweite. Der Autor ergründet die Beziehung von Psychoanalyse und Buddhismus etwa am Beispiel der Achtsamkeit oder der Bedeutung von Vergänglichkeit. Er interpretiert Filme wie Pleasantville (1998) oder Wie im Himmel (2004) anhand seines psychoanalytischen Modells, hinterfragt das Selbstverständnis von PsychoanalytikerInnen und zeigt klinische und didaktische Aspekte der Psychoanalyse auf.

Walltorstr. 10 · 35390 Gießen · Tel. 0641-969978-18 · Fax 0641-969978-19
bestellung@psychosozial-verlag.de · www.psychosozial-verlag.de